D1379902

BREVE HISTORIA DE LA arquitectura

RAMÓN RODRÍGUEZ LLERA

LIBSA

ISBN: 968-13-4102-3

San Rafael, 4
28108 Alcobendas. Madrid
Tel. (34) 91 657 25 80
Fax (34) 91 657 25 83
e mail: libsa@libsa.es
www.libsa.es

Textos: Ramón Rodríguez Llera
Edición: Equipo editorial Libsa
Diseño de cubierta: Equipo de diseño Libsa
Maquetación: Ana Ordóñez y Equipo de maquetación Libsa
Documentación: Archivo Libsa

ISBN: 84-662-0966-2

El editor quiere agradecer encarecidamente su colaboración por la aportación del material gráfico a las siguientes personas:
Ramón Rodríguez Llera, Darío Álvarez Álvarez, Daniel Villalobos Alonso, Josefina González Cubero, Miguel Ángel de la Iglesia Santamaría, Javier Pérez Gil, Eusebio Alonso García, Valeriano Sierra Morillo, José María Jové Sandoval, Idoia Camiruaga Osés, Iván Rincón Borrego, Simón Marchán Fiz, José Manuel Martínez Rodríguez, Ignacio Represa Bermejo, Salvador Mata Pérez, Yolanda Martínez Domingo, Pedro Luis Gallego Fernández

CONTENIDO

INTRODUCCIÓN 5

ARQUITECTURA DE LA ANTIGÜEDAD 9

Mesopotamia, origen de la arquitectura, 9 • Egipto, arte para la eternidad, 12 • Arquitectura primitiva del mediterráneo oriental: Creta, 15 • Arquitectura de la Grecia micénica, 16 • Arquitectura del mundo griego, 17 • Arquitectura etrusca y romana, 26.

LA PRIMERA ARQUITECTURA MEDIEVAL 33

Arquitectura paleocristiana, 33 • Arquitectura bizantina, 35 • Arquitectura visigoda, 38 • Arquitectura asturiana, 40 • Arquitectura mozárabe, 42 • Arquitectura del Islam, 44.• Evolución histórica de la arquitectura musulmana, 47 • La mezquita andalusí, 49 • Arquitectura civil, 50 • Arquitectura iraní, 52 • Arquitectura de la India musulmana, 53 • Arquitectura otomana, 55.

ARQUITECTURA CRISTIANA MEDIEVAL 57

Arquitectura Carolingia, 57 • Arquitectura Monástica, 58 • La iglesia románica, 60 • La primera arquitectura románica, 61 • El Románico del Camino de Santiago, 62 • La Europa del Románico, 64 • Arquitectura cisterciense, 68 • Arquitectura mudéjar, 70 • La arquitectura gótica, 73 •.Desarrollo de la arquitectura gótica.

LA ARQUITECTURA DEL RENACIMIENTO 87

El primer Renacimiento Florentino, 87 • La arquitectura del primer Renacimiento, 89 • La arquitectura del Renacimiento clásico en Roma, 94 • El Manierismo, 101 • Venecia y Palladio, 105 • La arquitectura del Renacimiento en España, 108 • La arquitectura plateresca, 109 • Maestros de la primera arquitectura renacentista, 110 •.Arquitectura del Renacimiento en España en la segunda mitad del siglo XVI, 113.

LA ARQUITECTURA BARROCA 117

Barroco romano, 117 • Arquitectura barroca en Venecia y norte de Italia, 125 • La arquitectura del Clasicismo y Barroco en Francia, 127 • Arquitectura barroca Centroeuropea, 136 • Arquitectura barroca en Inglaterra, 139 • Arquitectura barroca en España, 144 • Arquitectura barroca en Portugal, 150.

ARQUITECTURA NEOCLÁSICA 153

Redescubrimiento de la Antigüedad, 153 • Arquitectura neoclásica en Francia, 157 • Gusto neoclásico en Inglaterra, 165 • Neoclasicismo en Estados Unidos, 173 • Arquitectura neoclásica en España,174.

ARQUITECTURA DEL SIGLO XIX 179

Arquitectura del Clasicismo Romántico, 179 • Arquitectura del Clasicismo Romántico en Alemania, 181 • Inglaterra y Escocia, 186 • Francia, 193 • España y otros países europeos, 202 • Estados Unidos: la Escuela de Chicago, 209.

ARQUITECTURA DEL SIGLO XX 215

El Art Nouveau, origen de la arquitectura moderna, 215 • Orígenes de la arquitectura racionalista, 224 • Frank Lloyd Wright y la arquitectura orgánica, 230 • El triunfo de la arquitectura racionalista, 234 • Le Corbusier, biografía de la arquitectura moderna, 239 • El Estilo Internacional, 242 • Tendencias de la arquitectura en la segunda mitad del siglo XX, 247.

BIBLIOGRAFÍA E ÍNDICES 252

Introducción

LA ARQUITECTURA, SEGÚN UNA ACEPCIÓN PRIMARIA, SE ASIMILA CON EMINENTES FUNCIONES PRÁCTICAS, BÁSICAMENTE REFERIDAS A LA RESOLUCIÓN FAVORABLE DE LA HABITACIÓN HUMANA, EN TODO TIEMPO Y LUGAR.

Se sabe de un origen legendario, casi mítico, de la arquitectura, aquel de un momento remoto del pasado en que un hasta entonces hombre cavernícola abandonó su refugio natural y, trenzando ramas, árboles y follajes, armó la primera «cabaña primitiva». La leyenda primero, después el historiador romano Vitruvio, ratifican la común creencia de que la arquitectura atañe a dos aspectos, uno que se identifica con un proceso constructivo, otro que implica a un proyectista, pues el constructor de la cabaña primitiva antes debió concebirla.

Por último, agotando la leyenda, la arquitectura se asimila inicialmente con la vivienda, con la habitación humana en general. Esto es cierto según estrictos términos históricos materiales, y también por el testimonio de los restos arqueológicos de las más antiguas ciudades conservadas, hasta incluso el 5000 a.C., en tierras de Mesopotamia (Ur, Uruk) y Asia Anterior (Chatal Huyuk, Ebla, Mari), o la antigua India (Mohenjo Daro, Harapa).

Pero el constructor primitivo se convirtió en arquitecto cuando aparte de resolver lo más perentorio, su casa-refugio, cuando además de responder a iniciales propósitos prácticos, construyó también casas y monumentos en honor de los dioses, cuyas huellas testimoniales conservamos, normalmente en mejor estado, pues se empleaban en estos menesteres materiales más sólidos y lo mejor del ingenio creador.

El origen, pues, del arte de la arquitectura, base para recrear luego su historia, se fundamenta en el afán del hombre por construir la casa de los dioses, diferente, mayor, técnicamente más compleja, constructivamente más sólida e imperecedera que la suya propia. Esa casa fue durante la mayor parte de la historia el templo, después desplazado por el palacio, por la arquitectura industrial, por el rascacielos...

Creta. Palacio de Cnossos, h. 1850-1650 a.C.

Esto no niega que la historia de la arquitectura, apoyándose en el testimonio arqueológico, manifiesta la calidad que la vivienda llegó a alcanzar en algunas civilizaciones ya desaparecidas, y cómo la residencia se organizaba hasta constituirse en ciudad. De hecho, podemos remontarnos hasta el siglo V a.C. para tener noticia del primer trazador de ciudades regulares, Hipodamos de Mileto, filósofo y matemático. Con él se materializó la importancia histórica de un arquitecto y urbanista profesional, también un capítulo de enorme importancia, el de la historia de la arquitectura como historia de la ciudad, tal y como ha escrito el prestigioso historiador italiano G.C. Argan.

Sin embargo nosotros preferimos optar por seguir destacando un aspecto de la historia en nuestra narración, haciéndola bascular hacia el concepto de edificio monumental, esto es, hacia el estudio de la construcción de aquellos hitos, normalmente aislados o formando recintos y conjuntos, en los que el hombre constructor no se limitó a resolver con ingenio y habilidad el problema de su habitación, sino que se propuso superar sus propias limitaciones iniciales y cifró en la idea del monumento los más altos contenidos de su civilización. En ellos reconocemos valores, significados materiales y simbólicos, y por ellos nos seguimos sintiendo atraídos por quienes individual o genéricamente fueron sus proyectistas, sus constructores, en definitiva sus autores arquitectos. Unos y otros nos ayudarán a escribir nuestra historia de la arquitectura.

Pero el análisis de un edificio no se aborda de la misma manera que el de cualquier otro objeto artístico, un cuadro, pongamos por caso, dado que su naturaleza resulta bastante más compleja. Un edificio no suele verse de una vez, su percepción es dinámica, de manera que necesitamos los planos para ayudarnos a comprender su exterior e interior al mismo tiempo. Un edificio histórico es susceptible de haber sufrido transformaciones a lo largo del tiempo, restauraciones, cambios en su forma original. Finalmente, por resumir lo específico de su estudio, la función –utilitaria o simbólica- de la arquitectura es determinante en su lectura y apreciación, lo cual le aporta una alta significación social, en cuanto refleja de forma precisa los valores de la sociedad y del tiempo en que se produjo.

Lo habitual en la apreciación de un edificio es iniciarla por la percepción exterior del mismo, en que se nos aparece como un volumen o un conjunto de volúmenes, a veces muy masivos (las pirámides, los templos griegos), en otras su carácter resulta ligero y transparente (la catedral gótica, el rascacielos de cristal). Dicho volumen muestra su faz principal, habitualmente, por medio de la fachada, conformada según un ordenado juego de partes abiertas y cerradas, llenos y vacíos, de líneas de fuerza dominantes, verticales u horizontales, de ornamentos variados, de cromatismos aplicados o derivados de los materiales constructivos empleados, etc.

Quedaría, por último, «descubrir» el espacio interior, lo que los muros encierran, experiencia insustituible pero que define la substancia última y más íntima de la arquitectura, su verdadera originalidad.

Este libro no está dirigido a especialistas de la historia de la arquitectura, sino a aquellos que tienen un interés general en dicha materia y desean conocer los principales desarrollos de la historia de la misma. El propósito del autor no es exponer hechos y datos conocidos y presentarlos como algo novedoso. La obra, por su misma naturaleza, participa en parte de la condición de extracto de lo ya escrito, pero la misma amplitud de la empresa ha obligado a drásticas selecciones, a adoptar criterios inevitablemente generalistas, a apurar los análisis y valoraciones para aprovechar al máximo el espacio dado. Sin embargo, se ha pretendido que fuera lo más didáctica posible, para lo que se han utilizado los esquemas y plantas de edificos más simbólicos de cada estilo con la representación de la terminología esencial de una forma clara.

Para la datación de estilos, autores y obras, se han seguido los criterios convencionales, y con el fin de lograr un texto lo más fluido posible, la fechas se han reducido a las imprescindibles. En el caso de los autores, hemos preferido enmarcarles en sus respectivas épocas,destacando sus obras significativas, pero sin tratar de reconstruir sus biografías completas, para lo cual nos remitimos a las referencias específicas de la Bibliografía, y otras. En el caso de las obras, las fechas señaladas vienen a coincidir, hasta donde ello es posible, con las de su proyectación o las del comienzo de obras.

M. A. Laugier. El origen de la arquitectura a partir de la cabaña primitiva. «Essai sur l'architecture», 1753.

TERMINOS BASICOS DE ARQUITECTURA

ÁBSIDE Parte del templo situada en la cabecera o fachada posterior, normalmente de planta semicircular, con cubierta de bóveda de horno, orientada hacia levante.

ACANALADURA Canal o estría

ACANTO Hoja ancha que se asemeja a las hojas del acanto y que aparece en el capitel corintio.

ALZADO Diseño que representa la fachada de un edificio. Proyección vertical de un edificio.

ARBOTANTE Arco o medio arco que transmite el empuje de una bóveda o cubierta desde la parte superior de un muro a otro soporte exterior denominado estribo.

ARCO Elemento arquitectónico de forma curvada utilizado comúnmente en cerramientos de puertas y ventanas o para recibir techumbres.

ARQUITRABE Elemento horizontal que se apoya en dos pilares o columnas.

ÁTICO Parte superior de una fachada, que aparece recubriendo la cornisa de remate y que oculta el arranque del tejado.

ATRIO En la arquitectura romana, patio interior abierto. En la arquitectura cristiana, patio abierto frente a una iglesia, generalmente rodeado de columnas.

BAJORRELIEVE Relieve escultórico poco saliente.

BALAUSTRADAS Antepecho de protección, en que aparecen unas pequeñas columnillas (balaustres), colocadas sobre la base del zócalo.

BALDAQUÍN Estructura cuyo objetivo es soportar un techo, que se coloca sobre el altar, apoyado sobre columnas.

BAPTISTERIO Espacio preparado para la administración del bautismo, en general de planta circular o poligonal.

BASA Pie que soporta un pilar.

BÓVEDA Estructura de forma arqueada que cubre un espacio entre muros, pilares o columnas.

CANTERÍA Obra tallada en piedra de forma regular.

CAPILLA Edificio destinado al culto, que puede estar aislado o formando parte de una iglesia.

CAPITEL Parte superior de la columna colocada sobre el fuste, que se ensancha y cambia de forma y ornamento según los órdenes.

CIBORIO Baldaquín que corona un altar o tabernáculo.

CIMBRA Construcción provisional de madera, para llevar a cabo arcos, bóvedas y cúpulas.

CLARISTORIO Conjunto de ventanas de la zona alta de una iglesia medieval, por encima de las naves laterales.

CLAVE Pieza central y más alta de cierre de un arco o de una bóveda.

COLUMNA Soporte vertical de forma generalmente cilíndrica, formado por tres partes: base, fuste y capitel.

CONTRAFUERTE Muro exterior vertical, en forma de pilar cuadrangular, que reduce su grosor hacia arriba, destinado a dar un refuerzo adicional a los muros.

CORNISA Moldura que aparece en la parte superior de una pared o edificio. Parte superior del entablamento.

CORO Cabecera de la iglesia, donde se celebran los oficios.

CRUZ GRIEGA Cruz que presenta cuatro brazos iguales.

CRUZ LATINA Cruz que presenta dos brazos horizontales más cortos y uno vertical mayor.

CÚPULA Bóveda en media esfera o poligonal que cubre un edificio.

DEAMBULATORIO Nave generalmente anular que rodea el coro, y suele ser prolongación de los colaterales.

DINTEL Viga horizontal entre dos columnas o sobre el hueco de un muro.

DOVELAS Cada una de las piezas que forman un arco, con los bordes generalmente radiales.

ENTABLAMENTO Parte superior de un orden de la arquitectura clásica, inmediatamente encima de las columnas.

ESTUCO Resvestimiento hecho con un material plástico formado por yeso fino y polvo de mármol aglutinado con cola.

EXÁSTILO Pórtico con seis columnas.

FRISO Decoración mural arquitectónica, ya se trate de una escultura o una pintura siempre en sentido horizontal.

FRONTÓN Parte que corona un edificio, y que representa el frente de las techumbres en los templos de la antigüedad.

FUSTE Parte central de una columna, entre la basa y el capitel.

GÁRGOLA Conducto acanalado que se utiliza para desalojar las aguas de las azoteas, tallada en forma de figura grotesca o animal.

JAMBA Estructura vertical, que actúa como un pilar, sujetando un arco, puerta o ventana.

MAUSOLEO Monumento funerario de relevancia, dedicado a algún personaje honorífico.

MENSA Parte superior del altar cristiano.

METOPA Parte del friso clásico entre triglifos. Puede ser lisa o decorarse con relieves.

MIMBAR Púlpito de la mezquita.

NAOS Espacio central y principal de un templo griego.

NAVE CENTRAL Espacio principal de una iglesia cristiana, al oeste del crucero, formando el eje principal.

NAVE LATERAL Los espacios laterales paralelos a la nave principal de una iglesia y separados de ésta por filas de columnas o pilares.

ÓCULO Ventana redonda.

OJIVA Arco apuntado formado por dos arcos de círculos iguales, que se cortan en uno de sus extremos volviendo la concavidad el uno al otro.

PARTELUZ Elemento vertical de una puerta o ventana por donde penetra la luz.

PECHINA Elemento con forma de triángulo curvo que soportan una boveda y que sirven para pasar de una planta cuadrada a una circular

PEDESTAL Base sólida que sostiene una columna, estatua, etc.

PERISTILO Pórtico sostenido por columnas que rodea el patio de una construcción clásica.

PILAR Elemento sustentante vertical que realiza las mismas funciones que una columna pero que a diferencia de esta no se ajusta a la normativa de los órdenes.

PILASTRA Elemento estructural (pilar) que está adosado a un muro.

PINÁCULO Elemento propio del arte gótico que remata un contrafuerte o decora una fachada, generalmente de forma piramidal o cónica.

PILONO Construcciones monumentales que franquean la entrada a los templos egipcios.

PÓRTICO Porche de un edificio, abierto o cerrado, sostenido por columnas o pilares.

PRESBITERIO O CORO Zona del extremo oriental de una iglesia, donde se coloca el altar mayor, y que se reserva para el clero y situación del coro.

TÍMPANO Parte interior de un frontón.

TRANSEPTO O CRUCERO Espacio donde se cruzan dos naves perpendiculares en una iglesia con planta de cruz.

TRIGLIFO En el orden dórico, situado entre las metopas, elemento del friso formado por tres acanaladuras.

Arquitectura de la Antigüedad

MESOPOTAMIA, ORIGEN DE LA ARQUITECTURA

La construcción de la casa del dios y de la vivienda hacen de Mesopotamia la cuna de la arquitectura. A partir de las primeras y sumarias estructuras paleolíticas, la casa mesopotámica rectangular con patio apareció formalizada hacia el 2000 a.C., resultado de una lenta evolución que arrancó del 5000 a.C., lo cual fue paralelo a la aparición de los primeros templos, la primera arquitectura monumental.

Los primitivos templos mesopotámicos diferenciaban elementos imperecederos en la formulación tipológica de los mismos que quedaron fijados con carácter universal: delimitación del santuario, situación de la *cella*, colocación de la imagen de la divinidad en el interior de la misma. Paulatinamente se produjo la separación entre el dios y los fieles, lo cual se tradujo en plataformas y escalones (Tepe Gaura, Uruk).

El llamado templo blanco de Uruk fue erigido hacia el 3000 a.C. dentro de la propia ciudad sobre una terraza hecha de ladrillos. Se llegaba hasta la misma mediante una gran escalera. En la plataforma superior se levantaba el santuario al que se accedía por tres puertas.

Los materiales de estas estructuras fueron ladrillos de arcilla secados al sol y revestimientos cerámicos, fórmula que apareció hacia el 3000 a.C. De esta manera, en este tiempo y lugar, surgió con la forma del templo la idea de monumentalidad, que persistirá a lo largo de la historia como un anhelo humano de establecer contacto con las fuerzas invisibles.

Mesopotamia fue también la patria de una segunda constante arquitectónica: la erección de volúmenes en el espacio, los llamados *zigurats*, enormes masas macizas carentes de espacio interior, al tiempo que templo, altar dedicado al dios de la ciudad, lugar de ofrendas y residencia de la divinidad. Hacia el 2000 a.C., en Ur, en Eridú, el zigurat adquirió su forma prototípica, la de la torre compuesta por una serie de plataformas escalonadas con un templo en la cúspide, que nos trae inmediatamente el recuerdo del más famoso de todos ellos, la bíblica Torre de Babel descrita en el Génesis.

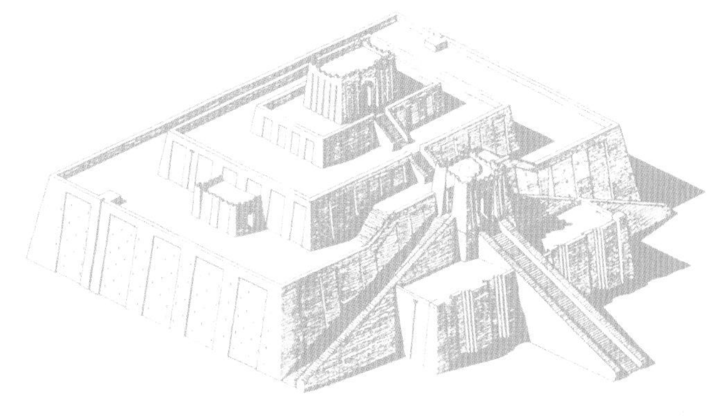

Ur. Mesopotamia. Reconstrucción dibujada de la forma del Zigurat. Hacia 2111-2044 a.C.

P. Brueghel: «La Torre de Babel». (1563). Viena. Museo de Historia del Arte.

Abu Simbel. Gran Templo de Ramsés II, h. 1250 a.C.

El zigurat de Ur es el mejor conservado de toda el área de la baja Mesopotamia, y fue mandado construir por los reyes de la III dinastía de Ur, Ur-Nammu y Shulgi, hacia el 2111-2044 a.C. Según los restos arqueológicos conservados, se trataba de una masa enorme de ladrillos secados al sol, cubiertos exteriormente por ladrillos cocidos, de planta rectangular de aproximadamente 62 por 43 metros. Se accedía mediante tres escaleras convergentes. El templo descansaba sobre el segundo piso, a unos 17 metros de altura.

El zigurat es una escalera entre el cielo y la tierra, un vínculo simbólico entre dioses y hombres. Y esa fórmula persistió en Mesopotamia y su área de influencia durante más de quince siglos, manteniendo su significado primordial: montaña sagrada artificial, trono terrenal del dios, lugar para el ofrecimiento de sacrificios.

Babilonia. Puerta de Ishtar. Mediados siglo VII a.C. Restitución como parte de las murallas.

El uso del ladrillo como material predominante en Mesopotamia no nos puede hacer olvidar que los habitantes de las montañas vecinas hicieron al mismo tiempo un sabio uso de la piedra, caso de los arquitectos hititas en su capital, Hattusha, o sus émulos de Ugarit (s. XIV-XII a.C.).

A partir del siglo IX a.C. un pequeño estado en Mesopotamia del norte, Asiria, impuso su dominio hacia el occidente y la zona mediterránea, de manera que desde el reinado de Assurnasirpal II (883-859 a.C.) Asiria dominó el Próximo Oriente, hasta llegar a conquistar Babilonia en el 612 a.C. por Asurbanipal, el más grande de sus reyes.

Los reyes asirios se mostraron como grandes constructores. Assurnasirpal II estableció su capital en Nimrud, donde construyó un gigantesco palacio, cuya sala del trono se ornamentó con los famosos relieves escultóricos de escenas de caza de leones, ubicados actualmente en las salas del British Museum de Londres. Sargon II quiso crear una nueva capital en Khorsabad, cerca de la actual Mosul. Senaquerib prefirió Nínive, en la orilla oriental del Tigris. Todas poseían espléndidos palacios construidos en ladrillos revestidos de cerámica y ornamentados con relieves que exaltaban el poderío militar asirio.

La Khorsabad de Sargon II fue levantada entre el 713 y el 707 a.C. Su planta rectangular casi cuadrada estaba amurallada y horadada por siete puertas. En el interior, adosado a uno de los lados, se situaba el palacio de Sargon II, elevado sobre una amplia terraza con rampas de acceso. La planta del palacio combinaba patios abiertos con dependencias y oficinas a su alrededor, la sala del trono, y las salas privadas del rey. El recinto incluía un zigurat como el volumen emergente más significativo de todo el conjunto.

Tras la caída de Nínive en el 612 en manos de la coalición de los Medos y Babilonia, un famoso rey, Nabucodonosor II (604-562 a.C.), quiso hacer renacer la antigua gloria de la capital destruida por Asurbanipal, que así volvió a ser centro de la cultura del mundo antiguo, la mayor y más célebre capital de la Antigüedad oriental.

La ciudad de Babilonia abarcaba la extensión de un cuadrado de veinte kilómetros, fortificada por una doble muralla y rodeada por una canal de agua. En el lado norte se erigía el palacio real formando una ciudadela. El acceso se realizaba por una majestuosa puerta, la famosa puerta de Ishtar, reinstalada hoy en día en

Babilonia. Puerta de Ishtar. Museo Pérgamo. Berlín. Destaca por las magníficas cerámicas esmaltadas de toros y dragones.

J. B. Fischer von Erlach. 1721. Restitución de la imagen de Babilonia.

el museo Pérgamo de Berlín. La fachada exterior de la puerta presentaba dos torres decoradas con magníficas cerámicas esmaltadas representando toros y dragones cornudos. La puerta franqueaba el acceso a través de una vía procesional que venía desde el río Éufrates, el cual salvaba por medio de un puente de piedra, y llegaba al templo de Marduk, un vasto complejo de casi cuatrocientos metros de lado, rematado por un zigurat, el llamado Etemenanki, de planta cuadrada de 91 metros de lado, cinco pisos escalonados, quizás siete, entre 75 y 90 metros de altura, al que muchos autores identifican con la Torre de Babel. La magnificencia neobabilónica radica en un gusto por la profusión decorativa, por el número de plataformas escalonadas, por la altura, por la complicación ritual. Cada terraza del zigurat iba revestido de ladrillos vidriados coloreados, cada piso de un color diferente.

Tras la muerte de Nabucodonosor II, la ciudad fue conquistada por Ciro, en el año 539 a.C. Su material se dispersó, pero nunca se perdió el recuerdo de la más famosa ciudad de la Antigüedad oriental.

Ciro el Grande (559-530), tras la caída de Babilonia, emprendió la tarea de fundar un imperio aqueménida sobre la base del aprovechamiento de las culturas anteriores, de los artesanos y artistas de los que carecía y ese eclecticismo constituye la primera característica del nuevo arte persa.

La primera de las fundaciones reales fue la capital, Pasagarda, en la llanura de Fars, actual Irán. Según todos los vestigios arqueológicos conservados, el espacio más característico de los edificios palaciegos fueron las grandiosas salas hipóstilas, auténticos bosques de columnas con cubiertas planas, un rasgo que quizá denote las primeras influencias jonias, del reino de Lidia, en la arquitectura persa.

Apenas quedan restos visibles de Pasagarda, salvo la tumba del propio Ciro, alzada sobre un zócalo de seis escalones, un opaco templete con cámara interior, simple de líneas, sólo ornamentado mediante una leve moldura que corre por la parte superior del muro y una roseta en el tímpano del frontón. Está construido con grandes bloques de mampostería, y ese motivo, más el de haber sido transformado en mezquita en época islámica, contribuyó a su buen estado de conservación.

Persépolis. Palacio de Darío. Siglo VI-V a.C. Arquitectura persa al servicio propagandístico de Darío.

Persépolis. Palacio de Darío. Relieve de guerreros. Siglo VI-V a.C.

Ciro fue sucedido por su hijo Cambises, el conquistador de Egipto, encuentro del que se derivan nuevas influencias del arte egipcio en el aqueménida. A éste le sucedió Darío (552-486), el más grande rey de los persas, quien emprendió la construcción de la fastuosa capital de Persépolis, el mejor ejemplo de la

Naqsh-i Rustam. Tumbas excavadas en acantilados rocosos imitando fachadas de palacios. Siglos VI-V a.C.

Saqqara. Recinto funerario del faraón Zoser, hacia. 2700 a.C.

arquitectura real aqueménida, situada en una llanura rodeada de montañas.

Persépolis expresa las cualidades eclécticas de la arquitectura persa puestas al servicio propagandístico de Darío y de su hijo Jerjes. Se trata de un conjunto concentrado de edificios yuxtapuestos, siguiendo una disposición ortogonal, sobre una inmensa terraza artificial, a la que se ascendía por medio de una grandiosa escalera de dobles tramos simétricos. Tras traspasar una puerta monumental con muros rematado por golas egipcias y defendida por toros androcéfalos (cuerpos de toros alados con cabeza humana) de estilo asirio, se desemboca en la plataforma superior en la que se alzaban edificios oficiales y residenciales.

El elemento característico de esta arquitectura es la *apadana*, la referida sala hipóstila, que en Persépolis tiene un papel arquitectónico determinante, aunque no exclusivo, pues ya había hecho su aparición en otra capital aqueménida, Susa. Las enormes columnas de piedra de hasta más de 20 metros sostenían entablamentos planos de madera, y la forma de sus fustes y capiteles denotan influencias jonias, salvo el añadido superior de figuras dobladas de monstruos o animales, su aportación original.

Los bajorrelieves escultóricos de temas bélicos, de cacerías, de interminables desfiles militares o de pueblos vencidos portando tributos decoraban escaleras y escenarios de la representación, superponiéndose a la arquitectura de la misma manera que el arte asirio lo llevaba a cabo con la decoración cerámica.

Cerca de Persépolis, en Naqsh-i Rustam, los soberanos aqueménicas a partir de Darío hicieron excavar sus tumbas cruciformes en acantilados rocosos, imitando fachadas de palacios, con la cámara mortuoria en el interior de la montaña, y excelentes relieves decorativos esculpidos que representan al rey ante el dios Ahura Mazda y los pueblos sometidos bajo el imperio de los persas.

EGIPTO, ARTE PARA LA ETERNIDAD

Un logro de la arquitectura egipcia a lo largo de su historia es el de haber hallado en la piedra el material preferente de su construcción, y aunque hubo preludios en arcilla en las primeras *mastabas* (banco en árabe) del norte de Saqqara, el anhelo de construir con un material eterno acabó pronto por imponerse. Ese arte para la eternidad se apoyó originalmente en su aplicación a la construcción de las tumbas, la casa de los muertos.

Las *mastabas* fueron la forma de enterramiento de las primeras dinastías del período Antiguo (h. 3200-2700 a.C.) en la zona de Menfis, al sur del actual El Cairo. Eran pequeños túmulos de planta rectangular, con lados retranqueados hacia lo alto y cubiertas planas. Dos puertas falsas servían para conectar el mundo de los vivos con el de los muertos: delante de ellas se depositaban las ofrendas. En su interior se hallaba la cámara del entierro que contenía el sarcófago del difunto, y a la que posteriormente fueron sumándosele otros espacios practicables, de manera que finalmente la *mastaba* dejará de ser el volumen sólido de los inicios. Lo que sí perdurará de ella son las líneas directrices de las futuras tumbas egipcias como suma de funciones de morada mortuoria y de monumento.

La arquitectura en piedra está unida a dos figuras históricas: Imhotep, mucho más que un mero arquitecto, y el faraón Zoser, de la III dinastía (hacia 2700 a.C.). Se trata del complejo funerario del faraón en Saqqara, algo desconocido hasta ese momento tal como fue organizado por Imhotep. Dicho complejo gira en torno a la pirámide escalonada, rodeada por un vasto recinto amurallado. La técnica de construcción de la pirámide deriva de las mastabas pero en este caso con la innovación técnica de la construcción en piedra. La pirámide es el resultado de la suma de seis mastabas escalonadas, con una base de 120 por 110 metros hasta alcanzar los 60 m de altura. La momia de Zoser fue depositada justo debajo de la pirámide, en una pequeña cámara sellada.

El complejo articula una serie de edificios desde la entrada, que se realiza a través de un corredor columnado que se abre a un patio, dentro del cual se agrupan una serie de construcciones relacionadas con el recorrido ceremonial del faraón para celebrar el rito de su jubileo y el de su *ka*, de su alma diríamos, el festival del Heb-Sed. En algunos de estos edificios aparecen por vez primera semicolumnas adosadas al muro, de elocuente parecido con la forma de tallos de plantas (lotiformes, papiriformes, palmiformes), que será otra de las constantes de la arquitectura egipcia a lo largo de toda su historia, clara alusión a su función con valor alegórico: vincular el suelo-tierra con el techo-cielo. En Saqqara, en fecha tan temprana, un arquitecto, Imhotep, fue capaz de distribuir un conjunto de elementos al servicio de un complejo programa ritual, de trabajar con un material duro y sólido, la piedra, y de añadir valores escenográficos y artesanales a la realización del mismo.

Al norte de Menfis, en Gizeh, concluye un proceso de construcción de pirámides que procede de Saqqara, Meidum y Dahshur, a las que ahora se unen las famosas de la IV dinastía: las de Keops, Kefrén y Micerino. La de Keops (h. 2575 a.C.) es la mayor en altura, 146 metros, y cada lado mide 233,70 m.

Las tres representan la culminación de la forma abstracta, sencilla y precisa al mismo tiempo. Cuatro triángulos isósceles que convergen en un mismo punto, cada uno orientado hacia uno de los puntos cardinales, carentes de ornamentación.

La pirámide forma parte de un sistema de edificios anejos que daban sentido a su construcción en cuanto tumba real: templo bajo junto al río, calzada ascendente y templo funerario. El emplazamiento en el límite del desierto, del lado del sol poniente, las situaba en un doble plano: físico y simbólico. Como en el caso de otras necrópolis egipcias, los vivos entierran a sus muertos en monumentos de máxima racionalidad humana en los confines de la tierra desértica baldía, junto a las montañas naturales de arena, en un territorio que ya no pertenece a la civilización, sino a la esfera de los dioses y de la muerte, que es la misma del sol poniente.

El segundo gran tipo de arquitectura egipcia en piedra es el templo, cuyos elaborados ejemplos pertenecen al Imperio Nuevo (h.1580-1085 a.C.) concretamente a las dinastías XVIII y XIX. Tebas es la nueva capital emergente, y Dehir el Bahari, Karnak y Luxor las referencias obligadas.

Gizeh. Detalle de la Pirámide de Keops, la de mayor altura, con 146 metros, 2575 a.C.

Gizeh. Esfinge y Pirámide de Keops. IV dinastía, 2600-2480 a.C.

Dehir el Bahari. Tumba rupestre de Hatshepsut. Dinastía XVIII, 1470 a.C.

Karnak. Templo de Amón, auténtica ciudad sagrada. Sala Hipóstila. Dinastía XIX, hacia 1290-1250 a.C.

Luxor. Templo de Amón. Dinastía XIX, hacia 1280-1220 a.C.

En Dehir el Bahari la faraona Hatshepsut (1511-1480 a.C.) y su arquitecto Senmut fundieron dos funciones de forma insólita, templo y tumba, contando como colofón visual con el impresionante escenario natural. Como en las pirámides, el enterramiento se hunde en el interior de la masa montañosa, pero la variación principal se da en la manera de yuxtaponer los patios porticados, que en esta ocasión resultan ser tres terrazas escalonadas unidas por rampas en la parte central que se dirigen axial e indefectiblemente al interior del acantilado, y al tiempo se conciben con perspectivas abiertas para poder contemplar desde ellas el amplio paisaje dejado atrás, que cruzando el Nilo llegaba hasta el propio templo de Amón en Karnak. Cada terraza posee un pórtico al fondo formado por pilares cuadrangulares *protodóricos* en su cara exterior y columnas redondas detrás decoradas con colosos osiriacos. El programa lo completa la serie de relieves rehundidos que decoran los muros, en los que Hatshepsut se hacía representar como hija directa del dios Amón.

La planta característica del templo egipcio a partir del Imperio Nuevo consta de tres partes continuadas axialmente: patio con columnas precedido por las puertas, *pilonos*, sala hipóstila y santuario, el lugar más oculto, oscuro y reducido de tamaño. El significado simbólico es evidente desde la misma entrada, que consta de dos torres de muros inclinados y una puerta entre ambas, y sobre ella, entre las torres, la representación del sol. Las variaciones del tema repiten siempre esta secuencia básica.

El templo de Amón, en Karnak, fue el resultado de múltiples intervenciones en una vasta extensión que hizo de él una auténtica ciudad sagrada. Su construcción abarcó desde la dinastía XVIII hasta la XXX, en que se realizó el primer pilono de la entrada actual. Fue Amenofis III quien dio el primer gran impulso a las construcciones preexistentes, levantando el tercer pilono y la columnata central de la gran sala hipóstila, que luego ampliaría Ramsés II de manera grandiosa. Sucesivamente Tutmosis I y Hatshepsut fueron incorporando pilonos, patios y obeliscos hasta llegar al Santuario de la Barca, finalizado por Tutmosis III. Ello quiere decir que el templo egipcio más conocido fue el resultado de la suma de intervenciones diferentes que perseguían dotar de magnificencia y esplendor a cada una de las ampliaciones del recinto, siguiendo básicamente la lógica del eje longitudinal como argumento de unión del recorrido de las diferentes partes y secuencias del conjunto.

La parte que sigue presentando mayor interés de Karnak es la sala hipóstila, sala de techo apoyado sobre columnas, de Ramsés II, de la dinastía XIX. El pasillo central que sigue el eje este oeste está formado por seis columnas a cada lado, de veintitrés metros, y siete hileras más bajas igualmente a cada lado, de nueve columnas cada una, pero no en disposición simétrica, creando de esa manera el efecto de un verdadero bosque de columnas que encierran al espectador en un espacio sin perspectivas abiertas, donde las columnas son al tiempo muros curvos de cierre, lográndose así un espacio emotivo, resuelto con habilidad técnica, al que algunos autores han denominado como *barroco ramesida*. El último efecto se conseguía gracias a la diferencia de alturas de la sala, lo cual permitía iluminar el interior a través de ventanas con celosías de piedra perforada.

Luxor, sin embargo, fue un complejo de trazado unitario claramente lineal, y fue debido al faraón Amenofis III (siglo XIV a.C.), con el añadido de Ramsés II (siglo XIII a.C.) de un patio porticado y un pilono sumados a la estructura original tripartita, que constaba de santuario, sala hipóstila, concebida como un estrecho pasillo de siete columnas de 16 metros de altura, y patio porticado de ligeras columnas papiriformes, más la columnata axial de la entrada exterior. Todo él fue concebido de manera unitaria, expresando el gusto por lo grandioso, por las escalas sobrehumanas, características del arte de esta época.

Ramsés II desplegó una intensa actividad edilicia en parte entendida como continuidad de las obras de los antepasados, en parte como propaganda personal. Además de incorporar patios y pilonos y obeliscos en Luxor, y de añadir la estructura hipóstila de Karnak de manera análoga a la columnata procesional de Luxor, construyó en Tebas otro monumento destacado, el llamado Rameseum, un colosal templo, y en Abu Simbel, en el alto Nilo, dos templos excavados de grandiosas dimensiones: 30 metros de fachada, 55 metros de profundidad, cuatro estatuas de 20 metros esculpidas directamente en la roca de la fachada y de 10 metros en el interior. La idea era la de aplicar la planta de un templo a un santuario rupestre en un emplazamiento espectacular, y es de nuevo esta audacia de enfrentar los edificios directamente con la naturaleza lo que constituye otra constante de la arquitectura egipcia.

Egipto fue conquistada en el año 525 a.C. por el rey persa Cambises, y en el año 323 a.C. por Alejandro Magno, cuyos sucesores tomaron el nombre dinástico del general Ptolomeo, el heredero de Alejandro instalado en la nueva capital, Alejandría. Finalmente en el 30 a.C. Octavio Augusto integró a Egipto en el Imperio romano.

Grecia y Roma se confrontaron, pues, con el arte del viejo Egipto, con su demostrada capacidad de construir, y el resultado en las dos ocasiones fueron nuevos templos hechos a la manera de los antiguos complejos, resultando ser reconstrucciones regularizadas de genuinos modelos antiguos: recintos cerrados con alineación tripartita en torno a ejes, perfectos acabados de columnas y relieves rehundidos, con la insólita novedad de conservar sus cubiertas planas, lo cual contribuye a comprender mejor la impresión espacial del interior. Entre otros muchos, de época ptolomeica se encuentran los de Dendera, Edfú y el de Filae, este

Abu Simbel. Gran Templo de Ramsés II, hacia 1250 a.C.

Filae, conjunto situado cerca de Asúan, en una isla del Nilo. Templo de Isis, hacia 250 a.C.

último un conjunto ubicado cerca de Asuán en una isla del Nilo, río siempre protagonista de la vida y de la cultura egipcia. En época romana se concluyen algunos de los anteriores y se siguen edificando otros nuevos, como el de Esna y el de Kom Ombo, este último con la singularidad de su planta duplicada por estar advocado a doble divinidad, Horus y Sobek.

ARQUITECTURA PRIMITIVA DEL MEDITERRÁNEO ORIENTAL: CRETA

Lo orígenes de la civilización cretense son tan oscuros como enigmática su catastrófica desaparición hacia el 1500 a.C., pero en parte se sabe de su genio a través de lo legado a Grecia tras ser absorbidos por las invasiones dorias hacia el 1150 a.C., en particular su afán de precisión constructiva y su gusto por el refinamiento decorativo.

Al tiempo que en la época del Bronce medio (2000-1700 a.C.) los pueblos indoeuropeos invadieron

Creta. Vista general del recinto del palacio de Faistos. Fase Protopalacial, 1850-1650 a.C.

Creta. Patio central del palacio de Faistos. Fase Protopalacial, 1850-1650 a.C.

Creta. Palacio de Cnossos. Fase Protopalacial, 1850-1650 a.C.

Grecia y provocaron una prolongada regresión, se produjo el auge de Creta. Los palacios de Cnossos, Faistos, Malia y Hagia Triada prueban la hegemonía cultural cretense. En cualquiera de ellos el centro es un vasto patio rectangular, y en varios pisos a su alrededor se reparten almacenes, talleres, lugares de culto, salas de recepción ricamente decoradas con pinturas realizadas al fresco.

El de Cnossos, el más extenso, excavado por sir Arthur Evans a finales del siglo XIX, ocupaba la cima de una colina. Era el palacio y la ciudad relacionada por Homero con el mítico rey Minos, de tiempos anteriores a la caída de Troya.

Cnossos carecía de murallas defensivas, aunque sí tenía torres y bastiones realizados en mampostería alternada con cantería: era el palacio de un rey del mar que dependía de su flota, y ello permitía que pudiera abrirse sin temor a las vistas del entorno exterior. La sala principal, el *megaron*, situado en el ala este, tenía el acceso desde el patio por una gran escalinata, con soportes exentos de madera. Respecto a la forma de la columna cretense, se plantean respuestas controvertidas, si bien predomina la opinión de su parecido con el dórico primitivo, pero disminuyendo el fuste de arriba hacia abajo, a la manera de «pata de silla». Poseían capitel con moldura inferior y bloque rectangular de coronación a la manera de un ábaco.

Los almacenes, apartamentos oficiales, la sala de audiencia y recepción y los lugares de culto ocupaban el ala oeste. Su distribución no guardaba leyes de regularidad simétrica, respondía a un cierto desorden de composición irregular adaptado al sitio, idea que se asimilará posteriormente con la disposición del mítico laberinto. De esta manera, el palacio cretense se presenta como un sistema organizado, como un centro religioso y político de la sociedad, además de como la residencia de los reyes-sacerdotes que detentaban el poder de la isla. Las pinturas murales, claras, perfiladas, luminosas, junto a la policromía de las columnas contribuyeron a crear la fama de una cultura de talante optimista, amante de expresarse en términos naturalistas.

ARQUITECTURA DE LA GRECIA MICÉNICA

Los restos de la ciudadela de Micenas, patria del rey Agamenón, se sitúan sobre una alta colina donde fueron descubiertos en 1876 por Heinrich Schliemann. El palacio remata la serie de construcciones residenciales y administrativas en la cima de una serie de terrazas concéntricas, y, al igual que los palacios cretenses, poseía pórticos de entrada, columnas y pilares, todo ello realizado con mayor nivel de formalización y menor irregularidad. La diferencia principal radica en el fuerte amurallamiento de Micenas, defensas ciclópe-

Micenas. Puerta de los Leones, con triángulo de descarga sobre dintel ocupado por una losa esculpida, hacia 1250 a.C.

as con puertas de entrada que, como la llamada de los Leones, tenía un triángulo de descarga sobre el dintel ocupado por una losa esculpida. En Micenas, como en la ciudadela de Tirinto, las columnas eran de madera elevadas sobre discos de piedra.

Tirinto (h. 1200 a.C.), mejor conservada, levanta sus tres terrazas artificiales sobre un pequeño cerro fuertemente fortificado, en la región de Argólida. De nuevo se repite el esquema de acceso estrecho, puerta, *propíleo*, y patio en torno al cual se distribuyen las estancias principales, residenciales, administrativas y de representación. El gran *megaron* de Tirinto era tripartito (pórtico, antecámara y habitación principal), construido con muros de adobe estucados y pintado al fresco en el interior. En el pórtico del *megaron*, además de las columnas de madera sobre pequeños plintos de piedra, se encontraron restos de bloques de alabastro con incrustaciones de pasta vítrea azul que recuerdan los triglifos y metopas del orden dórico posterior.

La cultura micénica legó además el más impresionante monumento arquitectónico de la Grecia prehistórica, el Tesoro de Atreo (h. 1250 a.C.), a veces denominado Tumba de Agamenón, una tumba circular, *tholos*, construida en la falda de una colina con sillares de granito, formada por un corredor al aire libre, *dromos*, desde el que se accede por una puerta de perfil egipcio y arco triangular de descarga como en la Puerta de los Leones de Micenas, a una cámara interior circular de aproximadamente 15 metros de diámetro y 13 de altura, una falsa cúpula de sillares resuelta mediante 36 hiladas horizontales superpuestas.

Micenas. Recinto interior de la ciudadela, a partir de 1350 a.C.

Micenas. Tesoro de Atreo o Tumba de Agamenón, hacia 1250 a.C.

ARQUITECTURA DEL MUNDO GRIEGO

Los griegos antiguos superaron la crudeza religiosa de las culturas anteriores o coetáneas y lograron, a lo largo de su historia, dar forma a una cultura que a la par que satisfacía las demandas de los dioses de su panteón olímpico, se basaba en una visión idealizada de su propia escala humana, del hombre, del cuerpo humano medido en términos puramente numéricos, matemáticos. Nunca lograron formar una entidad política compacta, ni un imperio territorial extenso y duradero, ni siquiera en época de Alejandro Magno. Pero legaron temas definitivos en el campo de la expresión artística, escultórica y arquitectónica principalmente. Buscaron la perfección en sus diversas manifestaciones de manera obsesiva, definiendo claramente los términos del desarrollo. En arquitectura, por ejemplo, aunque conocían las posibilidades y variedades del arco, eligieron el sistema arquitrabado, las líneas rectas, ortogonales, el dintel, el pórtico. Es la base de su monumento arquitectónico más destacado y antiguo, el templo.

Fueron deudores de sus orígenes más o menos ciertos, y la suma de dos migraciones procedentes de dos ámbitos bien diferentes: los dorios, europeos septentrionales, los jonios, asiáticos. Fueron deudores así mismo de legados artísticos variados, pero ellos lograron la síntesis clásica perdurable.

La forma preponderante de la arquitectura griega desde sus orígenes fue el templo rodeado de columnas, *períptero*, de planta rectangular, ordenado de manera clara, visualmente evidente. Orden. Ese es el término felizmente acuñado para definir la forma diferenciada del templo griego, posteriormente de los *estilos* a los que se acogía cada uno de ellos según las tres diferentes opciones definitivas.

El templo griego es, ante todo, un cuerpo plástico ubicado en el recinto de un santuario religioso, relacionado con el paisaje circundante, lectura que domina sobre los valores de su espacio interior, pues en términos comparativos a este último nunca se le confirió un contenido monumental equivalente. Como han puesto de relieve las interpretaciones de V. Scully o de Ch. Norberg-Schulz, el sentido del templo relacionado con el sitio, con el paisaje sacralizado elegido en cada ocasión, determina su visión y llena de contenido cualquier interpretación posible, de manera que si observamos y analizamos el templo no sólo dentro del recinto del santuario, la respuesta va más allá del asombro producido por la belleza de su estricta materia, por más que ésta fuera razón suficiente para causar el reconocimiento, la admiración que sigue emanando por su búsqueda permanente, obsesiva, de la forma perfecta. Ese valor se corresponde en todos los templos por encima de la casuística, de la rivalidad entre ciudades o de la competencia de éstas por lograr el edificio más grandioso o el que mejor respondiera al prestigio de cualquiera de los dioses a los que cada templo estuviese advocado.

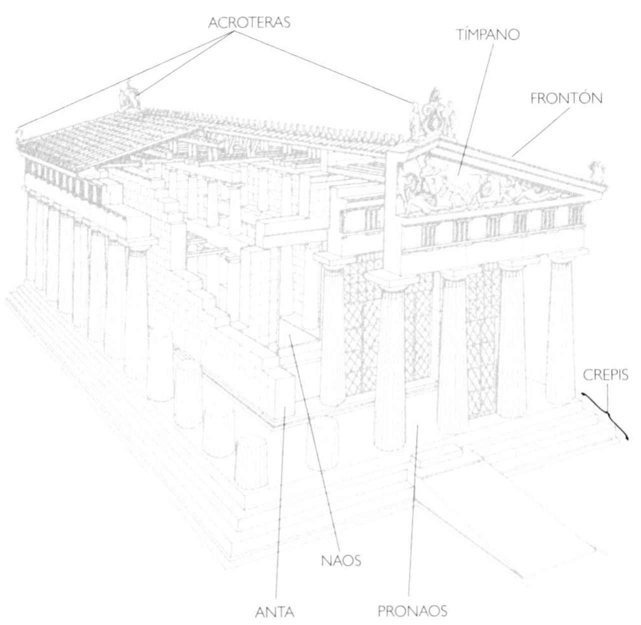

Esquema de templo dórico griego clásico.

En cuanto masa articulada, la arquitectura del templo se manifiesta en primer lugar por la columnata exterior que lo envuelve entero, por su planta rectangular y por su disposición ortogonal rigurosamente simétrica. Verticales y horizontales son sus líneas dominantes, vertical del hombre sobre la tierra, horizontal del plano de apoyo del suelo. El frontón sintetiza las tensiones de ambas líneas: partiendo del triángulo, de la misma figura que la de las pirámides egipcias, simboliza el monte Olimpo bajo la forma de su abstracción geometrizada.

Al interior de la planta del templo, con excepción de la columnata, genéricamente se le denomina *naos* o *cella*. Dicha planta consta de un pórtico o *pronaos*, por regla general abierto y terminado en cada lado por pilastras rectangulares llamadas *antas*. El pronaos puede parecer doblado en el extremo contrario de la nave, denominándosele entonces *opistodomos*. La cella o naos puede estar dividida y presentar un compartimento interior con acceso directo, el *adyton*.

La masa del templo se alza sobre una plataforma artificial a modo de cimientos apenas visibles, la *euthynteria*, sobre la que descansan tres escalones, el *crepis* o *crepidoma*. Al último escalón se le denomina *estilobato*, superficie lisa sobre la que se apoyan las columnas.

El texto del arquitecto romano Vitruvio *Los diez libros de arquitectura* (siglo I a.C.) nos ayuda a sistematizar la arquitectura griega en función de las variaciones empleadas, del uso de los tres *órdenes*, dórico, jónico y corintio, entendiendo por orden tanto las concreciones de los contenidos simbólicos (usos diferenciados de los mismos según el tipo de dios al que cada templo rindiera culto) como la forma de unidad arquitectónica formalmente reconocible, identificado ello como un módulo producto de la suma de la columna y el entablamento.

En el orden dórico la columna arranca directamente del estilobato; su fuste, que presenta veinte estrías de aristas vivas, disminuye de diámetro de abajo hacia arriba, el *éntasis*, y se remata con un collarino de tres estrías horizontales. Raras veces los fustes están realizados en un bloque monolítico, lo constituyen tambores con agujero central en el que se introducían tarugos de madera y clavijas, para después ser desbastados una vez concluido el ajuste.

El capitel dórico, normalmente labrado en un solo bloque, consta de un moldura convexa, el *equino*,

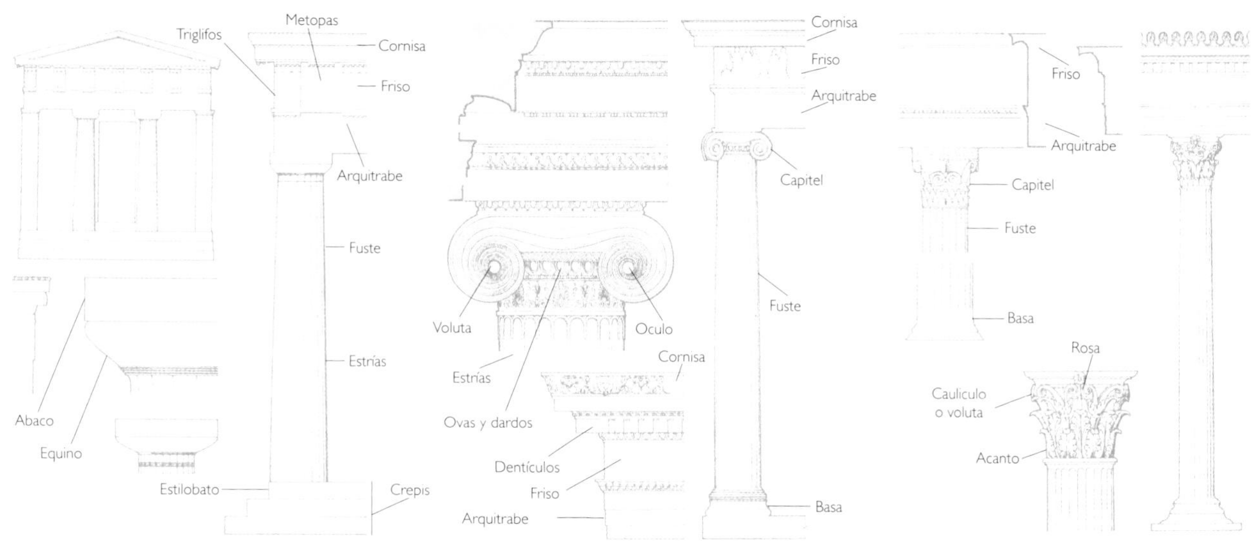

El orden dórico griego.

El orden jónico griego.

El orden corintio griego.

y un bloque cuadrado, el *ábaco*. Sobre el ábaco descansa el arquitrabe, la viga principal de piedra o mármol que va de columna a columna, que no presenta decoración alguna. Encima del arquitrabe corre el friso, que consta de *triglifos*, placas delgadas situadas sobre la vertical de cada columna y sobre el centro de cada intercolumnio. Los triglifos se distinguen por presentar en su frente tres estrías completas y dos medias que lo dividen en las características bandas verticales. Alternándose con los *triglifos* se hallan las *metopas*, más anchas, en sus orígenes una placa de madera o de arcilla cocida que cegaba el intervalo entre los pilares; solían ir esculpidas con ricos temas escultóricos. Finalmente, al alero o saledizo de pesados bloques de piedra se le denomina *cornisa*.

La cubierta inclinada sobre el *hastial* o *frontón* posee su propio sistema de molduras diferenciadas, aunque relacionadas con las de la cornisa horizontal. Los ornamentos llamados *acroteras* se colocan por regla general en los tres ángulos del frontón. La cornisa inclinada se corona con un canalón corrido o *sima*, que también solía disponerse por los lados de la cubierta, nunca por la base del frontón. La sima presentaba agujeros para dar salida al agua de lluvia, pero estos iban disimulados mediante cabezas de león, carneros o simples caños. La sima servía también para ocultar los extremos de las tejas planas de terracota del tejado. Muchas veces la sima de los lados era sustituida por adornos llamados *antefijas*.

El orden jónico, como diferencias específicas, presenta basas con molduras, *toros*, *boceles y escocias*, y plintos en la base de la columna. Los fustes, más esbeltos, tienen mayor número de estrías, 24, separadas por bandas de superficie no estriada. El arquitrabe se subdivide en tres bandas de desigual altura, sobre la que corre otra banda de *ovas* (adorno en forma de huevo) alternadas con *dardos* (adorno en forma de punta de flecha) por encima de un *astrágalo* (moldura de sección circular, va adornada con decoración de rosarios y cuentas), más una hilera de pequeñas piezas rectangulares saledizas, los *dentículos*, los cuales se unen a la cornisa por otra pequeña banda de ovas y dardos sobre astrágalo. En ocasiones parte de estos elementos son sustituidos por frisos continuos, por lo general decorados con relieves escultóricos. El capitel jónico, concebido para la visión frontal predominante, consta de un equino decorado con ovas y dardos, el cuerpo de las volutas con sus extremos enrollados en espirales, y un pequeño ábaco. Esta disposición centralizada del capitel jónico planteará problemas a la hora de resolver las columnas de los ángulos de los edificios.

El orden corintio, en realidad una variación del jónico, fue el de aparición más tardía, pero el más utilizado en época helenística y romana. Une a su mayor esbeltez proporcional el rasgo distintivo de su capitel. Se atribuye al escultor Calímaco la invención del capitel corintio, un escultor ateniense contemporáneo de Fidias, pero ya en Egipto aparecían capiteles en forma de cesta rodeados de coronas de hojas de plantas. Sin embargo fueron los griegos quienes formularon su diseño característico, con las dos hileras de hojas de acanto de puntas elegantemente inclinadas hacia fuera; del cáliz de hojas surgen zarcillos subiendo hasta el ábaco, uniéndose en el centro de las cuatro caras en forma de flores de palmeta, rodeándose en los extremos en volutas.

El sistema de los órdenes quedó fijado y fue la horma formal del clasicismo durante centurias. Pero ello no quiere decir que apareciera formalizado en un momento preciso ni que careciera de sutiles variaciones y adaptaciones en las distintas fases de su uso dentro de la propia arquitectura griega, o que se adoptara en edificios no exclusivamente templarios.

Las estructuras templarias más antiguas conservadas se remontan a fines del siglo VIII a.C., evoluciones del *megaron* micénico, construcciones de madera, paulatinamente sustituidas por adobe y por piedra después. El orden dórico partió del centro y sur de Grecia; los que determinaron su forma fueron los dorios del Peloponeso, aunque los vestigios y templos antiguos mejor preservados de este orden se hallan en la isla de Sicilia, en ciudades coloniales de la metrópolis, como Agrigento, Segesta, Selinunte Siracusa, o Paestum, en la Italia peninsular.

Paestum. Basílica, hacia 530 a.C. y templo de Hera, hacia 440 a.C.

En Paestum, la antigua colonia griega de Posidonia, se encuentran tres templos, el primero, llamado de Hera, conocido como la *Basílica*, se remonta a comienzos del siglo VI a.C., y su planta resulta singular por su arcaísmo, ya que tiene un número impar de columnas en su pórtico y fachada y una hilera de soportes en el eje central. Sus columnas tienen una proporción robusta, los capiteles resultan anchos, el efecto plástico abrumador. Nunca como en él las columnas del orden dórico mostraron la tensión de la fuerza soportada, el esfuerzo de verticales y horizontales de la estructura arquitrabada.

Los otros dos templos son sucesivos en el tiempo. El segundo, de Hera o Poseidón, con menor número de columnas, seis por catorce, que, al igual que las de la Basílica disminuyen su grosor hacia lo alto siguiendo una línea de marcada curvatura. La base del frontón subía sin cornisa horizontal inferior, audaz invención que no será continuada por el orden dórico posterior. El tercero, de Atenea, en cuyo pórtico aparecen los más esbeltos fustes del orden jónico. Este último conserva completo su alto frontón.

En la segunda mitad del siglo VI y comienzos del V a.C. el estilo dórico fue logrando un sólido equilibrio en la conquista y distribución de su espacio, como muestran las realizaciones del templo de Apolo en Corinto, el de la diosa Afaia en la isla de Egina y el de Zeus en Olimpia: *perípteros* (rodeados de una fila de columnas) dóricos con *peristilo* (galería interior formada por las columnas) que rodea una cella dividida en tres naves por dos hiladas de columnas interiores dispuestas en dos pisos. En el de Afaia en Egina, ejemplo de transición del estilo severo de primera época, las columnas consiguen ya un efecto más airoso y ligero, y fue famoso por las esculturas de bulto redondo de sus frontones que representan combates entre guerreros eginéticos y troyanos. El rey Luis I de Baviera los incorporó a sus colecciones, encargó al escultor B. Thorvaldsen su restauración, y hoy se hallan en la Gliptoteca de Munich.

El diseño de la arquitectura dórica, su rigor geométrico, producto de una mente matemática, se incrementa cuando se contempla al templo no como un

Egina. Detalle del orden del templo de Afaia. 500-485 a.C.

hecho aislado, sino como una armoniosa asociación de superficies y volúmenes, si restituimos su pertenencia al conjunto del santuario presidido por su presencia monumental. Es el caso de Olimpia o de Delfos, en donde los griegos honraban al centro del mundo, un santuario desde tiempos remotos dedicado a la diosa Gea, la tierra fértil.

Delfos domina un paisaje espectacular al pie del monte Parnaso; el recinto, *temenos*, ocupa una orografía en fuerte pendiente, se asciende la colina por medio de una vía sagrada zigzagueante bordeada de tesoros y templos conmemorativos de las distintas ciudades. En la plataforma superior se levanta el templo de Apolo, dórico del siglo IV, en cuyo interior se guardaba el *onfalos*, la piedra sagrada que simbolizaba el ombligo del mundo. Probablemente los restos del templo conservado sustituyeron a otros anteriores de madera, ya que en Delfos hubo construcciones importantes desde el siglo VI, caso del *tholos* arcaico, un edificio circular períptero con friso dórico.

Santuario de Delfos. Camino de ascenso y tesoro de los atenienses, hacia 487 a.C.

Pero sin duda de todos los templos dóricos el más hermoso es el de Atenea en la Acrópolis, «la ciudadela fortificada», de Atenas, el Partenón. El edificio conservado se comenzó en el 447 a.C., producto de la colaboración de un arquitecto, Ictinos, y de un escultor, Fidias. Ellos formaban parte de los artistas elegidos por Pericles para llevar a cabo un ambicioso programa de construcciones en la Atenas que acababa de triunfar sobre sus enemigos interiores y exteriores, particularmente los persas, que habían llegado a saquear la Acrópolis.

Acrópolis de Atenas. Alzado del Partenón, 447-432 a.C.

En la colaboración de un arquitecto y un escultor, el papel de este último no se ciñó a la esfera del programa escultórico, sino que se le atribuyen decisiones propias de su especialidad, como las variaciones introducidas en la planta para resaltar mejor la estatua de la diosa Atenea Parthenos realizada por él, que fue rodeada por una columnata dórica de dos pisos por tres de sus lados, de manera que el espacio interior aumentado obligó a disminuir el de las galerías exteriores, o, más importante y decisivo, las correcciones ópticas, que desvían y curvan la línea recta para poder ser percibida como tal por el ojo humano. Los muros se inclinan hacia el interior, al igual que las columnas, que se ensanchan en las esquinas, o se controla su *éntasis* (engrosamiento en el centro) para evitar a los ojos del espectador el que los fustes parezcan adelgazados en la parte central. El Partenón está construido en forma «piramidal» con el fin de conseguir que sea percibido como una estructura rectilínea perfecta, objetivo facilitado, o dificultado, al estar realizado todo entero en fino mármol de las canteras de Pentelia.

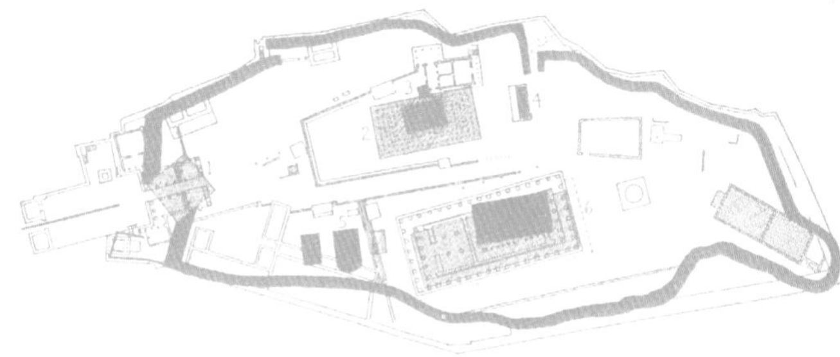

Acrópolis de Atenas. Plantas superpuestas, la antigua y la clásica, del siglo V a.C.

A veces se han querido entender las peculiaridades del Partenón en virtud de haber sustituido a un edificio anterior ubicado en el mismo sitio, lo que obligó a Ictinos a aprovechar decisiones tomadas previamente. Sin embargo, esa explicación no resulta convincente del todo a la hora de entender la variación octás-

Acrópolis de Atenas. Propíleos, magnífica puerta de mármol diseñada por Mnesiclés. A partir de 437 a.C.

Acrópolis de Atenas. Erecteion, en sus fachadas de disposición irregular se integran tres variaciones del orden jónico. Entre 421 y 406 a.C.

tila (ocho columnas en el frente menor, diecisiete en los flancos laterales), o el que en el *opistodomos* (sala en el extremo de la cella, normalmente sin comunicación interior con ella) hubiera cuatro columnas de orden jónico, mezcla de estilos de la que hay constancia de más casos, como hemos referido.

Además de la desaparecida estatua de Atenea del interior del Partenón, la tarea de Fidias incumbió a tres labores más íntimamente ligadas con la forma y significado arquitectónico del edificio.

En los tímpanos de los frontones, la posición privilegiada para la decoración esculpida, el temperamento plástico de Fidias conmemoró el nacimiento de Atenea y su lucha con Poseidón por el suelo del Atica, plasmándolo en estatuas de tamaño mayor del natural, vibrantes de efectos plásticos, de juegos de luces y de sombras, particularmente en el tratamiento de los pliegues de los ropajes.

En las metopas se narra la batalla entre lapitas y centauros, esto es, el triunfo de las fuerzas del orden y la civilización sobre las del caos y la barbarie, de los atenienses sobre los persas.

Una nueva singularidad del Partenón fue el rasgo jónico de incluir un friso corrido por el peristilo, en lo alto de la pared exterior de la cella, una larga banda de un metro de altura y ciento sesenta de longitud, desdoblada en camino paralelo desde el lado occidental hasta confluir en la entrada del lado oriental. El tema del friso era la procesión de las panateneas llevándole un *peplos* –un manto de lana– a la imagen interior de la diosa. En el friso los atenienses pudieron verse a sí mismos insertados en un espacio normalmente reservado a los dioses, de manera que allí se funde el mundo de los dioses con el de los hombres, lo ideal con lo real. Fidias representa la apoteosis de la Atenas de Pericles, reúne el pasado heroico con una fiesta legendaria, y ello mediante una técnica de narración admirable en la que el hombre resulta la optimista medida de todas las cosas.

La arquitectura griega clásica se encarna de manera modélica en el Partenón, pero no sólo, pues en la Acrópolis se ubican otras importantes realizaciones coetáneas. A la colina sagrada se ascendía por un camino sinuoso hasta alcanzar los Propíleos, la magnífica puerta de mármol diseñada por Mnesiclés, en el año 437 a.C. Básicamente se trata de un pórtico que sobresale de una puerta por sus lados interior y exterior, al que se le han añadido dos alas. La fachada desde el acceso exterior era dórica hexástila coronada por un frontón. El intercolumnio interior por el que seguía discurriendo la calzada era más ancho e incorporaba dos plataformas laterales con tres columnas jónicas cada una, de nuevo una expresión de la síntesis de los dos órdenes en la arquitectura ática. Junto a los Propíleos, sobre un podio, se situaba el pequeño templo de la Atenea Niké o Niké Aptera («Victoria sin Alas»), un exquisito templo jónico de plano muy simple (*tetrástilo anfipróstilo* = cuatro columnas monolíticas en dos pórticos, uno en cada extremo de la cella), diseñado por Calícrates en el año 426 a.C.

Desde los Propíleos se accedía al interior del *tememos*, observándose el Partenón en visión angular y la compleja forma asimétrica del nuevo templo del Erecteion, construido por Mnesiclés a partir del año 421 a.C., relacionado con los más viejos mitos sagrados y reliquias. Su caso es único en la arquitectura griega. Erecteo, Poseidón y Atenea tenían en él sus altares. Se integran en sus fachadas de disposición irregular tres variaciones del orden jónico, del que siempre se ha ala-

Bassae. Templo de Apolo Epicureo, 450 a.C.

Delfos. *Tolos* de Atenea, hacia 370 a.C.

bado la perfección de sus acabados y la hermosa complejidad de sus capiteles y adornos labrados. Del Erecteion, proyectado para reunir en un solo edificio varios santuarios antiguos aprovechando los desniveles del lado norte de la Acrópolis, sobresale la fama de la tribuna de las Cariátides, situada en el nivel más alto de su lado meridional, seis esculturas de doncellas sobre un pedestal corrido obrando en sustitución de columnas, cuyas cabezas, mérito del escultor, no acusan el peso del entablamento de mármol que reposa sobre ellas.

Además de los ejemplos de los templos de Poseidón en Pestum, de la Concordia en Agrigento y el inacabado de Segesta, también en Sicilia, todos dóricos hexástilos de la segunda mitad del siglo IV, en Bassae, en la región griega de la Arcadia, Fidias proyectó un templo períptero dórico hexástilo en honor de Apolo Epicurio («El Sanador»), en cuya cella no sólo había una extraña compartimentación de muretes con diez columnas jónicas adosadas, sino que se constata en él una de las primeras apariciones del capitel corintio.

De comienzos del siglo IV es el *tholos* de Delfos, del arquitecto Teodoro de Focea, con diez columnas corintias sobre un podio ligeramente adosado al muro interior de la *cella*. La siguiente aparición del capitel corintio es en las catorce columnas adosadas en el muro interior de la *cella* del templo de Atenea Alea, en Tegea, construido por el escultor Scopas en el segundo cuarto del siglo IV, y que de esa singular forma evita la presencia de la consabida columnata interior, al paso que convierte a las paredes en muros articulados por ordenes aplicados en ellas como paneles adosados, creando el efecto de un rico decorado en claro contraste con el severo orden dórico exterior. Igualmente el corintio florece en el interior del *tholos* de Epidauro, un edificio circular erigido en el 390 a.C. por Policleto el Joven, también arquitecto y escultor, como Scopas, o en las seis columnas adosadas de la *cella* del monumento erigido en Atenas por Lisícrates en el 334 a.C.

El que la arquitectura griega encontrara en los templos su plasmación monumental y su campo de

Epidauro. Teatro, hacia 300 a.C.

experimentación predominante no implica que éstos no coexistiesen con obras públicas civiles o militares, papel que en parte cumplía la misma Acrópolis. Hacia finales del siglo VI la comunidad civil, la *polis*, empezó a crear el marco monumental necesario para el desarrollo de su actividad: pórticos, *stoas*, plazas públicas, *ágoras*, salas de asambleas y de magistrados, *buleterion*, *pritaneo*, o teatros, en principio simples explanadas para la celebración de fiestas religiosas, pero que

Didima. Templo de Apolo, con inmensos fustes jónicos exteriores de gran suntuosidad a partir del año 300 a.C.

acabaron incorporándose a la vida de la ciudad con importante papel y elaborado diseño.

A partir del siglo IV a.C. se generaliza la construcción de teatros en piedra, con la debida separación de sus partes constitutivas: *auditorium* o *cavea* y el escenario *skene*, conectados por el patio semicircular *orchestra* donde se ubicaba el coro. Al carecer de cubierta, el teatro griego incorporaba de manera decisiva el paisaje como complemento del escenario, concentrando en el diseño de la *cavea* todos los esfuerzos materiales. En la Grecia continental el teatro de Epidauro, construido por Policleto el Joven en la segunda mitad del siglo IV a.C., el de Dodona y el de Dionisos, al pie de la Acrópolis, del 330 a.C., ejemplifican la perfección y belleza lograda por este tipo de construcciones.

Es un hecho cierto que los edificios de los santuarios griegos estuvieron realizados y relacionados entre ellos siguiendo leyes geométricas y compositivas predeterminadas. Por ello sorprende que de esta misma inteligencia compositiva, aplicada con éxito a la organización de los santuarios, no se derivasen principios, por mínimos que fueran, destinados a mejorar la organización de las ciudades contemporáneas, que, en términos cronológicos comparativos, resulte tan tardía la constancia de un pensamiento de planificación de las ciudades según criterios de racionalidad, aquella misma de la que se había hecho uso en los santuarios y en el plano de las casas de los dioses. El filósofo Aristóteles habló de un antecesor suyo del siglo V a.C., amigo de Pericles, teórico político, arquitecto y urbanista, Hipodamos de Mileto, al que se le atribuía el plano del Pireo, inventor de la división de la ciudad por clases (soldados, artesanos, agricultores), de un tipo de organización de ciudad cuyos elementos debían dividirse de acuerdo con sus funciones (sagrada, pública y privada).

El plano de la ciudad de Hipodamos era regular, con forma de parrilla, encarnación de un orden social racional y estrictamente funcional. Hipodamos introdujo en Atenas ideas poco conocidas, pues es probable que hasta entonces tanto en Grecia como en Asia Menor la mayoría de las ciudades fueran agrupamientos irregulares cuyos únicos edificios notables eran los templos, cifrándose en las *ágoras*, plazas abiertas o mercados, a veces las acrópolis o colinas fortificadas, las pocas características fijas en todas ellas.

Sin embargo, a partir del siglo IV, el aspecto de las ciudades tomó un impulso nuevo. Cuando Filipo de Macedonia fue asesinado en el año 336 a.C. le heredó su hijo, Alejandro, quien hasta su muerte, en el 323 a.C., dirigió una campaña militar asombrosa que le condujo hasta la India, pasando antes por todo el territorio persa, al cual sometió.

Es el comienzo de la llamada época helenística, cuya primera característica es este crecimiento desmesurado de las comunidades hasta hacerse impersonales, la extensión de las ciudades que se pueblan de habitantes anónimos entre ellos. En parte, para compensar el sentimiento de pérdida que conllevaba la ganancia de la expansión, se fueron acentuando los tratamientos subjetivos en las manifestaciones artísticas, se mostraron las emociones humanas en cualquiera de las representaciones artísticas, ya fuera en lo escultórico como en lo teatral. En definitiva, en contraste con los valores del clasicismo de la época de Pericles, se elevó la experiencia de lo personal a categoría universal. En escultura es el tiempo de Escopas de Paros, de Cefisodoto, de Praxíteles, de Lisipo, en pintura del famoso Apeles, el pintor de Alejandro.

En arquitectura la época helenística exploró un terreno hasta entonces poco considerado, el espacio interior, lo cual explica las novedades originales del citado templo de Atenea Alea en Tegea, el proyecto del escultor Scopas, que sirve para entender la transición entre dos épocas de una misma cultura. Posteriormente otros templos ahondarán en este tratamiento del espacio interior, ninguno como el oráculo de Apolo en Dídima, empezado a construir hacia el 300 a.C. Los inmensos fustes jónicos exteriores de suntuosidad impresionante creaban el efecto de un bosque de columnas de 20 metros de altura y dos de diámetro, escondiendo un patio interior al que se accedía por túneles abovedados. Tras descender por una majestuosa escalinata se encontraba la sorpresa de otro templete jónico en el patio, cuyos muros presentaban pilastras adosadas coronadas por capiteles adornados con profusos motivos florales.

El helenismo inauguró una actitud llamada a tener enormes consecuencias en la arquitectura occidental, el *clasicismo*, es decir, la repetición consciente de rasgos propios del tiempo pasado, en este caso, de la cultura del siglo V a.C., un tipo de *renacimiento* que trata de recuperar algo del confiado humanismo de la época de la Atenas de Pericles, y para lograrlo se tratan de emular las grandes realizaciones de la época anterior, e incluso se imitan los edificios y conjuntos monumentales, se les interpretan como estereotipos. Así, la acrópolis de Lindos, en la isla de Rodas, construida a partir del siglo IV a.C., resulta manifiestamente deudora de la búsqueda de efectos volumétricos de la de Atenas, si bien enfatizando todavía más los efectos teatrales y escenográficos de la posición geográfica, de la ascensión. Efectos que están presentes en el santuario de Asclepio en Cos, basándose en la manipulación de rampas, columnatas y puertas, o en el de una ciudad entera, Pérgamo, cuyo proyecto de expansión fue promovido por su rey Eumenes II, luego por Atalo II, sacando todo el partido de la majestuosa acrópolis y sus laderas, desarrollando un evidente sentido de lo monumental e integrando decididamente el paisaje en la composición arquitectónica. Desde el *ágora* inferior, un camino ascendía e iba organizando de manera irregular adaptada a las posibilidades del terreno buscando emplazamientos efectistas de gimnasios, bibliotecas, teatro, hasta alcanzar en la cota superior el venerable santuario de Atenea y la más lograda de todas las piezas, el gran Altar de Zeus (hacia 180 a.C.), literalmente forrado por un friso escultórico que narraba la lucha titánica de dioses y gigantes, convulsionados en la expresión de la violencia de la batalla los gigantes, pero serenos e imperturbablemente clásicos los dioses.

La erudición se convirtió en uno de los aspectos característicos de la cultura helenística, traduciéndose en la necesidad de establecer reglas y cánones de perfección para las distintas ramas del arte. En arquitectura dicho espíritu erudito dio lugar a la escritura de textos por parte de arquitectos recogiendo codificaciones sobre la profesión y la manera de ejercerla desde un punto de vista práctico. El iniciador de esta nueva tradición fue Piteo, el arquitecto autor del templo jónico de la diosa Atenea en la ciudad de Priene, edificado por Alejandro en el 334 a.C., y del mausoleo de Halicarnaso, la tumba de Mausoleo de Caria, de donde proviene el nombre genérico posterior, concluido por su viuda Artemisia, que consistía en una estructura a manera de templo sobre un alto podio, sosteniendo un cuerpo de remate de forma piramidal y un carro escultórico.

El continuador de la manera de entender la arquitectura y conceder importancia a la versión didáctica de la misma fue Hermógenes, que trabajó hacia la mitad del siglo II a.C. Vitruvio, el representante romano de esta misma tradición reglamentista, le atribuyó una actitud de desprecio hacia el orden dórico, de búsqueda de nuevas formas y refinamientos del orden jónico, así

Priene. Vista general de las ruinas de la ciudad, hacia 350 a.C.

Priene. Plano de la ciudad, de disposición ortogonal quedando dividido en manzanas de igual tamaño. Hacia 350 a.C.

como la invención de la planta *seudodíptera* (con una fila de columnas pero muy separada del muro para conseguir el efecto de doble columnata, o directamente con dos filas, una de ellas empotrada en el muro). Hermógenes ejerció su mayor influencia tanto en la arquitectura de su tiempo como en la posterior, prescribiendo un complejo sistema de relaciones proporcionales como base del sistema compositivo y constructivo de los órdenes empleados. De sus obras, la más conocida fue la del templo de Artemisa Leucofriene en Magnesia del Meandro, que se integraba en la red de un trazado de la ciudad deudor de las reglas del damero ortogonal.

Éfeso. Vista general de la ciudad helenística.

El rigor de la cultura helenística y su predisposición hacia los reglamentos y las ordenanzas quedó de manifiesto en el trazado de ciudades con plantas organizadas según retículas ortogonales, con grupos de manzanas de tamaño regularizado ocupadas por casas de viviendas, templos, plazas y edificios civiles. Muchas que habían sido fundadas anteriormente fueron reconstruidas según estos principios en época de Alejandro Magno, caso de la más conocida de todas ellas, Priene, que se levantaba sobre el extremo de un espolón en fuerte pendiente. Estaba amurallada, construida en espléndida sillería, con calles corriendo en las direcciones de los puntos cardinales, la mitad de las mismas convertidas prácticamente en rampas y escaleras dada la fuerte pendiente del lugar elegido, quedando dividido el plano en manzanas de igual tamaño, subordinándose a las mismas tanto los espacios abiertos como los edificios públicos incluyendo los templos.

La ciudad ortogonal helenística, en la etapa final, sufrió sus últimas transformaciones, fundamentalmente en el tratamiento arquitectónico de las calles, que se hacen más anchas y más magníficas basándose en el protagonismo escenográfico de largas columnatas de proporciones agrandadas, de masas monumentales como puertas, arcos de triunfo y tetrapilonos, incluso de columnas aisladas soportando estatuas, magnificencia decorativa propia de las ciudades helenísticas asiáticas como Efeso, Mileto, Perge, Antioquía, o Apamea. Ciudades y edificios que consagran un último principio de la arquitectura helenística llamado a alcanzar rango protagonista en la herencia romana y posterior: el uso del orden corintio en los exteriores de los edificios, un orden que por sus orígenes había sido considerado siempre particularmente severo, fúnebre, sagrado, sólo empleado hasta entonces, y con gran mesura, en los interiores de los santuarios.

ARQUITECTURA ETRUSCA Y ROMANA

La arquitectura romana, habiendo aceptado el uso de los órdenes griegos como ornamento, presenta menos interrogantes insolubles sobre sus orígenes e influencias, y a la vista de los logros de época imperial, no cabe duda de que consiguió reunir el sentido utilitario de sus empresas con los valores de la herencia recibida, lo cual constituye la aportación principal de su legado histórico, esto es, la fusión y la extensión del uso de la belleza ornamental griega con las proezas constructivas de la suya propia, preferentemente dentro de la ciudad, el marco predilecto de la cultura tectónica romana.

El nexo que relacionó y diferenció ambas tradiciones fue el pueblo etrusco, de probable origen asiático, aunque su principal aportación a la arquitectura, el templo, muestre influencias decorativas griegas. De los etruscos, establecidos desde el siglo VIII a.C. en las regiones del Lacio, la Campania y la Etruria, no conservamos sus templos más antiguos, construidos con barro y adobe, decorados con terracota pintada.

El esfuerzo principal del arte etrusco se dirigía a las tumbas, normalmente resueltas en forma de *hipogeos* subterráneos reconocibles exteriormente como túmulos cónicos de tierra con base de piedra, adornados en su interior con pinturas parietales y relieves de terracota coloreada.

En los muros y puertas de sus ciudades fuertemente amuralladas (Volterra, Arezzo, Cortona, Chiusi, Perugia, Cerveteri, Tarquinia) dejaron expuesto los etruscos el tema básico de la arquitectura romana posterior: las puertas construidas a base de arcos y bóvedas sobre una base de bloques tallados de piedra.

El templo etrusco guarda una importancia comparativa menor. Los templos romanos posteriores heredarán características suyas, desde el vago aspecto dórico, si bien con capiteles más comprimidos, a estar alzados sobre altos podios y ser accesibles sólo por uno de sus extremos por medio de una escalinata y de un pórtico con cuatro columnas. Presentaba tejado a dos aguas con aleros pronunciados, carecía de *triglifos* y *metopas* y en ocasiones se colocaban figuras de terracota en la parte superior de los frontones. Vitruvio nos cuenta la forma de la planta del templo etrusco, de triple *cella*, con una columna al frente de cada murete. Dichas columnas parecían ser variaciones del dórico, y se le denomina *toscana*, que se distingue por carecer de estrías en su fuste, el *éntasis* en disminución hacia arriba, y poseer una basa de tres molduras. Quedan vestigios de templos etruscos en Marzabotto, Veyes, Fiésole y Signia.

Aun siendo importante, la arquitectura templaria romana, tanto de época republicana como imperial, no es su aportación más original, al contrario, resulta imitadora y ecléctica, probablemente obra de arquitectos de origen griego en la mayor parte de las ocasiones.

De época republicana destacamos, por su carácter excepcional, los templos circulares de Vesta, en Tívoli, de implantación geográfica espectacular, y el situado en Roma junto al Tíber, ambos corintios perípteros, de época de Sila, siglo I a.C., aunque algunos autores remontan el romano hasta el siglo II a.C.

Por su espectacular impostación en el paisaje y el carácter ancestral de sus ritos, los santuarios de Júpiter Anxur en Terracina, y el de la Fortuna Primigenia en Palestrina fueron reedificados en época republicana adoptando en ambos casos un vasto plan de terrazas distribuidas axialmente en la ladera de la colina, combinadas con rampas y pórticos. Sobre la última plataforma se situaban los templos, al final de la ascensión dirigida por la arquitectura, y en ambos ejemplos los romanos dieron prueba de saber potenciar al máximo las relaciones entre arquitectura y paisaje.

Augusto, tras poner fin a las guerras civiles con su victoria en Actium (31 a.C.), estableció un régimen de orden y paz, restaurando la religión nacional y sus santuarios. De dichas intervenciones permanece el templo romano más conocido, la llamada Maison Carrée, mandado construir por Agripa en Nimes, en el año 12 a.C., un pequeño templo corintio hexástilo de piedra caliza local sobre un alto podio. Este templo, encerrado en un recinto monumental urbano, sintetiza bien la mezcla del *temenos* griego y el foro, la plaza pública romana. Igualmente su orden corintio permite definir las características diferenciadoras a partir de los tres elementos fundamentales: base ática, capitel con acantos y cornisa con modillones.

El segundo referente monumental de época augustea no es un templo, sino un altar, el Ara Pacis, del año 9 a.C., de significado político y religioso. El altar, un recinto cuadrado, está rodeado por muros cubiertos de mármoles esculpidos representando escenas históricas y míticas a mayor gloria de la propia familia imperial, también temas vegetales. Por su ejecución, dichos relieves siguen técnicas realistas a la par que exuberantes, que recuerdan las tendencias barrocas de la escuela de Pérgamo y su también célebre altar, con la nota específica de que las figuras de la familia de Augusto y los grandes dignatarios se hacen representar en un friso con actitudes rígidas, inmóviles, dispuestas según un estricto orden jerárquico.

El tratamiento del templo apenas sufrió variaciones respecto a las experiencias tradicionales, salvo la excepción de sus muestras en Asia Menor, donde se cruzan las permanencias helenísticas con las aportaciones

Tívoli. Templo de Vesta, 80 a.C.

Terracina. Vista general y templo de Júpiter Anxur, organizado en terrazas distribuidas axialmente en la ladera de la colina, 80 a.C.

romanas. Los nabateos, una raza árabe, dejaron huellas inolvidables en su capital, Petra, particularmente a partir del siglo II d.C., incorporando columnas y entablamentos griegos a sus templos hipogeos excavados en la roca, una arquitectura que, al ser horadada, se ve libre de exigencias estáticas, otorgando al plano de fachada indudables efectos barrocos y grandiosas dimensiones, con visión fundamentalmente frontal, próxima a los efectos plásticos de una escenografía teatral, que en el caso del llamado Jazna alcanza los cuarenta metros de altura. O en Palmira, un oasis en el desierto de Siria, que en el siglo III d.C. su famosa reina Zenobia la convirtió en la ciudad más deslumbrante con sus calles con pórticos columnados y sus arcos triunfales, en donde brillaba el llamado *templo del sol*, templo de Bel, de orden corintio con lujosos capiteles forrados de bronce, con una extraña planta producto de la alteración de la habitual, dado que fueron cerrados los accesos frontales a favor de uno lateral, al tiempo que se abrieron ventanas en el muro de la *cella*. Finalmente Baalbek, la antigua Heliópolis, en Líbano, con dos templos, el mayor dedicado a Júpiter, el menor a Baco, en torno a un gran patio rectangular precedido por uno hexagonal. El recinto se expresa con todo

Petra, templo rupestre del desfiladero, llamada el *Jasna*, comienzos del siglo I d.C.

Palmira, columnata central, siglos II-III d.C.

el barroquismo orientalizante del siglo I y II d.C., con lenguaje de orden corintio, buscando los efectos basándose en amplias plataformas y escalinatas, hornacinas, exedras semicirculares y rectangulares, frisos de densa decoración escultórica que alternan cabezas de toros y leones unidas por guirnaldas colgantes, buscando el efecto final que se consigue con las dimensiones máximas posibles, con alturas de columnas de veinte metros.

Arquitectura romana de arcos, bóvedas y cúpulas. Aunque la arquitectura romana fue deudora de las experiencias helenísticas, consiguió desarrollar una manera profundamente original tanto en lo que se refiere a la concepción espacial como a los sistemas constructivos. El argumento de partida para entender su radical innovación es el uso del hormigón romano, basado en la sustitución del barro por el mortero de cal, a lo que se añadía capas de piedra troceada o ladrillos rotos, *caementa*, material que les convertirá en los primeros grandes constructores de la historia, expertos como nadie en su aplicación a partir de la forma base de la arquitectura romana, el arco y sus variaciones espaciales: cruzándose sobre una base circular para generar de este modo una cúpula, o prolongándose sucesiva y linealmente y dar pie a una bóveda de cañón. Dos bóvedas de cañón que se cruzan forman una bóveda de crucería, ingeniosa solución cara a resolver problemas constructivos variados, como el de reducir la masa de los muros de soporte, así como de iluminación de los espacios interiores al permitir abrir grandes ventanales.

Además de las innovaciones de los materiales empleados, el sistema constructivo permitía ahorrar enormes energías y costos, en particular por el uso de las cimbras, estructuras provisionales de madera, reutilizables, que facilitaban el encaje de las piezas de sillería de los arcos, dovelas y clave. Los fuertes muros romanos de hormigón a veces llevaban como refuerzo arcos de ladrillo embebidos en su interior, y así es posible observarlo en la actualidad, no originalmente, pues la tendencia común era la de revestir los muros de hormigón con paredes de ladrillos cocidos, a cuyas diferentes maneras de ensamblarse se les denominaba *opus*. También fue usual que en los edificios importantes los muros fueran revocados con estucos coloreados y pinturas. De ello se deduce que la arquitectura romana presenta una doble condición, la de su sistema constructivo y la del añadido exterior, que ha de ser entendido en términos de revestimiento decorativo

El sistema de construcción con cimbras lo ilustran bien las obras civiles públicas romanas, particularmente brillantes el caso de los acueductos, como los famosos del Pont du Gard, en Nimes, del siglo I d.C.; el de los Milagros de Mérida, cuyas arquerías combinan hiladas de granito y de ladrillo; el de Tarragona, de época de Augusto, o el de Segovia, de finales del siglo

G. Pannini (1691-1765), vista interior del Panteón de Roma.

Segovia. Acueducto. Primer cuarto del siglo II d.C.

I d.C. Se alcanza con ellos grandes alturas a base de arcadas superpuestas de arcos yuxtapuestos, experiencia proveniente de la construcción de puentes, otro de los grandes logros técnicos de la edilicia romana.

La arquitectura romana más característica la representan los monumentos basados en el uso del hormigón para cubrir grandes espacios mediante sistemas abovedados o cupulados, caso específico de los establecimientos termales y del Panteón.

Las termas expresan muy bien el gusto romano por lo gigantesco, como las de los emperadores Caracalla, de comienzos del siglo III, y las de Diocleciano, un siglo posterior, convertidas por el arquitecto Miguel Ángel en el siglo XVI en la iglesia de Santa María de los Ángeles. En todos los casos los establecimientos termales eran lugares de encuentro social, de prácticas deportivas, de lectura, y requerían amplios recursos de suelo, de medios materiales, y de mantenimiento. La arquitectura del edificio central principal respondía a estas funciones, destacando las de distintos tipos de baño: frío, *frigidarium*, templado, *tepidarium*, caliente, *caldarium*, salas de vestuario *apodyterium*, de sudoración, *laconicum*. Las citadas termas imperiales duplicaban dichas estancias a los lados de un eje, consiguiendo plantas simétricas de espacios trabados y compactos. Los espacios mayores se recubrían con sistemas abovedados y cupulados, apoyados en muros y columnas revestidos de ricos mármoles. Las salas principales, como se puede seguir observando en la iglesia de Santa María de los Ángeles, se cubren con tramos de bóvedas de crucería de planta cuadrada apoyadas en ocho pilares. Los muros inferiores permiten abrir grandes ventanales semicirculares divididos por parteluces (ventanas termales). Un sistema parecido se empleó en la Basílica de Majencio, en Roma, de comienzos del siglo IV.

El Panteón de Roma fue comenzado a edificar en el año 27 a.C., en época de Augusto, por su ministro Agripa, tal como figura en las letras del friso del antecuerpo en forma de pórtico, pero la intervención más notoria y decisiva se debe a la época del emperador Adriano, entre los años 120 y 124 d.C. Las dieciséis columnas del pórtico octástilo son corintias, con fustes sin estrías y capiteles de mármol (dos de ellos tallados por Bernini en el siglo XVII), y sobre ellas corre un entablamento y un frontón poco profundo, formas características del templo griego. La radical novedad la aporta su adhesión a una rotonda cubierta con cúpula a la cual se accede desde el pórtico por una única puerta. El Panteón es, pues, un templo rotondo de 44 metros de diámetro, sin igual en la arquitectura antigua, apoteosis del espacio interior curvo cerrado, cubierto por una cúpula inspirada en las de las termas pero abierta por un óculo de 8 metros, todo adaptado a un contexto nuevo, el de crear un microcosmos religioso. El Panteón representa una bóveda celeste que deja penetrar la luz del sol en el interior del templo de todos los dioses, metáfora cósmica en la que redundaban en su día las

Tívoli. Villa de Adriano. Teatro Marítimo, 118 d.C.

Spalato. Palacio de Diocleciano, fortaleza amurallada de planta rectangular con dos calles que se cruzan, hacia 300 d.C. Reconstrucción según Ernest Hebrard, 1912.

refulgentes estrellas de bronce de los casetones de la cúpula. El muro del tambor es grueso de 6 metros, pero para evitar la sensación de pesadez se perforan en él ocho hornacinas rectangulares y semicirculares alternas, una de ellas ocupada por la puerta de entrada, y salvo esta y la frontal, las demás presentan pantallas de dobles columnas y pilastras corintias.

Así, pues, el muro no es macizo ni continuo, sino el resultado de la adición de ocho gigantescos pilares unidos visualmente mediante nichos y constructivamente por arcos de ladrillo. Hay también arcos de descarga embebidos en el interior del casquete de la cúpula que alivian el peso de ésta, de manera que el edificio conjuga de manera maravillosa el ingenio constructivo con el diseño decorativo, ambos puestos al servicio de la idea religiosa manifestada de manera tan novedosa y contundente.

Las bóvedas en los edificios romanos tienen una larga progenie e interesantes variaciones. El emperador Adriano en su villa de Tívoli, en connivencia con su arquitecto favorito, Apolodoro de Damasco, evocó en aquel parque inmenso salpicado de construcciones los monumentos de las tierras y culturas clásicas conquistadas por Roma y visitadas por él, como Egipto y Grecia, recreando un paisaje de variados ambientes e irregular disposición conjunta: Canopo, Pecile, Liceo, Academia, Tempe... En la denominada *Piazza d'Oro* la cúpula surge desde una planta octogonal de muros alternados rectos y curvos que se manifiestan interior y exteriormente; dicha cúpula consiste en ocho segmentos cóncavos separados por aristas.

A comienzos del siglo IV d.C. el emperador Diocleciano construyó su palacio en Spalato, una fortaleza fuertemente amurallada de planta rectangular, con dos calles que se cruzan y sus extremos se abren al exterior mediante cuatro puertas. Las calles estaban flanqueadas por columnatas corintias sobre las que descansaban arcos, una novedad del lenguaje arquitectónico, parcialmente adelantada en el *Canopo* de la villa de Tívoli, con enormes consecuencias en la arquitectura posterior. El programa del palacio, cuyo pórtico se integraba en el espacio abierto de la calle, incluía, además de la residencia del emperador, un templo de orden corintio y un mausoleo de planta octogonal, con nichos en los muros interiores, columnas corintias adosadas sosteniendo un entablamento, todo con carácter de revestimiento parietal. El material básico de la realización era de nuevo el ladrillo, lo mismo que el de la cúpula de doble caparazón, en su día decorada con mosaicos hoy desaparecidos. Por la fachada del palacio hacia el mar corría una galería a manera de mirador abierto, alternando el sistema de entablamentos y arcos sobre columnas corintias característico del conjunto de este palacio de época imperial tardía.

El teatro romano deriva del griego, al que muchas veces imita y del que representa sus obras, pero en vez de estar construido en el declive natural de una colina, al hallarse situado en suelo llano de ciudades, lo hace como un semicírculo murario de sostén y de acceso a las gradas, o *cavea*. La *orchestra*, el lugar del coro, pierde relevancia hasta desaparecer, en favor de la *scaena*, cuyo muro de fondo, *frons scaenae* llegó a ser una verdadera estructura arquitectónica con efectos ilusorios de profundidad. Existieron y se conservan espléndidos ejemplos, desde Pompeya a Aspendos, en la actual Turquía, Orange, cerca de Avignon, ambos de ricas composiciones en sus *frons scaenae*. El más conocido de la antigua Roma es el llamado de Marcello, del siglo II a.C., que presenta la característica superposición en altura de tres órdenes, toscano, jónico y corintio, entre las arcadas del muro exterior, cuyas masas quedan estructuradas de este modo con el uso de los órdenes a la manera romana, como membrana de articulación. De época de Agripa, 18 a.C., es el mejor de los conservados-restaurados en España, el de Mérida, canónico en su compartimentación, de rico escenario compuesto de columnas corintias de mármol azul y capiteles de mármol blanco.

Una variación del teatro es el anfiteatro, resultado de su desdoblamiento hasta constituir una planta circular o elíptica, lo cual carece de precedentes conocidos. El anfiteatro fue concebido para acoger una actividad exclusivamente romana, la lucha de gladiadores y otros espectáculos violentos. El anfiteatro Flavio, llamado «Coliseo», una mole elíptica que fue inaugurado por Tito en el año 80 d.C., es un magnífico ejemplo de construcción a partir de tres grandes galerías anulares abovedadas de hormigón. Todo se justificaba con el fin de sustentar una gradería capaz de acoger y facilitar la fluidez de cuarenta y cinco mil espectadores. El complejo sistema constructivo, basado en hormigón revestido de ladrillo, continuaba bajo el óvalo de la arena. En el alzado del Coliseo se superponen tres pisos a base de arcadas, y un ático de muro continuo, lo cual queda lingüísticamente estructurado con los tres órdenes superpuestos de semicolumnas, más las pilastras del último. Sorprende, pues, la construcción del Coliseo como masa horadada mediante galerías interiores que lo hacen totalmente practicable, en tanto que el aspecto exterior, el que caracteriza el paisaje urbano, en el que se inserta con contundencia monumental, vuelve a incidir en el valor de los órdenes clásicos como añadidos a dicha masa, presentándose articulados según una sistematización repetitiva de arcos, pilastras y semicolumnas adosadas realizadas, como el propio muro, con sillares de piedra de las canteras travertinas.

Roma. Maqueta de su estado en la Antigüedad.

Roma. Anfiteatro Flavio, llamado Coliseo. 70 d.C.

Roma como ciudad nunca siguió las pautas del urbanismo aplicado a las fundadas por los romanos, y siempre mantuvo en su trazado el carácter de organismo complejo desarrollado a lo largo del tiempo sin un proyecto unitario continuo. El centro directivo de la vida de la ciudad lo fueron ocupando los distintos *foros* y los monumentos de variado tipo situados en estas plazas públicas representativas: pórticos con *tabernae* (comercios), basílicas para impartir justicia, templos, columnas que, como la de Trajano, celebraban con relieves helicoidales las campañas de la conquista de la Dacia (Rumania) y los valores del emperador, cuyas cenizas se recogían en ella; mercados, o arcos triunfales, de nuevo una expresión de la figura arquitectónica preferida por la cultura romana llevada a su máxima expresión conmemorativa.

La ciudades romanas recogen en su trazado la experiencia helenística hipodámica y la funcionalidad del campamento militar romano, de calles reticulares: *cardo* y *decumanus* se denominan a la principales que dictan el sentido del resto. Aunque en algunas de estas ciudades se levantaron edificios de vivienda de hasta seis pisos, particularmente en Roma y Ostia, lo habitual de la casa romana, como en los ejemplos que se conservan en Pompeya, es el tipo de casa baja articulando una serie de espacios, siempre recogidos hacia el interior, alrededor de un patio central, el *atrium*, centro de organización de las distintas habitaciones dispuestas simétricamente en torno suyo. La estancia principal se denominaba *tablinum* y solía presentar sus muros de estuco decorados con alegres pinturas o motivos en relieve. El atrio podía poseer columnas o pilares, y el agua de lluvia que penetraba gracias a su abertura, *compluvium*, se recogía en el estanque central, *impluvium*. Cuando las necesidades del programa lo requerían, las casas se ampliaban con el *peristilo*, un pórtico abierto al jardín trasero. Dicho peristilo constituía el elemento fundamental de las villas suburbanas, que abandonan la cerrazón del atrio en favor de la libertad de los espacios abiertos y el lujo de los pórticos y columnatas.

La primera arquitectura medieval

ARQUITECTURA PALEOCRISTIANA

La difusión del cristianismo no conllevó inicialmente transformaciones de la expresión artística, sólo más tarde se irá definiendo paulatinamente una arquitectura propia. Las primeras comunidades cristianas se valieron de signos figurativos fuertemente simbólicos o emplearon directamente los de la civilización romana alterando sus contenidos. A partir del siglo II se excavan las primeras catacumbas, cementerios subterráneos en forma de extensas redes, caso de las romanas, que consistían en largas galerías que cada cierta distancia se ensanchaban formando cámaras. Las catacumbas permitieron ir desarrollando programas pictóricos en los que los temas clásicos fueron interpretados en clave alegórica (Orfeo será Cristo liberando las almas del limbo), lo cual implicó una lenta disolución del arte clásico (pagano) hacia los futuros temas cristianos.

Tras la conversión de Constantino y la proclamación del edicto de Milán (313) que reconocía oficialmente el culto cristiano, se planteó el problema de definir espacios litúrgicos adecuados a las nuevas necesidades de los fieles reunidos («eclesia») con el fin de celebrar los nuevos ritos. El proceso en arquitectura era el equivalente al artístico general: valerse inicialmente de estructuras espaciales existentes, modificando paulatinamente las dimensiones y la distribución de las mismas. La confusión entre el poder temporal y el eclesiástico, auspiciado por el emperador, facilitó el que la liturgia de la iglesia adoptase rasgos del protocolo oficial romano y de la corte imperial.

La basílica romana, un tipo de edificio destinado a funciones públicas, comerciales y de administración de justicia, resultaba muy adecuada para ser reutilizada adaptada a los nuevos usos. Las basílicas romanas, en términos generales, consistían en salas columnadas cubiertas, de planta rectangular, aunque a veces presentaban la cabecera rematada con forma de ábside semicircular. Al servir para dar audiencia a los pleitos ciudadanos, contaba con una elevación en un extremo, el tribunal, apropiada para ubicar al magistrado de turno. En cuanto salas capaces de acoger un amplio número de personas con una organización espacial jerarquizada, su paso a resolver las reuniones de los cristianos fue uno de los vínculos directos entre Roma y la arquitectura paleocristiana.

La iglesia basílica cristiana primitiva sustituía la posición del magistrado por la del sacerdote celebrante, cuya figura debía quedar destacada ante el resto de los asistentes, continuando el tipo de planta rectangular con una nave central acompañada de tres o más naves menores, separadas por filas de columnas. En un extremo se halla el atrio de entrada con un pórtico dedicado a la instrucción de los catecúmenos, el «nartex», en el otro una vasta cavidad semicircular, el ábside, cubierto por media cúpula, en tanto que el resto de las naves presentan techados planos de madera. Un gran arco triunfal sirve de transición entre el ábside y las naves, y tanto el ábside como el arco triunfal acogen los programas iconográficos más importantes, siguiendo la técnica romana del mosaico polícromo. Las paredes «pintadas» con mosaicos gozan de una característica muy especial, la de llenar de luz vibrante las superficies que reciben dicha luz a través de los ventanales abiertos en la diferencia de altura entre la nave principal y las laterales. El resultado son miles de puntos de luz (las teselas irregulares de que consta el mosaico) componiendo temas figurativos en los que el mensaje queda reforzado por la forma iluminada con-

Kairuán, sala de oraciones de la Gran Mezquita (836).

Roma. Basílica de Santa Sabina (432-440).

Roma. Mausoleo de Santa Constanza, de planta rotonda rodeada exteriormente por una columnata cubierta por bóveda anular. hacia 350.

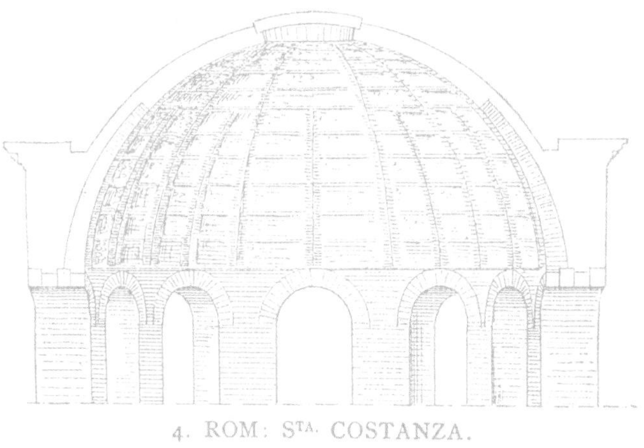

Roma. Sección del mausoleo de Santa Constanza, hacia 350, según G. Dehio (1901).

seguida, casi mágica, llena de vitalidad, que trasciende la modesta materia de la construcción en espejo brillante, en representación pictórica impalpable, llena de sentido simbólico.

En Roma, las principales basílicas constantinianas son las de San Pedro del Vaticano, San Juan de Letrán, San Pablo Extramuros y Santa María Mayor, esta última la que más de cerca continúa con el trazado original, si bien todas han sido muy alteradas a lo largo del tiempo, siendo la de Santa Sabina, de comienzos del siglo V, la mejor conservada.

La basílica paleocristiana refrenda la preponderancia del orden axial longitudinal, en el que sucesivamente se disponen la entrada, el eje de la nave principal y el ábside, recorrido en el que incide la luz que penetra a raudales por las altas ventanas, sin apenas zonas claroscuras, dado que el dios de los cristianos se identifica simbólicamente con la apoteosis lumínica. Las decoraciones pictóricas subrayan dicho simbolismo, sacando provecho de la experiencia pictórica y de la técnica de los mosaicos romanos, que en este momento pasan a cualificar los ábsides y arcos triunfales con representaciones de la Jerusalén Celeste (Santa Pudenziana), escenas del Viejo y Nuevo Testamento (naves y ábside de Santa María Mayor), el magnífico Cristo en la de San Cosme y San Damián.

La segunda forma que la arquitectura paleocristiana heredó de Roma fue el baptisterio, espacio central redondo (Santa Constanza, de 350; San Stefano Rotondo, de 468-473) o poligonal (Baptisterio Lateranense), probablemente derivado de los mausoleos y de los ninfeos termales, síntomas de la clara afición de los romanos por las formas circulares y sus variaciones (tumba de Cecilia Metela en la Vía Apia, 30 a.C.; mausoleo de Augusto, 28 a.C.; mausoleo de Adriano, después Castillo de Sant´Angelo, 139 d.C.).

Santa Constanza, mausoleo de la hija de Constantino, es el edificio mejor conservado de la Roma paleocristiana, construido hacia el año 350. Originariamente su planta rotonda estaba rodeada exteriormente por una columnata cubierta por una bóveda anular, a manera de deambulatorio. Interiormente presenta un oscuro deambulatorio con bóveda anular alrededor del tambor que sostiene la cúpula, de manera que parece el resultado de doblegar la forma de una planta basilical hasta convertirla en circular. Como en otros casos de arquitecturas de la época, el tambor descansa en arcos sobre columnas, doce pares, de orden romano compuesto.

Señalando la entrada se encuentra un «nartex» de doble exedra, que da paso al recinto interior, inundado de luz por doce ventanas abiertas en el tambor, mientras que el deambulatorio permanece en penumbra, siendo el lugar donde mejor se han preservado los rutilantes mosaicos decorativos sobre fondo blanco, añadidos pictóricos que cualifican cromáticamente dicha penumbra con escenas de ángeles vendimiadores, un viejo tema pagano reinterpretado con significado simbólico cristiano.

Aunque Roma expresaba la potencia de la cultura imperial antigua prolongándose en la naciente cultura cristiana, los acontecimientos obligaron al emperador Teodosio a trasladar la capital a Milán entre los años 379 y 402, en donde, bajo la égida de San Ambrosio, se trató de competir con la fama monumental romana. La iglesia de San Lorenzo (comienzos del siglo V, aunque muy transformada en el siglo XVI) fue el resultado más evidente de este propósito de unión de intenciones civiles y religiosas de Teodosio y San Ambrosio, un programa de restauración del clasicismo romano que se denota igualmente en los programas artísticos pictóricos y escultóricos. La planta cuadrilobulada con estructura de doble casco de San Lorenzo retoma la idea de centralidad y de cubrición cupulada sobre la base de un cuadrado en cuyos lados se alternan cuatro torres. El espacio interior central se expande mediante amplias exedras, solución que recuerda los espacios interiores de las termas romanas, de la misma manera que las columnas de sostén de las exedras rememoran inevitablemente el lenguaje de la arquitectura antigua, en cuanto articulan el juego de llenos y vacíos de los muros interiores con su condición de membranas que imbrican perspectivas y contribuyen a crear efectos de luces y sombras en la atmósfera interior.

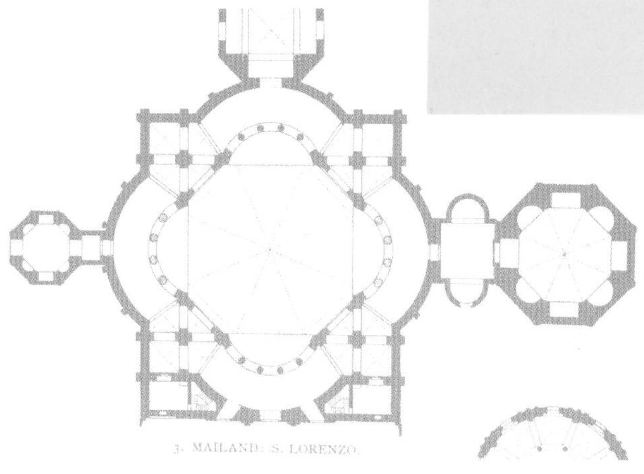

Milán. Planta de la iglesia de San Lorenzo, siglo V, según G. Dehio (1901).

ARQUITECTURA BIZANTINA

El emperador Constantino sólo se bautizó como cristiano en su lecho de muerte, en el año 337, pero su política de tolerancia religiosa fue determinante cara a la expansión del nuevo credo religioso. Apremiado por la presión de las tribus bárbaras, el emperador tomó otra decisión trascendental, trasladar en el año 334 la capital de Roma a Bizancio, cuyo nombre se asimiló al del emperador, pasando a denominarse Constantinopla. Teodosio fue más allá al dividir el imperio en el 395, repartiendo funciones entre Oriente y Occidente.

Mientras Occidente sucumbía a invasiones y saqueos (Roma lo fue por los visigodos en el 410), y se veía obligada a cambios de capital, de Milán a Rávena en el 402, Constantinopla, capital permanente del imperio de Oriente, creció de forma rápida y pronto dio lugar a manifestaciones culturales que fundían el occidente romano con el oriente bizantino, y este último término, alusivo a la antigua denominación de la ciudad, acabó persistiendo como el genérico de toda la cultura producida allí hasta su caída en poder de los turcos otomanos en el año 1453.

Lo que en Occidente fue convulsión político-militar, en Oriente lo sustituyó la disensión religiosa, controversias desgarradoras que apenas aplacaron los distintos Concilios, pero no se alcanzó nunca la unidad litúrgica. Hasta que no ascendió al trono Justiniano en el 527, Oriente no logró una arquitectura imperial digna de tal nombre. Justiniano actuó convencido de su misión divina de restablecer la ortodoxia, de exaltar su propia posición cerca de Dios, para lo cual emprendió una ambiciosa actividad constructiva y organizó grandes planes de propaganda de su gloria personal. Su historiador de corte, Procopio, escribió sobre la importancia trascendental del programa arquitectónico, tanto como la restitución de la ortodoxia o la recuperación de las tierras usurpadas por los bárbaros.

Mientras que Occidente siguió desarrollando la iglesia de planta basilical, la arquitectura justiniana, verdadero inicio de la arquitectura bizantina, rompió con esta tradición, prefiriendo siempre las iglesias abovedadas de planta central culminadas con cúpulas, la clave de la arquitectura bizantina. Este tipo, experimentado en menor grado en la arquitectura romana y paleocristiana, pasó a ser la norma en Oriente y su futuro ámbito cultural de influencia (arquitectura balcánica, rusa, islámica). Los arquitectos de Justiniano respondieron con ello a las diferencias litúrgicas de la iglesia bizantina, pues la centralidad espacial facilitaba el requisito de que la celebración de la misa ocupara igualmente el lugar arquitectónico central, de manera que todo el edificio quedaba enfocado hacia el punto central de la acción litúrgica.

Los arquitectos bizantinos superaron las limitaciones constructivas de los espacios cupulados romanos evitando la pesadez de los muros de soporte. Esto lo consiguieron desarrollando el sistema constructivo de cúpulas circulares conectadas a plantas cuadradas por medio de pechinas, triángulos curvilíneos situados en cada esquina del cuadrado, y juntos formando el anillo circular base de la cúpula. La cúpula sobre pechinas, que algunos autores denominan «sistema de baldaquino», se demostró como una estructura enormemente flexible, capaz de combinaciones variadas, al partirse siempre de retículas cuadradas en las plantas.

Del arte romano tomaron también los arquitectos bizantinos el sistema de tratamiento de los muros, revestidos de mármoles y mosaicos, con el objetivo de aligerar visualmente su masa y convertirlos en soporte de mensajes religiosos transcendidos gracias a la irrealidad estética que aportaba la técnica de los diminutos vidrios refulgentes de los mosaicos.

La nueva iglesia de Santa Sofía, la «Santa Sabiduría», fue inaugurada en 537, tras cinco años de rápidas obras para sustituir a la anterior incendiada. Tanto interior como exteriormente sus tracistas, Isidoro de Mileto y Antemio de Tralles, hicieron de la cúpula central de 32 metros de diámetro el punto dominante. Todo se explica, interior y exteriormente, desde el centro, aún con las alteraciones posteriores, como los pesados arbotantes de refuerzo o los cuatro alminares que introdujeron los conquistadores turcos al convertirla en mezquita.

Estambul. Iglesia de Santa Sofía (532-537).

La sencilla pero audaz construcción de Santa Sofía parte de una planta rectangular de 71 por 77 metros aproximadamente, sobre la cual, como desarrollo lógico del sistema de baldaquino, se dispusieron cuatro enormes pilares, entre ellos cuatro grandes arcos y sobre ellos cuatro pechinas y una cúpula. La solución adoptada para estabilizar la masa y el peso de tan grandiosa cúpula es la de una concha gallonada, con cuarenta nervios y cuarenta plementos curvos y cuarenta ventanas desde las que emana la luz difusa que la desmaterializa, que la eleva a la condición de cielo, de la misma manera que los pilares sustentantes representan las montañas de la tierra. De la estabilidad de este núcleo central depende la del resto del organismo, una suma de unidades espaciales secundarias, todas realizadas con delgados ladrillos unidos con mortero, pues sólo se utilizaron sillares en los pilares principales. El empleo del ladrillo garantiza pesos ligeros de muros y bóvedas. El resto del edificio se despliega desde el centro, de manera que el espacio parece dilatarse a través de los nichos de las exedras cubiertas con semicúpulas, todo concatenado tanto longitudinal como centralmente, hasta constituir un espacio interior de insuperable belleza. Desde el centro, ubicación litúrgica exclusiva del emperador y del clero, la vista se pierde hacia las naves laterales, resultando imposible captar todo el espacio de una vez, solo fragmentos, y, al contrario, desde las tribunas o naves laterales, el lugar original de los fieles, no se alcanza a comprender la composición espacial en su totalidad.

La sensación de levedad y desmaterialización de las masas murarias lo corroboraba su revestimiento marmóreo. Procopio narra el efecto conseguido cuando Santa Sofía estuvo terminada, al describirla como colgada del cielo por cadenas de oro. La descripción de Procopio es reveladora de la naturaleza arquitectónica de Santa Sofía: sumamente larga pero extraordinariamente ancha, voluminosa pero armónica, la luz procedía de fuera pero parecía emanar desde dentro, las bóvedas parecían flotar. Todo el interior resplandecía recubierto de materiales preciosos, que incluían no sólo los fustes, sino los capiteles de las columnas, exquisitamente labradas. Las ventanas llevaban cristales coloreados que filtraban una luz natural tamizada y oscura, suplantada por la noche por lámparas de oro que colgaban y hacían relucir los mosaicos.

Estructura, función y diseño convierten a Santa Sofía en un edificio rupturista con la tradición de la que, por otro lado, es deudora. Las raíces de su carác-

Interior de Santa Sofía, según Caspare Fossati (1852).

Estambul. Interior de Santa Sofía (532-537).

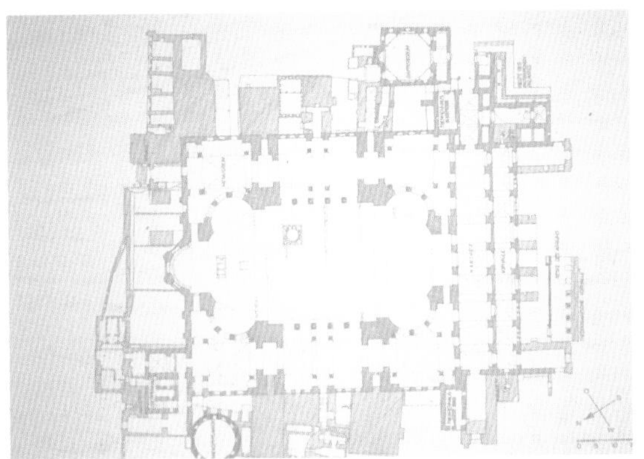

Estambul. Planta de la iglesia de Santa Sofia (532-537).

ter innovador son variadas, pero la resolución novedosa le pertenece: concepción espacial, técnicas de construcción de bóvedas que permiten lograr edificios con soportes más delgados, luces más amplias, sistemas de ornamentación específicos, todo puesto al servicio de un ceremonial eclesiástico e imperial entrelazados.

Santos Sergio y Baco, a partir de 527, formó parte del programa imperial justinianeo, una variante de la arquitectura de doble casco sobre planta octogonal contemporánea a Santa Sofía: núcleo cubierto con cúpula de dieciséis metros de diámetro, nichos formando ondas, naves laterales circundantes y tribunas envolventes.

Para encontrar una alternativa artística capaz de competir con la potencia de Constantinopla, hay que volver los ojos a Ravena, en donde, a raíz del traslado de la

Estambul. Iglesia de Santos Sergio y Baco (527).

Ravenna. Mausoleo de Gala Placidia, hacia 450.

capital en el año 402, se había producido un significativo número de edificios. El mausoleo de Gala Placidia, hija de Teodosio (hacia 430), es un pequeño espacio cruciforme revestido interiormente de mosaicos espléndidos que contrastan con el riguroso exterior de ladrillo. Dentro de esta tumba lo importante es el cielo que se representa más próximo gracias a los reflejos de los mosaicos en la oscuridad. Como todo es pequeño, pero proporcionado, el silencio bajo el cosmos vítreo invita al recogimiento. Se ven en él las estrellas y los ángeles que velan por el alma de la difunta. El arte de la pintura vítrea del mosaico triunfó en varios edificios ravenaicos inundándolos con sus intensas vibraciones lumínicas:

Ravenna. Basílica de San Apolinar el Nuevo. Destaca por el arte de la pintura vítrea. Hacia 505.

Ravenna. Iglesia de San Vital, de composición ortogonal de doble casco (522-547).

Ravenna. Sección de la iglesia de San Vital según G. Dehio (1901).

baptisterio de los Ortodoxos (459), San Apolinar el Nuevo (505), San Apolinar in Classe (535). Pero donde Ravena se mostró capaz de competir con las iglesias justinianeas de Constantinopla fue en la San Vital (522-547), una lejana evocación de la iglesia de Santos Sergio y Baco, una variante de la composición octogonal de doble casco, con un núcleo realzado mediante ocho pilares con arcos sobre el que se alza la ligera cúpula, ocho exedras únicamente semicirculares, y un amplio deambulatorio perimetral. Todo revestido con suntuosos mármoles jaspeados. En este núcleo central, y en el ábside poligonal que marca la direccionalidad principal dentro de la composición centralizada, se concentra la decoración de mosaicos en los que se representa a Justiniano asistiendo a la consagración de la iglesia con su esposa, la famosa Teodora, una antigua bailarina de belleza y talento extraordinarios. San Vital posee algunos de los valores más destacados de la arquitectura bizantina: composición aparentemente simplificada a partir de una compleja articulación de volúmenes y soberbias perspectivas espaciales. Igualmente presenta el material de construcción, el ladrillo, revestido con ricos mármoles y mosaicos, tanto en los muros como en los pavimentos.

ARQUITECTURA VISIGODA

En el año 476 fue depuesto Rómulo Augústulo, último representante nominal de un imperio romano entonces ya meramente ficticio. Tras el paso anterior de suevos, vándalos y alanos, en ese momento Hispania fue ocupada por los visigodos, quienes ejercieron su dominio hasta ser desbancados en el 711 por nuevos pueblos invasores procedentes del sur. Los visigodos previamente a su venida a la península ibérica habían entrado en contacto con Roma, participaban de la fe arriana, y traían consigo la mezcla de su cultura germánica con la impronta de la civilización romana recién adquirida.

En un primer momento la minoría visigoda gobernante toleró a la sociedad hispanorromana la continuidad, respetó los cultos existentes, pero el proceso se aceleró cuando a fines del siglo VI el rey Leovigildo logró la unificación territorial acabando con los restos de presencias suevas y bizantinas, e hizo de Toledo la nueva capital. Su hijo Recaredo abjuró de la fe arriana y se convirtió al catolicismo (589). Dicha decisión, que consuma oficialmente la unidad religiosa, permitirá aunar la fuerza de las dos instituciones, Iglesia y Estado, sacralizándose el poder real, vertebrándose la relación de la monarquía con la nobleza y la sociedad hispanorromana previamente cristianizada. Y favoreció una cierta renovación de la cultura clásica bajo una misma ley, una misma fe y una misma lengua. San Leandro, y su hermano menor San Isidoro, expresan bien con sus figuras y sus escritos, en especial con las «Etimologías», la admiración por el saber antiguo, que ellos contribuyeron a difundir y transmitir hacia la Edad Media.

San Juan de Baños, Palencia (661), sección según G. Dehio (1901).

En la Hispania tardorromana, al igual que en otras tierras del imperio, se había ido abandonando la civilización urbana, signo de la decadencia económica y comercial de los tiempos, de manera que no existieron grandes núcleos culturales de referencia equivalentes a los de la civilización romana (Tarragona, Sevilla, Mérida, Cartagena, Lugo, Astorga...). En términos de arquitectura religiosa, significó el paulatino auge de la vida monacal, la vida retirada, a veces solitaria, que no requería de estructuras sólidas o duraderas para cumplir con los requisitos de tan despojada fe.

La escasa arquitectura visigoda conservada se halla en la mitad norte de la península, donde pudo sufrir menos daño que la del sur durante la ocupación musulmana, y pese a las alteraciones y malas restauraciones, el conjunto de iglesias que han sobrevivido permite definir algunos rasgos generales de esta etapa y de sus edificios principales: plantas sencillas, en general variaciones de la basilical, con ábsides siempre rectangulares; volúmenes compartimentados que generan espacios recogidos, poco iluminados; realización mediante un buen trabajo de los aparejos (el «more gothico» que denominaba San Isidoro); solidez robusta de los muros de sillería; empleo de bóvedas en las cubriciones, si bien alternadas con techumbres de madera; utilización del arco con forma de herradura en los huecos y apoyos, que pasa a ser un elemento determinante en la reconocibilidad del estilo, aunque la aparición del mismo sea anterior y se comparta con otras arquitecturas de signo diferente. En todos los casos resulta una arquitectura en directa relación con la función, sin grandes despliegues decorativos, en general de derivación romana y paleocristiana, con los motivos decorativos centrados en relieves escultóricos, o en los capiteles, tantas veces situados sobre fustes reutilizados procedentes de antiguos edificios romanos.

Las iglesias visigóticas representativas pertenecen al siglo VII en términos cronológicos, y salvo San Fructuoso de Montelios, situada en Portugal, el resto lo están en la meseta norte española: San Juan de Baños (Palencia), San Pedro de la Nave (Zamora), Quintanilla de las Viñas (Burgos) Santa Comba de Bande (Orense).

Quintanilla de las Viñas, Burgos, siglo VII, exterior. Destaca por la factura de su cantería.

Vestigios menores se encuentran en la cripta de San Antolín de la catedral de Palencia, San Pedro de la Mata (Toledo), etc.

Cada una de ellas, participando de los rasgos generales, presenta sus acentos singulares. San Juan de Baños fue ofrecida en el año 661 por el rey Recesvinto en honor de San Juan Bautista, es una sobria iglesia, con triple cabecera rectangular (que ha sido reformada). Presenta tres naves de diferente altura separadas en cada lado por cuatro arcos de herradura sobre columnas, con capiteles corintios aprovechados, techo plano de madera, arco de triunfo con inscripción y decoración de ruedas solares y una cruz, un tema que se repetirá en los temas litúrgicos visigóticos y no sólo arquitectónicos, caso de las artes del metal.

Más pequeña aún, si cabe, es la parte conservada de Quintanilla de las Viñas, y aunque se presume que tuvo planta basilical, sólo queda la cabecera rectangular y muros del transepto. La factura de su cantería es excelente, con el interesante añadido de que a partir de la cuarta las hiladas de los sillares se alternan bandas decorativas a modo de friso con temas vegetales y animales de inspiración bizantina. El arco de triunfo interior se apoya en dos dovelas cuya talla representa las figuras del sol, con corona radiante, y de la luna, con creciente, dentro de medallones circulares sostenidos por ángeles, cuyo significado es muy deba-

San Pedro de la Nave, Zamora, finales siglo VII, exterior.

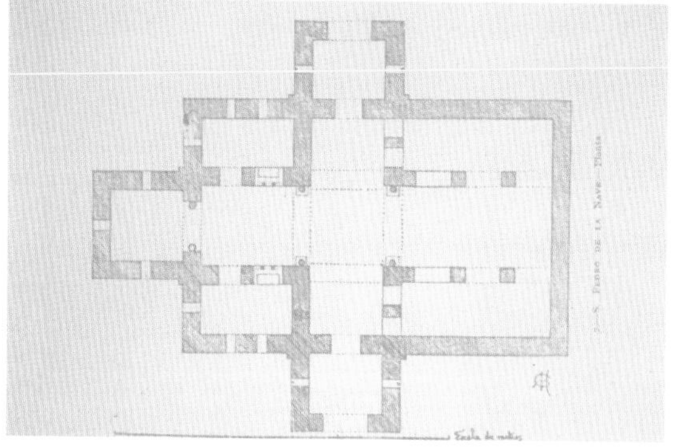

San Pedro de la Nave, Zamora, planta de cruz griega inscrita en una basilical.

tido, pero al parecer aluden a temas de la más pura ortodoxia cristiana (Cristo y la Iglesia). Igualmente se conserva otro relieve en una pieza situada en su día sobre el arco, representando a Cristo bendiciendo flanqueado por dos ángeles.

Santa Comba de Bande es la más austera en cuanto a realización material y decorativa, que inclina a especular sobre su destino estrictamente monacal. Su planta se acerca a la variante de cruz griega inscrita en un cuadrado con cabecera ligeramente alargada y un pequeño pórtico a los pies, que la asemeja a los modelos de Ravena. Es muy interesante su interior abovedado usándose el ladrillo en las bóvedas de las naves y del transepto. El juego escalonado de los volúmenes, tan efectista exteriormente, permite abrir huecos a distintas alturas y conseguir matizaciones de la luminosidad interior.

San Pedro de la Nave logra reunir una síntesis de las características anteriores y se erige como la obra principal de la arquitectura visigoda de finales del siglo VII, y la mejor conocida, pues fue trasladada en los años treinta del siglo veinte para evitar que quedara cubierta por las aguas del embalse del río Esla. Su planta es de cruz griega inscrita en una basilical, pero con los extremos de los brazos de la cruz desarrollados hasta desbordar el perímetro rectangular, marcando así un insólito crucero situado en el centro de la planta, no ante la cabecera. Dicho crucero está remarcado con las cuatro columnas exentas y capiteles con ábacos encima que recuerdan la fórmula bizantina, solución que contrasta con los pilares del resto de las naves. La cubierta es de armadura de madera en el cimborrio del crucero y en las naves hasta el transepto, a partir del cual se emplea la bóveda de ladrillo.

La decoración es intensa en esta iglesia, con imágenes en las basas de las columnas que representan a los evangelistas de cuerpo entero y sus respectivos animales simbólicos. Igual ocurre con los capiteles, con sus caras esculpidas con escenas de Daniel entre los leones, el sacrifico de Isaac y diversos santos de la iglesia, así como aves picoteando racimos de uvas y otras figuras de personajes desconocidos y, de nuevo, la figura del sol.

ARQUITECTURA ASTURIANA

Dos siglos después de las realizaciones visigodas, la denominada «arquitectura asturiana» significó la continuidad de su espíritu, conciencia declarada de los primeros reyes asturianos que hacían entroncar su monarquía con la visigoda. Entre ambas etapas, había sucedido la invasión musulmana, que supuso el fin de la monarquía visigoda en la batalla de Guadalete (711). Pero pronto se produjo la reacción interior de la Hispania cristiana, precisamente por parte de un noble visigodo, Pelayo, con otra batalla legendaria, la de Covadonga (722), a su vez el comienzo de la llamada «reconquista».

Pelayo restauró la monarquía como continuidad de la visigoda, pero en circunstancias bien diferentes: mínima extensión territorial y lucha contra los musulmanes. Sin embargo, a medida que avanzó la reconquista y aumentó el territorio de la nueva monarquía, los reyes asturianos mostraron el deseo de restaurar el orden gótico, fruto de lo cual fue la actividad constructora que llevaron a cabo, en especial Alfonso II el Casto y Ramiro I, verdaderos artífices del arte asturiano. Con ellos Oviedo pasó a ser la capital, por lo cual fue dotada de un conjunto urbanístico de cierto relieve. Igualmente se establecieron relaciones con otras cortes, como la carolingia, con cuyo arte tantas veces se ha relacionado al asturiano.

Aunque no lo fue exclusivamente, la arquitectura asturiana se identifica con la religiosa, en parte porque es la que mejor se ha conseguido preservar. Pero se sabe la importancia de las intervenciones en Oviedo de Alfonso II (791-842), promoviendo edificios seglares, en especial su palacio, en torno al cual se construyó una auténtica ciudad ceremonial, de todo lo cual sólo nos ha llegado un pequeño testimonio, la Cámara Santa, un espacio de doble altura, el inferior en forma de cripta, con bóveda de medio cañón. La parte superior fue transformada en época románica.

En las afueras de Oviedo, de la misma época, San Julián, o Santullán, de los Prados, seguramente una capilla cortesana de un conjunto mayor desaparecido, de planta basilical de tres naves, transepto aislado y de gran volumen, y cabecera tripartita. Se dan aquí ya algunas de las características generales de la arquitectura asturiana: tipo de planta y de solución de cabecera, aparejo pequeño e irregular salvo cuando se refuerzan las esquinas y los arcos con sillares mejor labrados; muros con contrafuertes exteriores; empleo de pilares de apoyo en vez de columnas, arcos de medio punto en los vanos, techumbres de madera y bóvedas de piedra en las cabeceras.

Excepcionales son las pinturas parcialmente conservadas que cubrían todo el interior de Santullano de los Prados. Esta decoración pictórica, aparte de encubrir la modestia material de la construcción, creaba perspectivas ilusionísticas a la manera de la pintura pompeyana, integrándose en la articulación arquitectónica: mármoles fingidos en la parte baja, estrías en los pilares, medallones en las enjutas de los arcos, casetones en las zonas altas, de manera que el espacio queda organizado basándose en este añadido pictórico que deviene en la imagen substancial de la iglesia.

El momento álgido de la arquitectura asturiana corresponde a las realizaciones de Ramiro I durante su breve reinado de apenas ocho años (842-850), en especial San Miguel de Lillo y Santa María del Naranco, obras de notable interés técnico en las cuales se adelantan temas de la posterior arquitectura románica. Más dudas sobre la pertenencia a este mismo reinado ofrece la pequeña iglesia Santa Cristina de Lena. De un momento más tardío, el reinado de Alfonso III el Magno (866-910), es la iglesia basilical de San Salvador de Valdediós, cuando la expansión territorial se había ampliado tan considerablemente que obligó a trasladar la capital a León.

Santa María del Naranco tuvo inicialmente función civil cortesana como aula palatina, pero el propio rey Ramiro I y su esposa Paterna la ofrecieron a María y así consta en la inscripción mandada colocar por el monarca en el año 848 en el altar de la iglesia. Su primer destino diferente explica la traza poco común de su planta rectangular, a la par que ello constituye su rasgo más original e interesante. Consta, en alzado, de un zócalo a manera de podio clásico, y dos pisos superpuestos, cada uno dividido en tres estancias. Cada piso tiene entrada diferente, destacando la escalera exterior de doble rampa que da acceso a la planta superior.

San Julián de los Prados (Santullán), Oviedo (791-842). Dibujo interior.

Santa María del Naranco, Oviedo, consta en alzado de un zócalo a manera de podio clásico y dos pisos superpuestos (848).

La sala central del piso superior se cubre con bóveda de cañón con arcos fajones (paralelos al eje de la bóveda) los cuales quedan de manifiesto exterior-

San Miguel de Lillo, Oviedo, los contrafuertes de los muros y el sistema decorativo recuerdan a Sta. Mª del Naranco (842-850).

mente con los altos contrafuertes del muro, en tanto que a los muros interiores se les incorporan, a manera de articulación, arcos ciegos sobre dobles columnas de fustes tallados con forma sogueada. El espacio tan plástico de sala se comunica en los dos extremos con dos miradores abiertos al paisaje mediante tres vanos solucionados con arcos de medio punto sobre columnas. Como edificio regio, la decoración acompaña a lo constructivo, con un repertorio que incluye bandas decorativas terminadas en medallones y discos en relieve con animales exóticos.

San Miguel de Lillo, en la misma colina del Naranco, se ha conservado incompleta, pues sólo quedan los tramos iniciales de una iglesia que así parece aún más alta, aunque el conjunto debió ser ya de por sí de elevadas proporciones. Lillo posee una rica complejidad volumétrica. Los contrafuertes de los muros y el sistema decorativo guardan relación con Santa María del Naranco, si bien en Lillo hay signos distintivos como los huecos enmarcados con motivos en forma de soga y cubiertos con celosías y arcos dobles y triples, los capiteles de ábaco o los relieves de las jambas de las puertas. Santa Cristina de Lena también desenvuelve un rico tratamiento de su escenografía interior, cuya única nave queda dividida en la parte del transepto por una cancela tallada y una arcada a manera de iconostasio, y a los pies una tribuna, soluciones adoptadas para sugerir diferentes divisiones espaciales.

ARQUITECTURA MOZÁRABE

La invasión de los pueblos árabes significó el fin del poder visigodo en España y de su cultura arquitectónica, particularmente en los territorios que durante varios siglos quedaron bajo el poder islámico, en los que inevitablemente siguieron viviendo los antiguos cristianos visigodos, conservando su lengua y su religión. Poco a poco, muchos de ellos, fruto de la convivencia con los musulmanes, abandonaron su anterior fe y se convirtieron a la del Islam. En el siglo XII apareció el término *mozárabe* para designar a los cristianos arabizados, adaptados a los nuevos modos de vida y de cultura, aunque conservando, en principio, su religión, su culto y su liturgia. Su situación fue variando a lo largo del tiempo, pues, pese a su integración, siempre levantaron recelos entre los musulmanes, en particular a medida que los reinos cristianos avanzaron en la reconquista, a la que en ocasiones ayudaron los propios mozárabes, de manera que su presencia pasó de la tolerancia inicial a la persecución, con la consecuente emigración de los mismos hacia el norte cristiano.

No obstante, en algunas ciudades, caso de Toledo, se mantuvo la presencia de importantes núcleos cristianos mozárabes, que hicieron perdurar, evolucionar e incluso renacer las antiguas tradiciones cristianas visigodas, en especial la memoria de San Isidoro, que se plasmó sobre todo en la literatura, en los libros con excelentes miniaturas dibujadas, en la liturgia, tanto en sus aspectos rituales como musicales y arquitectónicos.

La arquitectura mozárabe conservada, la que *descubrió* y analizó en su día el prestigioso historiador M. Gómez Moreno, se halla en su práctica totalidad en territorio cristiano, y pertenece básicamente al siglo X. En este sentido, se la suele considerar como la manifestación del último arte Prerrománico español.

Desde el foco asturiano primero, después desde el reino de León, donde se instaló la capital del reino cristiano en el año 914, se fue fraguando un tipo de arquitectura que sumaba a su base netamente tardorromana (paleocristiana, visigoda y asturiana), las soluciones adoptadas para las plantas, formas y decoraciones traídas por los refugiados que huían del sur, dando por resultado una original combinación de elementos heterogéneos presentes en los diversos edificios en distintas proporciones. De esta manera, la arquitectura mozárabe aportó a la naciente arquitectura medieval española un carácter islamizado que se detecta en el uso de formas características: las más evidentes son el arco de herradura, el *alfiz* (recuadro del arco), las bóvedas gallonadas a la manera cordobesa, los *modillones de rollos* sosteniendo el voladizo de los aleros, también los resultados del trabajo de artesanos formados en el tratamiento de la decoración escultórica de relieves típicos del arte hispanomusulmán, alternados con los roleos y esvásticas de neta ascendencia visigoda.

Un grupo de monjes venidos de Córdoba en el año 912 fundó cerca de León el monasterio de San Miguel de la Escalada, cuya pequeña iglesia, de planta

San Miguel de la Escalada, León (912).

San Miguel de la Escalada, León (912), sección según G. Dehio (1901).

Santiago de Peñalba, León (919).

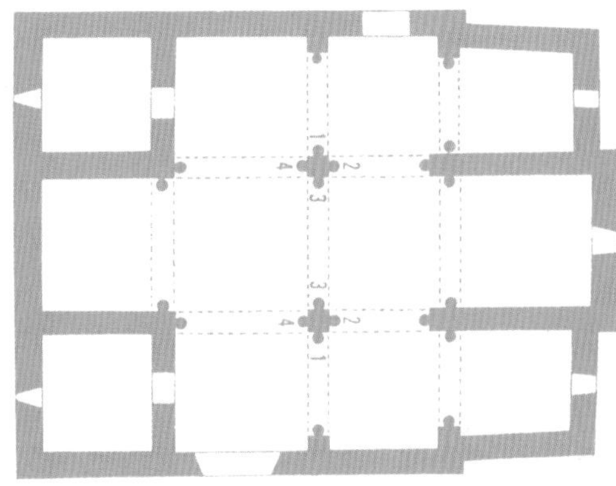

Santa María de Lebeña, Cantabria (924), planta.

basilical de tres naves, con tres ábsides en la cabecera con planta en forma de herradura al interior, se abren a las naves mediante arcos también de herradura, los mismos que, elevados sobre columnillas de mármol, separan las naves entre sí, los adoptados en el iconostasio, los de las pequeñas ventanas, o los del pórtico exterior, añadido un poco posteriormente, en el año 980.

San Cebrián de Mazote, en la provincia de Valladolid, ofrece variaciones interesantes a partir de un esquema semejante al de San Miguel de la Escalada, en particular el empleo de cúpula gallonada en el tramo central del transepto, cuyos brazos se rematan de forma curva en el interior, no así exteriormente.

Santiago de Peñalba, fundada en el año 919, resulta impresionante por su apartada localización en las montañas de León, lo es igualmente por su hermosa rusticidad, construida con un aparejo de mampostería reforzado por contrafuertes. El interior parece constituido por partes diferentes yuxtapuestas que compartimentan el espacio, sugiriendo así efectos de penumbra y misterio, algo que acabará siendo parte de la personalidad de la arquitectura española en general. La iglesia presenta dos ábsides contrapuestos, uno a la cabeza y el segundo a los pies, y dos cámaras a ambos lados de la nave justo en el tramo previo a la cabecera aparentando la disposición en planta de cruz latina. El sistema de cubrición general es abovedado, pero además incorpora cúpulas gallonadas tanto en la nave como en los ábsides, la del tramo junto a la cabecera elevada mediante un cuerpo a modo de cimborrio.

Santa María de Lebeña, en la comarca de La Liébana, en el occidente de Cantabria, del año 924,

San Baudelio de Berlanga, Soria, comienzos siglo XI.

Santa María de Lebeña (Cantabria), comienzos del siglo XI.

reúne las influencias asturianas de San Miguel de Lillo con los temas específicamente musulmanes, como los modillones en forma de rollos (saledizo sobre el que se asienta el alero) de su exterior. Los arcos de herradura interiores descansan sobre pilares cuadrados con columnas adosadas, y se cubren mediante bóvedas de cañón tanto en la nave principal como en los ábsides o las laterales. La nave central está cortada en su mitad por un diafragma. Santa María de Lebeña, a partir de una planta que representa un compromiso entre la basilical y la central, ofrece una volumetría exterior armoniosa, quizá en parte debido a que sus muros carecen de contrafuertes, y los efectos espaciales interiores se refuerzan con sutilezas como los distintos niveles del suelo, que obligan a ajustes en los tamaños de los soportes, y, en definitiva, a mostrar mayores destrezas técnicas y constructivas.

Más tardía, ya del siglo XI, es San Baudelio de Berlanga, una pequeña ermita situada en un paraje de la provincia de Soria que por sí solo evoca la vida solitaria de los eremitas. San Baudelio presenta un rico tratamiento de su espacio interior, de planta cuadrada, con una capilla mayor en el extremo del ábside, cuya elevación se salva mediante cinco escalones, y una tribuna del otro lado, soportada por columnas muy sencillas que reciben directamente, sin capitel, los arcos de herradura sobre los que se levanta dicha tribuna. Un pilar cilíndrico central se derrama en ocho arcos de herradura «abiertos en palmera», que forman una bóveda En lo alto del pilar, dentro de su espesor, se horadó una pequeña cámara. Posteriormente, hacia 1150, se añadió una excelente decoración de frescos dibujados con líneas perfiladas y expresivo color, que representan escenas de caza y figuras de animales.

ARQUITECTURA DEL ISLAM

Se puede tomar el año 622 de la era cristiana, año de la «hégira», cuando el profeta Mahoma estableció en Medina una pequeña comunidad, como la fecha a partir de la cual se inicia el proceso de formación del arte musulmán. Tan sólo dos años después de la muerte del Profeta en el 632, la conquista comenzó a extenderse fuera de Arabia, y en un espacio de tiempo muy corto el poder islámico llegó hasta el extremo occidental del Mediterráneo, penetrando en la península ibérica en el 711. En el año 732, junto a Poitiers, Carlos Martel cortó su avance en Europa hasta la toma de Constantinopla por los otomanos a mediados del siglo XVI.

La cronología y periodización de este fenómeno ayudará a entenderlo como el resultado de la suma de unidades diversas, la primera de sus características generales.

El primer momento entre los siglos VII y IX, es el de expansión a través del mundo antiguo: Mesopotamia, Irán, Siria, Egipto, el Magreb y España. El califato radicó primero en Medina (antigua Yatrib), posteriormente en el Damasco omeya, hasta 759, y a partir de entonces en la Bagdad de los abbasíes.

En una segunda fase, a partir del siglo X, surgen califatos rivales: los omeyas se independizan en Córdoba y los fatimíes en El Cairo. Es tiempo de esplendor y diversificación artística.

En el tercer período, entre los siglos XIII y XV, ya sin califatos rivales, con retrocesos y pérdida de dominios, con el Islam en repliegue, afloran cortes principescas donde el arte sigue floreciendo con menor intensidad, aunque manteniendo su genuina personalidad. Cuando los turcos otomanos conquistaron Constantinopla en 1453 se rehizo cierta unidad bajo su hegemonía, la cual abarcó, a lo largo de cuatro siglos, parte considerable de la antigua extensión, desde los Balcanes hasta Argelia en el norte de África. En oriente surgieron dos potentes dinastías: los safávidas en Persia y los mogoles en el Indostán.

En tanto tiempo, con tanta extensión y con tantas culturas preexistentes sobre las que descansó el dominio islámico, resulta imposible entenderlo más que como una suma de diversidades. Cada territorio conquistado había tenido su propio desarrollo artístico y arquitectónico, sobre el que se superpondrá el islámico, que nunca llevó a cabo destrucciones culturales importantes, ni siquiera impuso un modelo urbanístico predeterminado.

Así, España, que había gozado de una importante infraestructura romana, unido a una débil pero asentada cultura cristiana, se acabará convirtiendo en un importante foco artístico a pesar de ser una lejana provincia. En el norte de África, salvo en Túnez, más romanizada, la simbiosis se realizó con las belicosas tribus bereberes. En Mesopotamia el fenómeno más interesante fue la rápida urbanización, siendo sus ciudades, especialmente Bagdad y Kufa importantes centros de la cultura islámica primitiva que pronto alcanzó allí su apogeo. El poderoso mundo del antiguo imperio persa fue más difícil de asimilar, además en él había perdurado mucho tiempo el culto zoroástrico, pero el Islam acabó triunfando haciendo suyos algunos de los rasgos artísticos preexistentes.

En arquitectura, desde los orígenes, el tipo de edificio común que contribuyó decisivamente a aportar una idea de unidad a las distintas respuestas regionales fue la mezquita. La palabra deriva del árabe *mayid*, que designa el lugar donde postrarse ante Dios. El Corán no especifica ninguna forma concreta de mezquita, pero sí establece la obligatoriedad de realizar cinco plegarias, *salat*, diarias, individual o colectivamente. Pronto se fue imponiendo el ritual del rezo colectivo, que brindaba la oportunidad de reunir a la colectividad con sus líderes. El *imám* dirige la plegaria colectiva frente al *mihrab*, situado en el muro de la *quibla*, el muro que orienta a los fieles hacia La Meca, y junto al *minbar*, el púlpito de los sermones de los imanes, símbolo de la autoridad. El almuedano, convoca a los fieles desde el alminar, quienes, antes de orar, deben llevar a cabo las correspondientes abluciones en la fuente, *sabil*, del patio porticado, *sahn*, que precede a la sala de oración, *haram*, término que designa el lugar vedado a los infieles, *cafirum*, y que por tanto distingue a los musulmanes de los que no lo son.

Un embrión de la futura mezquita fue la casa de Mahoma en Medina, una sencilla vivienda particular en donde luego fue enterrado el Profeta, caracterizada por un amplio patio cuadrado de cincuenta metros y dos zonas cubiertas en los lados norte y sur, dos lugares sombreados formados por filas de palmeras con techado de paja. Se sabe que en el 670 esta casa había sido ampliada y gozaba de un carácter sagrado, pasando de ser un casual cobertizo «hipóstilo» en torno a un patio, a lugar santificado dotado de mayor determinación formal. Así de fortuito surgió el prototipo de las futuras mezquitas, que se desenvolverá a lo largo del tiempo manteniendo la imagen permanente de un amplio patio dotado de un espacio al que proporciona sombra un techo plano sostenido por columnas.

Damasco. Patio de la Mezquita Omeya (706).

El Cairo. Patio de la Mezquita de Ibn Tulun (879).

En todas, o la mayoría, se repiten una serie de elementos arquitectónicos recurrentes. Es el caso del alminar, una torre unida a la mezquita con la función de llamar a los fieles a la oración. Tuvo su origen en la mezquita de Damasco, aprovechando una torre cristiana, de manera que una forma arquitectónica anterior acabó utilizándose para una nueva necesidad litúrgica.

La forma del alminar se presenta variada: cuadrada en Damasco, Kairuan y Córdoba, en espiral en Samarra o Ibn Tulun, cilíndrica en Irán y la India. Es indudable que además de su función específica, al alminar se le puede interpretar como símbolo urbano, pues con su altura sobresaliente anuncia la presencia del Islam, razón por la que se le otorgará cada vez mayor importancia, así como también se varían sus formas, su papel compositivo dentro del conjunto de la mezquita, y hasta se incrementó innecesariamente su número por puras razones estéticas, de prestigio, o de vanidad.

En la pared de la mezquita orientada hacia La Meca se sitúa el *mihrab*, un nicho cóncavo que marca la convergencia de las plegarias, profusamente decorado, con funciones honoríficas, las cuales ya poseía en sus orígenes dentro de los palacios, en donde se destinaba al lugar del príncipe. El *mihrab* se introdujo en las mezquitas para conmemorar la presencia del Profeta como primer *imam*. Tal es así, que en determinados *mihrabs* se reserva una parte para el príncipe dentro de él, la *maqsura*.

Kairuán. Patio de la Gran Mezquita (836).

Dentro del patio existe una característica menos común, un elemento cubierto por una cúpula, que se interpreta en sus primeras apariciones, caso de la gran mezquita de Damasco, como depósito del tesoro de la comunidad, luego sustituida por la obligada fuente. Pronto también, en las grandes mezquitas, se fue haciendo común el cortar las naves paralelas al muro de la *quibla* por una nave transversal, de manera que el *mihrab* con la *maqsura* y el *minbar* quedaban unidos constituyendo una unidad en el eje principal de la mezquita. Dicha variante en forma de *T* de la sala hipóstila jerarquizaba bien las partes de la misma y creaba en la mezquita la réplica de un salón del trono, traducido en ella mediante el nicho del *mihrab* y el pasillo-nave transversal para el séquito. El resultado final resaltaba la dirección axial del recorrido, en lo cual venía a coincidir con la arquitectura de la basílica cristiana.

Como con el tiempo la mezquita fue aminorando su papel político a favor de su función religiosa y actividades derivadas, como la enseñanza, incorporó en edificios anejos centros de enseñanza coránica, la *madraza*; y en sus proximidades fondas de mercaderes, el *caravasar*; incluso cementerios, edificios conmemorativos, especialmente los mausoleos, *qubba*, de los hombres santos, *morabitos*. Como toda estructura templaria, la mezquita delimita un recinto, o *temenos*, con gruesos muros macizos, incluso en ocasiones almenados, en los cuales se abrían pequeñas ventanas y las lógicas puertas.

Inicialmente la arquitectura de la mezquita aprovechó los lenguajes preexistentes sobre los que fue elaborando el suyo propio, más sincrético que original. Así, las salas utilizan como soporte columnas tomadas de edificios antiguos, incluidos los capiteles. Para obtener mayor altura se colocan arcos semicirculares y apuntados sobre dichas columnas, que en el caso de la de Córdoba serán incluso dobles y de formas variadas: de herradura, polilobulados, entrelazados, etc., que permitieron, sin cambiar la estructura general, elevar la altura y conferir un aspecto sumamente original al espacio interior de la misma.

A las técnicas decorativas les sucede lo mismo que a las constructivas, se aprovecharon las artesanías locales y lo ya sabido. Sin embargo, la decoración destacará enseguida por su notable variedad y exquisito cuidado, ya sean los mosaicos, la carpintería tallada y

Córdoba. Mezquita. Interior de la sala de oraciones (785-987).

pintada, el estuco, el vidrio, los azulejos cerámicos, los tapices y alfombras. Tal diversidad entronca con las diferentes artes, tanto helenísticas y tardorromanas como bizantinas. El problema principal radica en el significado de su uso, pues se debate sin cesar hasta qué punto fueron razones puramente ornamentales o también simbólicas las que explican su proliferación y su especial incidencia en determinadas partes de las mezquitas. Este asunto se hace aún más redundante cuando se introduce la escritura como tema algo más que decorativo, puesto que a través de la misma se expresaban significados religiosos concretos. El empleo de la caligrafía y epigrafía como componente artístico no se limitó, por supuesto, a los monumentos religiosos, y pronto se convirtió en un arte musulmán por excelencia, brillando particularmente en la del libro.

Los temas decorativos son susceptibles de ser organizados por categorías. Las representaciones vegetales, vagamente asimilables a los paisajes del Paraíso, *Pairidaeza*, que se describen en el Corán como promesa permanente, se expresan con tantas variedades como las distintas distribuciones geográficas de las obras y sus respectivas influencias (persas, sasánidas, bizantinas, indias, orientales).

Un nutrido segundo grupo lo constituyen los temas geométricos, combinaciones entrelazadas de líneas rectas y curvas, círculos y rombos, polígonos y estrellas, en general a partir de ejes simétricos o de puntos centrales alrededor de los cuales se desarrollan los motivos, a veces sumamente complejos, pareciendo siempre poder crecer infinitamente, haciendo uso de variados soportes (mármoles, mosaicos, madera, yeso) y localizaciones: paños de muros, celosías de ventanas.

Tanto en lo vegetal como en lo geométrico se plantea un principio, el de la abstracción, de ardua dilucidación sobre su verdadera causa, si es que sólo responde a una única, probablemente una pura invención elevada a la categoría de norma. Se hace uso de la abstracción en el arte musulmán reforzando su sentido puramente ornamental: lo abstracto de los temas se traduce indefectiblemente en formas concretas. En todo caso, esta tendencia acabó imponiéndose como una constante en la decoración a medida que la lectura de los temas se fue haciendo más opaca, salvo el caso de la escritura.

Lo decorativo acabó acaparando la máxima superficie posible (*horror vacui*), sin previa selección de los temas finalmente plasmados, a lo que contribuyó la práctica ausencia de figuración. No hay lugares ni temas predeterminados, lo decorativo es un añadido arbitrario e inesperado en cada ocasión, un revestimiento capaz de crecer indefinidamente y de convertirse en la imagen principal de los edificios sobre los que descansa, brillando por encima del resto de los valores, convirtiéndose hasta cierto punto en un ingrediente autónomo.

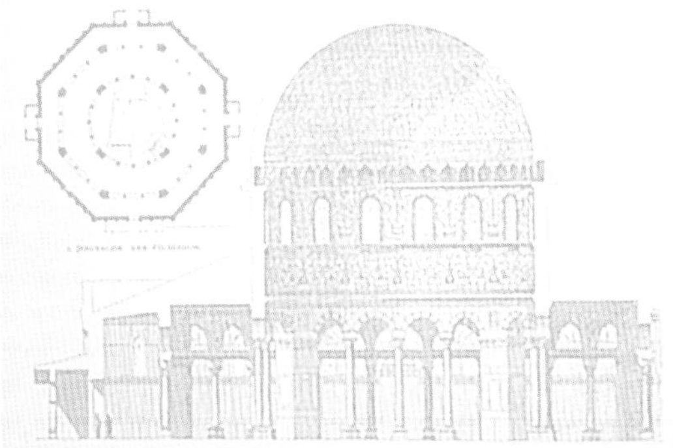

Jerusalén. Sección de la Cúpula de la Roca (691), según G. Dehio (1901).

Jerusalén, exterior de la Cúpula de la Roca (691).

A través del papel de lo decorativo el arte musulmán se distinguirá por el virtuosismo técnico a que ello obliga, se afirmará como un arte tendente a reforzar los valores de la ilusión por encima de los simbólicos, en lo cual se marcará la distancia con el modelo artístico cristiano.

EVOLUCIÓN HISTÓRICA DE LA ARQUITECTURA MUSULMANA

La dinastía omeya trasladó la capital de Medina a Damasco (660), en donde el Islam entró en contacto con el arte bizantino, la primera de las grandes influencias de las que se benefició. Poco después, en 691, el califa Abd-el-Malik mandó edificar el primer gran monumento, la Cúpula de la Roca, en Jerusalén. En un lugar tan especial con significados superpuestos era de esperar que cualquier intervención se llenase de contenidos controvertidos, empezando por el de querer convertir a Jerusalén en el centro religioso del Islam, que reforzará luego la leyenda de que desde allí había ascendido el Profeta al cielo. En la Roca, según la tradición judía, había tenido lugar el sacrificio de Abraham, padre común de hebreos y árabes, de manera que se consideraba como el lugar santo por excelencia. La ocupación del recinto, a partir de la conquista de Jerusalén en 637, suponía su islamización, dado que los árabes musulmanes también se reclamaban descendientes de Abraham.

La resolución arquitectónica proviene de otra fuente, los mausoleos cristianos de planta central, los *martyria*, en los que se inspira: planta octogonal con doble ambulatorio y una cúpula central apoyada sobre tambor con ventanas y una arcada circular de cuatro pilares y doce columnas, aprovechadas, alrededor de la Roca sagrada. La decoración de mosaicos original aún existe en el interior, puesto que los mármoles del exterior corresponden a época otomana. Los mosaicos tienen a lo vegetal como tema preferente, mezclado con jarrones y cornucopias, en los que se han visto la representación de joyas y coronas, ornamentos bizantinos, símbolos de riqueza y santidad cristianos, pero ahora realzando la santidad y riqueza del santuario musulmán. También se añadieron inscripciones con el fin de reforzar el poder de la nueva fe ante los nuevos creyentes, manifestándolo a todo el mundo precisamente en aquel sitio.

Kairuán. Vista exterior general de la Gran Mezquita (836).

La creación más notable de la dinastía omeya fue la Gran Mezquita de Damasco, comenzada a edificar en el año 706 sobre un solar pleno de cultos antiquísimos, a lo que se adaptaron sus dimensiones (157 x 100 metros), la situación de las entradas y el aprovechamiento de la torre cristiana como alminar. Las innovaciones principales radican en la manera de distribuir la planta, pues la sala hipóstila consta de tres naves, a la manera de las basílicas cristianas, sólo que aquí resultan de igual anchura, y en su mitad las corta una nave transversal más alta, perpendicular al muro de la *qibla*, con fachada hacia el patio resuelta como de palacio bizantino, en cuyo segundo tramo se levanta una cúpula. Las galerías poseen columnas monolíticas tomadas de edificios antiguos, lo mismo que los capiteles. En el muro de la *qibla* se conservan los restos del *mihrab* cóncavo original, de manera que en Damasco se encuentran varios de los elementos constantes en todas las mezquitas posteriores. La segunda gran innovación consiste en la dualidad de su decoración de mosaicos de motivos vegetales y arquitectónicos, fundiendo técnicas realistas en el dibujo de las figuras con el tratamiento irreal de los fondos. En la interpretación de su significado confluyen contenidos complementarios: la manera de representar la «ciudad de Dios», la imagen del paraíso en cuanto paisaje idealizado, o el panorama de las ciudades conquistadas por la dinastía omeya para la nueva fe.

La dinastía abasí sustituyó a la omeya a mediados del siglo VIII, y Bagdad, la «ciudad de la paz», fundada en el año 762, fue la nueva capital del califato, de manera que en este caso las influencias provendrán de la potente tradición persa y mesopotámica, pueblos diestros en el uso del ladrillo, en la construcción de bóvedas, e inventores de las salas con *iwan*, que el Islam adoptará con enorme éxito, consistentes en espacios abovedados, abiertos al exterior a manera de portal de entrada o portal de acceso. La bóveda se presen-

Mezquita de Córdoba. Sección vertical de la bóveda y cúpula del mihrab («Monumentos arquitectónicos de España», 1859).

ta embutida en un marco rectangular y pronto sus superficies comenzarán a decorarse profusamente.

El plano de Bagdad, circular, de unos 2.300 metros de diámetro, fue la demostración de una pronta apropiación del nuevo territorio conquistado y el deseo de permanencia en él. La ciudad estaba rodeada de un muro con foso, provista de grandes torres, con aspecto de fortaleza, solo abierta mediante cuatro puertas, verdaderos ejes de la organización. En el centro se erigía el complejo directivo, que constaba de una gran mezquita y un palacio. Había una alta cúpula, la Cúpula Verde, rematada por la estatua de un jinete. La Bagdad circular representó durante siglos el centro del universo del Islam, centro simbólicamente ocupado por el califa sentado bajo su Cúpula Verde, y el anillo de viviendas de los súbditos mostraban un mundo sometido a su poder.

Al norte de Bagdad se hallan las ruinas de la mezquita de Samarra, construida a base de ladrillos sobre un recinto de más de doscientos metros de lado, con la peculiaridad del alminar, compuesto de un núcleo cilíndrico en torno al cual se va enroscando una rampa de hélice, estrechándose la masa de la base a la cumbre, un recuerdo inspirado en las torres persas dedicadas al culto al fuego, típicas de la religión zoroástrica. A su vez, la influencia de este tipo de arquitectura de ladrillo mesopotámica se observa en la mezquita de Ibn Tulún, de 879, en el Cairo, también con un alminar cilíndrico con rampa helicoidal.

En la antigua provincia romana de Ifriqiya (Túnez), conquistada en 647, Kairuán conoció varias reconstrucciones sucesivas sobre la primitiva fundación de su mezquita, cuya forma definitiva responde a la ampliación del año 836, con el resultado de que bajo la sobriedad de sus líneas y decoración se resumen tradiciones diversas, como escribió el historiador del arte musulmán Georges Marçais: cristiana por poseer nártex en su sala hipóstila y por sus soportes aprovechados, damascena por la forma cuadrada de su alminar, mesopotámica por el uso de cúpulas.

LA MEZQUITA ANDALUSÍ

España fue conquistada en 711 y convertida en un dominio omeya. Cuando en 750 los abasíes exterminaron a la dinastía omeya, el único superviviente, Abderramán, se refugió en Córdoba en el 756, erigiéndose en emir independiente, y hasta el año 1009 sus sucesores, convertidos en califas desde principios del siglo X, gobernaron en Al-Andalus llevando al califato a su máximo esplendor.

Los avances de la reconquista y los enfrentamientos entre los pequeños reinos de taifas, dirigidos por banderías étnicas de origen hispanorromano, bereber o árabe, hicieron disminuir la presencia del Islam en España, hasta que dos invasiones de bereberes musulmanes del Magreb, los almorávides, nómadas saharianos, y los almohades, originarios de las montañas del Atlas, restablecieron durante poco más de un siglo la hegemonía musulmana en la Península. En el siglo XIII una de las antiguas familias de taifas, la de los nazaríes, fundará el último estado musulmán en Al-Andalus, el Reino de Granada

Córdoba. Mezquita (785-987). Parte superior de la puerta de la fachada oriental.

La mezquita de Córdoba actual, sin tener en cuenta las adiciones cristianas, es el resultado de cuatro intervenciones a lo largo de doscientos años, desde 785 en que Abderramán I comenzó las obras, hasta 987 en que Almanzor sumó ocho nuevas naves a imitación de las formas anteriores, pero variando sustancialmente las proporciones y destruyendo antiguas simetrías.

La mezquita mantuvo básicamente las decisiones originales: recinto amurallado reforzado con contrafuertes y abierto a la ciudad mediante puertas (hasta un total de diecinueve), un patio que alcanza grandes dimensiones, 58 x 120 metros, en cuya fachada se alza un alminar y con naranjos que evocan la imagen del paraíso como un jardín con fuentes y canales de agua; por último, la sala cubierta, constituida por diecinueve naves de diferentes anchuras.

Sevilla. La Giralda, siglo XII.

Entre la mezquita de Abderramán I y la de Almanzor se dan las intervenciones de Abderramán II (833-852) y Al-Hakam II (961-976), que la agrandan en anchura y profundidad añadiendo naves y retrasando el muro de la *qibla*. Este último la dotó de sus elementos más brillantes, la *maqsura*, el recinto especial reservado para el califa, y el *mihrab* con la cúpula, próxima a la cual se fueron añadiendo hasta un total de cuatro, formadas por medio de arcos entrelazados uniendo un espacio semiesférico, *cúpulas de nervaduras*, ricamente decoradas con mármoles tallados, inscripciones y mosaicos con ornamentación geométrica y vegetal sobre fondo dorado.

Las naves de la sala estaban dirigidas no en paralelo, sino en profundidad respecto al muro de la *qibla*, y con el fin de obtener la máxima altura con las columnas y capiteles locales aprovechados, pero de escasa altura, se hicieron descansar sobre ellos arcos dobles superpuestos, y encima la cubierta plana de madera. Con tal recurso, quizá tomado de la técnica de los acueductos romanos, se consiguió un resultado espacial sumamente original, específicamente cordobés, de manera que el interior de la sala se llenó de perspectivas aéreas cruzadas con efectos visuales sorprendentes.

La ampliación de Al-Hakam II aportó a la mezquita de Córdoba sus rasgos más distintivos, pues varió la forma de los sencillos arcos anteriores, pasando a ser polilobulados y entrecruzados; se innovó la técnica de las cúpulas cuyo diseño estructural se basó en complejas combinaciones de líneas, las nervaduras; se aumentó el valor de lo decorativo, poniéndose especial énfasis en la zona del *mihrab*, algo más que un nicho, una auténtica habitación con entrada en forma de arco de herradura inscrito en un marco rectangular, *alfiz*, profusamente decorado con inscripciones coránicas que ahondan aún más su profundo significado político y religioso.

Además de la mezquita de Córdoba, la arquitectura religiosa del califato nos ha legado la pequeña mezquita Bib Mardom, en Toledo (Cristo de la Luz). Como una evolución de los hallazgos cordobeses, tanto los nómadas almorávides como sobre todo los más austeros y fanáticos montañeses almohades establecieron sus huellas en las mezquitas Kutubiya de Marrakesh, la de Hassan de Rabat, la de Qarawiyin en Fez, y la de Tremecén. Las mezquitas de Marraquesh, Rabat y Sevilla contaban con elevados alminares con muros tratados cual tapices de arabescos de yesería. De la mezquita de Sevilla lo único que precisamente perdura es su célebre alminar, la Giralda, de 1184, con todos sus paramentos decorados con arcos polilobulados, y espesas redes de rombos, *sebka*. La parte superior fue transformada en época renacentista por Hernán Ruiz el Joven, que le añadió en 1558 el grácil cuerpo de campanas.

ARQUITECTURA CIVIL

Con la llegada del Islam el desarrollo urbano comenzó muy pronto, sorprende la rápida urbanización de Irak y el que sus ciudades se convirtieran en focos importantes de cultura. Allí, en Siria, en Jordania, Qusayr Amrah, Mshatta, se conservan los más antiguos restos de villas y establecimientos agrícolas, deudores de la arquitectura romana en su articulación arquitectónica, dotados de baños, mezquitas, zonas de alojamiento, ornamentados incluso de pintura figurativa, caso de los palacios jordanos del desierto.

Bagdad fue conocida por la importancia de sus palacios urbanos ya desde época omeya, con pabellones en medio de jardines en donde transcurrían placenteras jornadas a salvo del árido desierto exterior. Excepto el salón-iwan, dicha arquitectura palaciega carecía de formas funcionales determinadas, permaneciendo de ella la idea de una estructura de estancias laberínticas, de recorridos misteriosos, con el objetivo principal de servir para el retiro y descanso del príncipe. Lo cual, en Bagdad, es tanto como evocar el mundo de las narraciones y de los espacios novelados de

Harun-al-Rashid y la Ciudad de Bronce de «Las mil y una noches».

Obra civil omeya en España fue Medina Azahara, el palacio de Abderramán III en Córdoba, devenido una auténtica ciudad principesca, construido a partir del año 936, cuya compleja estructura recuerda a los palacios de Bagdad, y que, a pesar del estado ruinoso en que nos ha llegado, aún guarda ecos de su pasado en la refinada decoración de mosaicos, mármoles y estucos.

La Aljafería de Zaragoza es el único testimonio de la época de los reinos taifas. De época almohade en Sevilla, ya sin la recubrición de azulejos dorados que le dio nombre, la Torre del Oro, actualmente con un añadido superior del siglo XVIII, sirvió a la defensa amurallada del recinto urbano.

Tras la catastrófica derrota del poder almohade en la batalla de las Navas de Tolosa (1212), una antigua dinastía árabe, la nazarí, se mantuvo hasta 1492 en la región montañosa del Reino de Granada, cuya conquista significó el final del dominio islámico en la península ibérica. De la corte nazarí en Granada, la ciudadela (*alcazaba*) de la Alhambra constituye su legado artístico universal. El conjunto de los edificios conservados en su interior son la principal fuente de información sobre la arquitectura residencial y palaciega, no sólo nazarí, sino del arte musulmán en general. Toda documentación histórica anterior sobre el tema resulta de menor elocuencia material o procedente de fuentes literarias, plausibles, pero nada sistemáticas. La Alhambra sólo admite parangón con el conjunto monumental de Isfahan de la época de Sah Abbas, la ciudad abandonada de Fatehpur Sikri en la India o el palacio de Topkapi en Estambul. En todos los casos, los palacios de la cultura arquitectónica musulmana carecen de una clara sistematización, la idea que parece regirles es la de resultar de la suma conglomerada de muchas unidades independientes, con espacios domésticos y ceremoniales en torno a patios abiertos, salas representativas normalmente con nichos o alcobas y cubiertas con cúpulas, baños, jardines con quioscos y fuentes, abstracta evocación del siempre añorado paraíso.

Se tienen noticias de que en el siglo XI ya existían en el lugar fortalezas y palacios, pero fue Muhammad I, primer monarca nazarí, quien a mediados del siglo XIII la convirtió en la residencia dinástica. En los respectivos reinados de Yusuf I (1333-1354) y Mohammed V (1353-1391) se acometieron las obras principales dentro del recinto amurallado de la Alhambra, «la (fortaleza) Roja», que abarca una extensión de 740 x 220 metros. Las intervenciones constituyen la suma de dos palacios pegados uno a otro, con salas organizadas alrededor de patios rectangulares perpendiculares entre sí: la parte que culmina en el patio de los Arrayanes y

Granada. Alhambra. Patio de los Leones, segunda mitad del siglo XIV.

la torre de Comares con el salón de Embajadores, de la época de Yusuf I, siendo el patio de los Leones y el complejo de salas que lo rodean (de los Reyes, de la Justicia, de las Dos Hermanas y de los Abencerrajes) lo enriquecido por su hijo Mohammed V.

Todo el palacio de la Alhambra, en cuanto adición de diferentes unidades dispuestas irregularmente, está destinado a producir la impresión de una constante sorpresa, la ilusión de una escenografía teatral. Incluso los patios abiertos con estanque o fuentes en su centro logran parecer fachadas interiores. La profusa decoración participa de manera decisiva para crear la ficción del más rico marco imaginable. El íntimo patio de los Leones, de 28,5 x 15,7 metros, se admira como el cenit del conjunto, envuelto por arquerías apoyadas en finas columnas, con quioscos que sobresalen en ambos extremos. La fuente del centro con doce leones de mármol blanco y una taza de la que fluye agua y corre en canales hacia las cuatro direcciones evoca la imagen del paraíso con los cuatro ríos que lo dividen en cuatro partes, respuesta geométrica habitual de tantos jardines musulmanes.

Todos los edificios de la Alhambra son estructuralmente sencillos, su sistema compositivo parece elemental, repetitivo, actuando por adición de espacios

Alhambra de Granada. Patio de los Arrayanes y Torre de Comares, principios del siglo XIV.

independientes, con los exteriores tratados con austeridad material. Ciertas partes, sin embargo, como el patio de los Leones, superponen ejes variados y unidades simétricas complejas. Pero no ocurre igual en lo que respecta a la decoración de las paredes, a los artesonados de los techos, a los arcos y a las cúpulas, que es el reino de las estalactitas de los mocárabes que parecen colgar del techo, y de los arabescos, de las inscripciones coránicas y poéticas, de todo un tejido de estucos tallados que organizan las superficies de los muros interiores con cuadros tridimensionales de infinitas variantes. En ninguno de estos aspectos la decoración de la Alhambra fue innovadora, ni en temas (vegetales, epigráficos, geométricos) ni materiales (azulejos, mármoles, yeso, madera). Pero sus tracistas, y los competentes artesanos, dejaron en el único palacio conservado de su época el mejor resumen de varios siglos de búsquedas formales de toda la cultura islámica universal.

Al otro lado de la cima sobre la que descansa la Alhambra se hallan los jardines del Generalife, creación también de los reyes nazaríes, que se basaron para su realización en el mejor recuento de los temas predilectos del jardín musulmán: pabellones, estanques de agua rodeados de plantas y canales que murmuran y corren con trazo geométrico ortogonal a los pies de una frondosa vegetación.

Samarcanda. Mausoleo Gur Emir, con cúpula de aristas con perfil bulboso sobre tambor cilíndrico (1405).

ARQUITECTURA IRANÍ

La islamización de Irán encontró la resistencia de una fuerte y extensa cultura artística, grupos religiosos variados y diferencias étnicas. Hasta el siglo XI no se culminó el proceso de adaptación, consistente en parte en borrar las huellas del pasado. A partir del siglo XIII sucesivas oleadas de pueblos mongoles del norte ocuparon y devastaron el territorio. Gengis Khan primero (1218), Tamerlán (1387) y sus sucesores más tarde, hicieron bascular el protagonismo cultural hacia Samarcanda, en donde la dinastía timúrida dejó huellas de su arquitectura, particularmente en madrazas, mausoleos, jardines y conjuntos urbanos.

Existían precedentes de mausoleos monumentales en la región, como el llamado de Ismael el Samaní, de Bujara (914-943), un cubo de 10 metros de lado, construido entero con ladrillos dispuestos de variadas maneras, cubierto con una cúpula central. Por su mismo fin, recuerda los antiguos *martyria* cristianos.

El mausoleo Gur-Emir (1405), en Samarcanda, consagra la figura del *iwan* como referencia visual

Samarcanda. Plaza de Registan, presidida por tres madrazas con alminares, siglos XVI al XVIII.

Isfahan. Mezquita del Shah (1611-1630).

Fatehpur Sikkri, patio central y *Diwan-i-Khas*, entre 1556 y 1605.

dominante, así como la cúpula de aristas con perfil bulboso, sobre tambor cilíndrico, cubierta de cerámica. En 1404 visitó Samarcanda el viajero español Ruy González de Clavijo y la describió como una ciudad inmersa en el verdor, llena del esplendor que le habían otorgado las realizaciones promovidas por Tamerlán. La plaza del Registan y sus tres madrazas con alminares, de los siglos XVI al XVIII, mantuvieron vivo dicho esplendor, del que también participan otras ciudades como Bujara y Jiva.

Una nueva dinastía, la de los safávidas, restauró un cierto equilibrio en el área a partir de 1514, sustituyendo el renacimiento de Samarcanda por el de la tierra de los antiguos persas. El más decisivo de los gobernantes safávidas fue el Shah Abbas I, que reinó de 1587 a 1628, y convirtió a Isfahan en la capital más importante de su tiempo. El plano de la ciudad se rige por la suma de intervenciones en los márgenes de una amplia avenida, el Char-Bagh, flanqueada por los palacios de los nobles dispuestos siguiendo la misma figura geométrica, resultado de la división de un cuadrado o rectángulo en cuatro partes, de nuevo la imagen del paraíso con sus cuatro ríos. El centro de la nueva Isfahan es la plaza real, llamada Naqsh-i Yahán (Dibujo del mundo), de 512 x 159 metros, marco de celebraciones políticas, religiosas, comerciales y del juego del polo. En sus lados, dos mezquitas, la de Shaij Lutfalá y la Mezquita del Shah, la fachada monumental del bazar y el pórtico del palacio real, Ali Qapu, que, como las realizaciones del momento (Chehel Sutun, 1647), se basa en el gusto por pabellones en medio de jardines geométricos cuatripartitos, bajo frondosas vegetaciones irrigadas por redes de canales, con pórticos hipóstilos que evocan las apadanas persas. Las veinte columnas de madera se reflejan en el estanque y se cuentan cuarenta (eso es lo que significa Chehel Sutun). En el interior de las salas, los muros se disuelven bajo el efecto de los espejos.

La Mezquita del Shah (1611-1630), domina con la imponente masa de su cúpula bulbosa y su pórtico saliente el perfil de la ya de por sí monumental plaza, y da respuesta a una audaz disposición de su planta, en ángulo respecto al eje de la plaza, lo cual fuerza giros y la postura inesperada del *iwan* del pórtico de entrada. Tres *iwanes* más, el principal en el extremo del eje de entrada, articulan el patio porticado, y las cuatro salas de oración se cubren con pequeñas cúpulas. La escuela de decoración iraní hizo de nuevo del azul el color de soporte dominante de sus azulejos vidriados, que envuelven como una malla todas las superficies con temas geométricos y epigráficos, pero sobre todo florales muy naturalistas.

ARQUITECTURA DE LA INDIA MUSULMANA

A principios del siglo XI la mitad septentrional de la península indostánica era regida por soberanos musulmanes de origen afgano. Los príncipes de Delhi construyeron entonces mezquitas con altos alminares, pero no pudieron evitar dejarse influir por las formas de la arquitectura tradicional hindú. A partir de la implantación de una nueva dinastía mongol en el siglo XVI, la arquitectura de la India musulmana logró sus mayores éxitos. Babur, tras la conquista del sultanato de Delhi en 1526, fue el primero de los llamados grandes mongoles, que, en términos constructivos tienen en Akbar

Delhi. Tumba de Humayun (1560).

Agra. Tumba de Itimad-Ud-Daulah (1628).

(1542-1605) y Shah Yahan (1592-1666) a sus principales valedores. En cuestiones formales, la inspiración persa tamizada por la influencia afgana, junto a la tradición hindú, dan por resultado una arquitectura original, en la que los *iwanes* y las cúpulas apuntadas y los alminares, se fusionan con columnas o *kioskos* próximos a las figuraciones de arquitectura templaria local, de la que también se toma la preferencia por construir en piedra y mármol.

Al largo reinado de Akbar (1556-1605) se debe la realización a partir del año 1571 de Fatehpur Sikri, «la Ciudad de la Victoria», cerca de Agra, un ambicioso plan consistente en una amplia mezquita y un palacio sobre la cima de un cerro, que en 1585 el propio Akbar ya había abandonado. El palacio está formado por una secuencia de patios rectangulares agrupados en terrazas conectadas entre sí. Todo está construido con la misma piedra arenisca roja. Consta de tres partes principales: el harén, *zenana*, la sección de los hombres, *mardana*, y la zona pública, y en cada una de ellas triunfa una ecuación inversa a la habitual, pues dominan los motivos y formas de la arquitectura arquitrabada hindú sobre la musulmana. Así, los distintos pabellones siguen las normas musulmanas de uso y planificación; las vastas terrazas se articulan con pequeños cambios de nivel, a veces trazando en el suelo lúdicas propuestas, como es la del juego del parchís en la zona sur del *Diwan-i-Khas* (Sala Privada), junto a estanques ornamentales, el *Anup Talao*, con isletas artificiales y *kioskos* para veladas musicales. Notable resulta el *Panch Mahal* (Palacio de los Cinco Niveles), cinco salas de columnas superpuestas como terrazas abiertas, disminuyendo sucesivamente de tamaño hasta el remate en forma de kiosko cupulado. El sistema arquitrabado, la forma de las columnas, son de templo hindú, y todo está recubierto de relieves variados que vuelven a mezclar elementos de las dos tradiciones, como queriendo manifestar la política de tolerancia de Akbar, o, mejor todavía, el deseo de que la combinación de dos artes excelentes contribuyese a generar un resultado de superior calidad.

Junto al tema obligado de las mezquitas (Yami Masyid de Delhi, de 1650; Badshahi Masyid de Lahore, 1674) y de las fortalezas, los gobernantes musulmanes de la India acostumbraron a edificar en vida sus propios mausoleos o concluir los ya iniciados. El sistema evoluciona desde los mismos principios, el de superponer terrazas como podios de un edificio octogonal destinado a sala funeraria, coronado por una cúpula, y el de enclavarlo en medio de amplios jardines amurallados, de trazado ortogonal, divididos en cuatro secciones con canales cruzados, estanques y fuentes. La tumba de Humayun (1560) en Delhi, fue la primera de la secuencia, que se continúa de manera brillante en Agra con las de Akbar, en Sikandra (1605), Itimad-Ud-Daulah (1628), y el Taj Mahal (1631-1652).

Este último, como los ejemplos anteriores, en realidad son complejos de edificios. La tumba del Taj Mahal comparte su terraza con dos más, uno de ellos una mezquita, dispuestos simétricamente a ambos lados. Frente a la terraza hay un enorme *charbagh* de 300 metros de ancho con un estanque de mármol en el centro. El jardín está bordeado por una alta muralla en la que se alternan pabellones y miradores. La justa fama del Taj Mahal proviene de la perfección y originalidad de la propia tumba y de la historia legendaria sobre la razón de su erección, el recuerdo de la joven sultana fallecida, Mumtaz Mahal, «la Elegida del Palacio». El interior de la tumba es una sala octogonal central, con cuatro salas octogonales más pequeñas agrupadas alrededor. Todo ello se refleja en la silueta de la masa exterior, en que la cúpula se rodea de cuatro templetes *chattris*, y en la terraza por cuatro alminares, fórmula nada habitual en la arquitectura funeraria, salvo en la de la India. Cada fachada es un alto *iwan* flanqueado por entrantes con arcos ordenados en dos pisos.

Con la única salvedad de que la tumba no se halla en el centro sino en un extremo del jardín, con vista hacia el río Yamuna, el Taj Mahal representa la parte culminante de una secuencia que comienza en la tumba de Humayun y termina con la de Aurangzeb en Aurangabad (Bibi ka Maqbara, 1678), pero destaca sobre todas ellas por su soberbia sencillez geométrica, por sus bellas proporciones y por la delicadeza de su decoración de arabescos florales e inscripciones coránicas, toda una deslumbrante labor de incrustación de piedras semipreciosas en el mármol blanco, el corazón de su materia.

Agra. Taj Mahal (1631-1652).

ARQUITECTURA OTOMANA

Los turcos otomanos bajo las órdenes de Mehmet II conquistaron Constantinopla en 1453 y la incorporaron bajo el nuevo nombre de Estambul a un vasto imperio asiático que no hará sino seguir extendiéndose por la tierras de la Anatolia oriental (1515), Siria (1516), Egipto (1517) y África del norte hasta los confines de Argelia. El poso de la cultura bizantina se hace aquí más evidente que en ninguna otra expresión del arte musulmán, lo que en términos arquitectónicos se traduce en la reinterpretación de los espacios cupulados de época justinianea, de Santa Sofía en particular. Al deseo de Mehemet II de dotar a la nueva capital de instrumentos políticos y administrativos relevantes se debe el comienzo de la dilatada construcción del Topkapi Saray (1459), el «Palacio de la Cañonera», sobre un espectacular emplazamiento en el Cuerno de Oro, un cúmulo de salas, pabellones, kioskos y jardines con fines administrativos, residenciales y ceremoniales. Pronto, desde comienzos del siglo XVI, las mezquitas de Estambul, como la del sultán Bayaceto II (1505), adaptaron el esquema bizantino al culto musulmán.

Durante la segunda mitad del siglo el nombre del arquitecto Sinan dejó la firma de su talento en un gran número de edificios, todos variaciones de un esquema similar, todos evocando la sombra de la cúpula sobre pechinas de Santa Sofía. La obra maestra de Sinan es el conjunto de la mezquita del sultán Solimán, la «Sulaymanié», comenzada en 1550, cuya planta crece a partir de una cúpula central y dos semicúpulas con exedras a manera de ecos anterior y posterior que amplían el espacio único total, dado que carecen de compartimentos superiores. Hay también dos naves laterales cubiertas con cúpulas de menor tamaño, y todo el peso de las cubriciones acaba siendo neutralizado mediante sólidos contrafuertes exteriores. Los alminares de estas mezquitas, los añadidos a la propia Santa Sofía, adquieren rasgos específicos otomanos, con dos o tres balcones subdividiendo las altas torres cilíndricas que se afilan a media que ganan altura y se terminan coronando con conos muy picudos. En cualquiera de los perfiles del Cuerno de Oro visto desde el Bósforo, la pirámide de cúpulas, semicúpulas y cupulillas sobre tambores cilíndricos de la mezquita de Sinán rubrican la recuperación de la memoria antigua de la arquitectura de la ciudad, adaptada a nuevos usos y nuevos ritos, e indican soluciones a las que se sumarán otras del mismo autor (mezquita Rustem Pach de Estambul,1562, con asombrosos azulejos, o la Selimiye de Edirna, 1568) y de sus seguidores (mezquita de Ahmed I, popularmente conocida como «mezquita Azul», 1609-1617), que fijan el paisaje arquitectónico de la nueva Estambul entre los imborrables de la historia de la arquitectura.

Estambul. Mezquita Azul (1609-1617).

Arquitectura cristiana medieval

ARQUITECTURA CAROLINGIA

La transición de la cultura clásica antigua a la medieval equivale en términos religiosos a la sustitución de los cultos paganos por las formas de la nueva iglesia cristiana. El fenómeno del cambio fue muy lento, lleno de tiempos artísticos prácticamente vacíos. Sólo unos pocos datos ayudan a identificar el tránsito, algunos, como la deposición del último emperador romano, Rómulo Augústulo, en el año 476, de naturaleza meramente simbólica. Para entonces una parte del imperio había basculado hacia el extremo oriental del Mediterráneo, antiguo mar común, plantando las semillas de la cultura bizantina.

En lo que respecta a las permanencias de la vieja cultura romana en las tierras de occidente, el declive político y la pérdida de poder de Roma no se tradujo en una desaparición de las potentes formas arquitectónicas del pasado, sino todo lo contrario; la arquitectura medieval del occidente europeo, al igual que la bizantina, se entiende como un desarrollo parcial de algunas de las formas y técnicas romanas. Si Bizancio eligió la cúpula y la planta central como el soporte protagonista de su discurso arquitectónico y espacial, occidente hizo lo propio con la bóveda y la planta basilical con ábside. En ambos casos los puntos de partida de sus respectivas técnicas se basaron en los sistemas romanos, magníficamente traducidos en las termas como caso ejemplar, donde se dejaron expuestas las posibilidades de la construcción mediante arcos, bóvedas de cañón y de crucería, cuya herencia pasó por encima de distintos avatares a la arquitectura medieval.

Sin embargo, la evolución de la arquitectura antigua y paleocristiana hacia la medieval se produjo en otro medio y con distintas condiciones, tal como los acontecimientos históricos ayudan a comprender. El principal cambio es el del escenario, que durante varios siglos abandonó el ámbito del Mediterráneo, en parte por causa de las conquistas y ocupación islámica, debido a la irrupción de los pueblos bárbaros desde las tierras altas septentrionales.

Wells. Interior de la catedral, 1175.

Carlos Martel repelió el avance islámico en Poitiers en el año 732. Su hijo Pipino, y, sobre todo, su nieto, Carlomagno, pusieron sucesivamente las bases de un nuevo estado formado por los pueblos germanos centroeuropeos cristianizados, que, sin perder los vínculos religiosos con Roma, rescatando incluso el papel de su cultura, se consolidaron en un nuevo marco geográfico, entre los ríos Loira y Rhin.

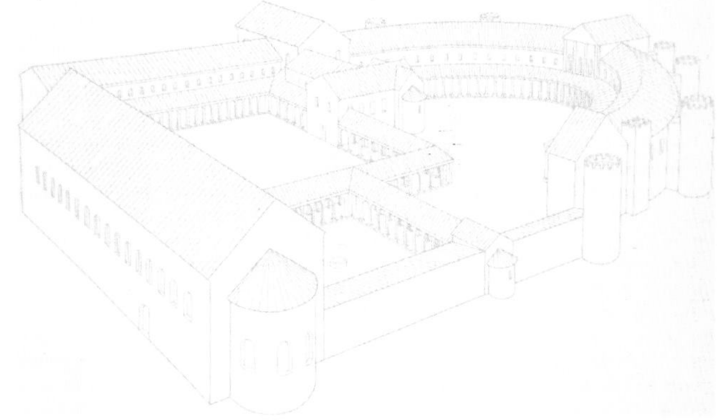

Ingelheim. Restitución dibujada del palacio (777).

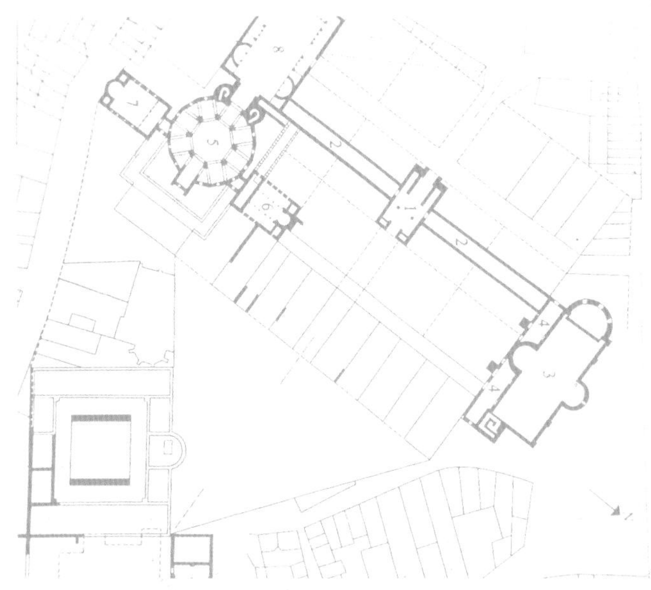

Aquisgrán. Planta del conjunto del palacio de Carlomagno y de la capilla Palatina.

Aquisgrán. Capilla Palatina, con ocho gruesos pilares en el centro, (792-825).

Carlomagno erigió varios palacios, en Nimega o Ingelheim, cerca de Maguncia, pero fue en Aquisgrán donde creó una auténtica corte, un foco que irradió la cultura gracias en parte a la labor de sus maestros palatinos, como Alcuino y Eginardo, también al ingenio de sus arquitectos. Uno de estos, Odón de Metz, comenzó en el año 792 el conjunto de la Capilla Palatina, una serie de edificios singulares organizados en torno a un patio porticado de 180 metros, bordeado en su lado norte por la Sala Regia o Aula Palatina, de planta basilical, en cuyo ábside se ubicaba el trono de Carlomagno, y al sur la Capilla, en realidad una catedral en cuanto a su rango. La planta de ésta es octogonal, inspirada en San Vital de Ravena. En la fachada exterior dos torrecillas cilíndricas daban acceso directo al salón del trono de la galería (tribuna). En el interior se encuentra un deambulatorio de doble altura cubierto con bóvedas de aristas. En el centro, ocho gruesos pilares reciben el peso de las arcadas que comunican con el deambulatorio; sobre ellas una segunda serie de arcadas subdivididas con doble piso de columnas de mármol. El tercer nivel está perforado con ventanas que permiten iluminar el espacio central. Finalmente, descansa la cúpula, concluyendo el volumen general. La inspiración espacial en la iglesia de San Vital de Ravena es evidente, pero también en la de la arquitectura de los mausoleos romanos, más sólida, pues los constructores carolingios no llegaron a dominar las técnicas bizantinas de construcción en ladrillo.

Cuando en la navidad del año 800 Carlomagno se hizo coronar como Emperador Romano en la ciudad de Aquisgrán, al tiempo que asumía para las tierras del nuevo imperio un papel equivalente al de Roma en cuanto responsable de las tareas de desarrollo administrativo y económico, estaba igualmente afianzando las bases de lo que se ha denominado el renacimiento cultural carolingio.

Por el lugar de su implantación en el norte de Europa, la arquitectura carolingia estaba influida por técnicas y materiales de los pueblos celtas y teutones, expertos trabajadores de la madera, con la que conseguían resultados arquitectónicos funcionales y orgánicos, adaptados al clima y a las tradiciones vernaculares, como los tejados fuertemente pronunciados, pero, en suma, edificios modestos, incapaces de competir con la monumentalidad romana. De esta última, se incorporó su experiencia en la construcción de espacios abovedados, cuya generalización y uso ampliados dará lugar posteriormente al nacimiento de la arquitectura románica. Lo carolingio se impregnó también de influencias bizantinas y orientales, de manera que se llevó a cabo una interesante síntesis de tradiciones. Esta fue, pues, su principal característica: la fusión de lo oriental, lo nórdico y lo mediterráneo.

ARQUITECTURA MONÁSTICA

El renacimiento carolingio no se puede comprender sin el conocimiento de la renovación monástica de los siglos VII y VIII, mucho más importante de lo que testimonian los restos arquitectónicos conservados. En efecto, frente a la anterior dispersión y falta de unidad arquitectónica de los monasterios, surgió un plan ideal a partir de un trazado regular. Aunque las partes constitutivas del monasterio ya eran conocidas, se las sometió entonces a una reordenación funcional, se desarrollaron nuevos organismos arquitectónicos que posibilitaron el cumplimiento de nuevas tareas culturales. El abad alcanzó el rango de cargo político, el propio monasterio fue transformado en una institución de igual naturaleza.

La ilustración perfecta de la renovación monacal en época carolingia la representa el monasterio de Centula o Saint Riquier, cuya construcción se concluyó en el año 799 bajo la supervisión del abad Angilberto, muy unido a Carlomagno, gracias a cuyo apoyo las obras se realizaron en apenas diez años. La planta triangular del monasterio aludía a la Trinidad, y en cada ángulo se ubicaba una iglesia unida por galerías procesionales a las otras dos, de manera que el patio interior resultante cumplía las funciones del futuro claustro. La iglesia principal, dedicada al Salvador, de planta basilical, se elevaba sobre una cripta, poseía una torre y estaba orientada a occidente mediante un cuerpo con vestíbulo exterior, el *westwerk* o cuerpo occidental, el primer ejemplo de una fachada eclesiástica monumental. La segunda iglesia, dedicada a la Virgen, presentaba planta en forma de rotonda, la tercera, planta basilical.

La arquitectura monacal, la benedictina en particular, se renovó y alcanzó sus mayores logros gracias al apoyo imperial. Algunos de sus temas venían de experiencias anteriores, tanto las que se refieren a las partes constitutivas del recinto del monasterio, como al propio hecho de la vida monacal, esto es, la decisión de un conjunto de hombres de apartarse de la vida mundana y de reunirse bajo la autoridad de un superior, el abad, para cumplir una serie de votos y llevar una vida de contenido religioso y espiritual. Sin embargo, los monasterios se convirtieron pronto en verdaderos oasis de cultura y de paz en medio de una sociedad que acabó reconociendo en ellos a los auténticos centros de referencia, no sólo religiosa y espiritual, sino también administrativa y judicial. Con ellos se cumplió la transición de la sociedad antigua a la medieval, se alcanzó un nuevo renacimiento económico, en ellos se fundió la cultura latina con la nórdica, se mantuvo viva la memoria del derecho antiguo traducido a regla monástica, se desarrolló e hizo evolucionar la arquitectura que encontró en sus recintos y sus iglesias la única vía de continuidad entre dos tradiciones.

En cuanto al espacio eclesiástico principal del conjunto monacal, la iglesia, esta había venido incorporando varios elementos desde su estructura original paleocristiana: el *crucero* o *transepto*, definido por los brazos que configuran la planta en forma de cruz y se sitúa entre el presbiterio y el coro; el *cimborrio*, o *linterna del crucero*, con ventanas para iluminar mejor el espacio del altar; *las torres* con campanas, llamadas a desempeñar funciones cada vez más determinantes en la arquitectura eclesiástica medieval.

En la biblioteca del monasterio suizo de Saint Gall se conserva el plano manuscrito de un monasterio, cuyas trazas fueron dadas a principios del siglo IX, hacia el año 820, y se atribuyen a Haito, abad de Reichenau, otro de los hombres influyentes de la corte de Carlomagno. En él aparecen dibujadas todas las partes y edificios del tipo del monasterio benedictino medieval, siguiendo un trazado según medidas modulares, un afán de orden perfecto equivalente al mismo gusto por la planificación que en la antigüedad romana había trasladado el trazado de los campamentos al de las ciudades.

En el plano de Saint Gall están reseñadas las partes del monasterio, el destino de los edificios, incluso el nombre de las especies del huerto monástico. El plano del monasterio se divide en varios ámbitos dentro de una planta rectangular con un eje longitudinal que lo atraviesa y en torno al que se ordenan las distintas partes, todas presididas por la iglesia, que domina el conjunto. La parte aislada del mundo, el monasterio dentro del monasterio, lo forman el claustro, el refectorio (comedor), la cilla (despensa) y las bodegas. Un segundo ámbito estaba formado por las habitaciones de huéspedes, la escuela y el palacio abacial. Otra parte diferenciada era destinada a novicios y a enfermería, y la última a las zonas de aprovisionamiento, talleres, granja, establos y huertos. En cuanto a la iglesia, basilical de tres naves con ábside y pórtico semicircular a los pies, presentaba un sentido axial pronunciado, resultando una planta muy alargada con la que se resolvía la doble función de oratorio monacal e iglesia de peregrinación. Interiormente se dividía en múltiples compartimentos mediante canceles, en los flancos había diferentes capillas laterales consagradas a diversos santos. En la iglesia de Saint Gall se dan los síntomas de la futura catedral románica, pues la planta basilical presenta transepto, o crucero, esto es, una nave transversal ante el coro, transformando la planta basilical en una de cruz latina. La confluencia entre la nave principal y la transversal, el crucero, se convierte en nuevo punto focal de la organización simbólica y espacial, sobre el que se levantan cimborrios, torres campanarios o posteriormente las altas agujas góticas.

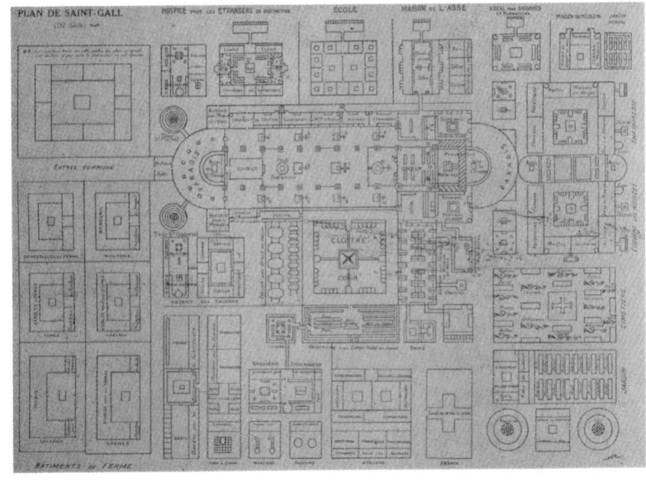

Saint Gall. Planta del monasterio según el manuscrito del año 820.

El plano de Saint Gall, que con tanta minuciosidad elaboró el abad Haito para definir y ensalzar la vida monástica, sin duda fue conocido e intercambiado por otros abades, que lo tomaron como modelo de referencia para la construcción de nuevos monasterios siguiendo sus pautas, y así se verificó en los tiempos posteriores, en los que se cifra el esplendor de la vida y de la arquitectura monacal europea.

Milán. San Ambrosio, comienzos del siglo IX.

LA IGLESIA ROMÁNICA

A lo largo de los siglos XI y XII se consumó la profunda separación entre dos distintas partes de Europa, Oriente y Occidente, cada una de ellas formada a su vez por pueblos y culturas muy diferenciados, como los Francos y Latinos en el caso occidental. Por otro lado, en el Oriente convivían Griegos cristianos y «heréticos» Sarracenos. Esta separación no hará sino agrandarse con el transcurrir del tiempo, culminando con los cismas religiosos y la escisión de las iglesias cristianas griega y romana, y con las Cruzadas como intento de reconquista del Oriente musulmán por el Occidente cristiano.

La geografía de la Europa románica es muy amplia, abarca de España a Polonia, de Italia a Gran Bretaña, lo que preludia evidentes diferencias dentro del concepto unificador del término «románico». Pero lo común fue la coincidencia de ser el tiempo del renacer de las ciudades, tras varios siglos de preponderancia de la vida en el campo dependiendo del castillo en términos de organización feudal y del monasterio en lo religioso. La ciudad de los artesanos y de los mercaderes fue el renovado organismo productivo de una sociedad burguesa, esto es, habitante del «borgo». Y en el centro de la ciudad se halla su monumento principal, la iglesia, la catedral.

A diferencia del Gótico posterior, la tecnología constructiva de la catedral románica no surgió de una revolución, del uso de formas y materiales distintos a los de la tradición «romana», de donde procede precisamente el término «románico» de su identificación. Y este sentido de la continuidad es el primer significado que debe resaltarse de la incipiente sociedad románica, pues ésta se reclamó en distintas situaciones y con variados procedimientos como continuadora de Roma, tanto en lo político, como en lo administrativo o en lo espiritual.

El edificio representativo del sentir románico es, pues, la catedral urbana, aunque se mantuvo con pujanza la construcción monacal. La catedral simboliza la vida de la ciudad, sus amplios espacios no sólo materializan el ideal de la casa de Dios traducido en arquitectura monumental, sino que sirven de refugio a los ciudadanos ante el peligro de la guerra y los asedios del enemigo exterior. Los artesanos y constructores irán experimentando en la catedral las innovaciones y volcando lo mejor de su oficio y de la riqueza material de su tiempo.

La catedral románica se elaboró a partir de la planta basilical de tres o más naves, pero a diferencia de la forma característica de la basílica, horizontal y con techos planos de madera, la románica se alza vigorosa y alta, con tres niveles superpuestos. La cripta, sepultura del santo, se halla bajo tierra, y encima de ella, el presbiterio, justo antes de la cabecera, en un plano más elevado para gozar de la mejor visión desde las naves, que se encuentran en el nivel intermedio. El presbiterio se erige en el centro de los significados, en él se reúnen los elementos significativos del culto, como el iconostasio, para exponer imágenes sagradas, el ambón para efectuar lecturas sagradas, el ciborio (baldaquino) sobre el altar, la cátedra del obispo...

Entre el presbiterio y las naves se desarrolla el transepto o crucero, que genera una planta de cruz latina, de evidente simbolismo, pero también con enormes consecuencias espaciales y volumétricas, pues a la concepción longitudinal de la planta basilical se le viene a sumar ahora el crecimiento en anchura, la perspectiva ampliada del eje transversal.

Otro tanto ocurre en las naves, cuyas paredes se articulan desde la base a la cubierta, en donde todo se cierra mediante el sistema de tramos sucesivos de bóvedas de crucería (el resultado del «cruce» de dos bóvedas de cañón) con nervaduras, en realidad arcos, en las aristas de dicha intersección. Es decir, se tallan y molduran en forma de arcos las aristas de las antiguas bóvedas romanas. Cada tramo o crujía de la bóveda «cuatripartita» está formado por seis arcos (dos torales, dos formeros y dos transversales cruzados), cada uno de ellos soportando la parte correspondiente del peso total, de manera que los transversales, de trazado diagonal, obligan a reforzar los soportes, que no pueden ser meras columnas, sino gruesas pilastras compuestas, con forma de cruz, como resultado de sumar al núcleo cuadrado del pilar columnas en cada lado para recibir el peso de los arcos centrales, los diagonales y los de las arcadas menores que separan a las naves, que de esa manera se prolongan hasta el suelo y con ellos sus líneas de fuerza, el peso sostenido. La construcción de cada tramo se realizaba mediante armazones de madera (cimbras) que para poder reutilizarse se iban desplazando a medida que se concluía el anterior.

Como los tramos de las naves laterales suelen ser la mitad de amplios que los de la nave central, el peso de la arcada y muro de separación puede ser aguantado por columnas, que de esa manera se alternan con las pilastras compuestas y contribuyen a crear efectos de variación, como filtros espaciales, lo cual aumenta la sensación de penumbra, de bosque de columnas, lo que impide gozar de vistas generales, y esto, a su vez, obliga al espectador a establecer una relación dinámica, de movimiento, para alcanzar a comprender el espacio general de la catedral.

Los muros de los edificios románicos siempre resultaron gruesos; en ellos, los vanos, arcos o ventanas, denotaban su característica sección masiva. Por este motivo, los constructores no se atrevieron a perforarlos con demasiados huecos, para no debilitar y poner en riesgo la necesaria estabilidad. No obstante, la pared característica de la catedral románica suele presentar hasta tres pisos superpuestos: la arcada inferior de pilastras compuestas, sobre ella el triforio o galería que corre por todo el interior de la iglesia abriéndose a la nave principal mediante ventanas de dos o más huecos, y por último el claristorio, la pared lisa de arriba en la que se abren las ventanas, situado entre las bóvedas y el triforio, o las arcadas caso de no existir triforio.

En la arquitectura románica, los aspectos técnicos y los de su compleja construcción incluyen además los temas escultóricos y pictóricos, que se adhieren y cualifican las superficies, tanto interiores como exteriores, en forma de frescos y relieves. Particular importancia presenta la escultura en las ménsulas y capiteles, donde se llegan a desenvolver auténticos ciclos narrativos de temas sagrados, también profanos, aunque la última pretensión que lo justificaba fuera la de manifestar la presencia de Dios con el fin de servir de adoctrinamiento y de estímulo a la imaginación de los fieles iletrados.

Hildesheim. Iglesia de San Miguel (1001).

LA PRIMERA ARQUITECTURA ROMÁNICA

Es comúnmente aceptado que el primer estilo del Románico apareció en la región de Lombardía, en el norte de Italia, tierra famosa por sus canteros, que se movían en cuadrillas itinerantes al servicio de los monasterios, lo que ayudó a extender las nuevas formas del estilo. Los constructores lombardos trabajaban espléndidamente con el ladrillo y la mampostería, con técnicas romanas y bizantinas, y creaban bellos efectos en los muros a los que añadían tratamientos decorativos mediante pilastras de refuerzo rematadas con bandas de arquillos, que acabó convirtiéndose en una forma distintiva de la llamada escuela Lombarda. En Milán legaron la que puede ser considerada como su obra maestra, la iglesia de San Ambrosio, comenzada a principios del siglo IX, de planta basilical y cabecera tripartita, unida a un amplio patio porticado cerrado, uno de cuyos lados se funde con la fachada de la iglesia.

La expansión hacia el este a través del sur de Francia llegó a Cataluña, donde similares sistemas de construcción y de abovedamiento aparecieron en la temprana iglesia de San Martín de Canigó (h. 1001) o en el monasterio de Santa María de Ripoll (1020).

El prototipo de la iglesia románica con influencia lombarda la representan también las alemanas San Miguel de Hildesheim, del año 1001, cuyas maneras se perciben a su vez, entre otras, en Santa María de Laach, fundada en 1093, cuyo exterior queda dominado por seis torres que le dan su silueta movida tan característica.

En Francia la ramificación principal de la arquitectura románica arraigó en la región de Borgoña, donde confluyeron las experiencias carolingias con las lombardas, a lo que se sumó el continuado activismo constructivo monástico. San Filiberto de Tournus, a partir del año 950, contiene una cripta bajo el altar mayor, y su planta, un deambulatorio con cinco capillas radiales en la cabecera, se repetía en la iglesia principal: a esta solución característica se le denominará «presbiterio francés».

Cluny fue el mayor monasterio construido en Occidente, cabeza de un auténtico imperio monacal que tuvo en él a su cabeza, elevando a sus abades al auténtico rango de príncipes espirituales y terrenales. En época del abad Odón (927-942) muy amante de las artes, se dio un enorme impulso a su ampliación, cuyas campañas no se interrumpieron a lo largo de dos siglos, dando incluso nombre a un tipo específico de monasterio benedictino, el «cluniacense», siempre de generosa arquitectura, buena sillería, anchos transeptos, girolas con capillas radiales, pilastras compuestas, ricos capiteles tallados, bóvedas macizas. El siguiente nombre de abad determinante en la continuidad estilística de Cluny fue Hugo de Semur, elegido abad en el año 1049, el cual construyó además un verdadero imperio monástico a la manera de la organización feudal de la época. La influencia de esta fase, conocida como Cluny III (a partir de 1085, concluida en 1121) se dejó notar en la propia Borgoña con la erección de importantes iglesias monacales, como la Magdalena de Vezelay (1096-1137), la primera de grandes dimensiones cubierta con bóveda de aristas separadas por arcos fajones. En España, participaron de los hallazgos de Cluny monasterios como los de San Juan de la Peña (1094), panteón de los reyes de Aragón, o San Salvador de Leyre (1085).

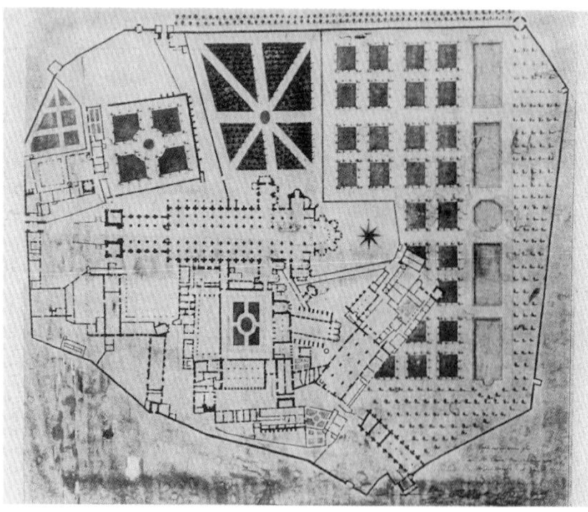

Cluny. Planta del monasterio, a partir de la primera mitad del siglo X.

Cluny cumplió un fundamental papel en la creación de un estilo Románico maduro, caracterizado por aumentar significativamente la escala de los edificios, así como las dependencias accesorias del monasterio. En el año 1080 el refectorio de los monjes se triplicó de tamaño y se decoró con pinturas al fresco, todo siguiendo siempre estrictos trazados matemáticos y sistemas modulares. Hacia el año 1100 estaba terminado lo más significativo del nuevo Cluny III, y con ello se había realizado la mayor iglesia de la Edad Media. Presentaba cuerpo longitudinal de dobles naves laterales, con nártex a los pies, doble transepto en la cabecera, con cinco capillas radiales en el deambulatorio. La nave principal, de tres pisos, iba cubierta con bóveda de cañón ligeramente apuntada, sostenida por pilares compuestos, cuyas columnas adosadas eran de orden corintio. El empleo del arco apuntado, además de facilitar la construcción de las bóvedas, anuncia las proporciones de la arquitectura gótica, cuyas condiciones estaban ya presentes al final de la carrera del abad Hugo, en parte responsable del surgimiento de la misma, pues fue él quien llevó la expansión de Cluny hasta la región de la Isla de Francia, donde nació el Gótico.

EL ROMÁNICO DEL CAMINO DE SANTIAGO

Una institución fundamental en la Edad Media fue la peregrinación al sepulcro del apóstol Santiago para honrar sus reliquias. Desde el año 844 se tenían noticias de las mismas, custodiadas en un monasterio benedictino del pequeño reino de León y hasta entonces se

Vezelay. Iglesia de la Magdalena (1096-1137).

remonta la información de que el 25 de julio se conmemoraba su festividad. La Europa de los peregrinos a Santiago no se interrumpió ni siquiera cuando en el año 997 Almanzor arrasó la pequeña diócesis, a donde ya previamente, en el año 851, había llegado el obispo de Le Puy acompañado por doscientos monjes.

Los caminos de la peregrinación a Santiago fueron grandes vías de comunicación, de flujos de ideas y de trasvases culturales, y se atribuyó a Cluny un decisivo papel sobre el origen y trascendencia del camino, sobre la aparición de la propia peregrinación, de las consecuencias directas inmediatas, como la presencia del monacato benedictino en España e, incluso, de un apoyo determinante en la Reconquista. No obstante, también otras órdenes religiosas tuvieron su aportación, su presencia en la ruta de la peregrinación, confiriendo a ésta un sentido decididamente internacional.

Los cinco caminos principales comenzaban en Arles, Le Puy, Vezelay, Saint-Denis y Chartres, y confluían en Roncesvalles, ya en España. Cada uno poseía una gran iglesia de peregrinación en su recorrido: Saint-Martin de Tours; Saint-Martial de Limoges; Sainte-Foi de Conques y Saint-Sernin de Toulouse, a las que se sumaba, como culminación de la ruta, Santiago de Compostela, todas del siglo XII.

Cada una de las cinco iglesias encarna el ideal de la iglesia románica en su etapa de madurez, con sus formas amplias, espaciosas, bellamente ornamentadas, capaces de resolver los problemas técnicos gracias a la experiencia constructiva anterior. Todas participan de una serie de características que permiten englobarlas en el apartado de «iglesias de peregrinación»: amplia nave central, ancho transepto, capilla mayor de grandes dimensiones; todas están cubiertas mediante bóvedas de cañón con arcos fajones y soportes de pilares cruciformes con columnas adosadas para recibir las cargas de los arcos. En el crucero se levanta un cimborrio que dejaba filtrar la luz exterior, al igual que las ventanas de las naves laterales y de la tribuna.

Las naves laterales presentan tribuna (triforio) abierta a través de arcos gemelos a la nave central, y al llegar a la cabecera bordean el ábside mediante el deambulatorio. Este recorrido interior por las naves laterales fue un uso obligado dada la naturaleza de las iglesias y las necesidades derivadas de su función de acoger y facilitar el tránsito interior de los peregrinos, pues en sí mismas cumplían el papel de auténticos caminos procesionales que culminaban en el altar principal, idealmente en el último de ellos, el de Santiago, etapa final de la peregrinación.

La meta de la peregrinación era y sigue siendo, Santiago de Compostela, cuyo conjunto monumental

Santiago de Compostela. Catedral románica (1075).

Santiago de Compostela. Pórtico de la Gloria (1168-1188).

continúa estando presidido por la silueta de la catedral, singular monumento que tal como se observa hoy en día es el resultado de un largo proceso de construcción que fue variando alguna de sus partes, particularmente en el exterior, terminado en el siglo XVIII, entre 1738 y 1770, cuando se concluyó con formas barrocas la fachada del Obradoiro, inteligente solución del arquitecto Fernando Casas y Novoa para resolver unitariamente los problemas heredados y la amenaza de ruina. Se decidió entonces envolver el lado oeste de la catedral con una fachada que preservara dentro los antiguos contenidos artísticos, entre ellos el famoso Pórtico de la Gloria, pleno de bellas esculturas obra del famoso maestro Mateo (1168-1188). La catedral románica de Santiago había sido promovida hacia el año 1075 por el obispo Diego Peláez, con la idea de levantar un gran centro de peregrinaciones sobre el solar de antiguas construcciones, lo cual lograron sus continuadores, entre los que destacó Diego Gelmírez, dándose por finalizadas las obras en el año 1122. A pesar de los añadidos e intervenciones posteriores, el interior de la

Poitiers. Iglesia Notre Dame la Grande, primera mitad del siglo XII.

Périgueux. Iglesia de Saint Front, inspirada en San Marcos (1120).

catedral de Santiago sigue guardando las proporciones y enunciando el sistema constructivo de una genuina construcción románica, en la que el granito oscuro sirve de sustento a las naves con triforio, las bóvedas de excelente factura, las fachadas del transepto, con característicos nombres propios, Francígera y Platería, que como la contigua plaza de Azabachería, aún recuerdan los artesanos que comerciaban y llenaban de vida su entorno inmediato.

En algunas partes del interior de la catedral de Santiago, como la capilla mayor y las del deambulatorio, los arcos lobulados denotan que la influencia del arte musulmán fue permanente en el cristiano. Y no sólo en este extremo de la península. A lo largo del camino, por su propio carácter internacional, se reflejaron ciertas notas de lo musulmán, incluso en Francia, como en la catedral de Le Puy, en la Auvernia. Rasgos como las hiladas de piedra alternando colores, los arcos lobulados, los dibujos de las ornamentaciones, la talla de los capiteles, así como la de la madera de las puertas con inscripciones cúficas ponen de evidencia dicha influencia.

Otro de los elementos de la arquitectura hispanomusulmana que ejerció una gran fascinación en la cristiana medieval fueron las bóvedas de tipo cordobés. Así ocurre en la iglesia navarra de Torres del Río, cuya bóveda de nervaduras con arcos que no pasan por el centro siguen el mismo sistema que las del mihrab de la mezquita cordobesa.

LA EUROPA DEL ROMÁNICO

El camino de Santiago fue uno de los aspectos de la cultura medieval que otorgó a la arquitectura románica una de sus características más importantes, la condición de estilo interregional. No obstante, este criterio es compatible con la distinción de rasgos específicos en la arquitectura de las distintas regiones europeas, plasmados en la personalidad de sus monumentos más importantes, rasgos que se distinguen atendiendo a la persistencia de tradiciones constructivas, materiales y formas heredadas solapadas con las nuevas en cada región o país. La Europa románica fue bizantina, islámica, normanda o romana en distinta medida e indiferentemente.

Francia. La arquitectura románica francesa es la que ha dado pie a una mayor distinción de «escuelas» regionales, atendiendo a las variaciones en las plantas, el tipo de ábside, la existencia de criptas, la definición de las girolas con capillas radiales, la solución de los cruceros, de los temas estructurales (pilares, arcadas, bóvedas, decoración escultórica, molduras), el desarrollo de las torres, de las portadas, de los claustros, etc.

La rica variedad del Románico en Francia resulta incuestionable, difícil de abarcar. Ya nos hemos referido a su origen en la región de Borgoña, donde se

Moissac. Claustro del monasterio (1100), según un grabado del siglo XIX.

Jumièges. Abadía (1037-1066).

definieron los rasgos distintivos del estilo. A ella se suman hasta seis más, la sureña Provenza, cuya latinidad siguió patente en los nuevas iglesias, como Saint-Gilles-du Gard (1116-1142) un priorato cluniacense y Saint Trophime de Arlés (1170). El principal centro artístico de Aquitania fue Poitiers, también muy romanizada, y en su área de influencia se alzó una de las iglesias más interesantes, Saint-Savin-sur-Gartempe (1060), aunque la fama mayor la sigue detentando Notre-Dame-la Grande, en Poitiers, con una fachada que representa bien el estilo de la región, muy ricamente labrada, rematada en hastial y con dos torretas en las esquinas. En Aquitania florece un tipo de iglesias con cúpulas, rasgo singular en la forma de cubrición, cuyo origen resulta de difícil interpretación. Quizá el ejemplo de San Marcos de Venecia inspiró Saint Front de Périgueux (1120). La catedral de Angulema (1105) obedece al mismo sistema, pero fue muy reconstruida en el siglo XIX por el arquitecto P. Abadie, quien se inspiró en este Románico para proyectar la que es su obra más popular, la Iglesia del Sacré Coeur, en París. El recorrido por las escuelas románicas francesas debe considerar sin duda la hermosa austeridad de las iglesias de la Auvernia, como Notre-Dame-du-Port (primera mitad del siglo XII), en Clermont Ferrand, o del Languedoc, donde se encuentra el claustro más hermoso de todos los Románicos franceses, el de Moissac (1100), si bien fue reformado en época gótica, cuando se hicieron descansar arcos apuntados sobre la rítmica alternancia de los apoyos de columnas únicas y dobles, con cimacios, y los famosos esculpidos capiteles, espléndidos en su talla, tanto como la de las placas ubicadas en los machones de las esquinas del claustro.

El Románico francés septentrional es denominado normando, por ser territorio ocupado desde antiguo por vikingos, de los que procede sin duda el sentido de sus construcciones, fuertes y bien articuladas. El Románico de Normandía aparece ya elaborado en la abadía de Jumièges (1037-1066), con naves de doble crujía y con soportes alternando pilares cilíndricos y compuestos con columnas adosadas que sostenían –hoy la abadía está en ruinas– un techo de madera. El Románico normando está muy próximo al inglés, de manera que el sistema de Jumièges recuerda al aplicado en la catedral de Durham (1093), sólo que aquí se dio un importante paso evolutivo, al sustituirse la cubierta de madera por bóvedas de crucería, de manera que para la historia de la arquitectura inglesa Durham es el mejor ejemplo para comprender la transición de dos estilos de arquitectura, Románico en los muros y soportes, hacia el Gótico en las bóvedas.

España. En general, la España cristiana acabó entrando en la órbita cultural del Románico francés, aunque en las regiones más orientales, Cataluña, Aragón y Navarra, el Románico maduro mantuvo el carácter lombardo inicial fusionado con acentos franceses: San Clemente de Tahull (1132), San Juan de las Abadesas (h. 1114-1150), San Salvador de Leyre (1057) y la catedral de Jaca, ciudad convertida en 1054 en capital de Aragón.

Jaca. Planta de la catedral, finales siglo XI.
1 Nave Central. 2 Naves laterales. 3 Nave transversal o transepto. 4 Ábside. 6 Crucero.

Silos. Claustro del Monasterio (1085-1100).

Desde el comienzo de la Reconquista en Covadonga en 718, los reinos cristianos incorporaron las novedades francesas, y en ellos el monacato benedictino supuso un importante medio de filtración de las formas del Románico, pero con acentos propios entre los que la influencia del arte musulmán fue el rasgo más sobresaliente.

León fue desde 914 la capital del reino de su nombre, y en ella se levanta una de las obras más emblemáticas del Románico, el Pórtico de los Reyes (1054-1067), con funciones de Panteón Real, adjunto a la colegiata de San Isidoro, de la que en realidad cumplía la función de nartex. Sus bóvedas de arista mantienen aún las pinturas al fresco que se incorporaron hacia 1175, luminosas dentro de una suave entonación de sus dibujos bien perfilados.

La arquitectura románica de raíz leonesa se expandió hacia el sur al ritmo de la Reconquista, y fue

Toro. Iglesia llamada la Colegiata (1160-1240).

depositando en la meseta castellana algunos de sus hitos, como San Martín de Frómista, de finales del siglo XI, muy reconocible por la silueta de su cimborrio y las dos torretas en la fachada que encierran sendas escaleras cilíndricas. Más al sur, San Vicente de Ávila (1109), Santo Domingo de Silos y su admirable claustro (1085-1100), o la catedral de Ciudad Rodrigo (1165-1230). Por todos lados fue difundiéndose el sistema del Románico, alcanzando desde las alejadas tierras de Cantabria, en donde el modelo se interpretó perfectamente asimilado, como muestra la colegiata de Santillana del Mar, del siglo XII, hasta el extremo occidental de la península, caso de la catedral de Coimbra (1162), cuya severa fachada se vio coronada con almenas moriscas, o la iglesia quizá más famosa de Portugal, la del Convento do Cristo de Tomar (1150-1162), de la orden del Temple, que en tiempos posteriores se vería continuada en Gótico.

En el Románico del sur del Duero se halla un grupo de obras que han causado profunda admiración a los estudiosos por sus peculiaridades. En ellas la fusión de lo Románico con lo «orientalizante» muestra resultados muy sugerentes. Se trata de las catedrales de Zamora (1152-1174), la colegiata de Toro (1160-1240), la catedral de Salamanca (a partir de 1152) y la de Plasencia, cuyos cimborrios, o linternas, constituyen el elemento más singular, auténticos cascos de piedra labrada. En la de Zamora, la más antigua, al cimborrio se le añadió posteriormente torretas en las esquinas, y gabletes de forma triangular en los frentes. Las nervaduras dividen el interior en 16 secciones o gallones, con ventanas entre cada uno de ellos; dichas nervaduras se manifiestan al exterior mediante crestas y se cubren con escamas de piedra. La torre más conocida de la serie es la de la catedral vieja de Salamanca, conocida popularmente como la *del Gallo*. Nos ha llegado el nombre del responsable de las obras, Pedro Petriz. El cimborrio de Salamanca repite y mejora los anteriores, a partir de una estructura parecida, con 16 nervios y el mismo número de plementos, con dos filas de ventanas bajo la cúpula gallonada, cuyo remate en esta ocasión presenta un perfil piramidal de ocho lados, igualmente cubierto con tejas escamadas de piedra y crestas en las aristas.

Zamora. Catedral. Exterior, con el cimborrio y torretas en las esquinas (1152-1174).

Zamora. Catedral, interior del cimborrio (1152-1174).

Italia. La proximidad en el espacio y en el tiempo de la civilización bizantina se hizo sentir en el Románico italiano, así como también se dejó denotar la musulmana, sobre todo en las tierras del sur. A ello se unió el que Sicilia fuera conquistada por los normandos en 1061, con lo que se tendían las redes para definir su Edad Media artística como una época caracterizada por el sincretismo. En la Capilla Palatina de Palermo (1132-1189), tanto el sistema de apoyos de columnas como los mosaicos son de estilo puramente bizantino. La catedral de Cefalú (1131) presenta dos torres en su fachada que recuerdan alminares musulmanes, y arcos normandos en el exterior. La catedral de Monreale (1174) tiene armaduras de madera en sus naves, y una decoración de arcos entrecruzados sobre columnas e incrustaciones polícromas sobre piedra calcárea en su exterior, de inspiración musulmana, que envuelven su ábside y le dan un aspecto de viveza inconfundible. En su claustro se combinan arcos apuntados de tipo musulmán y una decoración fantasiosa en las columnas que sostienen las arquerías, que incluyen temas geométricos y mosaicos.

Si bien Roma apenas dio muestras de su antiguo genio, mantuvo un tono menor pero interesante en sus aportaciones medievales, basadas en las formas típicas de su arquitectura paleocristiana, a la que se mantuvo fiel. Fue famosa una familia de constructores de la ciudad, los Cosmati, que dieron origen a un estilo característico, el llamado en su honor *cosmatesco*, reconocible sobre todo en lo decorativo por el uso de mosaicos polícromos, de factura muy delicada, tal como aparecen en los pavimentos de las iglesias del momento: San Clemente (1084-1130), Santa María in Cosmedin (1100) y Santa Maria in Trastevere (1150).

Cefalú. Catedral, con dos torres en la fachada (1131).

Aunque el Románico genuino se identifica con las construcciones nórdicas de albañilería, el estilo

Monreale. Catedral, exterior del ábside (1182).

mediterráneo de arquitectura revestida de mármol se mantuvo en las regiones del centro de Italia, en la Toscana. En Florencia, tanto en el baptisterio de San Giovanni como en la basílica de San Miniato al Monte (1062), la decoración marmórea pone de manifiesto la profunda racionalidad geométrica del diseño. La catedral de Pisa (1063-1118), trazada por el arquitecto Boschetto, fue mandada construir para celebrar la victoria cerca de Palermo de la armada pisana contra los sarracenos, y es un elemento de un vasto complejo monumental, que comprende además la torre, el baptisterio y el camposanto. En todos ellos es característico el revestimiento de mármoles componiendo efectos de bandas de colores, y en el exterior se ofrecen como soluciones las arquerías caladas superpuestas en pisos, hasta seis en el caso de la torre, que acabarán siendo típicas de la escuela pisana. Un conjunto igualmente monumental es el formado por la catedral de Parma, reconstruida en el siglo XII y el batisterio, terminado en el XIII, muy rico en sus tratamientos escultóricos, de Benedetto de Antelami. En ellos, las galerías de columnas recuerdan el influjo de Pisa, pero la solidez de los muros y el hastial de remate de la fachada de la catedral con galerías de arcos evoca la proximidad de la escuela lombarda.

Las relaciones con el oriente bizantino incidieron sobremanera en la arquitectura de Venecia, dado que no se interrumpieron los contactos marítimos, comerciales y culturales, hasta el punto de que se atribuyen a arquitectos de esta procedencia las trazas de la catedral de San Marcos, comenzada a partir de 1063. Su planta es una cruz con cinco cúpulas, una mayor y cuatro menores, a la manera de las iglesias de la época de Justiniano. Una diferencia con el pasado es que San Marcos carece de tribunas y presenta ventanas en las cúpulas de los brazos. La decoración de mosaicos dorados definen la tonalidad del espacio interior, descansa como un manto pictórico sobre las paredes, a las que su fulgor hace tomar profundidad y al tiempo les procura levedad. La representación de temas figurativos tiene una incidencia mayor que en cualquier iglesia de la tradición bizantina. Exteriormente, la fachada fue dilatando su conclusión hasta llegar a incluir remates góticos, pero su fisonomía quedó condicionada por la galería formada por cinco portales, la cual, a la par que sirve de apoyo para resaltar los volúmenes de las cúpulas sin competir con ellas, satisface un requisito no menos importante, el de vincular a la catedral con el espacio de la plaza.

ARQUITECTURA CISTERCIENSE

En el siglos XI y XII el dominio monacal de Cluny encontró la respuesta reformada del Císter, que había comenzado con una serie de «huidas» del monasterio de monjes a la búsqueda de una vida espiritual más desprendida de lo mundano. Así, en 1075 se produjo el primer alejamiento del monje Roberto, que más tarde, en 1089 les lleva a un lugar aún más recóndito, Citeaux. Uno de los monjes, el inglés Stephan Harding, redactó la *Carta Caritatis*, que marcaría las directrices de la nueva fundación. La base fundamental consistía en la prohibición de toda clase de lujo, la vuelta de los monasterios a la regla de obediencia, controlada mediante la celebración de capítulos generales y las inspecciones para velar por su cumplimiento. Una obediencia a las reglas a la que debía someterse el propio abad, en contra, pues, de la autonomía de las distintas abadías o del rango de señor temporal que había confluido en la figura del abad de Cluny, cuyo declive corre paralelo al ascenso del Císter.

Dicho sistema centralista dirigido afectó igualmente a la arquitectura de los monasterios, que acabaron teniendo todos un aspecto parecido, racionalizando sus funciones, procurando espacios recogidos, introduciendo en su lenguaje y materiales el mismo sentido de parquedad del resto de la regla. Con los monasterios cistercienses culmina el proceso de desarrollo de un tipo arquitectónico comenzado en los primeros monasterios medievales benedictinos.

En el año 1112, un joven aristócrata, San Bernardo, se trasladó a Citeaux acompañado por treinta nobles; más tarde le seguiría su padre y su hijo. En 1123 San Bernardo fundó Clairvaux, y en apenas veinte años eran más de setenta las fundaciones de los monjes blancos, constituyendo una auténtica Orden uniformizada bajo la autoridad de San Bernardo, del que emanaba su espíritu austero y devoto. Su lucha contra el lujo de los bienes terrenales fue feroz; su ascetismo, radical, incluso, afectó en un primer momento al reconocimiento del valor de la literatura, la ciencia o el arte.

Los aspectos destacados en la arquitectura de un monasterio cisterciense derivan de los mismos principios aplicados esta vez a su conformación. El de la pobreza llevó a evitar torres o sólo permitir vidrieras blancas, a restringir el uso de las imágenes, a eliminar la decoración pictórica en los muros al igual que se habían proscrito las miniaturas de los manuscritos, a utilizar la piedra desnuda sin adornos, pero muy cuidada en su talla. Fue obligatorio el uso de las bóvedas, lo que condicionó la anchura de las salas y la solución de los apoyos. El gusto por la soledad de los parajes y la subsistencia autárquica que convirtió a los monjes cistercienses en inmejorables ganaderos y agricultores, lo que les permitió la máxima independencia, afectó de manera directa a los vínculos que la arquitectura del monasterio establecía con el lugar, con la planificación de los territorios buscados tan intencionadamente.

El monasterio cisterciense característico del siglo XII (Clairvaux, Fontenay, Fountains, Rielvaux, Citeaux, Pontigny, Las Huelgas, Poblet, Santas Creus o Alcobaça) se ubica junto a ríos, en el fondo de los valles, en medio de los bosques, nunca junto al mar o en lo alto de las montañas. Lo estricto de su plano, claro y racional, sólo permitía que la iglesia (siempre dedicada a la Virgen) destacara en el conjunto gracias a sus dimensiones, puesto que a veces carecía incluso de fachada y su volumen se integraba en el conjunto de las edificaciones. Como en la anterior arquitectura monacal de la Edad Media, el claustro siguió siendo el espacio en torno al cual se organizaron los demás: iglesia, sala capitular, sala de monjes, refectorio y casa de conversos, cocinas, y servicios secundarios.

Con la arquitectura cisterciense de la mano es factible recorrer el camino que lleva del Románico al Gótico. Ya en Fontenay (1139-1147), la iglesia favori-

Pisa. Conjunto de la Catedral (1063-1118), el Baptisterio (1153-1278) y la Torre (1173).

Parma. Conjunto de la Catedral y el Baptisterio, siglos XII y XIII.

Venecia. San Marcos (1063-1096).

Fountains. Abadía cisterciense (1135).

Fontenay. Claustro del monasterio (1139-1147).

Burgos. Monasterio de las Huelgas, siglo XII.

ta de San Bernardo, los tramos de la bóveda de arcos apuntados se repetían anunciando su vocación de construirse de manera independiente, de manera que se abre la posibilidad a que la bóveda gótica de crucería se eleve sostenida por un muro románico. A diferencia de las iglesias románicas, el ábside de Fontenay es recto, un rasgo más de búsqueda de la sencillez ascética a través de la eliminación de las formas curvas semicirculares. Otro tanto ocurre en Pontigny (1114), con bóvedas de crucería apoyadas sobre pilares compuestos. Poblet (1180-1196), monasterio vinculado con la corona de Aragón y Cataluña, presenta bóveda de cañón con forma apuntada y arcos fajones. Las ruinas de Moreruela (1168-1200), en Zamora, evocan, con el romanticismo inherente de lo que ha llegado en tal estado, el desarrollo de la arquitectura cisterciense en Castilla, la paradoja de la transición del Románico, según sus proporciones básicas, al Gótico, insinuado en la cabecera con girola y capillas, en la esbeletez luminosa de su espacio. La obra más tardía que citamos, Santa María de Huerta, en Soria, nos ha legado un magnífico refectorio, un auténtico salón palaciego, realizado entre 1215 y 1225, de planta rectangular, perpendicular al claustro, cubierto con bóvedas sexpartitas de lenguaje gótico. Una escalera dentro del muro oriental permite el acceso al púlpito, lugar de las lecturas sagradas de los monjes durante las comidas. En Alcobaça (1158-1223), Portugal, se repite un mismo tipo de tramo abovedado de crucería que aquí se apoya igualmente en un sistema de pilares compuestos, cuyas columnillas adosadas reciben los nervios de la bóveda y los hacen bajar a descansar en el suelo.

ARQUITECTURA MUDÉJAR

La paulatina expansión de los reinos cristianos se efectuó a costa de la pérdida equivalente de poder y de territorios de los reinos taifas. El proceso se aceleró a partir de la conquista de Toledo en el año 1085. El retroceso de las fronteras conllevó la absorción de la población musulmana, a la que se le toleró seguir practicando su religión, es decir, seguir siendo musulmanes en tierras cristianas y pudiendo convivir con cristianos según determinadas condiciones. Esta población, con sus rasgos culturales peculiares, su artesanía y su arte, fue conocida con el término de *mora* o *sarracena*, pero la historiografía española del siglo XIX aquilató el que ha quedado fijado hasta nuestros días, *mudéjar*, término proveniente del árabe *mudayyan*, «sometido a tributo».

Detrás del término mudéjar se presupone, pues, una parte reconocible de la población en la España medieval. Normalmente habitando en barrios propios dentro de las ciudades, destacando como expertos artesanos, carpinteros y albañiles al servicio ahora de las obras promovidas por los cristianos. Este maridaje singular entre el arte cristiano y el musulmán perduró en España entre los siglos XII y XVI, constituyendo un rasgo específico, distintivo con respecto al europeo coetáneo.

Se ha debatido si el mudéjar constituye un estilo o si es sólo un uso característico de materiales y decoraciones añadidas a la base románica y gótica cristiana. Tampoco existe una coherencia geográfica, más bien se consideran distintos focos, de entre los cuales destacan el toledano, el del Duero, el aragonés, y el andaluz, el más tardío. Aunque existen acentos regionales dentro de lo mudéjar, lo común radica en el uso de materiales sencillos, ladrillo, madera y yeso, trabajado con esmero artesanal, y la reiteración de formas características, como la de los arcos de herradura, apuntados, lobulados, y el diseño del tratamiento de los paños decorativos en los exteriores e interiores de los edificios.

Toledo, tras la conquista, pasó a ser la ciudad de las tres religiones, de las tres culturas. En el siglo XII se levantaron nuevos templos o se adaptaron antiguas mezquitas a los nuevos cultos, caso de la ermita del Cristo de la Luz (1187). Toledo será mudéjar hasta el siglo XVI, y a lo largo de ese tiempo, desde el comienzo, se dejará sentir la influencia del arte almohade, traducido en el gusto por los mocárabes, por las organizaciones de lacería o por la decoración vegetal de atauriques, por la predilección por las cubiertas de madera, y así quedará de manifiesto en sus nuevas iglesias, sólo la catedral se saldrá de la tónica. Son los casos de San Román (1221), con el interior formado a partir del uso de arcos de herradura sobre pilares, de Santiago del Arrabal (1256), con interesante torre, separada de la iglesia, o la sinagoga de Santa María la Blanca, con variadas influencias, mezclas inusitadas, como los arcos de herradura apoyados en pilares octogonales, denotándose la influencia de lo almohade en la decoración de yeserías con temas geométricos y entrelazados en los muros y sobre los arcos de la nave central. Más tardía, de 1357, es la sinagoga del Tránsito, un gran salón rectangular cubierto con magnífica techumbre de maderas preciosas. En la parte alta de los muros, al igual que en el muro testero, corre y se extiende la decoración a manera de friso de yeserías pintadas, virtuosas de ejecución, que parecen tapices colgados. Enlazando con el tema de las torres de San Román y Santo Tomé de Toledo, la de la iglesia de Illescas, de mediados del siglo XIV, con varios pisos de arquerías, resulta el ejemplo más logrado de este tipo de estructuras en el foco toledano.

Según el historiador español Torres Balbás, uno de los intentos más importantes por armonizar las formas góticas occidentales con las hispanomusulmanas fue el monasterio de Guadalupe, de la orden de los jerónimos, muy ligada al poder real, cuya iglesia debió estar acabada a principios del siglo XV. Lo mudéjar aflora en temas y tratamientos decorativos de la fachada, pero, sobre todo, en el claustro, con influencia almohade en la forma de los arcos de herradura apuntados, enmarcados con alfiz, que bordean los cuatro lados con superposición de doble piso. En el centro se halla un templete, de planta cuadrada, pero que va adoptando perfil piramidal, o de estalactita al revés, a medida que se elevan sus volúmenes. Lo trazó fray Juan de Sevilla en 1405, con fábrica de ladrillo e incrustaciones de cerámica coloreada, que contrasta con el tono del revoco blanco del claustro.

Santa María de Huerta, Soria, refectorio del monasterio (1215-1225).

Alcobaça. Monasterio cisterciense (1158-1223).

El alto nivel alcanzado por los artesanos y alarifes toledanos se percibe puntualmente en otras obras mudéjares situadas en la amplia y dispersa geografía donde se manifestó. Es el caso de Sahagún, en donde, como en Toro, Arévalo o Cuéllar, el foco castellano fraguó en una serie de iglesias, sencillas, pequeñas de tamaño, traduciendo en ladrillo las formas románicas

Guadalupe. Claustro del monasterio con templete (1405).

Sahagún. San Tirso, siglo XII.

básicas. Al haber tenido esta región una menor incidencia del arte musulmán, la síntesis de lo mudéjar se llevó a cabo sobre una base románica más sólida y formalmente más evidente. Sobre esa estructura, como se ve en el tratamiento exterior de los ábsides, desde la misma materia de los muros surgen filas de arcos de medio punto, de herradura desdoblados, de recuadros. Es el caso de San Tirso de Sahagún, donde se da el paso de su cimentación en piedra a su terminación en labor de ladrillo, o el de San Lorenzo, de comienzos del siglo XIII, en la misma población leonesa. En ambas se añaden sendas torres, formadas por pisos superpuestos con arquerías, lo mismo que en La Lugareja (1237), en Ávila, si bien en ésta la labor de ladrillo es menos meticulosa y la torre resulta más pesada.

En el siglo XII se reconquistó Aragón, una tierra en la que el empleo del ladrillo compensaba la general escasez de piedra de la región. La presencia de la Aljafería aportaba un argumento de evidencias al entronque de lo mudéjar con el arte taifa, como se deduce observando el repertorio de arcos, de las lacerías o las construcciones de ladrillo enlucido con yesos tratados. Las torres mudéjares de las iglesias aragonesas, las de Daroca las más antiguas, son la traducción cristiana de los alminares musulmanes, y caracterizarán el mudéjar de esta región. Al igual que los alminares, son dobles torres, con escalera o rampa alrededor del núcleo central. El tratamiento de los exteriores se revitaliza en términos decorativos, pues se añaden incrustaciones de cerámica coloreada a las labores de lacerías, como ocurre en la torre de la catedral de Teruel (1257), la que se considera el modelo de las torres aragonesas del siglo XIV. Estas torres, auténticos dechados de filigrana en el tratamiento de sus paramentos exteriores, combinan trazados geométricos muy variados, arcos entrecruzados, frisos superpuestos, y satisfacen diversas funciones, la de torres vigía, como ornato urbano y como elemento de interconexión del viario. En Teruel, la de San Martín (1315) recuerda a la parte almohade de la Giralda de Sevilla, y la del Salvador cumple además el papel de puerta urbana al ser transitable por su parte inferior.

Lo mudéjar en Andalucía no puede evitar la fuerte impregnación de lo islámico, ya desde sus comienzos, que se cifra en la realización de la capilla real en la mezquita de Córdoba (1258), que sigue el sistema de bóvedas de crucería de tipo califal, con paños de yeserías talladas, atauriques, arquerías lobuladas y todo un repertorio decorativo de raíz almorávide y almohade.

La arquitectura religiosa andaluza es rica en el tratamiento de las yeserías, y siempre en sus iglesias, en sus torres, como ocurre en la de Lebrija, resultará inevitable evocar el recuerdo de los alminares. Pero la obra mudéjar por excelencia en Andalucía es un edificio civil, el Alcázar de Sevilla (1360-1369), una intervención de época del monarca Pedro I de Castilla, sobre un antiguo palacio almohade, en la que colaboraron alarifes toledanos y granadinos. A la manera de una casa musulmana, pero con la escala correspondiente a su condición de palacio, el Alcázar se basa en la sucesión de patios (de las Doncellas, de las Muñecas). El gran salón del trono, denominado de Embajadores, formado en su perímetro con arcos lobulados sobre columnas, une a la magnificencia de los trabajos de yesería la techumbre de lacería de madera apoyada en trompas, pero aquí resueltas con formas de mocárabes.

Sevilla. Reales Alcázares (1360-1369).

LA ARQUITECTURA GÓTICA

A un constructor de catedrales del siglo XIII le hubiera parecido una observación extraña el que se le hubiera hecho notar que su «estilo» era «Gótico». En realidad, siendo estrictos, a un edificio medieval le calificamos como Gótico porque presenta perfeccionado un sistema de bóvedas, de origen «románico», en concreto las de crucería, las antiguas de aristas a las que se le superpusieron arcos cruzados, «nervios» en las aristas, todo un proceso de racionalización de la construcción de edificios religiosos obtenido por medio de las técnicas empleadas, de los estudios de estática, de la viabilidad económica y de la satisfacción estética lograda con los resultados.

El estilo Gótico es el de las construcciones con *bóvedas de crucería* sobre base de arcos apuntados, que primero fueron los cuatro de los lados de cada tramo, después los diagonales cruzados, cuya suma de seis dio como resultado la bóveda *sexpartita*, seis partes en que los nervios dividían además la unidad original de la bóveda, cada una de las cuales pasó a conocerse como *plemento* según esta su nueva condición.

La arquitectura gótica es identificable por la presencia de una serie de elementos que se hicieron rasgos característicos de ella, como son el empleo de arcos apuntados, las bóvedas de crucería sobre crujías rectangulares, los arbotantes exteriores, los pilares articulados y el tratamiento de las molduras y talla de la piedra.

Las bóvedas son el elemento más reconocible que identifica a un edificio gótico, pero es el final de un proceso constructivo, no su base. Para llegar hasta ellas y disfrutar con sus vertiginosas alturas, hay que construirlas pensándolas desde abajo, desde los pilares que han de soportar su peso, garantizar su estabilidad y con ello la de todo el edificio. Los nervios de las bóvedas sexpartitas, cada vez más delgados a medida que se avanzó en el conocimiento del sistema, se continúan en los fustes de los pilares, auténticos «manojos de nervios». En apariencia ellos solos, los pilares, aguantan el peso proveniente desde arriba, transmitido por los nervios; estos, al trasladar el peso de las bóvedas a las cuatro esquinas de la crujía, y desde allí a los pilares, invitan a liberar a las antiguas pesadas paredes románicas de su papel de sostén. Como los nervios refuerzan el sistema de construcción de las bóvedas, estas podían ser cada vez más finas, menos pesadas, lo cual hizo posible que los pilares fueran a su vez más delgados.

Como consecuencia de la disolución del muro, se pueden abrir amplios ventanales, *claristorios*, por los que entra la luz a raudales en el interior, tanta que en muchas ocasiones se la debe tamizar, coloreándola, materializando una pintura mágica, la de las vidrieras, todo un arte añadido y puesto al servicio del nuevo tipo de iglesia gótica medieval.

El muro articulado del Gótico evoluciona del Románico según estos nuevos procesos. En la etapa clásica de las catedrales, el muro se disponía en tres pisos: la arcada inferior, desde la que la nave central se abre a las naves laterales, encima el *triforio* o galería con ventanas divididas en tres huecos, y por último, entre el triforio y las bóvedas, el *claristorio*, prácticamente ocupado por ventanales. En la evolución del estilo, el *triforio* tendió a perder importancia, incluso a desaparecer, en favor del desarrollo del *claristorio*. Las formas y proporciones dadas a esta estructuración del muro, junto con la forma de las bóvedas y el tamaño general, contribuyó a diferenciar los edificios entre sí y a marcar las diferencias regionales en el desarrollo del estilo.

Por el exterior se comprueba que, sin embargo, todo se aguanta gracias a los contrafuertes, en los que cargan las masas y las fuerzas de las bóvedas transmitidas por los arbotantes «descubiertos», situados justo a la altura de cada crujía interior. El arbotante gótico no se oculta bajo las cubiertas, sino que se muestra como tal, pero buscando además de la función estructural, la estética, de manera que, como el resto de la piedra de la catedral, se tallaban con minuciosidad y se remataban con esbeltos pináculos. Para muchos observadores y críticos del gótico el arbotante descubierto y los contrafuertes escalonados definen el carácter abierto del exterior. La cruda manifestación física del arbotante se erige en una osadía estética, al ir más allá de su función estructural, que es la de conducir la línea oblicua de los empujes de la bóveda desde arriba hacia abajo, algo que podían haber conseguido igual siguiendo ocultos bajo la cubierta de los tejados. Contrafuertes y arbotantes rompieron la continuidad románica del muro exterior y transformaron el perímetro de los edificios góticos con el mismo sentido de profundidad que adoptaron las fachadas principales.

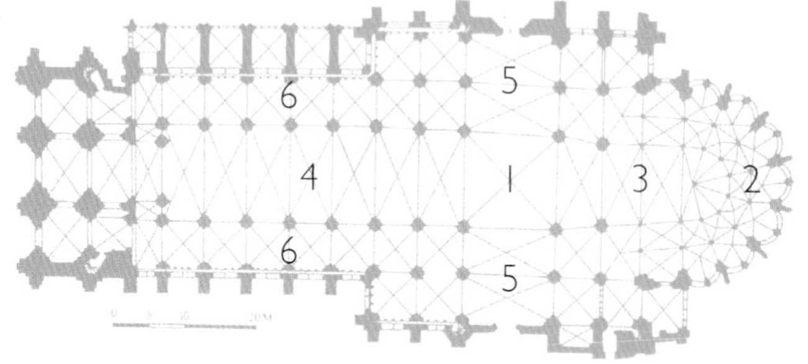

Saint Denis. Planta de la abadía, a partir de 1135.
1 Crucero. 2 Deambulatorio. 3 Coro. 4 Nave mayor. 5 Brazo del crucero. 6 Colateral.

El efecto interior alcanzado con esta suma de logros es el de la acentuación de la verticalidad y el triunfo de la diagonal como figura geométrica, pues en ella se basaba el trazado de la bóveda de crucería. Las diagonales de los nervios dividen en partes fragmentarias la anterior totalidad de la bóveda compacta románica. Para algunos historiadores, como P. Frankl, este principio de parcialidad, del espacio visto como una suma de unidades espaciales fragmentarias e interdependientes, constituye la esencia del Gótico y traslada a la arquitectura la naturaleza del hombre medieval contemporáneo. En gran medida, ese hombre era religioso, veía resueltas en la arquitectura eclesial la forma de la casa de Dios, el símbolo del reino que esperaba, así que la catedral para él, confabulado como estaba con las finalidades del culto cristiano, le ponía en relación con el reino prometido.

La arquitectura gótica es inconcebible fuera de la nueva realidad urbana. La catedral es el centro de la ciudad, su monumento, su maravilla. El habitante de las ciudades, el comerciante y el artesano, percibe el cielo redentor a través del espacio luminoso de la catedral, que se lo hace presente, lleno de luz y de esperanza, asequible. Dentro de la catedral, a cuya financiación contribuye con sus tributos y sus donaciones, está ya participando de ese cielo. A diferencia de la época románica, apenas hay fronteras entre el hombre y Dios, la claridad de formas y de luces de la catedral lo simboliza, lo hace patente, lo mismo que la penumbra del Románico se interponía como un mundo de tinieblas que colocaba a Dios como poder supremo inalcanzable.

La catedral gótica clásica dejó resuelto ya en la planta la posición relativa de cada individuo dentro de

Saint Denis. Nave interior de la abadía, a partir de 1135.

ella. Los coros se hicieron más largos para dar cabida a un mayor número de clérigos. Para separarse del resto de los fieles, el clero creó barreras, obstáculos visuales que rompían las panorámicas abiertas del interior, y se demandó un mayor número de altares y capillas para diversificar las ceremonias y satisfacer su imparable incremento. Las catedrales españolas son muy claras en esta forma de compartimentación espacial y colocación jerárquica dominante del coro, que llega a situarse en el centro de las naves principales, al margen del resto de los fieles. Como dentro de la catedral se celebraban constantemente procesiones, el espacio de las mismas devino aún más procesional que el de las iglesias románicas de peregrinación, aumentando las naves laterales de tres a cinco. Debían poder recorrerse en todo su perímetro, deambular sin estorbo, entrar y salir de ellas sin interrumpir las celebraciones centrales. Las cabeceras, detrás del coro, las *girolas*, llegaron a ser dobles, espaciosas, una auténtica ampliación del espacio de las naves, y se vieron coronadas con múltiples capillas radiales.

DESARROLLO DE LA ARQUITECTURA GÓTICA

Francia. La arquitectura gótica no se tornó tal de repente, en todos sus aspectos, en una misma época. La continuidad de la evolución fue producto de las experiencias acumuladas. El aprendiz que entraba a formar parte de una cuadrilla de albañiles se sometía al juicio de los maestros de la generación anterior, los maestros se iban convirtiendo poco a poco en arquitectos, las cuadrillas viajaban y contribuían a difundir las novedades. El Gótico fue, en parte gracias a ellos, un fenómeno europeo.

El «invento» de la bóveda de crucería se produjo en 1093 por el anónimo tracista de las naves del coro de la catedral de Durham, en Inglaterra, y por los maestros normandos del norte de Francia, aunque, para cifrar el hecho con fechas y nombres, la primera obra claramente gótica es la fachada y la cabecera de la basílica de Saint Denis, a partir de 1135, al norte de París, mandada construir por el más famoso de los abades medievales, Suger, que dejó escritas sus ideas sobre la nueva arquitectura, en las que manifestaba su interés sobre la incidencia y el valor metafísico que aportaba la luz a los espacios religiosos.

Saint Denis fue levantándose sobre la base demolida de una basílica carolingia para poder acoger un mayor número de fieles, por lo que se derribó la entrada y se comenzó una nueva fachada con tres puertas, las tres constituyendo una mitad horizontal, situadas entres dos torres, a cuyo sistema vertical se incorporan a su vez. Este es el inicio de una nueva época en la historia de la arquitectura occidental. A medida que continuaron las obras y se alcanzó la cabecera, y con el fin de facilitar la circulación de los peregrinos, se decidió que el deambulatorio fuera doble, esto es, una doble girola, y se prescindiera de los muros de separación de las capillas. El resultado de esta búsqueda de ligereza conseguido en la girola de Saint Denis, en 1140, es la aparición de la primera obra del Gótico primitivo. A ello se añadió que, a diferencia de la fachada, donde se colocaron mosaicos de inspiración italiana tal como Suger había visto en Roma, en las ventanas de la girola la luz mística e irreal que pretendía el abad la producían las vidrieras, un tema llamado a tener importancia trascendental en el Gótico, pues de su uso dependerá la forma, el tamaño y la propia configuración de las ventanas.

Laon. Fachada de la catedral (1155).

El desarrollo del Gótico, desde las fuentes del Románico, es deudor del esfuerzo transformador de la arquitectura en la región de Normandía y de la Isla de Francia. Las catedrales de Laon (1155) y de París (1160) se construyeron en la misma época. La de Laon presenta una planta con crucero marcado, recordando las románicas de cruz latina. Los gruesos pilares de la nave central reciben los fustes que se elevan por encima de ellos, una solución acusada de poca lógica. Hacia

París. Fachada de la catedral de Notre-Dame (1160-1200).

Chartres. Fachada principal de la catedral (1194).

1180 se concluyó su fachada, con la que se rompe el principio de las fachadas planas del Románico en favor del sentido de profundidad con las que se diseñan las del nuevo estilo. Los tres portales del piso bajo rematan los arcos con gabletes angulares. Sobre el porche central se sitúa el rosetón, ventana circular dividida interiormente por medio de tracerías radiales. Por último, las dos torres, cuyos dos último pisos son octogonales, nuevo signo de torcimiento diagonal que hubiera resultado insospechado en las cuadradas torres románicas.

Notre-Dame de Paris fue iniciada hacia 1160, con planta de cinco naves. Posee amplio triforio transitable, de manera que la luz llega en menor medida a la nave central, sólo por el claristorio, lo cual dio siempre a la catedral de París una solemnidad tenebrosa, acentuada por el tamiz luminoso de las vidrieras. Las dobles naves laterales, sin crucero marcado, se prolongan en la doble girola, como en Saint-Denis. Las bóvedas son sexpartitas, y la característica en ellas es que los nervios de los arcos formeros no llegan a los pilares, aportando a su aspecto una mayor ligereza, al igual que al de la estructura muraria. La fachada (a partir de 1200) presenta un equilibrio de líneas verticales y horizontales, con acentos de irregularidad que evitan la monotonía, todo dispuesto con relativa economía de medios. Abajo, los tres pórticos de desigual anchura, mínima diferencia, pero perceptible, se tallaron en la masa plana de la fachada. El central se corresponde con la nave principal, los de los lados con las dobles naves laterales, y son las bases de las torres que se alzan sobre ellos como remate de la composición. Una galería de reyes une el piso inferior con el segundo, cuya imagen está determinada por la presencia del rosetón. La galería superior es de tracería. Las torres, nueva armonía de irregularidades, son de distinta anchura.

Las catedrales góticas francesas se fueron sucediendo sin solución de continuidad. Cada una aportaba sus propios rasgos característicos que pasaban a incrementar la notoriedad del estilo. Chartres, iniciada en 1194, eliminó galerías, agrandó las ventanas, fomentó el gusto por las vidrieras, que adquirió en ella el valor de un verdadero muro, por dentro suavizando y coloreando la luz, por fuera como una piel ligera cubierta por una pátina de gris plata. Un poco posterior es la de Bourges (1195), muy esbelta, parecida a Notre-Dame de París, pero sin galerías; en ella los fustes de los pilares son líneas casi continuas que horadan los capiteles y aportan una continuidad vertical que incide directamente en su percepción como un espacio enormemente alto. La catedral de Reims, en donde eran coronados los reyes de Francia, se diseñó en 1210, aprovechando la experiencia de Chartres. Para conseguir mayor amplitud se alargó en tres tramos la nave, se perfeccionó la forma de los pilares, se integró mejor la forma de las ventanas como parte de la compartimentación de los muros, se atendió al diseño estructural de la tracería de los vanos, se atendió con esmero a la decoración escultórica, se consiguió, en fin, mayor ligereza en los arbotantes. La fachada, muy famosa por la riqueza de sus figuras talladas, fue construida en 1231 por Jean le Loup, buscando la profundidad y la fusión de las partes, algo que contrasta con el carácter plano de la de París. Así es desde el piso inferior, con cinco portales

Bourges. Nave principal de la catedral (1195).

Reims. Fachada principal de la catedral (1210).

rematados con cinco gabletes más anchos y más altos a medida que se acercan al centro. El rosetón, una rueda de delicada tracería, está situado muy bajo, en el mismo segundo piso desde el que arrancan las torres, rodeadas por la galería de reyes.

También conocemos el nombre del arquitecto de la catedral de Amiens (1220), Robert de Luzarches, quien tomó como modelo a Reims, pero mejorando hasta tal punto el sistema que Amiens es considerada como la obra más pura del estilo Gótico clásico. En el interior, los nervios de las bóvedas se prolongan sin interrupción, sin capiteles intermedios, a través de los fustes hasta el suelo, acentuando la verticalidad por medio de la continuidad de las líneas de fuerza que, al revés y al mismo tiempo, pueden ser vistas y descritas ascendiendo desde el suelo hasta la cumbre de las bóvedas. Las tres partes del muro, arcada, triforio y claristorio con ventanas se fusionan entres sí y con las bóvedas.

Las dos obras que culminan este proceso de lograr la fusión de las partes en pos de la verticalidad nos conduce a la catedral de Beauvais (1225), donde se llegó al límite y al fracaso, tras el hundimiento de las bóvedas en 1284. Más éxito tuvo la Sainte-Chapelle de París (1224), una capilla palaciega, en cuya parte superior las bóvedas rigen directamente el tratamiento de la totalidad, el trazado de los miembros. Es el Gótico

Amiens. Fachada principal de la catedral (1220).

Beauvais. Catedral (1225).

París. Sainte Chapelle (1224).

Colonia. Torres de las fachadas de la catedral (1248).

manifestado en sus formas estructurales más simples, en el que los muros han sido totalmente reemplazados por las ventanas y vidrieras, que le dan un aspecto de fantástico esplendor, y de irrealidad.

Alemania. El maestro Gerhard, arquitecto de la catedral de Colonia (1248), tuvo el mérito de inspirarse sin reparos en el modelo Gótico francés desde un profundo conocimiento del mismo. Colonia significa la plasmación del modelo gótico regular, académico, en las tierras de centroeuropa. Aún con sus notas diferenciadas, como el desafío de las tracerías cada vez más elaboradas y ocupando más espacios, en la catedral de Colonia se siguió insistiendo en la vía del Gótico francés de articular las paredes y los apoyos para que de su conjunción resultase el efecto de que sus fuerzas se elevan sin interrupción desde el suelo hasta las bóvedas. La fachada se diseñó hacia 1300, y junto con la aguja de la torre de la catedral de Friburgo (1280), las de las torres de Colonia son el mejor elogio a las formas artísticas más puras del Gótico. La fachada de Colonia se construye desde el zócalo compuesto por un triple portal, y hacia arriba se van sumando ventanas separadas por contrafuertes y pináculos, como capas en relieve tallado, más plano que profundo, como si fuesen planos de líneas en tensión ascendente. Tal es así, que las líneas horizontales quedan ocultas por las aberturas apuntadas entre contrafuertes, rematadas con gabletes, hasta que las masas sólidas, delgadas hasta la fragilidad, se concluyen en las finas agujas perforadas, que disuelven en el cielo su fina filigrana de tracería. La catedral de Colonia tuvo el mérito de terminar finalmente las propuestas implícitas de una catedral francesa, la de

Estrasburgo (1250), reclamada como alemana por el joven Goethe, y que citamos por su influencia en la formulación de la fachada de la de Colonia.

Inglaterra. Al tiempo que se erigían en Francia las catedrales de Laon y París, se estaban realizando las de Canterbury (1174) y Wells (1175). William de Sens fue llamado a Canterbury tras el incendio que había destruido el coro de la catedral, y con él pasó a la isla parte de la experiencia francesa, de la que se tomó el diseño del crucero doble, pero no el afán de alcanzar alturas vertiginosas. Wells ha sido valorada por sus rasgos «nacionales» ingleses, en cuanto la articulación de sus muros y la conformación del espacio interior sienta las bases de un Gótico inglés que se reconoce por su tendencia a la horizontalidad. Las divisiones horizontales, legibles en la articulación de las partes superpuestas del muro, en las ligaduras de los nervios de las bóvedas, acentúan el sentido longitudinal, crean el efecto de parecer espacios más bajos y más largos, en claro contraste con la búsqueda de la continuidad y de la fusión vertical de los mismos temas en la arquitectura gótica francesa.

La catedral de Salisbury (1220), se comenzó en el mismo año que Amiens. Aún continúa en una ubicación un tanto aislada, en medio de una pradera, lo que denota el origen monástico habitual de tantas catedrales góticas inglesas, de nuevo una nota distintiva frente al carácter preferentemente urbano de las francesas. Al contrario que su coetánea francesa, Salisbury significó el triunfo del horizontalismo interior en el Gótico inglés. Como en Wells, los tres pisos del muro se mantienen separados por bandas horizontales, el mármol oscuro de los fustes subraya aún más la división de dichas bandas. Como en Wells también, se repiten aquí las bóvedas cuatripartitas.

En la catedral de Lincoln, el obispo Hugo de Avalon comenzó una campaña de obras que culminó en las novedades introducidas en el coro (1230), con el que se amplió el panorama constructivo y estilístico de la arquitectura gótica, pues a las bóvedas de crucería se le sumó un nuevo elemento, el tercer nervio o «terceletes». Su desconocido inventor se atrevió a añadir aún más temas a esta catedral, como la compartimentación mayor de las bóvedas, las molduras de los nervios, las hojas retorcidas en la fronda de los capiteles, la forma de las estrías de los fustes. Se introdujo además un nervio continuo, una «ligadura», un miembro horizontal recto que recorre la coronación, el caballete, de las bóvedas, lo cual reforzó aún más la determinación de

Wells. Interior de la catedral (1175).

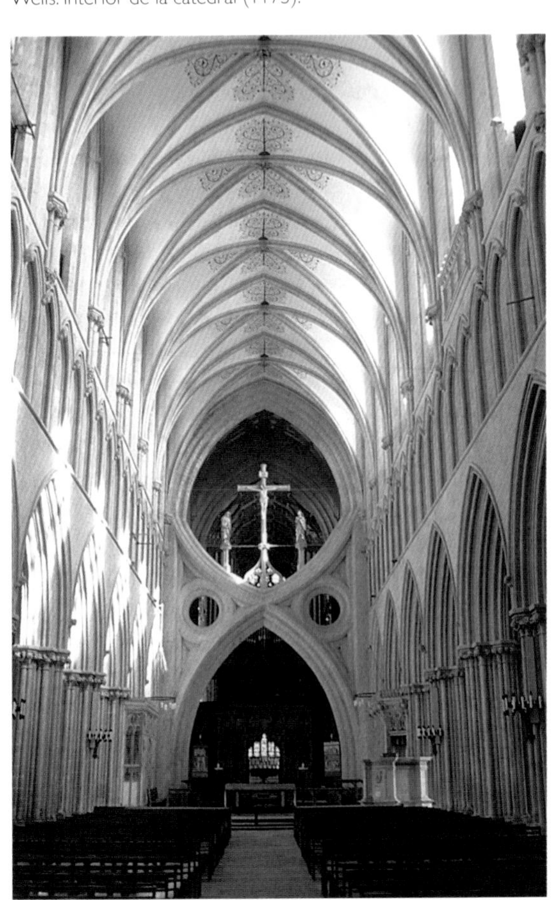

Lincoln. Fachada principal de la catedral (1230).

Arnolfo di Cambio. Florencia. Claustro de Santa Croce (1294).

Arnolfo di Cambio. Florencia. Santa Croce, fachada principal (1294).

las catedrales inglesas por querer enfatizar el sentido horizontal de su espacio interior. Las bóvedas de las naves de Lincoln, por las figuras que dibujan sus nervios, serán llamadas desde entonces «bóvedas estrelladas». Son las mismas bóvedas que se impusieron en Exeter (1280), donde triunfó el tallado de tracerías ingeniosas, los nervios se multiplicaron y se fusionaron con los terceletes, hasta acabar adueñándose como una dura red de piedra del trazado general de la nave.

La multiplicación de los terceletes en las bóvedas, tal como ocurre en la sala capitular de la catedral de Wells (1298), y en Lincoln, están indicando el paso hacia el Gótico tardío, caracterizado por un desdeño hacia el papel estructural de los nervios. Así ocurrió en Ely, en cuyo crucero, tomando como modelo la referida sala capitular de Wells, el carpintero real, William Hurley, construyó a partir de 1322 una bóveda de madera octogonal, con linterna también de madera, una solución con forma estrellada de complicado dibujo y resultado espectacular.

La última fase del Gótico inglés, «perpendicular», es conocida así a causa del predominio de las tracerías rectilíneas en las ventanas, por la transformación de las paredes en auténticos paneles de piedra tallada, decisiones con las que se conseguía el resultado de acentuar las líneas verticales generales. Es la fase en la que triunfan las paredes disueltas, desvanecidas, pues el cristal de las vidrieras consigue crear ese efecto, a la manera de la Sainte-Chapelle de París, que ahora se irradia como moda en las nuevas obras inglesas. Esta tendencia se impone en obras como la capilla de Nuestra Señora de la catedral de Ely (1321), o en la catedral de Gloucester (1331). En el claustro de esta última, el desarrollo de la bóveda generó un tipo distintivo, la denominada «de abanico», con forma de embudo, en la que los nervios se abren como varillas, desde los pilares hacia el techo, trazando complicados dibujos y creando el efecto de flujos ondulantes continuos. La capilla del King´s College de Cambridge, terminada en la tardía fecha de 1515, resume la conjunción inglesa de las bóvedas de abanico flotando sobre paredes, convertidas éstas en auténticas mallas de piedra revestidas de vidrieras.

Italia. San Francisco de Asís personificó un cambio de mentalidad en las órdenes religiosas medievales, que dejaron de ser mundos cerrados en los monasterios para dirigirse al pueblo habitante de las ciudades. Los monasterios cistercienses, como la abadía de Fossanova (1187), junto con el buen hacer de Benedetto de Antelami en el baptisterio de Parma (1196-1216), habían servido a la transición de la arquitectura italiana hacia el medievo gótico, bien en la versión que aceptó las posibilidades del arco apuntado, caso de Fossanova, o en la que buscó el mantenimiento de un cierto clasicismo, caso de Parma. Como ocurrió en otros góticos «nacionales», el italiano sintetizó el suyo propio, en el que el mantenimiento de tradiciones se interpuso como una constante e hizo que el estilo importado del norte de Europa, siendo reconocible en sus formas características, lo pareciese menos.

La bóveda de crucería apareció en el norte de Italia, en la región de Milán, sólo con un leve desfase respecto a sus aplicaciones francesas. Pero para encontrar el Gótico asentado en Italia, habrá de esperarse a la muerte de San Francisco, en 1226, para que, dos años más tarde, en su ciudad natal, Asís, se construyera un monasterio con una iglesia, elevada en la ladera de una colina. Aunque todavía el aspecto exterior con la torre denota la inspiración románica, el Gótico francés dejó ver su influencia en el interior de la iglesia superior. El pintor Giotto se ocupó a finales de la centuria de una parte de las pinturas de las paredes de la iglesia superior, un ciclo en el que se narra la vida de San Francisco, pero, signo de los tiempos, toda la abadía combina los frescos de las superficies murales con las vidrieras de las ventanas.

Giovanni Pisano. Siena. Fachada principal de la catedral (1284-1296).

Las órdenes mendicantes no adoptaron un diseño específico en sus iglesias, en general se adaptaron a los dominantes, caso del cisterciense en la iglesia dominica de Santa Maria Novella de Florencia (1246). En la misma ciudad, la iglesia franciscana de Santa Croce (1294), proyectada por Arnolfo di Cambio, con la sencillez de medios empleados expresa el espíritu de pobreza de la orden mendicante. Sin renunciar a la amplitud del espacio, ni a su claridad, el lenguaje gótico de los arcos apuntados de la nave principal se combina con las pilastras que se colocan encima de los capiteles hasta llegar hasta el techo de madera. Todo está calculado según unos ritmos y proporciones en los que se conjuga la sencillez con la claridad de proporciones. La arquitectura propuesta en Santa Croce diluye lo gótico en el recuerdo de la arquitectura clásica, cuyas lecciones nunca se olvidaron del todo en Italia.

Giotto. Campanario de la catedral de Florencia (1334).

La parte más antigua de la catedral de Siena se comenzó en 1226, y no se renunció en ella a reinterpretar los temas de la catedral románica de Pisa, de la tradición bizantina, en definitiva. Indicativo de esto es que en el crucero se cubrió el espacio exagonal con una cúpula, un rasgo constante que se mantuvo en todos los cambios posteriores que sufrió el diseño original. En Siena volvió a triunfar el revestimiento de bandas de mármoles en dos colores, blanco y negro, que invade incluso los elementos portantes, las pilastras. Estas bandas contraponen el recorrido cromático horizontal a la verticalidad de las formas y proporciones. Sin embargo, cuando en 1284 Giovanni Pisano comenzó la construcción de la fachada, estaba poniendo de relieve un mayor conocimiento de las novedades de la arquitectura francesa.

Al movimiento de renovación de la arquitectura italiana se unió Arnolfo di Cambio en la nueva catedral de Florencia, Santa Maria del Fiore (1293), un proyecto audaz que pretendía unir el sistema longitudinal de las naves con un crucero de planta central, formado por un octógono ampliado con tres grandes exedras, cada una con cinco capillas, pero su muerte a principios del siglo XIV impidió concluir su plan. En 1334 fue llamado Giotto para continuar las obras, pero el célebre pintor prefirió volcar su ingenio en el campanario, el cual concibió como una alta torre cuadrada, reforzada en sus esquinas con contrafuertes. Los huecos de los pisos adoptan formas nórdicas. Las afinidades góticas están vertidas en las ventanas, estrechas y altas, divididas con columnillas, con tracería, con gabletes. Pero lo que acaba de cualificar a la torre es su vestidura pictórica, aportada por la sensibilidad de Giotto y sus continuadores, una auténtica invención que dejó su huella imperecedera en la escultura y en el trabajo de los mármoles de revestimiento. La catedral de Florencia continuó su plan de obras, desde 1357 bajo las órdenes de Talenti, de quien dependieron los cambios en el interior para conseguir aumentar el espacio, el trazado de las bóvedas de crucería, el de la cúpula octogonal en el crucero, que a principios del siglo XV estaba concluida hasta la altura del tambor. Esa fue la base a la que sumó su solución tardogótica el arquitecto F. Brunelleschi, llamado a resolver y concluir uno de los monumentos que marcaron la transición del Gótico al Renacimiento en Italia.

Milán. Fachada de la catedral (1386).

La más francesa de las catedrales góticas italianas es la de Milán (1386), no obstante de proporciones generales más bajas. Fueron traídos maestros franceses y alemanes para dotar a la ciudad de un monumento equivalente en forma y riqueza al de las ciudades nórdicas, pues se quería innovar dentro de los márgenes del estilo, aumentar el grado de originalidad mediante los alardes técnicos, como en la tracería de las ventanas, y fue tanta la ambición de lo propuesto que la catedral sólo se pudo dar por terminada en el siglo XIX.

Italia muestra en el desarrollo del Gótico que no todos los monumentos responden a los programas religiosos. Los palacios civiles constituyen una verdadera tipología diferenciada, tanto que, en ocasiones, en la valoración artística de las ciudades, consiguen igual o mayor relevancia que las catedrales. Guardan del pasado recuerdos de su papel defensivo, de sus ancestrales fórmulas fortificadas, pero en la ciudad sus espacios cobijan reuniones cívicas, sirven para representar los valores públicos. Arnolfo di Cambio ideó hacia 1300 el de la Signoria de Florencia, un bloque cuadrado concluido en lo alto con una galería defensiva almenada, temas que se repiten en el de Siena, ambos dominando sus respectivas plazas. Un poco más tarde, en 1400, se concluyó el más famoso de los palacios góticos italianos, el ducal de Venecia, un inmenso bloque que parece surgir con sus galerías de arcos apuntados desde la profundidad fangosa de la laguna, el soporte de todas las cosas en la ciudad. Encima, corre otra galería de arcos ojivales con círculos, cubierta con techo plano de

Venecia. Palacio Ducal (1348).

Burgos. Catedral, fachada principal (1221).

León. Catedral, fachada principal (1254).

madera. La originalidad radica en que sobre una base tan ligera, que parece de encaje, se soporta un muro equivalente a la suma de las alturas inferiores, pero, por su delgadez, por los dibujos que lo decoran, por el encaje de blonda de las almenas que lo rematan, no da la sensación de pesar, sino de ser una cortina rosácea llevada en volandas por los artificios de la base, que no resulta tan frágil como parece.

España. El mismo camino de Santiago que sirvió para introducir las novedades de la arquitectura románica, fue la vía de entrada del gótico. La cripta y el nartex de la catedral de Santiago de Compostela (1170) ofrecen los primeros nervios en las bóvedas de una construcción que no dejó por ello de ser básicamente románica. Son sólo síntomas, como ocurre en el coro de la catedral de Ávila (1180). Hay que aguardar a la construcción de las grandes catedrales para que, a la sombra de las francesas, las españolas muestren la preferencia por el uso del nuevo lenguaje gótico.

La catedral de Burgos se fundó en 1221, y su modelo inicial fue la de Bourges, tanto en sus proporciones como en la forma de los pilares, aunque también se alude a la de Coutances en lo que respecta a la solución de la cabecera. La fachada, dominada por las dos torres rematadas con agujas, se concluyó en el siglo XV. La cuestión con el Gótico inicial en España no es buscar su originalidad, sino el significado del cambio, pues el carácter «nacional» irá viniendo por añadidura a medida que se vayan dominando las claves fundamentales del estilo. En 1482 Simón de Colonia le agregó la capilla del Condestable, un octógono regular con grupos de fustes muy esbeltos que se culminan en una bóveda central perforada con tracerías abiertas. Lo decorativo triunfa en esta capilla sin subordinarse a lo estructural, lo que cuelga se impone a lo que sostiene, y esto no es más que una clara señal de que era el tiempo del desenvolvimiento tardío, también en España, del Gótico. A veces se ha señalado que los dibujos geométricos planos del diseño de la capilla del Condestable no son sólo reflejo de un tiempo avanzado, sino que, a pesar del origen germano de Simón, en la España en la que él vivió era imposible evadirse de la contaminación positiva de lo musulmán y de lo mudéjar.

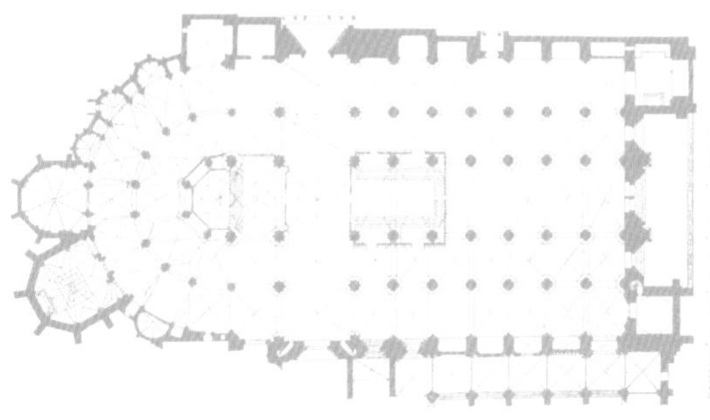

Toledo. Planta de la catedral (1226), según G. Dehio (1901).

La catedral de León fue comenzada más tarde, en 1254, y es la catedral gótica española más afín a la

Juan y Rodrigo Gil de Hontañón. Salamanca. Catedral (1512).

Juan y Rodrigo Gil de Hontañón. Segovia. Catedral (1522).

arquitectura francesa, a Reims en particular. En León se vuelve al sistema de planta de tres naves, como en Burgos. El maestro Enrique participó en los primeros pasos de ambas, en ello puede haber parte de una explicacion. En León triunfó la realización de triforio vidriado y los amplios ventanales con magníficas vidrieras, de manera que las búsquedas góticas de la disolución del muro encontraron en ella la mejor respuesta peninsular.

La catedral de Toledo (1226) fue más ambiciosa en su programa, pues se doblaron las naves laterales y el deambulatorio, que así fue de doble girola. A pesar de que su primer arquitecto, el Maestro Martín, se había formado en Bourges, las proporciones de la catedral toledana resultaron más anchas y más bajas, al igual que su perfil exterior o la inclinación de sus tejados. En este sentido, el Gótico español muestra desde sus inicios una misma tendencia que el inglés a reforzar la horizontalidad de sus composiciones espaciales, como si permaneciera la idea del recorrido basilical en sus naves y la preocupación de verticalidad se hubiera dejado casi exclusivamente en manos francesas y alemanas. La catedral de Toledo avala una solución «a la española» en la colocación del coro, que abandona la habitual ubicación en la cabecera, en Toledo de reducidas dimensiones, para disponerse en el centro de la nave principal.

El Gótico tardío toledano legó una obra maestra de esta fase del estilo, la iglesia de San Juan de los Reyes (1477), trazada por Juan Guas, un arquitecto de origen francés. En este tiempo, la adaptación del Gótico en España había dado lugar a mezclas de las que se obtenían acentos de arquitectura local, expresiones diferenciadas del estilo, que en esta iglesia de planta de salón con capillas laterales derivó de aplicar una imaginativa decoración más que de la lucha de la materia por trascenderse a sí misma hasta alturas de vértigo. San Juan es masiva, sus muros resultan pesados a pesar de que los contrafuertes se rematen con pináculos, la torre sobre el crucero octogonal es corta, los muros poseen pocos huecos, pero en el sitio opaco de estos, en los nichos exteriores, cuelgan las cadenas de los prisioneros liberados por los Reyes Católicos. La rica imaginación decorativa triunfa en el interior, con arcos ojivales inclinados formando bóvedas que recuerdan a las inglesas de abanico, y a las paredes se les agrega decoración arabizante de mocárabes. Igualmente a Juan Guas se le deben las trazas del más importante palacio civil del Gótico español, el del Infantado (1480), en Guadalajara.

La cadencia de catedrales góticas peninsulares suman un sinfín de variaciones sobre el modelo. Son los casos de la de Barcelona (1298), o la de Palma de Mallorca (1306), erigida sobre el asentamiento de una antigua mezquita, que Jaume Mates conformó en 1360 según un diseño más grandioso, con sencillas bóvedas de arcos apuntados. En el exterior, los contrafuertes con pináculos, los arbotantes dobles, la encierran como un apretado y característico recinto que le da aspecto defensivo.

Desbordando el tiempo convencional de las construcciones góticas, todavía se emprenden campañas de construcción de catedrales en España que prolongan las formas del lenguaje, como las catedrales de Salamanca (1512) y Segovia (1522), ambas del mismo autor, Juan Gil de Hontañón, acompañado por su hijo Rodrigo. La resolución última, con sus bóvedas estrelladas sobre arcos ojivales apuntados, se inscribe en las fórmulas típicas tardogóticas, pero, dado lo avanzado de las fechas, sin poder evitar la seducción de las nuevas formas clásicas renacentistas, presentes en las partes altas de ambas, precisamente.

Batalha. Monasterio. (1385).

Portugal. El Gótico en Portugal fue el más tardío peninsular, a pesar de los antecedentes de Alcobaça (1178), el grandioso monasterio cisterciense. Para conmemorar la derrota de las tropas españolas en la batalla de Aljubarrota (1385), se fundó el monasterio dominico de Batalha, que, dado lo avanzado de su realización, aprovecha experiencias variadas, desde la planta cisterciense a la forma inglesa de las bóvedas o lo *flamígero* francés (formas de tracería que semeja el movimiento ascendente de las llamas) de la decoración de la fachada. Batalha es el resultado de una síntesis ecléctica, que será una constante característica de lo portugués en arquitectura. En la parte trasera del coro se añadieron a partir de 1435 las Capelas Imperfeitas, de muy lenta construcción, tanto que nunca se llegaron a cubrir. En época del rey Manuel, el arquitecto Mateus Fernandes el Viejo construyó en 1509 el pórtico occidental, en un estilo que, por coincidencia con el nombre del rey reinante se denomina «manuelino». Aquí se trata de un arco de tres lóbulos entrelazado con otro en forma de cortina, todo ello de una gran complejidad creativa y profundidad decorativa características de esta variante portuguesa que es el *estilo manuelino*.

Tomar. Monasterio (1510). Ventana de la sala capitular.

Una fuente importante de inspiración y de financiación de la arquitectura portuguesa tardomedieval provino de sus expediciones ultramarinas, resultado de la osadía temeraria de sus expertos navegantes. Los marineros expedicionarios, como el famoso Vasco de Gama, salían desde Belem. Allí, en 1501, se remplazó la pequeña capilla por un grandioso monasterio jerónimo, diseñado por Diogo de Boitac, presidido por una iglesia de planta de salón y crucero marcado, resuelta con pilares muy esbeltos. De nuevo, dado lo avanzado de las fechas, la decoración renacentista no tardó en aparecer y dejarse reposar sobre la base tardogótica. El mismo autor, Diogo de Boitac, diseñó la iglesia franciscana de Jesús de Setúbal (1494) y la de la Santa Cruz de Coimbra (1507).

La intervención tardogótica más famosa de Portugal fue la del brazo occidental de Tomar (1510), del arquitecto Diogo de Arruda. Esta nave contiene la sala capitular y sobre ella la galería de caballeros. Es particularmente conocida la ventana de la sala capitular en la que el autor fusionó lo arquitectónico con la sensibilidad escultórica, como homenaje al marino Vasco de Gama, lo que explica que en los temas de la decoración abunden los instrumentos de navegación. El pórtico sur fue añadido en 1515 por el arquitecto Joao de Castillo, y es un buen ejemplo de la conjunción de arcos de trazado tardogótico con decoración ornamental renacentista.

La arquitectura del Renacimiento

EL PRIMER RENACIMIENTO FLORENTINO

LA RENOVACIÓN DEL ARTE Y DE LA ARQUITECTURA QUE DIO NOMBRE AL TÉRMINO «RENACIMIENTO» NACIÓ EN FLORENCIA COMO RESULTADO DE LA POLÉMICA CONTRA EL ESTILO GÓTICO. AUNQUE DESPUÉS SE HA PODIDO APLICAR A CUALQUIER ETAPA HISTÓRICA DE CAMBIO Y DE VUELTA A PRINCIPIOS ARTÍSTICOS ANTERIORES, Y, POR LO TANTO, PODRÍAMOS REFERIRNOS A NUMEROSOS «RENACIMIENTOS» EN EL ARTE GENERAL, EL MODELO DE REFERENCIA DE TODOS ELLOS ES EL FLORENTINO DEL SIGLO XV.

La primera de las evidencias del cambio en arquitectura es la lingüística, la de las formas elegidas para el diseño arquitectónico, aunque bajo ello existen razones históricas más profundas que ayudan a explicar la transición entre dos manifestaciones culturales reconocibles como distintas, si no antitéticas: la medieval y la renacentista.

La arquitectura renacentista, en cuanto cambio, en términos estrictamente formales, significó la sustitución del lenguaje gótico por otro nuevo que, paradójicamente, propugnaba la vuelta a lo antiguo, a las fuentes grecolatinas del arte. Lo anterior en el tiempo, lo clásico, se impuso a lo moderno, lo gótico, que empezó a considerarse desfasado, inadecuado para ofrecer la imagen del presente y resolver las nuevas necesidades técnicas y de representación.

En este sentido, el Renacimiento fue una versión del clasicismo. De hecho, siendo rigurosos, el Renacimiento fue, en realidad, una fase del clasicismo, un tiempo de uso del lenguaje clásico en la arquitectura, que se mantuvo, con distintas variantes –manierismo, barroco, neoclásico, clasicismo romántico, eclecticismo–, como el sistema artístico dominante en Occidente hasta comienzos del siglo XX.

Además de contraponerse al Gótico, el Renacimiento supuso la expresión de un arte burgués y comercial frente al gusto aristocrático y cortesano, y a pesar de que siguieron existiendo grandes arquitecturas religiosas, la base fundamental del Renacimiento fue civil, urbana. Es el arte de las pequeñas ciudades-estado italianas, al frente de las cuales se hallaba el poder de los señores, herederos del concepto romano del «príncipe», responsables no sólo de la acción política, sino de la conversión de las ciudades en auténticos focos artísticos, llevados a la realidad en ocasiones mediante transformaciones radicales de sus trazados, en los que el centro lo ocupa la plaza y queda magnificado con la prestancia del palacio «señorial», en otras sencillamente plasmándolo en la pura teoría o, incluso, la utopía visionaria.

D. Bramante. Templete de S. Pietro in Montorio, Roma, 1502.

En sus inicios florentinos, el Renacimiento fue el arte que exponía el triunfo y la expansión de sus ricos banqueros y comerciantes, de las familias que, como los Medici, detentaban el poder económico y político de la ciudad, que construían palacios, financiaban las obras de la iglesia y mantenían a su costa a los artistas, que, a su vez, les devolvían su imagen ennoblecida por medio del arte.

Pero la idea del cambio, la conciencia asumida en este sentido con tanta fuerza y convicción, que nunca había existido hasta entonces en tal medida, no equivalió a ruptura con la historia, ni siquiera con el inmediato pasado. En Florencia, la transición entre ambos mundos la marcó la terminación de la cúpula de la catedral de Santa Maria de las Flores, de manera que lo que se empezó en Gótico, el proyecto de Arnolfo di Cambio, lo concluyó Brunelleschi, siguiendo los dictados previos medievales, con un lenguaje basado en lo anterior, pero con resultados distintos. La cúpula, terminada, fue renacentista.

En lo que el Renacimiento se distingue con claridad como un tiempo nuevo de la historia es en la importancia otorgada a la personalidad de los artistas, el valor dado a la originalidad de sus creaciones, al testimonio de sus reflexiones, a los textos escritos, a los tratados en los que se vuelca la teoría y las ideas de la creación artística como un valor añadido para la comprensión del arte. Las biografías de los artistas se introducen en la narración del arte como un capítulo imprescindible para disfrutar con conocimiento de causa de las obras creadas por los mismos. Necesitamos los datos de las «vidas» –título por antonomasia del libro escrito por G. Vasari en 1550–, para comprender mejor su mundo y poder recrearlo. A partir del Renacimiento, y a diferencia del pasado, las autorías, los nombres propios de los creadores, llenan los contenidos del arte hasta la actualidad, incluso en exceso, y justamente lo que ya no se acepta de buen grado es el anonimato «medieval», la regla que hasta entonces había sido la práctica común en la escritura de la historia del arte y en el conocimiento de las obras de arquitectura.

Biografías y textos de artistas colocan al arte en una posición privilegiada para entender y explicar la realidad, al mismo nivel que la ciencia, con la que tantas veces se equipara, tanto como resulta difícil de deslindar en los trabajos de Leonardo da Vinci la parte que afecta a una u otra disciplina. El arte se incorpora a la vida como instrumento capaz de explicar y transformar la realidad. Sus «descubrimientos», como el de la perspectiva, cambian la manera de entender y de representar racionalmente el espacio, y con ello determinan la proyección del tiempo futuro; cómo, desde el presente, se prevé la forma de lo porvenir. Y ello porque la perspectiva no se basa ya sólo, como en el pasado, en meros análisis ópticos, sino que su explicación última es de naturaleza intelectual. Como aclararán primero F. Brunelleschi y después L.B. Alberti (*«Trattato della pittura»,* 1436), la perspectiva no se deduce de los datos aportados por los ojos de la cara, sino de la reflexión previa de la mente.

F. Brunelleschi. Florencia. Santa María de las Flores. Cúpula (1418-1432).

La perspectiva, en cuanto «técnica» consiste en la representación del espacio de manera racional mediante la construcción de la pirámide visual, con las líneas convergentes en un punto de fuga, profundo, alejado, pero discernible, con respecto a la mirada del observador. La perspectiva ofrece al hombre renacentista la posibilidad de creer en que lo infinito e inabarcable, el espacio, puede ser capturado y hecho tangible con líneas y formas mensurables que lo representen finito. Si lo infinito es reducible a lo finito, de esta manera, en consecuencia, la relación del hombre con el mundo deviene más amable, más optimista, la acción de transformación de la realidad resulta posible y justificada.

La raíz geométrica de la ciencia de la perspectiva establece relaciones proporcionales en las medidas de las cosas. Este principio básico se lleva a todos los aspectos de la vida, del arte. De la arquitectura también. Por ello es lógico deducir que, como resultado de una convicción de esta naturaleza, se volviera, además en Italia, a recuperar, con la ayuda de Vitruvio revisitado, la arquitectura clásica del pasado «nacional», cuyas obras y ruinas seguían estando presentes, que se habían conservado y podían aportar toda la documentación básica para su exégesis moderna.

De esa arquitectura antigua lo que prevalece como válido es el sistema de proporciones, de relaciones relativas de las partes con el todo, la existencia de un sistema lingüístico estructurado, por lo que se justificaba sobradamente la vuelta, la renovación mediante el «renacimiento» de lo antiguo, la mirada lúcida sobre las razones de la perfección del arte clásico, que ahora pasa a ser considerado la referencia ineludible, la gramática básica del nuevo lenguaje, el repertorio inagotable de modelos alternativos para contrarrestar la fuerza de los góticos medievales, y acabar desplazándolos.

La antigüedad –la arquitectura romana, habría que especificar en puridad–, sugiere el modelo, la base de la nueva norma, que se irá fijando paulatinamente en los textos normativos, en los recurrentes tratados que los autores italianos tendrán tanto empeño en escribir, con una fe admirable respecto a su validez universal. El rigor en el estudio de la antigüedad es el antídoto contra cualquier interferencia. «*Roma quanta fuit, ipsa ruina docet*»: todo lo que fue Roma lo enseñan sus ruinas. Ese es el lema de todos los artistas que buscan, no sin dificultades, volver a reunir el tiempo del pasado con el presente, unificar en un modelo todo lo que había sido abandonado o dispersado a lo largo del medievo, del que, sin embargo, se heredaba la parte menos conciliable y más problemática de toda la ambiciosa operación emprendida: su condición de arte netamente cristiano, frente al significado pagano, no menos neto, de la cultura clásica antigua. Y la naturaleza del arte del Renacimiento seguía siendo cristiana, lo mismo que la ideología de sus mecenas y de sus patrones.

LA ARQUITECTURA DEL PRIMER RENACIMIENTO

Filippo Brunelleschi es el primer artista cuya obra sirve para entender y definir el Renacimiento en la Florencia de principios del siglo XV. Se había formado como pintor y escultor, dentro del sistema gremial basado en el aprendizaje experimental y en la relación entre maestro y discípulos, pero su nombre alcanzó, ya en vida, notoriedad y fama, de la misma manera que contamos con datos suficientes para seguir los principales episodios de su obra creadora. Como su contemporáneo el escultor Donatello, viajó a Roma, en donde ambos tuvieron la oportunidad de estudiar las obras de la antigüedad, las técnicas romanas de construcción, extraer de la experiencia histórica la información que luego aplicarían a las obras modernas, ofrecer soluciones que venían dadas a problemas inconclusos, el más destacado, pero no el único, la obra que le llevó toda su vida, la cúpula de la catedral de Santa Maria del Fiore (1418-1432). Brunelleschi ganó el concurso convocado en 1418 para terminar la cúpula y así concluir el proyecto ideado por Arnolfo di Cambio, que pasaría a ser el monumento definidor de la imagen monumental de la ciudad. Pero no se trataba sólo de concluir la obra iniciada en los términos góticos planteados por Arnolfo, sino de resolver las dificultades técnicas de la construcción y, sin negar lo anterior, conseguir una imagen estética nueva acorde con los nuevos ideales.

En lo técnico, Brunelleschi hubo de diseñar con enorme pericia un sistema de armaduras de madera que permitieran construir encima del tambor la doble estructura de la que se compone la cúpula, para conseguir de ese modo aligerar el peso de la mampostería, que se trabajó con la disposición en «espina de pez» propia de las obras antiguas, lejos, por tanto, de los sistemas constructivos góticos, aunque evocando su procedencia por medio de los grandes nervios apuntados y trazados como líneas blancas de fuerza entre paños de ladrillo rojo que configuran la forma exterior de la misma. El

F. Brunelleschi. Florencia. Iglesia del Santo Spirito (1436).

remate final en forma de linterna resultó un rasgo decididamente moderno, creó un antecedente luego imitado a distintas escalas en posteriores edificios de estructura centralizada que lo tomaron como inspiración, puesto que así es la forma de la linterna vista como elemento autónomo, un pequeño templete octogonal, con cubierta cónica, que se enlaza con los nervios mediante un anillo de contrafuertes rematados con formas de voluta, figura en espiral extraída por Brunelleschi de su rincón original, como parte de los capiteles jónicos, y llevada a cumplir a partir de ahora una misión diferente en esta nueva escala arquitectónica.

Por tanto, en su resultado final, la cúpula ya no es gótica, sólo lo alude su perfil apuntado, dado que, por lo demás, carece de contrafuertes, se sostiene sólo sobre la base del tambor, que debió encadenarse para evitar que el peso soportado disgregase la estabilidad de su masa. Los 40 metros de su diámetro podían competir con los espacios cupulados de la antigüedad. El arquitecto moderno, el admirado Brunelleschi, que poseyó en vida nombre, fama y reconocimiento, estaba en disposición de saber y de transmitir el conocimiento de la construcción, de resolver los enigmas de las grandes construcciones del pasado. Y no sólo eso. La cúpula cambió el equilibrio espacial del proyecto medieval, al imponer su vacío interior de fuerza ascendente sobre la inercia longitudinal de las naves góticas.

Desde el exterior, la cúpula define por sí sola una nueva imagen de la ciudad, tanto desde la visión próxima, en cuanto presencia omnipresente desde la perspectiva de las calles, como volumen que se incorpora al panorama geográfico general y se identifica simbólicamente como montaña sagrada. Todo el entorno quedará, desde entonces, poseído por su fuerza grá-

F. Brunelleschi. Florencia. Hospital de los Inocentes (1418).

F. Brunelleschi. Florencia. Iglesia de San Lorenzo (1418).

cil y su presencia irremplazable. El paisaje de la ciudad fue subyugado por ella, tanto como para que L. B. Alberti, que la había definido como la primera obra del nuevo estilo, dijera, además, que desde fuera, desde lejos, parecía capaz de cobijar a toda la ciudad de Florencia y sus gentes.

El legado de Brunelleschi incluye obras en las cuales lo medieval es sometido a meticulosas operaciones purificadoras. Así, en el Hospital de los Inocentes (1418) la arcada exterior que relaciona al edificio con la plaza está compuesta por un orden clásico de fustes sin estrías y capiteles compuestos, lejos de cualquier acento gótico, lo mismo que el perfil de los arcos, en cuyas enjutas se incorporaron los famosos discos circulares del taller de la familia della Robbia, expertos en el arte de la mayólica. Las iglesias de San Lorenzo (1418) y Santo Spirito (1436) son dos variaciones sobre el tema de la iglesia basilical con cubierta plana de madera. En la segunda, al ser de nueva planta, pudo definir con menores constricciones el esquema longitudinal, teniendo como módulo de toda ella el cuadrado del crucero. Los soportes son ligeras columnas corintias sobre las que descansan arcos, cuyo material de construcción, piedra oscura, crea la imagen de una membrana constructiva con alto valor plástico que se resalta en contraste con el suave color gris de los paramentos murarios. Las perspectivas interiores son amplias y abiertas, el espacio se expande pues apenas hay interrupciones gracias a la levedad de los soportes.

En la sacristía de San Lorenzo, en la capilla Pazzi (1430), Brunelleschi dejará planteada una sugerencia arquitectónica que durante mucho tiempo preocupará a los arquitectos: el ideal de la planta centralizada, en su caso la opción de vanos cuadrados cubiertos con cúpulas sobre pechinas. Se han buscado explicaciones simbólicas acerca del valor celestial del círculo, figura por excelencia de la planta central renacentista, acerca de los valores inherentes a su perfección geométrica, para encontrar las razones de tantas tentativas por definir el espacio religioso ideal mediante este tipo de organismos, siempre rechazados por el clero (salvo en el caso de las iglesias bizantinas) por razones de insatisfacción funcional, por no adecuarse a las necesidades litúrgicas del culto y no respetar la disposición jerárquica relativa de los intervinientes, de manera que siempre se acabó prefiriendo la planta longitudinal, de recorrido jerárquico axial, que discurría a lo largo de las naves y se prolongaba sucesivamente por el crucero y el presbiterio hasta culminar en el ábside.

La segunda personalidad sobre la que se fundamenta la sólida base del renacimiento florentino, L. B. Alberti, explica bien la figura del hombre culto de la época, del ideal del humanista. Fue básicamente un

F. Brunelleschi. Florencia. Capilla Pazzi (1430).

literato, un teórico, que desde esta posición, que él dignificó y convirtió en imprescindible, mostró una enorme preocupación sobre el valor de las artes plásticas en la sociedad de su tiempo. Esta reivindicación constituye ya en sí misma una aportación fundamental de su figura, un nuevo signo de cambio de la valoración del artista con respecto a la incertidumbre medieval, sociedad en la que el arquitecto había permanecido siempre subordinado a las llamadas artes liberales. Escribió tratados sobre la pintura, la escultura y la arquitectura (*«De re aedificatoria libri X»*,1452), un auténtico compendio de la teoría artística de su tiempo. Defendió y explicó las ideas de Brunelleschi. Viajó a Roma y estudió el arte antiguo, analizó las ruinas de los monumentos clásicos, puso de actualidad a Vitruvio y fundamentó el nuevo clasicismo arquitectónico renacentista.

A pesar de no considerarse un arquitecto práctico, aceptó encargos de esta disciplina, y las obras emprendidas por él testimonian el alcance de alguna de sus ideas. En 1447 transformó una antigua iglesia medieval en Rímini, San Francesco, en un templo mausoleo del príncipe local Sigismondo Malatesta, el desde entonces llamado templo Malatestiano. Alberti envolvió la estructura existente con una nueva, en los flancos laterales siguió las pautas de una arcada de un acueducto romano, en donde estaba pensado que se colocarían los sepulcros de artistas de la corte. En el frente, inconcluso, interpretó más de cerca la idea de un arco de triunfo, y en

F. Brunelleschi. Florencia. Capilla Pazzi (1430).

L. B. Alberti. Florencia. Santa María Novella (1470).

sus nichos irían los sarcófagos de la familia. No hay posibilidad de relación entre el interior y el exterior, todo lo contrario, se fuerza precisamente el contraste, la transición entre dos mundos arquitectónicos y sus respectivas expresiones. La piel exterior parece un vestido ajustado que mantiene comprimido al espacio interior. La fachada está pensada como un elemento autónomo, como un significado añadido, estructurado con sus propios valores plásticos. En su estado no terminado palpita el esfuerzo de determinación de la imagen buscada y no hallada todavía del todo.

La historia de la fachada añadida a la iglesia gótica florentina de Santa Maria Novella (1470) es parecida, no así los resultados obtenidos. Aquí la inspiración proviene de los revestimientos marmóreos del Románico toscano; su formulación, sin embargo, se elabora según criterios modulares más severos. Las medidas de todo el diseño están basadas en los cuadrados del friso que sirve de transición entre los dos cuerpos principales. El recuerdo del maestro Brunelleschi está presente en las volutas incrustadas en los ángulos entre el cuerpo superior y el basamento inferior. La armonía geométrica y la policromía marmórea hallan un refinado aposento en esta escenografía pictórica, en esta imagen imborrable de la arquitectura albertiana.

En la ciudad norteña de Mantua Alberti proyectó varias intervenciones, siendo la iglesia de Sant´Andrea (1470) sin duda la más significativa. Tiene planta de una sola nave cubierta con bóveda de cañón, y en vez de naves laterales presenta capillas alternadas, y amplio crucero, cubierto mediante una cúpula que concluyó el arquitecto Filippo Juvarra en el siglo XVIII. La fachada nos ofrece una nueva interpretación de temas romanos antiguos, y en ella se suman el frente de un templo rematado con frontón con el fragmento de un arco de triunfo embutido en la parte central de la misma composición, una manera siempre muy audaz y creativa por parte de Alberti de entender la disponibilidad de la arquitectura antigua, que era para él una permanente fuente de sugerencias, de soluciones siempre interpretadas de manera personal.

L. B. Alberti. Mantua. Iglesia de Sant´Andrea (1470).

El palacio Rucellai (hacia 1455-1460), en Florencia, se incorpora al amplio catálogo de este tipo de intervenciones civiles en la ciudad, cuya tipología quedará definida en estos años, en gran medida gracias a la aportación singular de Alberti. Todas las grandes familias encargarán palacios en la ciudad y villas con jardines en el campo. Todos los palacios urbanos son auténticos bastiones, fuertemente cerrados en el exterior, con patios porticados dentro compuestos mediante arcadas y órdenes clásicos, en general más habitables y dúctiles que lo que denotan sus austeros tratamientos exteriores. El almohadillado de los muros les da una especial vibración, un carácter rugoso y áspero no exento de connotaciones defensivas, de inaccesibilidad. Después cada autor en cada palacio buscará la manera de señalar y diferenciar el carácter singular de cada aportación.

La familia Medici-Riccardi le encargó el suyo al arquitecto Michelozzo (1444), cuyas fachadas se elaboraron con el almohadillado decreciente en profundidad en cada piso sucesivo. No hay todavía órdenes de pilastras adheridas, que fue la «invención» albertiana más tardía. En sentido cronológico estricto, el prototipo del palacio florentino surgió del de los Medici, razón por la que su disposición recuerda más a los palacios medievales, así como en la manera de definir las ventanas. El palacio Medici influyó en los que le continuaron, todos buscando variantes a la constante del empleo de sillares almohadillados, una manera de reflejar la fortaleza y poderío de sus ocupantes, un tratamiento formal lleno de efectos y de variaciones en las texturas de sus muros de cierre.

Alberti impuso en el Rucellai el orden de su siempre reclamada geometría, expuesto en las compartimentaciones de las alturas mediante las líneas horizontales de los frisos, también con el remate de la gran cornisa. El palacio Rucellai se apoya en un basamento de sillares resaltados, que se repiten en cada piso. Sobre esto se articula una red cuadrangular estampada mediante pilastras superpuestas, determinando un módulo repetitivo dentro del cual se abren los vanos de las ventanas partidas con finillas columnas a modo de parteluces.

Alberti ofreció su respuesta personal en el palacio Rucellai a un tipo, el palacio florentino, que perdu-

B. Da Maiano. Florencia. Palacio Strozzi (1489).

Michelozzo. Florencia. Palacio Medici-Riccardi (1444-1464).

L. B. Alberti. Florencia. Palacio Rucellai (1446-1459).

ró como modelo en la historia y fue motivo de posteriores reinterpretaciones, siempre sobre el esquema de un piso bajo destinado a servicios o a fines comerciales, una planta noble («piano nobile») dotada con los mejores salones y estancias, y un tercer piso de habitaciones y otros destinos.

Los Strozzi, con el mismo esquema tipológico, hicieron lo propio, esta vez dejando la responsabilidad en manos del arquitecto Benedetto da Maiano (1489). El palacio Pitti (1458), el de mayor tamaño, sin autor conocido, repite los motivos del palacio Medici a escala gigantesca. Los todopoderosos Medici mandaron construir la más fastuosa de las villas suburbanas, la «Villa Medicea» en Poggio a Caiano (1480), del arquitecto Giuliano da Sangallo, en cuyo despojado volumen exterior, simple y rústico, alzado sobre un basamento porticado, el autor, como contraste, incorporó un pórtico con frontón, un tema hasta entonces propio sólo de la casa de los dioses.

Desde Florencia las nuevas ideas se expandieron por medio de los artistas formados en la ciudad, surgieron discípulos e imitadores, se emularon las obras, surtió efecto la rica variedad de las mismas. Tanta actividad y artistas de relieve reunidos hacía parecer a la ciudad un auténtico taller de experiencias artísticas.

En un segundo momento la revolución renacentista fraguó en más focos. Es el caso de la transformación de una pequeña localidad, Corsignano, que el

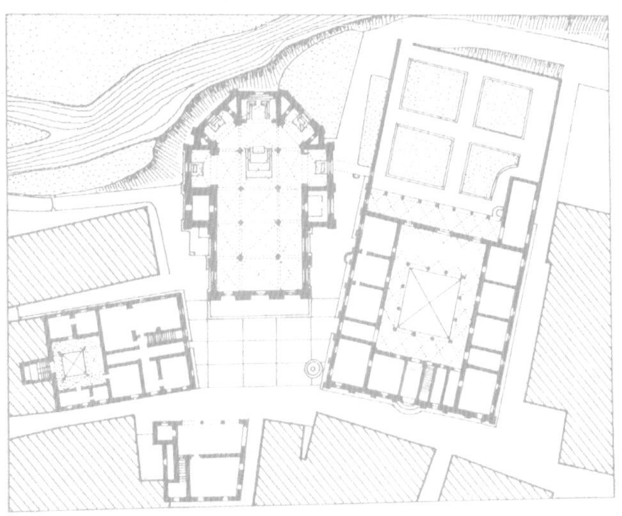

B. Rossellino. Pienza. Trazado de la plaza (1460).

papa Pío II Piccolomini, natural de la misma, quiso convertir en sede episcopal. Con tal fin encargó al arquitecto Bernardo Rossellino, colaborador de Alberti y continuador de su obra, el trazado de la plaza, compuesto por un conjunto de cuatro edificios –catedral, palacio Episcopal, palacio Pretorio y palacio Piccolomini– dispuestos según estrictas reglas de perspectiva, una de las primeras verificaciones, y a esta escala de planificación urbana, en la que se podían ver los resultados de la aplicación de dichas leyes, hasta entonces sólo constatado en los dibujos de arquitecturas utópicas o en las recreaciones pictóricas. A partir de entonces, 1460, Corsignano pasó a llamarse Pienza en honor de Pio II.

La fama de los Medici no puede ensombrecer otros nombres de «señores» de los nuevos tiempos, tan empeñados como ellos en fomentar y construir en sus respectivas ciudades la arquitectura del mundo moderno. Es el ejemplo de Urbino y de Federigo di Montefeltro, la feliz conjunción de un enclave geográfico espectacular en el centro de Italia y un jefe militar a su frente que, afín y sensible al papel de las artes y de los artistas, sabio y culto él mismo, reunió una corte de excelencias a su alrededor, primero llamando de fuera a unos, los arquitectos Luciano Laurana y Francesco di Giorgio Martini, los pintores Piero della Francesca, Melozzo da Forlì, Pedro Berruguete. Después, Urbino proclamará su nombre y el esplendor conseguido asociándolo al magisterio de dos de sus artistas más universales, Raffaello Sanzio di Urbino y Donato Bramante.

Federigo se convirtió en señor de Urbino en 1444, siendo él todavía un joven de 22 años. Desde 1450 emprendió obras que incrementaron los espacios del antiguo Palacio Ducal hasta tal punto que el famoso Baldassare Castiglione lo definió como una auténtica ciudad con forma de palacio. Hacia 1464 el arquitecto de origen dálmata y formado en Venecia, Luciano Laurana, lo reformó, dispuso sus partes principales, le dotó de dos fachadas desde las que se contemplaban las tierras del valle y la ciudad a sus pies, unificó los tratamientos artísticos del interior. En la fachada occidental, la que mira al valle, se mezclan las notas militares, las alusiones a los bastiones defensivos, en parte justificado por la personalidad del señor Federigo, también por la espectacular implantación del palacio sobre un bastión, de forma que la fachada se abre al paisaje por medio de logias superpuestas y ventanas encastradas entre dos torreones cilíndricos que parecen anclados en el tiempo de los castillos góticos. Hacia el interior, en las escaleras, en el patio, desaparecen las notas militares, se imponen los espacios abiertos, amplios, rodeados de arcadas.

Las tareas de Laurana en Urbino tuvieron continuidad en la persona de Francesco di Giorgio Martini, pintor, escultor y arquitecto, tratadista (*«Trattati di architettura, ingegneria e arte militare»*), trazador de ciudades regulares, de puentes, de iglesias y palacios, pues estaba convencido, y así lo dejó escrito en sus textos, que los problemas de la arquitectura estaban indisolublemente unidos a los de la ciudad.

El último de los grandes nombres del primer Renacimiento, Leonardo da Vinci, no fue arquitecto, ni construyó nunca nada, pero sus dibujos arquitectónicos de los cuadernos y hojas sueltas constituyen un rico legado de ideas, un compendio de lo mejor de su época. En particular los realizados a partir de la década de 1480, en los que predominan los diseños urbanísticos y las variaciones en torno a las iglesias de planta central. Leonardo trabajó en Milán durante casi veinte años al lado de Donato Bramante, el cual estaría llamado a desvincular definitivamente la arquitectura renacentista de todo deje de tradición medieval, y es muy posible, por lo tanto, que las ideas de ambos estuvieran en estrecha relación de interdependencia.

LA ARQUITECTURA DEL RENACIMIENTO CLÁSICO EN ROMA

La ausencia del papado, instalado en Aviñón desde 1309, había dejado Roma en un estado lamentable, apenas unos miles de habitantes permanecían en el humilde caserío entre las ruinas del antiguo esplendor. La tarea principal tras la vuelta del papado en 1420 de la mano de Martin V, de la ilustre familia de los Colonna, fue reparar y reconstruir murallas, iglesias y basílicas para recuperar algo del prestigio perdido. En 1425 se proclamó la bula para recabar fondos destinados a las obras de reconstrucción, política que, junto al fomento de las peregrinaciones, fue constantemente promovida por el papado para conseguir los medios para la reactivación de la ciudad, que abarcaba una doble y onerosa tarea: restaurar lo antiguo, construir lo moderno.

En el siglo XV Roma no podía competir con Florencia, fuerte y poderosa, con su potente clase comercial y bancaria. Roma tenía a favor, y en contra, su pasado, la fundamentación material del humanismo renacentista. Al panorama desolado de la urbe se acercaron los principales buscadores de tesoros de la Antigüedad, para medirla e interpretarla. La monumentalidad de las ruinas constituía su principal oferta, un reto para los modernos. El resto era un enorme vacío ceñido por las murallas aurelianas, mandadas construir por el emperador Aurelio para defenderla de las primeras incursiones bárbaras. Campo abonado para la reflexión, para las propuestas de los eruditos, y poco más por el momento. Y menos todavía que eso, pues para acelerar las nuevas obras, para castigar el mundo de los antiguos paganos, los papas permitían utilizar los materiales de los edificios clásicos para resolver lo perentorio del presente, obras anodinas en las que se enterraban tesoros definitivamente esfumados por la ignominia, por el desprecio hacia su valor artístico. Aunque también se formaron colecciones de obras: los primeros museos vaticanos.

No obstante, se emprendieron algunas interesantes obras de nueva planta, residencias palaciegas para atender las necesidades de la curia, como el palacio Venezia (1455), expresión monumental de un tipo arquitectónico llamado a tener enorme importancia en los años posteriores. El palacio Venezia fue la residencia del cardenal Pietro Barbo, y en su alzado está muy presente todavía la unión de la severidad militar con la armonía de los volúmenes. En el interior destaca el amplio patio de doble arcada, ajardinado en su día, para cumplir mejor los requisitos de una vida cardenalicia.

El palacio de la Cancelleria (1485), igualmente una residencia cardenalicia para el joven Rafaello Riario, tampoco tiene autor conocido, pero su grandiosa mole, la contundente fachada, treinta años después del palacio Venezia, indica que la arquitectura romana está cambiando a marchas forzadas, que al joven propietario le han seducido las novedades florentinas de los almohadillados y pilastras dispuestas con el ritmo adecuado, la magnificencia de los patios de arcadas, todo llevado, además, a la escala magnífica con la que Roma caracterizará a partir de entonces a sus obras públicas, religiosas y civiles.

Durante mucho tiempo la autoría del palacio de la Cancelleria se atribuyó a Donato Bramante, pero cuando este arquitecto llegó a Roma procedente de Milán, las obras del palacio ya estaban iniciadas. Bramante, nacido en Urbino, trabajó durante las dos últimas décadas del siglo en obras milanesas como Santa Maria Presso San Satiro (1482) y Santa Maria delle Grazie (1492). En las obras de Milán Bramante tuvo la oportunidad de entrar en contacto con la potente arquitectura del norte de Italia, de introducir en las reformas de estas iglesias temas novedosos, como el aplicar en el

L. Laurana. Urbino. Palacio Ducal (1450).

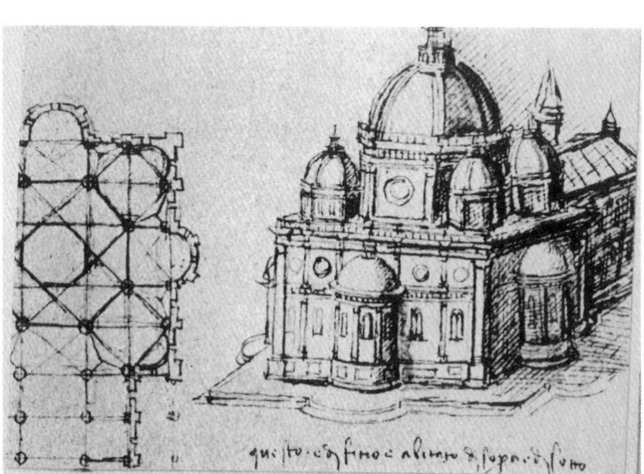
Leonardo da Vinci. Dibujo arquitectónico con el proyecto de Templo Máximo (h. 1480).

D. Bramante. Proyecto de la basílica de San Pedro de Roma según la moneda conmemorativa de Carodosso (1505).

presbiterio de Santa Maria Presso San Satiro tratamientos de perspectivas ilusorias con estucos, crear efectos escenográficos bajo las leyes de la nueva perspectiva que pintores y arquitectos tenían en el horizonte de sus preocupaciones creativas. En Milán, al servicio de Ludovico Sforza «el Moro», mantuvo estrechas relaciones artísticas con Leonardo, cuyas especulaciones arquitectónicas no dejaron de influir en su formación, de la cual las muestras romanas de su trabajo son prueba irrefutable.

En 1499 las tropas francesas invadieron Lombardía, cayeron los Sforza, y Bramante marchó a Roma, donde dejó marcado el destino de la arquitectura de la ciudad con sus intervenciones: el claustro de Santa Maria della Pace (1500), el pequeño templete de San Pietro in Montorio (1502), y, desde la elección del papa Julio II en 1503, el plan de la nueva basílica de San Pedro. No es el único, pues Miguel Ángel, en 1505, y Rafael, en 1508, regresaron también reclamados por el mecenazgo pontificio.

Cuando Bramante llegó a Roma tenía casi sesenta años y aún catorce por delante, los suficientes para culminar el desarrollo de su cultura humanística en contacto directo con las antigüedades de la capital, para depurar sus búsquedas, para dejar expedito el camino que recorrían sus discípulos a lo largo de la centuria. En el claustro de Santa Maria della Pace, su primera obra romana, jugó con las posibilidades combinatorias de los órdenes, de los arcos, columnas y pilares, y buscó los efectos de luces y sombras de su uso combinado.

El «tempietto» de San Pietro in Montorio, de dimensiones mínimas, con un diámetro interior de poco más de cuatro metros, fue hecho para ser observado, no para ser utilizado como espacio litúrgico. Dejó asentada la idea del monumento conmemorativo siguiendo las pautas leonardescas del ideal de la planta central, indagada en el campo afín de la pintura, como lo corrobora Rafael con su obra «Los esponsales de la Virgen», de 1504. El *tempietto*, financiado por la corona española, encarnó el prototipo que luego se continuará en la basílica de San Pedro. En él se buscó y se significó la síntesis entre las formas del mundo clásico y la iglesia cristiana fundada por el apóstol Pedro, se dejó definida la imagen del edificio sagrado moderno vitruviano, la pura esencia de la arquitectura antigua rescatada.

Desde la estricta consideración arquitectónica, el *tempietto* consagró el uso de las reglas modulares en arquitectura, basadas en el empleo de la columna dórica, que asegura el resto de las correlaciones numéricas entre las partes, la forma plástica controlada por el número y la proporción. El pequeño gran edificio asentado sobre un pedestal, el anillo de columnas con arquitrabe, rematado con la cúpula, sobre el lugar donde se suponía que había sido inmolado el apóstol, se levanta remachando con su rotundidad que aquel punto es el centro de todo lo creado, tanto en el plano religioso como en el artístico. Se alza sobre el suelo pero, como una estructura imantada, atrae sobre el punto de su centro todas las fuerzas cósmicas que le llenan de una extraña e irresistible fuerza. La centralidad curva crea sucesivos anillos de fuerza (estaba previsto un patio circular columnado en torno suyo) que alcanzan desde él a toda la representación del espacio universal.

El papa Julio II tomó como tarea personal construir una nueva basílica de San Pedro, mejorar los palacios aledaños, convertir la sede del papado en referencia artística universal, para lo que emprendió un ambicioso plan de obras a cuyo frente nombró responsable a Bramante. Este respondió ampliamente a las expectativas, y aunque sus diseños no se llevaron a cabo en los pocos años que le quedaban de vida, sus huellas permanecieron de manifiesto en las alternativas de sus continuadores, deudores de las decisiones tomadas por el entonces ya viejo y sabio maestro.

El primero de los grandes proyectos fue el llamado patio del Belvedere del Vaticano (1505), un jardín aterrazado en el que se presentarían las colecciones papales de escultura, compuesto según las normas de la perspectiva en la que quedaban englobados elementos paisajísticos, arquitectónicos y jardines. El papa Sisto V rompió el esquema al mandar introducir en 1580 un ala transversal destinada a biblioteca.

Desde 1505 hasta su muerte en 1514, Bramante fue el responsable de la nueva fábrica de San Pedro, una larga historia que se concluirá mucho más tarde, cuando G. L. Bernini realice la columnata exterior, a mediados del siglo siguiente. La planta ideada por Bramante era una cruz griega inscrita en un cuadrado, con cuatro ábsides en los extremos de cada lado, cuatro capillas en las esquinas del cuadrado, y, sobre el crucero, una cúpula semiesférica con tambor, un esquema equilibrado, simétrico, la más grande de Roma desde los tiempos del Panteón. La cúpula se eligió por su alto valor simbólico, pues representaría la forma del cielo sobre la tumba de San Pedro, convertiría a la basílica en un monumento funerario, por eso, con ligeras variantes, nunca se renunció a su construcción. Muchas veces se refiere la iglesia de Santa Maria della Consolazione de Todi (1508), del arquitecto Cola de Caprarola, como una versión simplificada que permite imaginarse el proyecto de Bramante para la basílica de San Pedro: un cuadrado con un ábside en cada lado y una cúpula sobre tambor como coronación.

El problema planteado por Bramante era construir la cúpula de mampostería a la manera romana, como en el *tempietto,* pero ahora a la misma escala gigantesca de los edificios antiguos de la ciudad. Pero el Panteón apoyaba su cúpula sobre un cilindro; como explicó Serlio, era como si estuviera apoyado directamente sobre el suelo. Bramante pretendía que estuviera sostenida sólo por cuatro enormes pilares, pero no explicó cómo calcularlo ni resolverlo. Dejó como herencia la fuerza de su modelo, la potencia de la imagen elegida, pero, además, un cúmulo de problemas, incluidos los estáticos, que hicieron que las obras avanzaran muy lentamente.

Tras la muere de Bramante la dirección de las obras y las propuestas pasaron por los nombres más cualificados de la arquitectura del momento: Rafael, que quiso prolongar uno de los brazos para reunir en un modelo centralidad y axialidad basilical; B. Peruzzi, G. da Sangallo, hasta que, en 1546, tras la muerte de este último, Miguel Ángel sacó de dudas la resolución y se hizo cargo de la fase más importante desde su ideación original.

Miguel Ángel. Cúpula de la basílica de San Pedro de Roma (1546-1564), continuada y concluida por G. della Porta (1588-1593).

Miguel Ángel. Proyecto para la basílica de San Pedro de Roma, según dibujo de E. Dupérac.

Miguel Ángel no aceptaba de buen grado los encargos arquitectónicos, pues él siempre se consideró básicamente un escultor, de manera que su elección resultó una relativa sorpresa. En San Pedro volvió a la

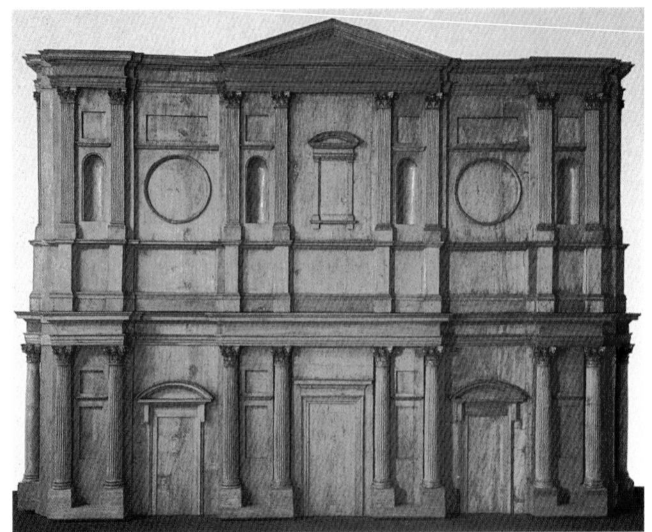

Miguel Ángel. Maqueta para la sacristía de San Lorenzo (1520) en Florencia.

idea inicial de Bramante, solucionó de una vez los problemas y dejó despejado el camino para poder concluir la cúpula, el epílogo celestial sobre la cripta subterránea, que estaba en marcha definitiva cuando el artista falleció en 1564. Y lo hizo sin renunciar a los cuatro pilares, aunque debió alterar otras partes, como los muros exteriores, ceñidos ahora por órdenes colosales de pilastras corintias y coronados por un ático sobre la cornisa, que oculta los abovedamientos de los brazos de la cruz. Fue novedad suya que los muros presentaran por fuera la misma articulación que por dentro.

En 1558 Miguel Ángel realizó una maqueta de la cúpula, de doble cascarón, como la de Santa Maria del Fiore, que fue la guía que siguió después Giacomo della Porta para concluir las obras, sólo que la realizó levemente más apuntada que la diseñada por Miguel Ángel.

En definitiva, la cúpula de San Pedro, la construcción más simbólica e importante de la historia de la arquitectura, siguió a la vez al Panteón, a Brunelleschi y al proyecto de Bramante. Al primero, por su grandeza y forma semiesférica. A Brunelleschi por la estructura de doble cascarón que hizo posible la forma de Bramante, pero sin seguir su sugerencia de construirla mediante un casquete sólido de mampostería, sino más cercana a la solución «gótica» de las bóvedas nervadas, levemente apuntadas en la formulación definitiva de Giacomo della Porta. Al proyecto de Bramante, en fin, por su posición, por los apoyos sobre pilares, por el tambor de columnas dobles resaltadas entre las que se abren amplias ventanas. Los nervios del cascarón prolongan las columnas del tambor, dirigen hacia lo alto las tensiones hasta reunirse en la base de la linterna, y eso le aporta la sensación de levedad, de negación de su peso, pues, en contra de las leyes de la estática, la cúpula transforma visualmente todas sus inercias en líneas de fuerza que se dirigen hacia arriba, hacia lo más alto.

Si la cúpula de Santa Maria del Fiore hizo pensar a Alberti que podía albergar a todo el pueblo de Florencia, la cúpula de San Pedro se recorta sobre el cielo de Roma con la seguridad de poder hacer lo mismo con toda la cristiandad. Su terminación fue un triunfo de Miguel Ángel después de muerto, pues sólo él pudo resolver de una vez las dificultades de su construcción. Pero no fue la única muestra de su genio arquitectónico.

Anteriormente, en Florencia, a raíz de la elección como papa en 1513 de León X, un Medici, le habían encargado diversas obras. La fachada de San Lorenzo, el proyecto inacabado de Brunelleschi, fue su primer diseño arquitectónico. La nueva sacristía de San Lorenzo (1520), un mausoleo donde se colocarían las tumbas mediceas de Lorenzo y Giuliano, integraban escultura y arquitectura en un espacio cúbico, vacío, con los elementos oscuros contrastados sobre las superficies blancas, los órdenes mayores, las pilastras de «pietra serena», mármol gris, y, encajados entre ellos, los menores de mármol blanco que cobijan a los grupos escultóricos, una doble red diferenciada que tiene como finalidad resaltar los efectos perspectivos, a la manera de Brunelleschi.

Un punto de inflexión en la biografía de Miguel Ángel y de la propia arquitectura renacentista italiana es la Biblioteca Laurenziana (1525), agregada al ala occidental de San Lorenzo, en la que muchos autores han visto los síntomas estilísticos que anuncian el Manierismo, en cuanto aquí ya se percibe que Miguel Ángel empleó los temas tradicionales de forma personal, alterando sus cánones, imprimiéndoles una dramática emotividad.

La intervención lo forman la sala y el vestíbulo. La sala es muy estrecha y alargada, y Miguel Ángel diseñó también el tratamiento arquitectónico del mobiliario integrado en la misma. La luz entra a través de ventanas abiertas entre pilastras en uno de sus flancos, pero la sistematización recorre todo el interior, de manera que el resto son rectángulos y cuadrículas ciegas del mismo tamaño y disposición. El orden de pilastras de piedra oscura articulan los muros y sostienen la pesada techumbre de madera. El vestíbulo es un pequeño espacio casi totalmente ocupado por la escalera que comunica con la sala, más elevada. Las paredes tienen un tratamiento fuertemente plástico, con un zócalo muy alto, sostenido por ménsulas dobles sobredimensionadas, sobre el que descansan las dobles columnas embutidas en la pared, entre las que se recortan nichos ciegos con frontones sobresalientes. Ninguno de los elementos encastrados en el muro sostiene nada, parecen surgir de él con la fuerza dramática de su soberana arbitrariedad. La escalinata, sudividida en tramos, con escalones rectos y alveolados, ocupa prácticamente todo el vestíbulo, impone sus presencia, obliga a aceptar su protagonismo y es la pesada base oscura de un espacio cuya verticalidad busca el contraste con la perspectiva horizontal de la sala.

Miguel Ángel. Florencia. Vestíbulo de la Biblioteca Laurenciana (1525).

En 1534 Miguel Ángel volvió a Roma. Fueron los años de la realización del «Juicio Universal» en la Capilla Sixtina, ciclo con el que terminaba en 1541 los frescos que le había encargado Julio II en 1508, durante su primera estancia romana. Pero los encargos arquitectónicos no le abandonan, a su pesar, para mayor gloria de la ciudad. Además de su decisiva participación en las obras de San Pedro, de esta etapa de madurez quedan los diseños para la capilla Sforza, en la basílica de Santa Maria Maggiore, y la sistematización, a partir de 1539, de la plaza del Campidoglio y los edificios adyacentes: Palacio de los Conservadores, Palacio de los Senadores y Museo Capitolino. Junto a las ruinas del foro, contigua a la iglesia franciscana medieval de Santa Maria in Aracoeli, en la plaza que había sido la sede permanente del gobierno de la ciudad, Miguel Ángel instaló el orden renacentista, allí, en la colina del Capitolio, por tanto en el corazón histórico y monumental de la ciudad.

Miguel Ángel. Roma. Plaza del Campidoglio (1539).

Junto a la de San Marco de Venezia, es la mayor realización urbana italiana de todos los tiempos. En la del Campidoglio Miguel Ángel conjugó los efectos perspectivos con los escenográficos y los de la experimentación arquitectónica. Dispuso los dos edificios laterales con inclinaciones divergentes para, con el telón de fondo del tercero, crear una caja perspectiva definida en su interior con los tratamientos plásticos de las fachadas de los tres edificios, también con el trazado del pavimento, un inmenso ovalo con líneas que diseñan estrellas elípticas. En el centro, sobre una peana, se colocó la estatua ecuestre de Marco Aurelio, una réplica de la misma en la actualidad. El cuarto lado está abierto; desde él, como si se tratase de un gran salón urbano, lo que en definitiva resulta ser la plaza, se disfrutan magníficas vistas de la ciudad, y se desciende hacia ella por una impresionante escalinata.

Los alzados de los palacios emplean un solo orden de pilastras gigantes que dan una unidad muy trabada, a la manera antigua, superponiéndose a la subdivisión horizontal en dos pisos, pues dicho orden colosal de pilastras abarca desde el plinto de apoyo en el suelo hasta la cornisa del remate. El piso bajo está abierto a la plaza, formando un pórtico, y en él se usan órdenes más pequeños de columnas con arquitrabe. En el superior se abren ventanas con molduras de columnillas y frontones semicirculares encima. Los palacios, estructuras enormente plásticas, llenas de acentos, ricos de atrevida policromía, pues combinan el mármol travertino de los órdenes con el ladrillo rojo de los paños, declaran al tiempo su autonomía singular y su dócil pertenencia al conjunto de la plaza, de la que son parte intrínseca. Admirados por todos los artistas contemporáneos y posteriores, su configuración estará llamada a ejercer una enorme influencia en la arquitectura posterior.

A Miguel Ángel le cupo terminar más obras comenzadas por Sangallo y dejadas sin concluir a su muerte en 1546. El palacio Farnesio fue terminado con la cornisa que él diseñó, lo mismo que la entrada y el último cuerpo del patio, el cual quiso, pero no logró, que se abriera con una logia a las vistas del río y los jardines traseros. En 1561 el papa Pio V le pidió una obra que

Miguel Ángel. Roma. Iglesia de Santa María degli Angeli (1561-1564).

resultó muy interesante, la conversión de las ruinas de las termas de Diocleciano en una iglesia, Santa Maria degli Angeli. Miguel Ángel cambió la direccionalidad, colocó el altar en el eje transversal del *tepidarium*. Conservó como cubrición y como testimonio el abovedamiento original que excepcionalmente se había conservado, dejándolo en tono blanco, sin decoraciones añadidas, lejos de una visión arqueológica al uso. Antiguas eran también las columnas, que fueron debidamente reutilizadas. A pesar de las alteraciones introducidas en el siglo XVIII, la iglesia mantiene aún reunidas la grandiosidad de los espacios termales antiguos y el delicado tratamiento de un artista siempre original y sorprendente en cada una de sus propuestas y realizaciones.

El caso de Miguel Ángel no es el único de un artista plástico que acaba llegando a la arquitectura en una etapa avanzada de su biografía. Ocurrió otro tanto con Rafael, con escaso número de realizaciones en este campo, aunque es verdad que su vida fue corta, apenas vivió treinta y siete años. Los logros de su arquitectura no resultan equiparables a la trascendencia de sus trabajos pictóricos. Algunos palacios que se le atribuyen, como el Vidoni-Caffarelli (1515) ofrecen dudas sobre su autoría. Otras interesantes obras religiosas suyas, como la iglesia de Sant´Eligio degli Orefici (1509), o la capilla Chigi en la iglesia de Santa Maria del Popolo (1513), están bastante próximas a las directrices de la arquitectura bramantesca.

Rafael. Roma. Villa Madama (1516-1520), según Sepherd/Jellicoe.

En 1515 Rafael fue nombrado responsable de las ruinas antiguas de la ciudad. Sus estudios de las mismas, el feliz hallazgo de la Domus Aurea neroniana y sus pinturas, los «grutescos», le inspiraron la más reconocida de sus obras, Villa Madama (1516), la villa del cardenal Giulio de Medici en las faldas del monte Mario. Dada tal implantación, la villa fusiona arquitectura y naturaleza, los jardines se desdoblan en terrazas, la planta está inspirada en las villas romanas antiguas asimétricas, las que ensalzaba Plinio en sus cartas, en las que triunfaban las distribuciones irregulares de los espacios, adaptados en este caso a la pendiente del terreno. La recuperación de los modelos antiguos lo cumple Rafael aquí reuniendo en un todo los aspectos de planificación, los literarios y los decorativos.

Contemporáneo de Rafael, B. Peruzzi era también pintor. Agostino Chigi, un banquero rico, culto y refinado, le encargó una villa de recreo rodeada de jardines en el Trastévere, la Farnesina (1509), un palacete en el que reunirse con los amigos, cómplices intelectuales de amenas veladas, y poder disfrutar del aire libre contemplando la ciudad desde el otro lado del río. La villa es famosa por conjugar arquitectura y pintura al más alto nivel, por el ciclo de sus frescos decorativos, verdaderos ejercicios de pintura perspectiva, algunos de ellos ejecutados por Rafael, como el «Triunfo de Galatea».

A Peruzzi pertenece el palacio Massimo delle Colonne (1532), que se significa por su fachada curva, con una nota de intenso clasicismo concentrado en el cuerpo bajo, una logia de columnas, estando tratado el resto del paramento definido con sencillas formas, deudoras de la arquitectura del siglo anterior, como recuerda la insinuación del almohadillado.

Antonio da Sangallo el Joven, un arquitecto siempre seguro pero poco creativo, dio el diseño del palacio Farnesio (1517), para una de las familias más tradicionales y poderosas de Roma. El palacio abarca un gran bloque rectangular, de paramentos lisos, sin almohadillados. Todo en él es severidad y cerrazón, en eso es igual que el espíritu de los dueños. Como hemos señalado, lo que da brío al palacio, el gran vuelo de la cornisa, la ventana central, fueron mejoras posteriores de Miguel Ángel.

EL MANIERISMO

En la mitad del transcurso del siglo XVI, G. Vasari escribió las *Vite* («Vidas», 1550 y 1568) de los más excelentes artistas italianos de su tiempo, y aplicó en la explicación de ellas criterios de valoración de su arte. Vasari creía que el apogeo contemporáneo lo representaba Miguel Ángel, y detectó que muchos continuadores le imitaban, se inspiraban en su *maniera,* en su lenguaje artístico personal, tan atormentado como su vida, en las variantes subjetivas del maestro respecto a las reglas del clasicismo que, no obstante, no dudaba en emplear. En Miguel Ángel, desde la explicación de Vasari, vida y arte constituyen la misma ímproba búsqueda, un esfuerzo de superación desde el trabajo artístico que le lleva, arrastrado por su genio, a los mayores extremos, desde las humanas bajuras del tormento, a las divinas alturas creativas del éxtasis.

El término «Manierismo», inspirado en la explicación de Vasari, se ha venido aplicando al arte que, a partir de Miguel Ángel, incluyéndole a él mismo como el primer «manierista», interpone entre las reglas que deben regir las obras según el lenguaje empleado, y el resultado de su aplicación, las interpretaciones personales, el capricho y la arbitrariedad.

Las razones que llevan a esta fase evolutiva del clasicismo se han encontrado en la situación histórica a partir de 1520, desde el choque que supusieron para Roma, sobre la conciencia religiosa, los efectos de la reforma protestante de Lutero, el saqueo de la ciudad en 1527 por las tropas imperiales de Carlos V ante la mirada atónita e incrédula de la población y curia cardenalicia. El saqueo disipó como por ensalmo el mito de la inmunidad tradicional de la ciudad capital de las ruinas y de la reliquias, que de poco valieron en el trance: las luchas religiosas parecían ser mucho más que una mera disputa teológica, las posiciones más conservadoras se impusieron y reaccionaron al frente de una iglesia romana que no tardará en «contrarreformarse».

La interpretación de la antigüedad, que continuó, dio pie al deseo de ir fijando las reglas que la convirtieran en principio de autoridad, lo que traducido en arquitectura fueron los tratados de Serlio, Vignola o Palladio. Pero, al mismo tiempo de su nacimiento y promulgación, consustancial con su positiva operatividad, las reglas invitan a los más rebeldes o creativos a su transgresión, pues el atarse en exceso a ellas implica pérdida de lo más genuino de la creatividad, de la expresión dramática de lo artístico, de la tensión emocional, de los contrastes. Eso es de lo que estaban convencidos muchos de los jóvenes artistas del nuevo ciclo histórico, que preferían anteponer la consciente bús-

B. Peruzzi. Roma. Palacio Massimo delle Colonne (1532-1536).

B. Peruzzi. Roma. Palacio Chigi, llamado La Farnesina (1509-1511).

queda de la discordancia a la armonía y el equilibrio fijados por la anterior generación, la de Bramante y Rafael.

Giulio Romano, discípulo y colaborador de Rafael en villa Madama, se trasladó desde su Roma natal a Mantua, donde se radicó al servicio de la corte de los Gonzaga. En el Palacio del Te, una villa suburbana en Mantua (1525-1534) y en su propia casa en la misma ciudad (1544), se manifiesta como un excelente representante del uso de la licencia respecto a la regla clásica, de su conversión en lenguaje personal. En los edificios citados, los órdenes son alterados, se vuelve a un uso teatral del almohadillado que se apropia de las superficies, se adueña literalmente de columnas y pilastras y las aplasta contra el muro con la tosca fuerza de este tipo de sillar rugoso y expresivo. Las dovelas de las claves exageradas y pesadas parecen no poder ser soportadas por los dinteles de los huecos y ventanas, están a punto de salir fuera del sitio donde deben cumplir la misión para la que fueron creadas. La pintura ilusoria en la logia del jardín, en el interior de las estancias, niegan la estabilidad visual de las paredes, confunden ilusión y realidad ante los ojos del sorprendido espectador.

A. da Sangallo/ Miguel Ángel. Roma. Palacio Farnese (1517), a partir de 1546 continuado y concluido por Miguel Ángel.

G. Romano. Mantua. Palacio del Té (1525-1534).

Vasari mismo, rendido admirador de Miguel Ángel, trasladó casi literalmente las invenciones perspectivas del maestro en la biblioteca Laurenziana a la escala urbana de su proyecto del palacio de los Uffizi (1560) en Florencia. Bartolomeo Ammannati amplió el palacio Pitti de Florencia (1560) exagerando el carácter áspero y vibrante del almohadillado, en particular en el patio abierto hacia los jardines Boboli. En estos jardines quedan algunas de las muestras del gusto por lo extravagante, raro y preciosista, señas típicas del gusto manierista, como la gruta artificial, fruto de la colaboración, a partir de 1556, de Vasari y B. Buontalenti

Los jardines artificiosos por excelencia de la época, extravagantes, oníricos, equívocos en sus pretensiones, hermosos en sus resultados son los que, sin autor reconocido, se han conservado con la muy literaria denominación de *Sacro Bosco*, Bosque Sagrado, de Bomarzo (1550-1570). Aunque muchos estudiosos y literatos que lo han recreado se inclinan por atribuirlo todo directamente a su propietario, el caprichoso Virginio Orsini, dado que jardines y dueño participaban por un mismo gusto por lo excéntrico, por la pasión de los enigmas y la interpretación de los contenidos cifrados.

Las obras de los arquitectos del primer Renacimiento marcan las pautas de los de la nueva «maniera», que ahora, sin renunciar a su personalidad, se apoyan en los modelos de la historia reciente como vía de conexión con el clasicismo antiguo.

Pirro Ligorio, un solvente anticuario, un estudioso de los monumentos antiguos de la ciudad (*Antichità di Roma*, 1553) infundió a sus obras su amor desmesurado por la arqueología, y las tiñó de un rebuscado historicismo. En Roma remodeló el patio del Belvedere, construyó en los jardines del Vaticano una pequeña villa para el papa, inspirada en las romanas imperiales, el llamado «casino de Pablo IV» (1559), cuya fachada está llena de reminiscencias de la antigüedad, estampándola con todo tipo de relieves, inscripciones, adornos y estatuas, hasta convertirla en una especie de lámina erudita y abigarrada. De más amplio vuelo artístico es su obra de la villa d´Este, en Tivoli (1565), para el cardenal Ippolito d´Este, el culto mentor que facilitó los medios para que Pirro Ligorio, además de la casa, trazara los famosos jardines, los de mayor escala de su tiempo, que descienden por la ladera en varias terrazas trazadas con deleitación geométrica, en los que se combinan fuentes, estatuas, cascadas, grutas, paseos zigzagueantes y arqui-

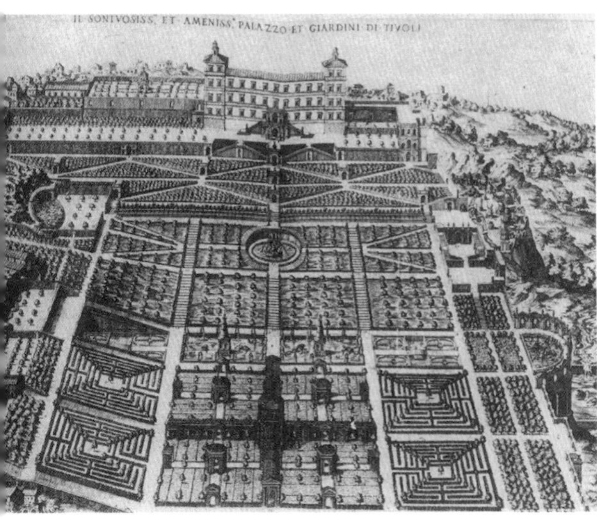

P. Ligorio. Villa d´Este, en Tívoli (1565), según grabado de E. Duperac.

tecturas teatrales, como el conjunto que reproduce en miniatura la maqueta de la antigua Roma.

Otros autores de la época confían en las reglas, en la reacción contraria a la escuela de Miguel Ángel. Es el caso de Giacomo Barozzi, llamado el Vignola, un diligente estudioso de la arquitectura, de los monumentos antiguos, los cuales traduce a un tratado de fácil comprensión y aplicación, las *Regola delli cinque ordini d´architettura* (1562). Con Vignola las reglas de la arquitectura clásica antigua quedan normalizadas. Con la ayuda de láminas explicativas, las medidas, proporciones y criterios de la arquitectura se convierten en patrones reglados de fácil uso, lo que le valió un inmediato éxito, muy duradero, pues las *Regola*, por su sencillez y precisión, fueron aplicadas en la arquitectura hasta bien entrado el siglo XIX.

El primer edificio romano de Vignola fue una deliciosa villa para el papa Giulio III, villa Giulia (1551), extramuros de la ciudad, situada en terreno llano, por lo que Vignola buscó conseguir los efectos de sorpresa cambiando los niveles dentro del recinto, excavando patios y construyendo terraplenes artificiales, que dan a la realización un aspecto dinámico, cambiante, efectista, como una escenografía en la que vuelve a triunfar el gusto por las obras escultóricas de la antigüedad, depositadas en los nichos de los patios como si fuera un museo privado al aire libre.

En una segunda villa, la Farnese en Caprarola (1559), partió de un sólido bloque pentagonal con aspecto de fortaleza, con foso incluido, ya existente. Vignola se atrevió a introducir un patio circular en el interior del pentágono, ordenó y dispuso las salas, lo conectó al espacio natural trasero del parque. En la fachada de

B. Ammannati. Florencia. Patio del palacio Pitti (1560).

V. Orsini. Bomarzo. *Sacro Bosco* (1550-1570).

acceso desde la ciudad, alivió la imponente visión de su masa mediante el aligeramiento de la logia del primer piso y lo expandió hacia abajo con una sucesión de plataformas que se salvan por medio de escalinatas rectan-

J. Barozzi, llamado Vignola. Roma. Villa Giulia (1551).

J. Barozzi, llamado Vignola. Roma. Villa Giulia (1551).

J. Barozzi, llamado Vignola. Caprarola. Palacio Farnese (1558-1573).

gulares, rampas curvas y finalmente una escalera de doble desarrollo a los pies de la puerta principal.

La Compañía de Jesús, la aguerrida orden contrarreformista, le encargó en 1568 la iglesia del *Gesú*, cabeza romana del movimiento de la Contrarreforma. En la planta se trató de nuevo de conciliar la axialidad basilical del brazo de la nave, que se yuxtapuso a un organismo centralizado, de forma que el sentido de profundidad del recorrido desde la entrada hasta el ábside se cambia por el ascendente de la cúpula. Se dice que en la síntesis de la planta del Gesú, desde una interpretación simbólica, el recorrido que va conduciendo hacia lo alto es el de la salvación cristiana desde la tierra hacia el cielo. La nave central con cubierta de cañón se deja expedita, el espacio de las naves laterales lo ocupan capillas entre contrafuertes, destinados a contrarrestrar el peso de la bóveda, una variación que recuerda a San Andrés en Mantua, de Alberti. Al prescindir de las naves laterales, el interior del Gesú resulta espacioso y claramente delimitado.

A Giacomo della Porta, el más joven de todos los grandes arquitectos romanos del siglo XVI, le cupo intervenir en grandes obras heredadas. Llevó a término la cúpula de Miguel Ángel en San Pedro. Igualmente concluyó, con variaciones, partes del interior y la fachada del Gesú, proyectada en 1571 por Vignola, pero dejada inconclusa a la muerte de éste en 1573. Della Porta corrigió alguno de los temas vignolescos de la fachada: redujo la amplitud de las alas laterales, le dio mayor altura, disminuyó el relieve de los elementos plásticos, enfatizó la importancia de la calle central en la que introdujo los emblemas de los jesuitas, el frontón doble, el escudo de armas, la cruz. Unificó los órdenes de pilastras dobles superpuestas en los pisos de la fachada, concluyéndola con un aire de mayor severidad y limpieza. La fachada del Gesú, con las volutas enlazando los dos cuerpos, viejo tema de la arquitectura renacentista italiana, no sólo dio la imagen de la iglesia romana, sino que pasó a ser un prototipo representativo de las iglesias jesuíticas.

El último papado activista en la Roma finisecular fue el de Sisto V, entre 1585 y 1590, volcado en la actividad urbanística, pues la ciudad se hallaba todavía demasiado constreñida por el cinturón de sus murallas. El arquitecto hacedor de las reformas de Sisto V procedía del norte, Domenico Fontana, un ingeniero y un «técnico» urbanista por encima de sus cualidades como diseñador. El ala de la biblioteca que rompió el Belvedere de Bramante es obra suya (1587).

La denominada «Roma de Sisto V» responde a la preocupación del papa por la ciudad como problema, por el cumplimiento de sus funciones políticas, sociales, religiosas, por mejorar los aspectos decorativos y de ornato monumental, caso que se tradujo, por ejemplo, en el traslado de monumentos y la erección de obeliscos en varias de las nuevas plazas, delante de la basí-

J. Barozzi, llamado Vignola. Roma. Iglesia del Gesù (1571), proyectada por Vignola, continuada y reformada a su muerte en 1573 por G. della Porta, terminada en 1573.

G. della Porta. Roma. Iglesia de San Luis de los Franceses, terminada en 1589.

lica de San Pedro. En consecuencia, se antepuso a cualquier otra acción el objetivo de deshacer el esquema centrípeto del trazado de Roma, abriendo nuevas calles y plazas de tránsito rápido para romper la malla de calles de complejidad tortuosa, y facilitar las visitas de los peregrinos por el interior del trazado medieval, en especial el circuito que dejaba interconectadas a las basílicas mayores por una red de vías largas y directas. El legado de las intervenciones, que, dada la ambición de la propuesta se dilataría en el tiempo, buscó transformar la vieja ciudad de aspecto todavía medieval en una capital religiosa de referencia.

VENECIA Y PALLADIO

En Venecia la experiencia de la historia procede de sí misma, pues carece de obras de la antigüedad en las que inspirarse, de modo que cuando las actitudes renacentistas se incorporan a su territorio, lo hicieron transportadas por artistas venidos de fuera, que las adaptaron a los condicionamientos del lugar, al paisaje construido de su arquitectura preexistente, de enorme fuerza, con una personalidad específica inconfundible. En Venecia la historia era su propia experiencia, su afán de perpetuarse como poder político, marítimo y comercial de primer rango, de cuya expansión dependía el bienestar de los súbditos de la Serenísima República.

Jacopo Sansovino, un florentino de origen, unió su nombre y su arquitectura a Venecia a partir de 1527, y fue amigo de Tiziano, el más importante de sus pintores. Sansovino llegó a Venecia y fue amoldando a la atmósfera de la ciudad su arquitectura, aprendida de la experiencia romana anterior de Bramante y Rafael. Su catálogo es breve pero intenso: la Ceca, la librería de la plaza de San Marcos, la logia del *campanile*, campanario, el palacio Corner en el Gran Canal, todas a partir de 1537, al servicio de la plaza más conocida de Italia, en relación con los edificios preexistentes, introduciendo

J. Sansovino. Venecia. Librería en la plaza de San Marcos (1537). En primer término, el Palacio Ducal (1348). Al fondo, la iglesia de Santa Maria della Salute (1631), de B. Longhena.

J. Sansovino. Venecia. *La Zecca*, casa de la moneda (1537).

nuevos lenguajes y estilos que quedarán fijados para siempre como genuina manera de intervenir en su reconstrucción y determinar su imagen desde entonces hasta ahora.

En Venecia se carece de las perspectivas amplias de otras ciudades, todo debe desenvolverse rápido, las superficies de las cosas han de ser vibrantes, modularse de acuerdo a escalas fugitivas y tangentes, a los juegos de luces, sombras, a las difuminaciones de las formas en la aguada de la atmósfera, a los reflejos tambaleantes en el suelo acuoso de las calles sobre la laguna. La Ceca presenta la fachada de órdenes almohadillados muy exagerados, fuertes, de acuerdo al destino del edificio. Era la primera vez que el sistema de los sillares tratados de este modo eran utilizados en un edificio de la ciudad. La Librería ocupa un lado completo de la *Piazzetta*, frente al Palacio Ducal. Sus formas parecen repetir, articulándolo en clásico, la delicada tracería gótica de éste. La planta baja es una logia cubierta con bóveda, y el frente se resuelve mediante pilastras con semicolumnas dóricas. Entre cada tramo hay arcos con esculturas de figuras reclinadas en las enjutas, concesión decorativa que contrasta con el severo entablamento dórico. El piso superior es más complejo, su articulación se basa en pilastras con medias columnas jónicas, arcos y columnillas en los laterales de las ventanas. Es una mezcla de la que se obtiene un efecto de enorme plasticidad, reforzada por el friso escultórico moldeado con relieves y la cornisa de remate con balaustrada.

Andrea Palladio, como Sansovino, aprendió la pulcritud de las reglas del clasicismo introducido en la cultura clásica por su mentor, el humanista de Vicenza Giangiorgio Trissino. Después lo amplió mediante el conocimiento directo de la arquitectura antigua en sus estancias en Roma, a partir de 1541, ciudad en la que se familiarizó con sus ruinas y monumentos, admiró el *tempietto* de San Piero in Montorio, de Bramante, la única obra moderna que representó en su tratado, *I Quattro Libri dell´Architettura*, publicado en 1570. El texto de Palladio resume bien su obra de creación arquitectónica, a medio camino entre el análisis de las fuentes de la arquitectura antigua, del ideal clásico, y su aplicación práctica respondiendo a las nuevas exigencias, a las nuevas funciones requeridas por la cultura contemporánea, por el tipo de patrones y sus solicitudes. Él mismo poseía ese espíritu, además de una alta estima de sus aportaciones, pues en el tratado incluyó su arquitectura valorándola a la misma altura que la de la antigüedad.

La fortuna de Palladio como autor cosmopolita se la reportó la suma de su estudio teórico y de su arquitectura construida, sobre todo las villas en el campo, más de una veintena, en algunas de las cuales colaboraron artistas de la talla de Veronés. Las villas, a las que está dedicado el segundo de los cuatro libros de su tratado, pueblan las tierras de la llanura paduana, a las que regresaron muchos nobles patrones con el fin de cultivarlas y levantar la casa representativa como dueños del territorio. Al mismo tiempo debían satisfacer las necesidades agrícolas inherentes a un programa de esta naturaleza. Todas las realizaciones se mueven en los esquemas de un tipo organizado con rigor geométrico, son variaciones de una casa de campo con cuerpos principales, generalmente de dos pisos, destinados a las habitaciones del patrón y su familia, y alas de conexión con las dependencias secundarias destinadas a las labores agrícolas. Palladio insistió reiteradamente en trasladar al cuerpo principal interpretaciones de formas extraídas de los templos clásicos, rematando la composición con frontones: las casas de los hombres se ciñen con el triángulo simbólico de las casas de los dioses. La finalidad era bien clara: introducir las formas de la cultura en el territorio agreste de los cultivos, llevar el profundo sentido de la civilización y de la historia al campo, y dejarlo fijado bajo la volumetría sólida de las villas. El ideal de todas ellas, la denominada «Rotonda» (1551), en los alrededores de Vicenza, la más imitada por las corrientes de admiración posterior, el llamado «palladianismo», era la única que no pretendía más que ser un lugar de recreo, sin atribuciones de otro género, y ello explica su planta rigurosamente simétrica, el representativo salón rotondo central, que le da nombre, y los cuatro pórticos con frontón en cada uno de sus flancos.

Palladio realizó varios palacios para la nobleza local de Vicenza, su ciudad, a la que siempre volvió, en la que había empezado su andadura como el arquitecto cada vez más reconocido que acabó siendo. Unos, como el Thiene (1542), Valmarana (1565) o la logia del Capitanato (1571), en el centro de sus calles; otros, como el Chiericati (1550), en las afueras, abierto en el piso superior con un pórtico de columnas. A la llamada Basílica, un palacio comunal de rasgos medievales, le dio una envoltura de pórticos clásicos abiertos y superpuestos (1549). En 1580, año de su muerte, se iniciaron las obras del teatro Olímpico, un apasionante ensayo de recrear la escenografía de una arquitectura antigua según las leyes de la perspectiva, pues desde el frente del escenario se abren las calles siguiendo, en una profundidad mínima, las líneas de un escorzo pictórico muy forzado.

Con Palladio se cierra el ciclo de las intervenciones renacentistas en Venecia, una ciudad con la que mantuvo relaciones artísticas conflictivas. De las tres iglesias que proyectó, dos, San Giorgio Maggiore (1556) y el Redentor (1577), se ubican en las islas fronteras. La tercera, en realidad un diseño de fachada, San Francesco della Vigna (1570), se esconde recón-

J. Sansovino. Venecia. Librería en plaza de San Marcos (1537).

A. Palladio. Vicenza. Villa Almerico, llamada la Rotonda (1551).

A. Palladio. Vicenza. Teatro Olímpico (1580).

dita en la parte trasera de la ciudad. Las dos primeras parten de un esquema de planta basilical con cúpula sobre el crucero, bóvedas de cañón en la central y de arista en las laterales, tienen fachadas de mármol blanco, cúpulas blancas y campanarios, todo muy veneciano, replicando a San Marcos y sus rasgos bizantinos. Son iglesias de tres naves y crucero, con ábside pronunciado situado tras una pantalla de columnas. Son luminosas, muy blancas por dentro, sencillas y solemnes a la par. Desde fuera la estructura descompuesta de las fachadas se inspira en los pórticos de los templos antiguos para elaborar su propuesta singular, con la que se pone en evidencia, como en el dibujo de una sección, el esquema estructural del interior. Están compuestas con órdenes clásicos sobre altos plintos y frontones superpuestos. Desde la Piazzeta, se ven como réplicas en el espejo de la arquitectura de la ciudad, devolviéndole las muestras de su elegancia desde el otro lado del agua.

A. Palladio. Vicenza. Palacio Chiericati (1550).

A. Palladio. Venecia. Iglesia de San Giorgio Maggiore (1556).

LA ARQUITECTURA DEL RENACIMIENTO EN ESPAÑA

La arquitectura del Renacimiento en España fue una importación traída de Italia de manera intencionada, radical, por círculos restringidos, que la entendieron como la respuesta moderna opuesta a la arquitectura gótica y mudéjar de la tradición nacional, que siguió rigiendo en las obras de mayor importancia, las patrocinadas por la corona, hasta bien entrado el siglo XVI. La historia de la arquitectura renacentista española se basa, inicialmente, en el estudio de unas pocas obras, en el seguimiento de los artistas italianos que vinieron a elaborarla, en los viajes de algunos artistas españoles que fueron a Italia y la aprendieron en su foco originario, en los libros y tratados cuyas láminas sirvieron de inspiración y ayudaron a reglamentar las formas traídas a suelo español sin elaboración previa ni convicción doctrinal propia.

Paulatinamente, a medida que avance el siglo XVI, la arquitectura de inspiración italiana, equivalente a la clásica moderna, se irá imponiendo, no sin resistencias ni hibridaciones, sobre las persistencias medievalizantes, tanto en lo referido a lo ornamental como a lo estructural, de lo que se derivará lo específico de nuestra arquitectura. Como ocurrió en el arte de otras cortes europeas, el peso del prestigio de la arquitectura italiana, de sus artistas y tratadistas, fue enorme, indiscutible, absorbente. Se tiene la impresión de que la arquitectura del Renacimiento en España se afirma a medida que sigue más de cerca la teoría y la práctica de la italiana, siempre con los consabidos desfases temporales. Sólo en el último tercio del siglo, con el llamado «estilo herreriano» se reconocen los acentos específicos del estilo. Hasta entonces, mientras tanto, el recorrido surca los cauces de una relación tensa, en ocasiones turbulenta, entre la tradición de lo medieval que no ceja y el ajuste de las obras de nueva planta a los dictados de lo experimentado y convertido en modelo en Italia.

En la arquitectura realizada durante el reinado de los Reyes Católicos se dan los síntomas que anuncian la nueva corriente. Es el caso de los Hospitales Reales, cuyo programa se inició en 1499, y abarca un amplio número de ellos, entre los que destacan el de Santa Cruz de Toledo, Santiago de Compostela, Granada, Valencia o Zaragoza. En ellos su tracista, Enrique Egas, supo conciliar con espíritu de simbiosis el esquema del tipo, plantas de cruz de inspiración netamente italiana, con el añadido de partes constructivas y decoraciones de naturaleza gótica.

Se ha cifrado siempre la fachada añadida a la fábrica gótica del Colegio de Santa Cruz de Valladolid, encargada en 1488 por el Gran Cardenal Pedro Gonzá-

A. Palladio. Venecia. Iglesia de il Redentore (1577).

lez de Mendoza, hijo del marqués de Santillana, a Lorenzo Vázquez, como la puerta de entrada de la arquitectura del Renacimiento en España. En dicha fachada las formas italianas se enmarcan entre contrafuertes, y presentan almohadillados rústicos, tímpanos y ventanas conformados con el lenguaje del nuevo sistema. El programa se amplió a la biblioteca, de manera que el edificio perdió con estos añadidos su adscripción inicial a lo gótico, que quedó postergado gracias al mecenazgo de una familia nobiliaria, la de los Mendoza, que tuvo el empeño de unir su nombre a la de una arquitectura que no conocía sino por fuentes indirectas.

Otro miembro de la misma familia, Íñigo López de Mendoza, encargó en 1483 al arquitecto Juan Guas el Palacio del Infantado en Guadalajara, inicio de un proceso de renovación del tipo hasta entonces anclado en las formulaciones góticas y mudéjares. El Palacio del Infantado, como el contemporáneo de Cogolludo, Guadalajara (1502), basan su aire nuevo en el tratamiento del patio y de la fachada, las dos partes más evidentes y portadoras de mensajes programáticos, aunque ello no signifique que se han abandonado del todo las antiguas usanzas, pues en Cogolludo conviven en perfecta simbiosis los almohadillados, dinteles horizontales y portadas clasicistas, con las ventanas y crestería mantenidas con la tracería propia del pasado medieval.

Cuando se habla de la importación de artistas italianos para explicar la aparición esporádica y un tanto casual de la arquitectura del primer Renacimiento, el nombre de referencia es el genovés Michel Carlone que, en 1509, fue llamado para sustituir a Lorenzo Vázquez en las obras del castillo de La Calahorra, en Granada. Dentro del cascarón acastillado, defensivo, medieval, el arquitecto introdujo un patio con columnas, capiteles, arcos y decoración plenamente integradas en el lenguaje renaciente, incluso se incorporaron temas iconográficos en la decoración añadida, como la de la portada, en las que se alababan las virtudes del dueño, el marqués de Cenete, a través de referencias extraídas de la mitología clásica pagana.

LA ARQUITECTURA PLATERESCA

El debate historiográfico insoluble sobre la arquitectura española de la primera mitad del siglo XVI es la aceptación de un término, plateresco, como el más indicado para describir una serie de obras que se mueven en un terreno estilístico resbaladizo, indefinido y, quizás, indefinible. Lo que sí queda claro es que las obras de referencia conjugan con distinto grado de protagonismo lo gótico, lo mudéjar y lo renacentista, sin realizar todavía la necesaria y convincente síntesis, ni en lo estructural ni en lo decorativo. Lo plateresco incumbe a una serie de obras en las que la primera apariencia las aproxima a las soluciones italianizantes, pero acaba primando en ellas, bajo esa capa, la ambigüedad y falta de coherencia, propias de interpretaciones hechas a la distancia por maestros y artesanos educados en las tradiciones artísticas locales, amantes, eso sí, de la ornamentación prolija, apurada, preciosista, del tipo de los trabajos de los plateros, de donde procede el término aplicado. Los edificios platerescos en ocasiones lo son por la apariencia dominante en ellos de las formas de la arquitectura italiana sobre estructuras góticas, en otras ocurre lo contrario, no existe una lógica «estilística» que dé coherencia a la corriente. Véase al respecto las diferencias existentes entre la portada de la Universidad de Salamanca (1525), un auténtico retablo sacado a la calle, una parte autónoma del resto del edificio, ordenada como fachada independiente con una cierta regularidad formal y revestido con decoración de temas reconocibles por su proximidad con lo italiano y su valor simbólico. La Puerta de la Pellejería (1516), de Francisco de Colonia, en la catedral de Burgos, o la de la Sacristía de la Capilla del Condestable (1512), utilizan órdenes clásicos y se adjuntan literalmente a los muros de la fábrica gótica de la catedral, que las admiten sin inmutarse lo más mínimo en su esencia medieval. El elenco de portadas «platerescas» es amplio, sorprende la insistencia en su consideración como partes autónomas del resto de la fábrica de la que forman parte. Así, la portada de la catedral Nueva de Salamanca, o, en la misma ciudad, la de Juan de Álava para el convento de San Esteban (1525), la más clásica y proporcionada de la serie.

En la arquitectura civil, la Casa de las Conchas, en Salamanca (1492), su discurso ornamental «a la italiana», además de ser posterior al proyecto inicial, no altera el soporte sobre el que descansa, un torreón con aires fortificados de casa señorial a la antigua usanza.

MAESTROS DE LA PRIMERA ARQUITECTURA RENACENTISTA

En otras obras de la época, sin embargo, se ha asumido con mayor rigor y conocimiento las fórmulas de la arquitectura italiana, fenómeno al que contribuyó positivamente la publicación, en 1526, del libro de Diego de Sagredo *Medidas del Romano*, el primer texto publicado fuera de Italia sobre la arquitectura clásica, en el que predomina el análisis puramente morfológico, sin una base teórica de sustento, cumpliendo el papel de sistematizar el vocabulario de la arquitectura y de dirigirse a los artesanos y maestros de obra encargados, con su ayuda, de renovar el lenguaje arquitectónico desplazando las arraigadas prácticas góticas todavía imperantes.

Aunque el siglo XVI se puede entender a través de los fuertes protagonismos de los monarcas de la casa de Austria, Carlos I y Felipe II, en lo que a la arquitectura se refiere el peso de ambos es desigual, a favor claramente del hijo, siempre preocupado por organizar el reino teniendo muy presente el alto valor funcional y propagandístico de las artes, algo que puso en práctica siendo todavía príncipe heredero.

Al tiempo de Carlos I están vinculados los nombres de los arquitectos Alonso de Covarrubias y Luis de Vega como los principales hacederos de su política constructiva, cuyas autorías se ligan al desaparecido Alcázar de Madrid, al Palacio de El Pardo (1543), Aranjuez y Valsain y al Alcázar de Toledo. La renovación del alcázar toledano para conseguir darle un aspecto unitario la comenzó en 1542 Covarrubias, autor de la fachada y del patio, si bien esta residencia real conoció más intervenciones a lo largo de la centuria.

Covarrubias, natural de Torrijos, intervino en numerosas obras en las que, a partir de la década de los treinta, se esforzó por conseguir correctas resoluciones dentro del modelo clásico decididamente preferido como guía de su lenguaje. Así ocurre en el Sagrario Nuevo o Sacristía de la catedral de Sigüenza (1532), cualificada mediante columnas acanaladas y bóveda de cañón dividida con arcos fajones decorada con florones y cabezas inscritas en círculos. Covarrubias trabajó y dio impulso a la arquitectura del Renacimiento en la zona de Toledo. El Hospital Tavera (1541) será su obra más representativa, en la que introduce variaciones sobre el esquema de este tipo de realizaciones en que había descollado Enrique Egas años antes. Covarrubias sigue un trazado regular, cerrado hasta parecer opaco por fuera, despejado y luminoso en el interior, articulado en torno a un doble patio con órdenes superpuestos, toscano y jónico, con arcos de medio punto.

No obstante la intervención que queda como la más radical del reinado de Carlos I, fue el palacio que encargó en el interior del recinto de la Alhambra en 1527 a Pedro Machuca, arquitecto único de una única obra. Machuca había aprendido el oficio en Italia en el círculo artístico de Miguel Ángel. Eso explica el carácter plenamente moderno del palacio, el uso de almohadillados, órdenes clásicos, alegorías mitológicas en las

P. Machuca. Granada. Alhambra. Palacio de Carlos V (1527).

D. de Siloé. Iglesia de Santa María del Campo, Burgos (1527).

P. Machuca. Granada. Alhambra. Patio del palacio de Carlos V (1527).

portadas, y el atrevimiento formal de incluir un patio circular dentro de una planta cuadrada, con el empleo de órdenes toscano y jónico en sus pisos superpuestos y una bóveda anular sorprendente por la complejidad de su labor de cantería.

Al tiempo que se desarrollaba la arquitectura «plateresca» de transición, una serie de maestros y arquitectos recibieron encargos y dieron respuestas menos híbridas. Con ellos lo gótico comenzó a quedar relegado en favor de los modelos de la antigüedad clásica y el gusto por la lectura de los textos de Vitruvio y sus intérpretes contemporáneos.

Diego de Siloé viajó a Italia, a Nápoles, y a su vuelta, dejó notar la admiración por el arte visto y aprendido. En 1519 el cabildo de la catedral de Burgos le encargó la Escalera Dorada, en el brazo norte del crucero, y en aquel reducido espacio Siloé resolvió las diferencias de cotas con una muestra de su ingenio, a medio camino de lo arquitectónico y lo escultórico, pues parte de los efectos del brillante resultado radican en la rejería que intensifica el valor de la implantación de la escalera. En 1527 adaptó las formas de un arco de triunfo a los primeros pisos de la torre de la iglesia de Santa María del Campo, en Burgos. La obra culminante de su biografía fue la catedral de Granada (1528), que encontró ya iniciada según diseños góticos de Enrique Egas. Pensada inicialmente como mausoleo de Carlos I, eso explica alguna de las decisiones tomadas por Siloé, en particular lo referido a la parte de la Capilla Mayor, entendida como una rotonda con girola, típica solución de los edificios conmemorativos, adosada a una basílica de cinco naves. La catedral de Granada, cuya fachada terminó Alonso Cano ya en el siglo XVII, basa su pertenencia a lo esencial del renacimiento hispano en la blanca luminosidad de un interior resuelto mediante los soportes aislados de pilastras con columnas corintias adosadas, cuya altura se agranda mediante pedestales y un entablamento de amplio vuelo. La cubrición mediante bóvedas de crucería es más tardía y no fue obra de Siloé.

La movilidad de Siloé hace que encontremos su nombre unido a la autoría de edificios dispersos por la geografía hispana, siempre adscritos a las novedades de la tendencia moderna. En Salamanca, ciudad plena de actividad constructiva en estas décadas, el arzobispo Fonseca le encomendó revisar y dar imagen renaciente al colegio que lleva su nombre (1529), que había fundado años antes. Siloé trazó la fachada y el patio.

Diego de Riaño, originario de la Trasmiera cántabra, tierra de maestros canteros y de magníficos hacedores de arquitectura, proyectó el Ayuntamiento de Sevilla en 1527, cuyo aspecto actual sólo se corresponde en parte con la disposición original, pero aún permanece la esencia de la que le impregnó Riaño, equilibrando el empleo en su alzado de formas clásicas con el detallismo decorativo y el regusto por la complejidad iconográfica.

Sin movernos de la capital andaluza, la torre de campanas de la Giralda (1558) hace justicia a la invención de su tracista, Hernán Ruiz el Joven, de familia de canteros, sólo que él superó el saber puramente práctico con la ascensión al territorio de la teoría, con el conocimiento y uso de las reglas, cualidad específica del arquitecto a partir del Renacimiento. Dejó escrito esto en un *Manuscrito de Arquitectura*. Y la puesta a punto de su capacidad de adaptación, de la aceptación del pasado musulmán de la ciudad y la determinación de hacerle pertenecer a un mundo cultural diferenciado, en los cuatro cuerpos superpuestos al antiguo alminar almohade, trabajando con los mismos colores y materiales: ladrillo, piedra y azulejo. Aunque el programa pretendía proclamar el triunfo de la Verdadera Fe sobre el Islam, desde el punto de vista arquitectónico el triunfo se convirtió en síntesis y culminación sincrética, en un icono urbano que superó las previsiones propagandísticas iniciales, que, medio olvidadas ya, no impiden disfrutar de la Giralda como de una obra única, unificada por un extraño y positivo azar.

A. de Vandelvira. Úbeda. Palacio Vázquez de Molina (1562).

Andrés de Vandelvira, nacido en Alcaraz, tierra sureña de encrucijadas geográficas y culturales, comenzó su aprendizaje como arquitecto en las obras del convento de Uclés, en Cuenca, en donde se encontraba hacia 1530, para pasar enseguida a responsabilizarse de las obras andaluzas de Jaén, Ubeda y Baeza, verdaderas joyas del Renacimiento español.

En la catedral de Jaén, comenzada en Gótico, se constata la presencia de Vandelvira a partir de 1548. La opción suya fue continuarla transformando su planta en las de tipo «de salón» con cabecera plana, esto es, con igual altura en todas sus naves utilizando pilares clásicos como soportes. En esta catedral, la obra maestra del autor es la Sacristía, una sala rectangular con bóveda de cañón, un espacio sencillo articulado con intensa complejidad, por cuyas paredes interiores corren unos atrevidos órdenes de columnas exentas dobles y arcos superpuestos, de anchuras desiguales, a medio camino de cumplir con su papel natural de soportes con el de cualificadores plásticos del muro. Su fuerza en gran medida radica en que no hay en el espacio de la Sacristía ninguna concesión escultórica.

Vandelvira está unido a las ciudades de Baeza y especialmente Ubeda, a las que dedicó los mejores esfuerzos de su carrera. En Ubeda, a partir de 1536, concluyó las trazas de Siloé para la iglesia del Salvador, en la que dio muestra de su dominio de la cantería, su primera formación, hasta deslumbrarnos con niveles de virtuosismo, como el arco en ángulo de entrada a la Sacristía, o los despieces de las bóvedas vaídas de la misma sala. En la misma ciudad fue autor del hospital de Santiago (1562), y, en el apartado de arquitectura palaciega, de dos espléndidas muestras, los palacios de Juan Vázquez de Molina (1562), hoy Ayuntamiento, de correctísimo lenguaje, depurado, proporcionado según la normativa clásica, demostrando el autor un dominio pleno del lenguaje, y el Vela de los Cobos (1572).

El último de los autores que vamos a referir, Rodrigo Gil de Hontañón, ejemplifica a la perfección el dilema del paso de lo gótico al renacimiento, de la tradición a la modernidad. Procedía de una familia de canteros y constuctores. Su padre, Juan Gil de Hontañón, unió su nombre al de las últimas catedrales góticas españolas del siglo XVI, Salamanca y Segovia. Rodrigo se ató menos al pasado, como era propio en su generación, pero no pudo desprenderse del todo de ciertas formulaciones goticistas que afloran en sus obras, a veces traducido en los sistemas de soportes, en las proporciones, en las molduras y sistemas decorativos. No obstante, lo que prevalece en su arquitectura es su adscripción al nuevo lenguaje renacentista.

El catálogo es amplio, y su evolución clara se detecta ya en la iglesia de Santiago (1533), de Medina de Rioseco. Famosa por demás es la portada de la Universidad de Alcalá de Henares (1537), una obra que ya había sido iniciada y que Rodrigo concluyó subdividiéndola en módulos de rigor geométrico, dentro de la que destaca una portada monumental en la que recrea una idea de arco triunfal mediante superposición de órdenes clásicos. Esta intervención, junto con la del Palacio de Monterrey (1539), en Salamanca, han hecho pasar a Rodrigo Gil a la historia nacional como un típico representante del carácter de una arquitectura que proclama sin complejos la síntesis entre el pasado y el nuevo orden de las cosas. En Monterrey es inevitable considerar su silueta de torreón hidalgo, la reminiscencia flamígera de los remates de cresterías, conviviendo con los entablamentos horizontales y las molduras de los huecos o las galerías de arcos, que crearán una cierta «escuela». Variaciones sobre el tema o de los mismos elementos por parte del mismo autor son la Casa de la Salina, en Salamanca, la fachada del Tesoro de la Catedral de Santiago (1538), el Palacio de los Guzmanes (1558), en León.

La arquitectura del Renacimiento en estas décadas que se aproximan a la mitad del siglo XVI incluye el protagonismo de maestros y canteros de formación cada vez más afín a las nuevas formas. Ellos amplían la geografía de la expansión y triunfo del modelo. Sólo podemos citarlos, aludir a sus aportaciones. Esteban Jamete, de origen francés, trabajó en la catedral de Cuenca (1545). Juan de Badajoz el Mozo, en León, en el convento de San Marcos (1525) y en el claustro de la catedral (1540). A Juan de Álava ya lo hemos citado en relación con la iglesia del convento de San Esteban, en Salamanca (1524), pero previamente había intervenido en el claustro de la Catedral de Santiago (1510), y después, en la catedral de Plasencia (1522). Los hermanos Corral de Villalpando desbordan su fantasía y dominio del yeso policromado como material decorativo en la capilla funeraria de Álvaro de Benavente (1544), en Santa María, de Medina de Rioseco, en la capilla de San Pedro de la catedral de Palencia, en la villa suburbana denominada Casa Blanca, en Medina del Campo. Francisco de Villalpando, el mejor conocido de la familia, que viajó a Italia hacia 1533 y conocía sobradamente la tratadística, acabó destacando como rejero, siendo sus muestras principales las rejas de la catedral de Toledo y de la iglesia del Salvador de Úbeda.

ARQUITECTURA DEL RENACIMIENTO EN ESPAÑA EN LA SEGUNDA MITAD DEL SIGLO XVI

La arquitectura española del Renacimiento pleno está protagonizada en gran medida por la figura del joven príncipe Felipe, por su interés en tratarla como asunto de estado, en particular desde que en 1556 accedió a la corona con el título de Felipe II. Como príncipe viajó en varias ocasiones por Flandes, Italia e Inglaterra, lo que influyó en algunos aspectos de la arquitectura que promovería más tarde durante su reinado, que se prolongó hasta 1598.

A. de Vandelvira. Jaén. Sacristía de la catedral (a partir de 1555).

A diferencia de su padre, que nunca tuvo una corte estable, Felipe II quiso organizar su reinado con mayor dosis de sedentarismo, buscó una capital por razones funcionales, y en 1561 la trasladó de Valladolid a Madrid. Como parte de su política cultural, organizó el cuerpo de arquitectos al servicio de la Corte, promovió la traducción de los textos italianos, como los Libros de Serlio, pero no renunció a las imágenes de la arquitectura flamenca, tratando de compaginarlas con las de procedencia italiana, y de esa manera, junto a su idea de poner las artes al servicio de su poder y de su gloria, se produjo la renovación última y la plasmación del clasicismo renacentista español.

En 1559, cuando la generación anterior de maestros llegaba al final de sus carreras y posibilida-

J. B. de Toledo y Juan de Herrera. Monasterio de El Escorial. (1562-1584).

des, nombró como arquitecto responsable de las obras reales a Juan Bautista de Toledo, formado en Italia, en donde había trabajado en las obras de la fábrica de la basílica de San Pedro. El monarca necesitaba protagonistas rejuvenecidos capaces de renovar la nueva capital y conformarla como centro administrativo y residencial de la monarquía, de acuerdo con los dictados del lenguaje moderno de la arquitectura de entonces. Al poco tiempo del nombramiento de Juan Bautista de Toledo se publicará en Italia un texto, las *Regola delli cinque ordini d´architettura* (1562), de Vignola, llamado a tener una influencia decisiva en la arquitectura española, a la que ayudó a depurarse, a utilizar el clasicismo según principios breves y sencillos, a aplicar una mentalidad reducionista de los órdenes, tanto que acabaron no usándose.

Felipe II, con un profundo sentido de la herencia y de pertenencia a un linaje, continuó con las obras paternas, que amplió y mejoró, tanto las del Alcázar de Madrid, nuestro edificio invisible, como las de la Casa de Campo, el Pardo, Aranjuez y Valsaín, a las que dotó de jardines regulares, aterrazados, según la nueva usanza.

Pero de todas las obras que emprendió, la de mayor envergadura, con diferencia notable, fue la del Monasterio de El Escorial, con la que triunfó definitivamente la arquitectura clasicista en la cultura arquitectónica nacional.

En el programa del Monasterio el rey quiso que cupieran los programas de cenobio monacal, residencia real, panteón familiar y centro de estudios, y aprovechó la disculpa de la celebración de su primer éxito militar, la victoria de San Quintín, en 1557, para advocarlo a San Lorenzo, el santo del día de la victoria.

Juan Bautista de Toledo fue nombrado responsable de las obras en 1562, y a él se deben las llamadas «trazas universales», el radical lenguaje clasicista elegido, lo cual, tras su temprana muerte en 1567, fue en parte asumido por su continuador al frente de las obras, Juan de Herrera. Lo que une ambas autorías como lema común es el entendimiento del monasterio como una tipología de origen medieval, cuyos esquemas se racionalizan y regulan traducidos al nuevo lenguaje clasicista. Herrera aportó una mayor simplificación al proyecto de Juan Bautista de Toledo, eliminó el exceso de torres, reduciéndolas de las doce previstas a seis, elevó a doble altura la fachada exterior, con lo que el volumen de la iglesia perdió su valor de referencia visual, cubrió al edificio mediante pronunciados tejados de pizarra negra de inspiración flamenca, remató con bolas y chapiteles las líneas verticales y definió así una característica silueta, simplificó los medios, aportó su práctica mentalidad ingenieril, le dotó de su sentido simbólico, y, sobre todo, lo acabó. En 1582, cuando se colocó la cruz sobre la flecha de la cúpula.

Leído en planta, el Escorial es la suma de una serie de patios, un complejo encerrado entre muros austeros, sin órdenes, solo planas pilastras cuando más, muros en los que rige el escueto principio compositivo del ritmo de los vanos. El centro está representado por el eje de la iglesia y su atrio, el patio de los Reyes, y el palacio, el único volumen que sobresale y rompe la cuadrícula del perímetro. El rey, que en lugar de mostrarse gustaba justo de lo contrario, del arte de la ocultación, podía transitar libremente de su palacio a la iglesia sin ser observado, a través de pasadizos y galerías privadas. La planta de la iglesia es central de cruz griega, con coro a los pies, que para eso es española, y, dado su carácter funerario, su volumetría la culmina una cúpula sobre tambor, la primera de estas características en la arquitectura nacional. El presbiterio es rectangular, elevado, pues debajo de él se situaba la cripta con los enterramientos dinásticos, y el rey podía asistir a las celebraciones desde su balcón en alto, pues el palacio rodeaba a la cabecera de la iglesia y la manifestaba al exterior con simbólica confusión deliberada.

La parte conventual de El Escorial quedaba organizada por un amplio sistema de patios de clausura, y, en los flancos de la iglesia, por dos de mayor tamaño. El de los Evangelistas, comenzado por Herrera en 1569, es la pieza de mayor calidad, su perfección «vitruviana» la denota la composición de dos pisos resueltos mediante órdenes dóricos y jónicos superpuestos, y en el centro un templete, una hermosa arquitectura clásica a escala, también diseñado por Herrera.

La última parte en concluirse fue la fachada principal, que cierra el patio de los Reyes. Encima de ella se situó la biblioteca real. La portada exterior, presidida por la estatua de San Lorenzo, funciona como preludio de la fachada de la Basílica, dentro del atrio del patio de los Reyes, como inicio del itinerario principal, del eje en el que, como en el recorrido de los templos egipcios, se ubican las partes más representativas del conjunto. A la portada de la Basílica se llega flanqueado por los muros desnudos del colegio y del convento. Esta se abre entre dos torres con cinco arcos y seis medias columnas dóricas en el cuerpo inferior, en el superior con pilastras y, destacadas sobre peanas, las seis estatuas de los Reyes de Judá (David, Salomón, Ezequías, Josías, Josefat, Manasés). Una gran ventana rompe la moldura inferior del frontón. La representación de los Reyes refrenda el argumento simbólico, presente en más partes de El Escorial, de haber sido concebido como nuevo Templo de Salomón.

J. B. de Toledo y Juan de Herrera. Monasterio de El Escorial (1562-1584).

Juan de Herrera no se limitó a coordinar y concluir las obras de la vasta fábrica arquitectónica del monumento renacentista español por excelencia. Su nombre quedará ligado a cuestiones de índole estética; a través de una serie de rasgos estilísticos identificados con su lenguaje, dará denominación a la arquitectura «herreriana», de trascendental importancia en la historia de la española.

Como arquitecto culto de su tiempo, aprendió viajando por tierras extranjeras, adaptó las formas vistas en Flandes y en Italia. Culminó su proceso de aprendizaje al lado de Juan Bautista de Toledo, leyendo los tratados en los que se incidía en los principios de simetría y de relación proporcional de las partes con el todo, algo que todos los contemporáneos vieron como un rasgo unificador de las partes de El Escorial. Como dejó escrito en su texto *Discurso de la figura cúbica*, prefería las formas geométricas sencillas y contundentes como base del diseño en arquitectura. Impregnó a la versión del clasicismo, a las depuradas «Reglas» de Vignola, un sentido de austeridad y severidad que no tiene parangón. LLevó los órdenes a una desnudez formal, prescindió de ellos en favor del valor del muro, lo que a muchos produjo verdaderos escalofríos estéticos.

Juan de Herrera. Catedral de Valladolid (1589) según el dibujo de restitución de O. Schubert de la idea del proyecto original de Juan de Herrera.

En el catálogo de obras de Juan de Herrera se ha de incluir la Lonja de Sevilla (1585), un cuadrado exacto, con fachadas lineales dentro de la misma línea de abstracción formal. En un Valladolid que se reconstruía de las heridas de su incendio de 1561, y que renacía del fuego con ansias de regularidad, con calles rectilíneas flanqueadas de soportales y con la mayor plaza Mayor que proyectó Francisco de Salamanca, Herrera, además de ocuparse de la traída de las aguas a la ciudad, dio las trazas de la nueva Catedral (1589). De haberse llevado a cabo en su totalidad (Herrera falleció en 1597), hubiera rivalizado con El Escorial en modulación regular, en austeridad geométrica, en rigurosidad lingüística.

En Valladolid, importante foco de la arquitectura del Renacimiento en España (Francisco de Praves, iglesia de la Vera Cruz; Juan de Nates, iglesia de las Angustias; Felipe de la Cagiga, iglesia de Santa Cruz de Medina de Rioseco; Juan de Escalante y otros, Colegiata de Villagarcía de Campos; Juan de Tolosa, Hospital de Simón Ruiz en Medina del Campo...), la voluntad de severidad del estilo de Herrera creó escuela, modificó comportamientos de los arquitectos que trabajaban en la región, como bien muestra el giro de Juan del Ribero Rada, el mismo que había traducido a Palladio en 1578, en el Monasterio de San Benito de la capital castellana.

P M
CCCLX

La arquitectura barroca

BARROCO ROMANO

ROMA SEGUIRÁ SIENDO A LO LARGO DE LOS SIGLOS XVII Y XVIII LA CAPITAL DE REFERENCIA DE LAS ARTES EUROPEAS GRACIAS A LA APORTACIÓN SINGULAR DE SUS ARTISTAS, DE SUS REALIZACIONES, DE LA DIFUSIÓN DE LAS ARQUITECTURAS DE SU PASADO MEDIANTE LOS GRABADOS DE LOS TRATADOS, QUE LAS CONVIERTEN EN INDISCUTIBLE MODELO, Y, EN CONSECUENCIA, A LOS AUTORES DE LOS TRATADOS EN LAS AUTORIDADES INTERMEDIARIAS ENTRE EL PASADO Y EL PRESENTE, CON UN GRADO DE RECONOCIMIENTO QUE TRASCIENDE LAS FRONTERAS ITALIANAS.

La época del Renacimiento había estado marcada por acontecimientos que, sumados, fueron haciendo dirigirse el arte a nuevos objetivos, eso teniendo en cuenta que el lenguaje empleado, el del clasicismo, seguirá siendo el común denominador de las creaciones del anterior y del nuevo «estilo». El saqueo de Roma de 1527 y la Reforma luterana fueron embates al optimismo humanista del primer Renacimiento. Del concilio de Trento (1545-1563) se derivaron directrices artísticas que, cada vez más lejos de los caprichos y reglas arbitrarias del Manierismo, apoyaban la preeminencia del decoro y las representaciones minuciosas y veristas por encima de las anteriores tendencias idealizadoras. Dichas directrices estaban encaminadas a inspirar un arte que manifestase la gloria de Dios y ayudase a los fieles, influyendo en su ánimo, a encontrar las vías de redención y salvación. Por tanto, sobre la base de las formas de la antigüedad, que permanecen, se fue dejando de interpretar la historia como memoria del pasado, para pasar a servirse de ella con el fin de reafirmar y propagar, desde el presente, la fe en el porvenir y en el más allá.

El papado, base del mecenazgo artístico de la ciudad, aminoró el papel renacentista del arte como un principio de conocimiento de la realidad, pasó a incorporar sus fundamentos más emocionales y persuasivos a la reacción contrarreformista, de manera que la percepción sensorial propiciada por la experiencia artística se consideró su valor más estimado. Esto se traducía en la exigencia de que el arte ampliara los estrechos círculos de los iniciados y se mostrase como un instrumento de educación social, en un teatro si hiciera falta, en un método de conducción persuasiva de la experiencia personal bajo los auspicios de la doctrina católica, a cuyo servicio exclusivo se vio subordinada toda iniciativa de creación artística. Desde esta consideración «romana», y por extensión católica universal, el Barroco fue el resultado de una reacción cultural llevada adelante en nombre de la fe católica.

G. L. Bernini. Roma, plaza de San Pedro, 1656-1667.

El siglo XVI había legado el ejemplo de cuatro santos reformadores, cuyos criterios y celo misionero marcaron profundamente la espiritualidad de los tiempos posteriores: Teresa de Jesús, Ignacio de Loyola, Carlos Borromeo y Francisco Javier. Las nuevas órdenes religiosas, los jesuitas a la cabeza, necesitaron definir de inmediato una nueva iconografía contrarreformística específica, de marcado carácter religioso, el mismo que desplazó cualquier otra veleidad seglar. Esta es la actitud que constituye el centro de la actividad artística de una Roma que es a la par católica militante y barroca clasicista, y así lo reafirma la faz con la se construye a sí misma a lo largo del siglo XVII.

Desde el intervencionismo de Sisto V, la reforma de la ciudad de Roma pasó a ser considerada como parte del programa de restauración de la fe católica, por eso en los tiempos posteriores la arquitectura más significativa que se promovió fue la religiosa, bien para acabar los programas pendientes, básicamente la basílica de San Pedro, bien para emprender otros nuevos, en general al servicio de las nuevas órdenes religiosas que surgieron como por ensalmo a la llamada del espíritu combatiente de los dictados trentinos.

Respecto a la basílica de San Pedro, Carlo Maderno, sobrino de Domenico Fontana, fue nombrado en 1603 arquitecto responsable de las obras. En la misma fecha en que se hizo cargo de San Pedro, concluyó la iglesia de Santa Susana (1603), con la que innovó el tratamiento de las fachadas de las iglesias romanas inspiradas en el esquema del Gesú, de Giacomo della Porta. En Santa Susana, los elementos tradicionales están dispuestos de distinto modo, las seis grandes columnas corintias del nivel inferior, con dos

C. Maderno. Roma. Iglesia de Santa Susana (1603).

parejas que enmarcan la puerta, pilastras superpuestas a las columnas en la planta superior, aportan ritmo a la superficie del muro, se suman al efecto general en el que predominan los cambios de luces y sombras, dando relieve y movimiento a lo que hasta entonces había sido más estático. La intensidad plástica rige en especial en la parte central, con órdenes clásicos doblados y frontones en los distintos pisos de esta auténtica calle triunfal vertical de la arquitectura, rematada por un frontón triangular adornado con un motivo esculpido, redoblado en su lados inclinados mediante una balaustrada. No hay superficie desnuda de ornamentación, en los entrepaños hay puertas, ventanas o nichos con estatuas.

Maderno dio un giro radical a los proyectos de San Pedro, que desde la ideación original hasta entonces habían mantenido como una constante la planta central coronada por el volumen de la cúpula izada sobre tambor, y tomó la decisión trascendental de prolongar uno de los brazos de la cruz, que de este modo pasó a ser latina en vez de griega. Ello planteaba en consecuencia nuevas exigencias a la resolución de la fachada, mucho más alejada ahora de la cúpula. La fachada de San Pedro nunca se concluyó, se pensó levantar dos torres en los flancos, pero sólo se construyeron las bases.

Gian Lorenzo Bernini, sagaz, comprendió la inmensas dificultades del problema de un edificio víctima de su enorme escala y cargado de tantas expectativas artísticas, muchas de ellas contradictorias entre sí, y resolvió de una vez el asunto, con un golpe de mano equivalente al de su admirado Miguel Ángel con el tema de la cúpula. Bernini, autor del trazado de la plaza (1656), le dio a todo un tratamiento desde el exterior, fuera del edificio como volumen, y lo consideró un problema urbano, con alto simbolismo religioso y cósmico universal. La plaza de San Pedro, trazada con decisión rayana en lo artístico visionario, se compone de dos partes, la plaza menor trapezoidal, junto a la fachada, y la oval de dos brazos de la zona inferior. La arquitectura de la plaza, además de ser un ejercicio de complejidad geométrica en su trazado, lleno de efectos y transparencias y cerrazones visuales según la posición dinámica del transeúnte que la recorre, representa una vuelta a la arquitectura romana antigua pasando por la de Miguel Ángel, usando severos órdenes toscanos labrados con la rugosa piedra travertina. La columnata de columnas exentas con entablamento y coronada por estatuas, considerada como elemento autónomo, recorrida por el interior del anillo abovedado, parece un fragmento de los pasillos ovales del Coliseo. El espacio del interior se expansiona y genera una plaza pública columnada que remite a las calles porticadas de las ciudades helenísti-

G. L. Bernini. Roma. Cátedra de San Pedro (1657-1666) en la Basílica de San Pedro del Vaticano.

cas romanas, con el suficiente desarrollo para permitir contemplar, a la justa distancia, la arquitectura de la basílica, dejando observar sus partes más enfáticas y simbólicas. El recorrido axial crea un ritmo controlado de acercamiento que luego inspiraría otras arquitecturas del poder, religiosas o al servicio de monarcas no menos entronizados en sus correspondientes alturas.

Los papas del siglo XVII, pertenecientes a ilustres familias patricias de la ciudad, como los Barberini, Pamphili o Chigi, algunos miembros de la curia cardenalicia como Scipione Borghese, patrocinarán el arte de la reforma católica encabezada por ellos mismos. Alguno de ellos, como Urbano VIII, trataron de emular el patrocinio de Julio II en la centuria anterior, apoyándose en una nueva generación de artistas y arquitectos muy brillantes, pero ninguno comparable a Gian Lorenzo Bernini, que personifica como ningún otro, a lo largo de su larga trayectoria, el barroco romano.

Bernini, que era napolitano de nacimiento, destacó en distintas manifestaciones artísticas, aunque su fama indiscutible se la dio desde muy joven su virtuosismo como escultor. En ocasiones sus trabajos confunden deliberadamente las fronteras convencionales de los distintos géneros, puestos al servicio de cautivar al espectador, de trasmitirle a través de sus obras un mundo de emociones que sólo él, con su elaborada técnica, podía representar de manera convincente hasta la persuasión rendida sin condiciones.

G. L. Bernini. Roma. Éxtasis de Santa Teresa (1645-1652), en la Capilla Cornaro de la Iglesia de Santa María della Vittoria.

Es el caso de la Capilla Cornaro, en la iglesia de Santa Maria della Vittoria, en donde representó el Éxtasis de Santa Teresa (1645), o el de la introducción en el extremo de la nave de San Pedro de la Cátedra de San Pedro (1657). Estas intervenciones representan muy bien la integración de un asunto inicialmente escultórico en lo arquitectónico: el cuerpo de Santa Teresa levitando en el momento fugaz de su éxtasis siendo atravesada por el dardo con que la traspasa el ángel, la colocación de la silla de San Pedro en el ábside de su basílica. Cada uno de estos dos casos, al ser tratado de manera pictórica, con juegos de luces, sombras, texturas de color, efectos de ingravidez, de negación del peso físico de la materia, incrementa la dificultad de la ejecución, lo mismo que su realización dentro de espacios arquitectónicos previamente definidos, a los que se incorporan pero definiendo su propia arquitectura, sus efectos deslumbrantes, que les convierten en focos de atracción. Cada una de estas dos intervenciones citadas sugiere un mundo de sensaciones y de conceptos teológicos conducidos, bien a través de la escenografía teatral en la Capilla Cornaro, con los comitentes asistiendo desde los palcos al éxtasis como si de una representación sobrenatural se tratara, bien la irrupción luminosa, dorada, trascendental, del cielo entrando en el interior de la basílica para dejar asentado el dogma de la primacía del papado simbolizado en la vieja silla del apóstol Pedro, entronizada y colocada en suspenso entre nubes y rayos fulgurantes, cátedra que sostienen ángeles y, a sus pies, las venerables figuras de los Padres de la Iglesia.

En su dimensión pictórica, la Cátedra de San Pedro traslada las estructuras perspectivas, el espacio infinito que viene desde el cielo, a la pura dimensión del color. No fue la única intervención de Bernini en la Basílica, donde, muy joven, se enfrentó al arduo problema de «señalar» el sitio jerárquico bajo la inmensa cúpula de su admirado Miguel Ángel y sus rectas pilastras estriadas. Lo efectuó mediante la instalación de una inmensa máquina oscura y brillante, el Baldaquino (1624), una escultura monumental inspirada en un objeto portátil procesional, ahora dejado inmóvil en el punto focal preciso, en cuya quietud vibra mediante el ritmo helicoidal de sus cuatro fustes de bronce retorcido, de orden salomónico, rematados cada uno con cuatro ángeles y finalmente con las inmensas volutas.

Al tiempo que dirigía las obras de la plaza, Bernini construyó, en un lateral de la basílica en la que merodeó toda su vida con sus proyectos, la Scala Regia

(1663), un escalera ceremonial con la que quería traducir las búsquedas de la perspectiva pictórica a la arquitectura tridimensional. La Escalera servía para comunicar las estancias papales con el interior de la basílica y el brazo norte de la columnata, pero ese era un recorrido transversal, por lo que el despliegue de la escalera fue un juego de magnificencia, una conexión visual y práctica de la plaza y de la columnata con el interior de los aposentos por uno de sus flancos, un ejercicio de trazado contando con las posibilidades de la perspectiva y sus manipulaciones falsarias pero efectistas. Como las paredes del corredor en el que se debía insertar la escalera eran convergentes, Bernini aprovechó la situación para sacar un partido visual sorprendente, puro espíritu barroco del engaño positivo: varió la distancia de separación de las columnas con el muro, redujo progresivamente su diámetro, hizo creer que la causa no era una deficiencia estructural, sino las solicitudes intelectuales de la perspectiva, que es lo que los espectadores creen ver desde la posición inferior, desde donde se cumplen a la perfección los efectos visuales decrecientes de la recreación perspectiva. A Bernini la planificación de la Scala Regia le sirvió para resolver con un digno marco la colocación de su estatua ecuestre de Constantino (1654), uno de sus trabajos escultóricos y retratísticos más brillantes, situada en el extremo del pórtico que sirve de arranque de la escalera.

G. L. Bernini. Roma. San Pedro del Vaticano. Escalera Regia (1663-1666).

La arquitectura de Bernini afectó a Roma en más dimensiones, marcó la pauta de cómo compaginar en el diseño moderno de la ciudad lo escultórico con lo arquitectónico, bien con pequeñas piezas sueltas, intervenciones en puentes romanos antiguos (puente de Sant´Angelo con las figuras de los ángeles, 1670), con fuentes que cualifican una plaza existente, o bien que modifican otras mediante ejecuciones de mayor complejidad y prestancia. Por eso sus fuentes, en principio elementos orgánicos autónomos, como la del Tritón de la plaza Barberini (1642), alcanzan valores estrictamente arquitectónicos sin renunciar a su primaria naturaleza escultórica, como es la de los Cuatro Ríos en la Plaza Navona (1648), situada en el centro de una plaza cuya forma provenía de su función de circo en la antigüedad, la misma plaza en la que, en uno de sus extremos, instaló Bernini años más tarde la llamada fuente del Moro (1653).

La de los Cuatro Ríos se confronta con la fachada cóncava de la iglesia de Sant´Agnese, de su rival Borromini, y debía hacer notar su presencia sin entrar en competencia con sus torres y cúpula. Al mismo tiempo, la fuente fue concebida como el pedestal de uno de los antiguos obeliscos egipcios que habían sido traídos a la urbe cuando aquellas tierras eran una provincia del imperio. Al pie de la aguja, Bernini reprodujo cavernas rocosas, palmeras, leones distraídos apaciguando su sed, y a los lados los manantiales de los cuatro grandes ríos, las cuatro corrientes que atraviesan el Paraíso y las cuatro que riegan las cuatro partes del mundo, cada una representada por figuras alegóricas. De esta manera conceptual, la fuente se convierte en una imagen del mundo conocido, un mundo esculpido como un cúmulo de formas orgánicas y naturales que recrean una montaña sagrada sobre la que se yergue el obelisco rematado con la paloma, el ave simbólica que coincide a la vez con la del escudo familiar del papa promotor, Inocencio X Pamphili, y con la de la luz divina, que vuela y baja para proteger al mundo de todo lo creado. El borboteo del agua que mana sin cesar hace pensar por un momento en la verosimilitud de la nueva máquina escenográfica berniniana, que es la fuente de los Cuatro Ríos, que las formas adoptadas por los conceptos y las alegorías se vuelven creíbles cuando se manejan con tanta imaginación, sabiduría y destreza técnica.

De las varias iglesias que proyectó Bernini, su obra maestra principal es la de Sant´Andrea al Quirinale (1658), sede del noviciado jesuita, pequeña de tamaño, con planta oval, la versión más flexible del concepto geométrico de centralidad. Su exterior, sobre la estrecha calle, cede parte de su terreno para generar un ámbito propio, de forma cóncava, el envés del trazado del interior de la iglesia. El perímetro convexo del óvalo exterior se extiende, pues, con dos alas, y su continuidad se interrumpe para instalar el pórtico de la entrada, severo y rectilíneo en el orden mayor, de nuevo oval en el pórtico menor y en las escaleras que se derraman a los pies, buscando las huellas de los fieles que son reclamados desde la calle para entrar en el seno de la iglesia. La puerta de entrada coincide con el eje menor, el transversal, con lo que se consigue que el espectador se encuentre de inmediato dentro del espacio interior envolvente, cubierto por una cúpula, blanca y dorada, representación del cielo al que se eleva desde el altar mayor la figura de San Andrés izado sobre una nube. La cúpula luminosa contrasta con la parte inferior de la arquitectura del óvalo, realizada con ricos mármoles policromados de tonos oscuros, densos. En el anillo del muro se alternan capillas de planta ovaladas y rectangulares. Sant´Andrea, por el método de cubrición adoptado, recrea al Panteón, pero aquí todo se llena de acentos decorativos, la luz penetra por las ventanas situadas entre los nervios, se derrama desde la linterna superior.

En una etapa de plena madurez creadora, en 1665, Bernini fue llamado a Francia tras haber ganado el concurso convocado para acabar la fachada oriental del palacio del Louvre. Fue un interludio en su vida creadora, muy unida a Roma, su ciudad. El proyecto de Bernini no se llevó a cabo, tampoco el que ideó en los meses de su estancia parisina, que fue impreso y divulgado, por lo que le cupo verse materializado después en otros palacios europeos que siguieron las pautas de su elocuencia clasicista y de su escala magnífica, a la altura del valor representativo demandado por la corte francesa. La única huella material perceptible de la estancia del *cavaliere* en Francia fue el busto de Luis XIV, una muestra más del dominio de Bernini en el género de los retratos escultóricos, ante cuyas bondades los críticos franceses a su labor como tracista de arquitectura no pudieron sino asentir con tácito reconocimiento del valor inestimable del busto, fruto del trabajo del entonces ya maduro artista italiano.

Francesco Borromini fue el antagonista de Bernini durante los años en que rivalizaron por alcanzar el reconocimiento de sus obras, lo que en vida reportó más triunfos y gloria a Bernini, debido en parte a su carácter optimista y energía inagotable. Borromini, de personalidad menos sociable y con un carácter atormentado, se formó como escultor y ayudante de su tío Carlo Maderno, y su arquitectura estará en deuda con ello, en cuanto prima la imaginación plástica y el profundo conocimiento de las técnicas del oficio aprendidas en la práctica profesional continuada, sólo que él, como autor, lo llevará a un campo de experimentación permanente, a un acercamiento distinto a la tradición y a un uso del lenguaje formal atrevido e inquietante por momentos.

Roma está llena de sus huellas arquitectónicas, intensas, en general recónditas, con lo que corren el riesgo de pasar desapercibidas, menos expansivas que las de Bernini, tan evidentes. San Carlo alle Quattro Fontane fue una sucesiva serie de intervenciones en un pequeño solar, que comenzó con el claustro (1634) y se fue ampliando a la iglesia y, por último, la fachada (1664). Representa muy bien el mundo personal de Borromini, con la sucesión de las obras en el tiempo y en el espacio, como si se tratase de ir componiendo el conjunto mediante fragmentos ensamblados, con una lógica existente, pero difícil de descubrir, en la que se prima el grado de experimentalismo y de constante búsqueda que hace a cada obra el principio de un nuevo camino, no la continuidad de la experiencia de lo anterior o de lo ya sabido. La planta de San Carlino es una variación ondulante de la figura oval, dispuesta desde la entrada según la dirección del eje mayor, consiguiendo el efecto de espacio contraído, lo contrario al expansivo de Sant´Andrea de Bernini, muy próxima, en la misma calle, que se disponía justo al revés. Borromini emplea un único orden de columnas corintias sobre las que corre un poderoso entablamento, y mediante arcos y pechinas levanta una cúpula oval, con un artesonado en el que se recortan las figuras de cru-

F. Borromini. Roma. Iglesia de Sant´ Ivo alla Sapienza (1642-1662).

ces, hexágonos y octógonos ensamblados como una tupida red de geometrías que disminuyen de tamaño hacia la linterna, creando así la ilusión perspectiva de mayor tamaño, entramado geométrico lleno, además, de significados simbólicos herméticos. La fachada, la última intervención en el tiempo, irrumpe en el exterior de la plaza, en una de sus cuatro esquinas, impone sus características de retablo añadido al resto de la fábrica, sin relación aparente con el resto de la iglesia, como si fuera la disculpa para colocar un doble sistema de órdenes dispuestos según reglas rayanas en la heterodoxia, para llevar a lo alto un medallón ovalado sostenido por ángeles, con el que se acaba de romper el entablamento de coronación del edificio.

En el extremo de un patio rectangular porticado ya existente, Borromini erigió la iglesia de Sant´Ivo della Sapienza (1642), cuya planta mixtilínea, un hexágono estrellado, es el resultado de combinaciones geométricas muy sofisticadas. La iglesia en sí es la suma del cuerpo inferior articulado mediante pilastras gigantes, y la cúpula, directamente apoyada, sin elementos de transición, que lleva el espacio a su culminación en altura vertiginosa. Esto da como resultado un espacio centralizado, homogéneo y compacto. La cúpula recuerda a las romanas antiguas, se decora con filas verticales de estrellas, escudos papales y querubines bajo la linterna, iluminándose con ventanas alternas. Exteriormente su remate es extraño, diferente a todo lo visto en Roma, con la fuerza del tambor reforzado con pilastras, la cubierta de perfil de pirámide escalonada con contrafuertes, la linterna con dobles columnas y por último una espiral, un zigurat emblemático, sobre el que descansa la cúspide de la bola de hierro. Todo es dramático, tenso, simbólico en Sant´Ivo. Sus técnicas y posibles alusiones van desde el recuerdo de la verticalidad de lo gótico, al barroco de la antigüedad, a la libre combinación de formas sin adscripción reconocible, con el añadido de la carga de significados que le confieren misterio y despiertan una curiosidad difícil de ser satisfecha.

P. da Cortona. Roma. Iglesia de Santa Maria della Pace (1656-1658).

Esa misma naturaleza acompaña siempre a la arquitectura romana de Borromini, la de la predilección por lo esotérico, la mezcla de referencias inusitadas, el gusto por la habilidad constructiva, el conocimiento de las técnicas y los materiales, y la respuesta específica a cada actuación: Oratorio de San Felipe Neri (1637), intervención en la basílica de Juan de Letrán (1646), iglesia de Sant´Agnese en la Plaza Navona (1652), iglesia de Sant´Andrea delle Fratte (1653), Colegio Propaganda Fide (1662).

El Barroco Romano es fruto de una generación de autores de muy brillante trayectoria, que no deben ser relegados por el protagonismo estelar de Bernini y Borromini. Pietro da Cortona puede medirse en condiciones de igualdad con ambos, aunque disfruta de menor fama. En la iglesia de Santi Luca e Martina (1634) dio su versión del esquema central de planta de cruz griega partiendo de motivos inspirados en Bramante, pero el autor aquí termina los brazos con forma de ábsides semicirculares. La fachada juega con la idea de sugerir un panel frontal, pero doblegado a un desarrollo plástico ondulado, elástico, rematado en los contrafuertes de los extremos. Los órdenes de pilastras y columnas de ambos pisos están rehundidos en el muro, moldeados como si estuvieran hechos de una materia pastosa que no se resistiese a la presión ejercida sobre ella.

A la iglesia de Santa Maria della Pace (1656) la enriqueció con la suma de un doble tratamiento, arquitectónico y urbanístico. La fachada se extiende mediante dos alas para abarcar toda la plaza trapezoidal como con dos brazos que la recogen. La plaza hace las veces de un vestíbulo antepuesto al escenario de la iglesia. Las casas de los lados, tratadas dentro del conjunto del proyecto, cierran el auditorio urbano, como los palcos en los teatros. Por otro lado, dos calles laterales se abren a través de esas alas como perspectivas de una tramoya teatral, recordando los efectos de la escenografía del Teatro Olímpico de Palladio. En medio de esta composición que lo controla todo, se halla la fachada propiamente dicha, el centro que todo lo rige, con un cuerpo inferior semicircular de orden dórico que sobresale de la fachada y ocupa parte del espacio de la plaza, fórmula que coincide con la de Sant´Andrea al Quirinale, de Bernini. El lenguaje severo del pórtico es una variación del *tempietto* de Bramante o de uno antiguo romano, lo que no ocurre en el segundo cuerpo, una pared flexible compuesta con órdenes clásicos de pilastras y columnas rematadas en un doble frontón enmarcado, triangular el mayor, dentro de cuyo tímpano roto cabe uno menor semicircular y la ventana que ilumina el interior del templo.

C. Rainaldi. Roma. Plaza del Popolo. Iglesias de Santa Maria di Montesanto y de Santa Maria dei Miracoli. (1662 y 1675) Concluidas por G. L. Bernini y C. Fontana.

Cortona es el autor del cuerpo de fachada añadida a la iglesia de Santa Maria in Via Lata (1658), de doble orden de columnas con arquitrabe recto, el del piso superior roto en su ritmo por un arco que penetra dentro de la línea del frontón, un viejo tema helenístico (frontón sirio) rescatado por Palladio y Sansovino en la Basílica y la Biblioteca. La fachada de Santa Maria in via Lata es un pórtico con extremos absidiales cubierto con bóveda de cañón en la parte inferior, y una logia en el piso de arriba, un doble espacio transversal superpuesto dentro del fondo estrecho en el que se desarrolla el proyecto. Cortona, pues, diseñó la fachada como una parte autónoma que tiene entidad y potencia, tanta que deja relegada la causa de su presencia, puesto que se suele olvidar que detrás está el resto de la iglesia.

P. da Cortona. Roma. Iglesia de Santi Luca e Martina (1634-1650).

Roma Barroca presenta una dimensión urbana muy importante, se han convenido nuevos términos para describir sus nuevas estructuras viarias, en parte continuación de las operaciones emprendidas a finales del siglo XVI por Sisto V. En esta ocasión el arquitecto responsable es Carlo Rainaldi. A él se debe la apertura del llamado «tridente», las tres calles (Corso, Babuino y Ripetta) que, partiendo de la Piaza del Popolo, organizan la entrada norte de la ciudad. En la cabecera del tridente se dispusieron dos iglesias iguales y simétricas, de planta rotonda y pórtico, interpretaciones en pequeña escala del tema del Panteón, el modelo omnipresente en la memoria colectiva de la ciudad, trasladado por partida doble a lo que entonces era la periferia de la ciudad, como una delegación artística a la entrada en la misma, si bien las proporciones y la elevación de las cúpulas no las convierte en réplicas, sino en variación creativa del tema romano antiguo. Otra intervención reseñable de Rainaldi es la iglesia de Santa Maria in Campitelli (1662), inicialmente pensada de planta oval longitudinal. Las razones prácticas llevaron a la variante elegida, longitudinal, pero no cruciforme. El recorrido interior hasta el altar mayor lo focaliza un suntuoso tabernáculo de bronce dorado, con el acompañamiento en los flancos de 24 columnas exentas que forman una perspectiva y convierten al interior en una nave columnaria con inflexiones en la disposición, quiebros y desplazamientos, para que su alta concentración no haga correr el riesgo de lo abrumador, de lo pesado, riesgo en parte exorcizado por la blanca irrupción de la luz natural, que procede de amplios ventanales situados en la base de la cúpula y de la bóveda de la nave.

Roma siguió siendo barroca por mucho tiempo, hasta mediados del siglo XVIII, pero con menos posibilidades para emprender tantos programas simultáneos como había ocurrido en el siglo XVII. Tras las desaparición de esta generación de arquitectos, los que vinieron después ni tuvieron la oportunidad ni el ingenio para aportar novedades de la misma importancia y nivel de influencia, más bien se dejaron llevar por los modelos establecidos, de los que buscaron variaciones. Lo que sí disfruta ya la ciudad con orgullo y como fuente de ingresos es de su revalorización como destino de viajeros, diletantes, jóvenes artistas extranjeros, llegados a ella para aprender del estudio de sus obras antiguas y modernas.

N. Salvi. Roma. Fontana di Trevi (1732).

Todavía en la primera mitad del siglo XVIII, en las escasas iniciativas materializadas, se logró mantener un instinto especial para responder a lo que se esperaba de la sensibilidad arquitectónica y urbana de Roma y de sus artistas, tantas veces contrastada y admirada en las décadas pasadas, como si la ciudad entera gozara del raro privilegio de ser el escenario de una representación artística inagotable.

Como fachada de un palacio, Nicola Salvi llevó el tema de la fuente terminal de las aguas del acueducto Acqua Vergine, la Fontana di Trevi (1732), a una grandiosidad espectacular. Su condición dual de fachada y fontana hace entender mejor las dos partes diferenciadas, el telón de fondo arquitectónico basado en un arco de triunfo, y la cascada de agua con la taza, que incluye escenas alegóricas con caballos marinos y tritones que guían el carro de Océano, el mayor de los titanes, personificación del agua que envuelve al mundo.

Lo mismo se puede concluir del resultado de trazar una escalera imperial con formas sinuosas al pie de una iglesia, Trinità dei Monti, en lo alto de la colina del Pincio, la Scalinata di Piazza Spagna (1723), de Francesco de Sanctis, prevista desde antes, con propuestas de Bernini consistente en rampas rectas y curvas que prefiguran la solución de Francesco de Sanctis. La escalinata es una secuencia de rampas únicas y dobles conectadas por espaciosos descansillos, muy a propósito para efectuar las necesarias pausas, para pararse a contemplar el paisaje de la ciudad como espectáculo.

El último de los palacios tardobarrocos de Roma, la villa Albani (1743), de Carlo Marchionni, está ya en el límite de las posibilidades del sistema, del tiempo, del estilo. Se inspira vagamente en los palacios capitolinos de Miguel Ángel, y estuvo rodeada por unos espléndidos jardines, hoy muy reducidos de extensión. Significativamente, la villa fue mandada construir por su mecenas, el cardenal Albani, hombre con espíritu tardorrenacentista, a imagen de su ideal de cultura, como aposento de las obras de la antigüedad que salían a la luz en las excavaciones modernas de Pompeya y Herculano. Albani contrató como bibliotecario y para catalogar las obras de su colección de antigüedades los servicios de un joven intelectual alemán, J.J. Winckelmann, con quien se inicia en Roma otro

F. de Sanctis. Roma. Escalinata della Trinità dei Monti (1723).

discurso artístico muy diferente, que, en términos estilísticos, responde a una denominación rupturista más en la historia, la de Neoclasicismo.

ARQUITECTURA BARROCA EN VENECIA Y NORTE DE ITALIA

El arquitecto veneciano más destacado del siglo XVII fue Baldasarre Longhena, que heredó el espíritu culto y práctico a la vez del maestro renacentista A. Palladio, al cual se remite por sus creaciones de villas en las tierras del interior, y de palacios e iglesias en Venecia. En 1631 Longhena proyectó la iglesia votiva de la Salute, con motivo del agradecimiento por el final de una de las pestes que cíclicamente asolaban a la ciudad. La iglesia se construyó en un lugar de envidiable implantación, en el extremo del Gran Canal, con puntos de vista excepcionales desde la plaza de San Marcos, desde la entrada por la laguna, desde la isla frontera de la Giudecca. Aquel espolón terminal parecía pedir de antemano la planta central, lo cual fue posible en esta oportunidad, y el autor lo justificó por armonizar mejor con el lugar y por aludir con su forma a la de la corona de la Virgen. La planta octogonal con galería alrededor vuelve a la tradición de las iglesias ravenaicas, a San Vital, inspiración que no se sigue en los alzados, ni en la suma de espacios independientes que marcan un eje longitudinal dentro del concepto mantenido de centralidad. Los órdenes de columnas del interior colocados sobre pedestales, el contraste cromático de la piedra gris de los elementos estructurales que resaltan sobre los muros blancos, son de tradición claramente palladiana. A la variedad de tradiciones aludidas, se suma la memoria de la arquitectura de la ciudad, la culminación mediante cúpulas. La de la Salute, esbelta y ligera, se eleva sobre un tambor en el que se abren amplias ventanas, responde al tipo de las llamadas de doble casco, con un revestimiento exterior en forma de casquete con cobertura de plomo. Con ella se reanuda el discurso de otras cúpulas con las que se disponía a dialogar la nueva de la Salute, las de San Marcos, las palladianas de San Giorgio y el Redentore.

Longhena fue autor de los últimos palacios magníficos en el Gran Canal, como el Pesaro (1652) y el Rezzonico (1667), compuestos con mayor densidad de miembros clásicos que ninguno antes en Venecia en este tipo de programas. En el Pesaro las columnas se alternan solitarias y duales, separadas del muro para intensificar su juego de luces y sombras, el claroscuro graduado en altura, con el apoyo recurrente de las decoraciones escultóricas en altorrelieves muy marcados.

Turín, en la región del Piamonte, se quiso sumar al círculo de las grandes capitales europeas de la cultura, y como la casa de los Saboya disponía de los medios necesarios, se emprendió un plan de actuaciones urbanas de expansión sobre la base de su retícula original, un rígida planta de damero de origen romano. Sobre ella, en el siglo XVII, intervino el que es considerado como el mejor continuador septentrional de los caminos abiertos en Roma por Borromini, Camilo Guarino Guarini, un monje teatino culto, introducido en los principios de la filosofía y de las matemáticas. Aunque Guarini se desplazó por las cortes europeas y dejó señas difusas, o perdidas, de su arquitectura en París o Lisboa, lo principal de su catálogo se halla en Turín, a donde fue llamado por Carlo Emanuele II de Saboya: iglesia de

B. Longhena. Venecia. Palacio Ca Rezzonico (1667).

B. Longhena. Venecia. Iglesia de Santa Maria della Salute (1631-1687).

G. Guarini. Turín. Palacio Carignano (1679-1681).

San Lorenzo (1666), Capilla de la *Santissima Sindone*, «Sábana Santa» (1668), Palacio Carignano (1679). En las obras religiosas sobresale, en todos los sentidos, la estructura singular de sus cúpulas diáfanas, sin superficies de pared entre las nervaduras, con superestructuras de remate que confunden a la vista, la hacen caer en la sugestión de que su espacio es el infinito. A partir de una convicción igual de arraigada que en su admirado Borromini sobre la aplicación del conocimiento técnico a la construcción, sobre las razones de la búsqueda de lo singular en la arquitectura, las cúpulas de Guarini dibujan en el espacio auténticas audacias lineales, suben al vacío del aire sobre las plantas centrales de la base las alambicadas trazas de su geometría. Dichas cúpulas parecen ser deudoras en parte de las bóvedas hispanomusulmanas formadas por nervios entrecruzados, cuyo rastro no se perdió nunca del todo en las culturas europeas sureñas, pero que resultaba inusitado en la tradición clásica renacentista y barroca.

El referido afán de crecer de Turín continuó en el siglo XVIII, las extensiones rectilíneas de sus calles desde el núcleo central alcanzaron las riberas del río Po, lo cruzaron hasta ocupar puntualmente las colinas cercanas. Las autoridades controlaron el plano con celo riguroso, lo mismo que el carácter de las intervenciones, para no perder la condición de racionalidad geométrica con la que la ciudad fue planeada desde siempre, y se llegaron a requerir los servicios de arquitectos y artistas de fama para encargarles con garantías de éxito los nuevos monumentos modernos. Por esa razón fue reclamado a Turín el siciliano formado en Roma Filippo Juvarra, cuando ya disfrutaba de éxito como escenógrafo en las principales cortes europeas, pensando que su facilidad para pensar en los términos excesivos e imaginarios de la arquitectura teatral convenía para la función urbana de los encargos reales que pasaría a materializar en la capital piamontesa. La Basílica de Superga (1716), el Palacio Madama (1718), el Palacete de caza Stupinigi (1729).

La Basílica de Superga, un templo votivo para conmemorar la victoria sobre los franceses y a la par mausoleo de la casa Saboya, domina la vista de Turín desde lo alto de una colina al otro lado del río Pó, impone su silueta en el paisaje, dialoga desde la distancia con la cultura urbana, pues ella, la Basílica, para poder tender los vínculos que lo faciliten, ha cargado con la memoria sintética de otras arquitecturas cultas del pasado. La planta de la iglesia, central con un pórtico añadido en su frente, se fundamenta en la tradición romana del Panteón, pero tamizado por las interpretaciones intermedias de los proyectistas cristianos, que lo han venido reduciendo a su esquema esencial: pórtico

G. Guarini. Turín. Iglesia de San Lorenzo (1666-1679).

F. Juvarra. Turín. Basílica di Superga (1716-1730).

agregado a un alto tambor con cúpula. El santuario es la proa de una construcción monacal de planta rectangular conectada con él, cuyo frente se incorpora al tercer plano de la composición: pronaos, tambor con cúpula y testero del monasterio sobre el que se alzan las torres de los campanarios.

El Palacio Madama se halla en el centro de Turín, y denuncia la pretensión de los Saboya de poseer un Versalles urbano, del que se toman casi literalmente algunos de sus rasgos definitorios, en particular de la fachada al jardín del palacio francés, con el mismo gusto por los órdenes gigantes de pilastras y columnas, y los rasgados ventanales que iluminan la escalera de amplio desarrollo, cubierta con bóveda, delicadamente cuidada en sus detalles decorativos, que hacen pensar siempre en la formación de Juvarra como platero.

En las afueras, en la llanura, Stupinigi, un pabellón de caza, busca la conexión con la naturaleza a la que se abre con las galerías que se extienden desde la rotonda elíptica del pabellón principal, como brazos que crecen orgánicamente a partir de su fuerza centrífuga. Juvarra en esta obra se dejó llevar por las nuevas corrientes decorativas afrancesadas del tardobarroco, llevó a la vida campestre los placeres visuales de las vidas mundanas, los suaves tonos pastel de las rocallas de mayólica añadidas a los muros con la seguridad de quien trabaja con la materia blanda previendo de antemano la dureza y el brillo que acabará adquiriendo.

D. da Cortona. Castillo de Chambord (1519).

LA ARQUITECTURA DEL CLASICISMO Y BARROCO EN FRANCIA

Las tropas francesas de Carlos VIII, Luis XII y Francisco I invadieron constantemente Italia hasta bien entrado el siglo XVI para reivindicar sus derechos dinásticos o para contrarrestar el poder de la casa de los Habsburgo. Francisco I fue tenaz en esta política, hasta que se vio frenado en la batalla de Pavía (1525). Italia, que además de campo de batalla militar era sobre todo un taller de creatividad renacentista efervescente, pagó a Francia en especies artísticas los servicios prestados, pero el Renacimiento no penetró fácilmente en las tierras del norte que seguían estando orgullosas de sus destrezas constructivas góticas. El rey francés se llevó el recuerdo del esplendor cultural de Italia, y despertó un afán de rivalidad artística con Italia que se continuó durante dos siglos, hasta que Luis XIV logró poner a su servicio a los artistas romanos quitándoselos de las manos al mismo papado, y dio con ello satisfecha a su favor la querella suscitada por su ilustre antepasado.

A su vuelta a Francia, Francisco I no disponía de la estructura necesaria para materializar una cultura renacentista, ni siquiera había todavía en Francia una corte estable, ni París anunciaba la gran capital que llegaría a ser. El Renacimiento, como ocurría en otros países periféricos de Italia, llegó a Francia lentamente, por medio de grabados y libros ilustrados italianos, se yuxtapuso a la sólida base gótica nacional. Apenas ningún artista francés había viajado a Italia en el pasado reciente, y cuando había ocurrido, caso del pintor Jean Fouquet, que visitó Roma a mediados del siglo XV, sus miniaturas famosas no se dejaron influir por las novedades de la pintura italiana.

La arquitectura francesa de mayor interés se construía fuera de París, en el valle del río Loira, pues el rey se comportaba todavía como un caballero medieval, y había caza abundante en la zona para satisfacer su gran pasión cinegética. Francisco I y sus nobles promovieron los grandes proyectos de los *châteaux* de Blois (1515), Chambord (1519), Bury (1511), Chenon-

Castillo de Chenonceau (1515).

Ph. de L´Orme. Fachada del castillo de Anet (1549).

ceau (1515) y Azay-le-Rideu (1518). Cada uno de ellos tiene detalles que denotan la influencia puntual de Italia, particularmente en lo decorativo, pero siguen pareciendo castillos medievales de defensa renovados para cumplir las nuevas funciones representativas y residenciales que se les demandaba.

Blois fue el preferido del rey, donde mandó levantar un nuevo ala que lleva su nombre, ocasión ofrecida a los constructores franceses para que dieran prueba de su destreza técnica con la famosa escalera en espiral, pero sin presentar ningún signo más de haber asimilado los principios de la arquitectura renacentista.

Chambord fue proyectado casi con seguridad por un artista italiano, Domenico da Cortona, luego interpretado y modificado por los constructores franceses, pero parece una obra salida de una miniatura medieval. Su planta es un torreón cuadrado con torres redondas en las esquinas, con un patio y un foso, ya innecesario, también ofrece el espectáculo constructivo de una espectacular escalera en espiral en el centro de la cruz griega de dicho torreón principal. Chambord se reconoce por la línea de sus cubiertas, un abigarrado bosque de tejados cónicos, torres, pináculos y chimeneas, todo con pendientes muy pronunciadas, producto del gusto del gótico flamígero por las invenciones extrañas, capaz de seguir sugiriendo un mundo de fantasía medieval y de disparar la imaginación del observador más templado.

Chenonceau fue primero más pequeño, con una planta trazada de manera regular, un bloque cuadrado con una torreta en cada esquina con cubierta cónica, buhardas en el cuerpo principal y un corredor por el centro. Posteriormente Diana de Poitiers encargó en 1556 al arquitecto Philibert de l´Orme un puente sobre el río Cher, sobre el que más tarde, en 1576, Catalina de Medicis le pidió a Jean Bullant una galería, en la que el autor se desmarcó hacia un gusto por la arquitectura clasicista, pero adaptada a las condiciones de lo preexistente, a las siluetas generales, a la espectacular localización sobre el agua.

Como obra religiosa del reinado de Francisco I, la iglesia de Saint Eustache de París (1532), presenta una organización general que sigue muy de cerca la de Notre Dame, lo cual viene a confirmar la dificultad de la arquitectura francesa para desprenderse del peso de lo gótico en las construcciones de esta naturaleza, a que la idea de la arquitectura moderna se reduzca al empleo de pilastras clásicas en vez de góticas, al revestimiento decorativo de formas renacentistas sobre la estructura medieval tradicionalista.

La segunda oleada renacentista en Francia se produjo en los primeros años de la década de 1540, a raíz de la vuelta de Italia de Primaticcio, de la instalación en París de Philibert de L´Orme, que se había formado en Roma en los años treinta, al hecho significativo de que el rey llamase como consejero de las obras de Fontainebleau a Sebastiano Serlio, alumno de Peruzzi, autor de un célebre tratado, cuyos últimos libros publicó durante los años de su estancia en su nuevo país de adopción.

Serlio introdujo el lenguaje italiano en la arquitectura francesa, su tratado se convirtió en un manual ilustrado con alto valor práctico para los constructores que con él se fueron habituando a las formas del clasicismo utilizadas con corrección. El papel de Philibert de l´Orme influyó en la misma dirección, como tratadista (*Architecture*, de 1567) y como proyectista al servicio de la reina Diana de Poitiers y de Catalina de Medicis, combinándose en su figura aspectos teóricos y prácticos, el ideal humanista del artista. En su intervención más notable, la capilla del castillo de Anet (1549), aplicó con gran originalidad el principio de la perfección del círculo como figura adecuada a las construcciones religiosas. Cúpula y suelo de mármol dibujan los mismos círculos y arcos, pasando, pues, de una representación en plano a una en volumen, con lo que Philibert de l´Orme quería mostrar su capacidad de dominio de una atrevida innovación estructural, de un misterio geométrico convertido en un espectáculo demostrativo: los nervios helicoidales de la cúpula son la proyección vertical sobre un esferoide del dibujo en espiral del pavimento.

Pierre Lescot, el segundo nombre importante de la arquitectura renacentista en Francia, lleva unido su nombre a un conjunto, el del palacio del Louvre, un castillo medieval que Francisco I había empezado a derribar en 1527, pues lo quería ver redimido con las nuevas formas de la arquitectura, con lo que se comienza en 1546 un interminable proceso de ampliación que se ha continuado hasta nuestros días. Lescot intervino en la parte llamada *Cour Carrée*, Patio Cuadrado, en el que empleó con precisión los órdenes del clasicismo y la decoración añadida, de buena talla, que fue obra de Jean Goujon. El resultado no parece un *cortile* italiano sino un compromiso entre la tradición italiana de planos lisos, y la francesa, de volúmenes contrastados. La fachada del patio está articulada con pilastras y columnas dobles en los cuerpos resaltados, sus muros son cerrados formando una falsa galería, los medallones decorativos, el tejado de pendiente pronunciada, son todos signos de una manera «a la francesa» que ejercerá influencia posterior en la arquitectura nacional.

Hasta principios del siglo XVII, tras las guerras de religión, la arquitectura francesa no pudo reanudar empresas dignas de consideración. En su breve reinado de tres lustros, pues murió asesinado en 1610, el rey Enrique IV trató de embellecer el aspecto de París, completó obras como las del *Pont Neuf*, mandó construir nuevas plazas, unas triangulares, como la *Dauphine*, con una estatua en el punto en que el eje de la plaza

P. Lescot. París. Palacio del Louvre. *Cour Carrée* (1546-1555).

París. Plaza Real, llamada des Vosges (1603).

cruza el *Pont Neuf*, otras cuadradas, como la *Royal*, luego denominada *«des Vosges»* (1603), en el histórico barrio del Marais. Las plazas se concibieron como paseos públicos, como lugares de celebración de festejos, con estatuas del rey en el centro y casas para la nobleza de menor poder adquisitivo, de líneas homogéneas pero no continuas, con soportales en el nivel bajo, dos pisos y buhardas, siguiendo los patrones de una arquitectura sencilla y de materiales que combinaban el ladrillo con los encintados de piedra. Con actuaciones de este tipo Enrique IV y sus técnicos urbanistas inauguraron una política de realización de plazas reales entendidas como episodios monumentales en cuyo entorno se irá generando paulatinamente el crecimiento de la capital. Luis XIV continuará esta política de creación de plazas reales constituidas como el elemento más dinámico de la extensión monumental de París: la circular de las Victorias (1682), y la rectangular con las esquinas en chaflán de Vendôme (1699), ambas del arquitecto Jules Hardouin Mansart.

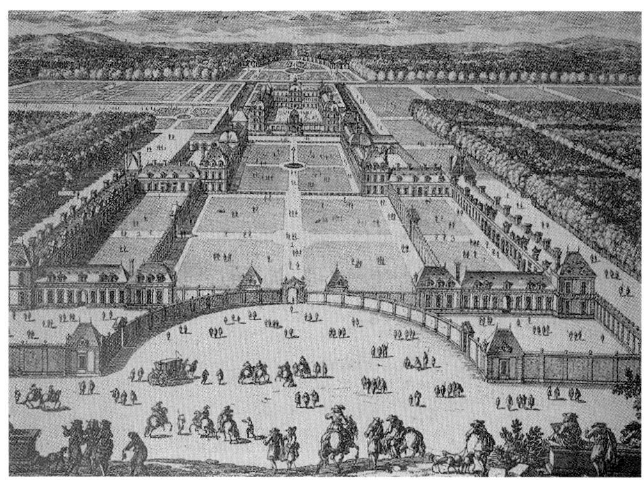

J. Lemercier: Nueva ciudad de Richelieu (1631).

J. Lemercier: Richelieu (1631).

Hasta que en el año 1661 el joven monarca Luis XIV decidió reinar en solitario, Francia estuvo bajo los férreos gobiernos de los cardenales Richelieu y Mazarino. A partir de esta última fecha la actividad artística francesa resurgirá con la energía y ambición de la que, en general, había carecido en las empresas arquitectónicas anteriores, como si cualquier iniciativa hubiera estado subordinada a una necesaria modestia impuesta por los acontecimientos, pues los esfuerzos que luego llevarían al esplendor clasicista del *Grand Siècle* primero se hubieron de concentrar en lograr la estabilidad política y religiosa.

Las bases del nuevo clasicismo francés las pusieron tres arquitectos, Jacques Lemercier, François Mansart y Louis Le Vau.

Lemercier, que obtuvo el favor del cardenal Richelieu, había viajado a Roma, por lo que en su estilo se dio la fusión de las dos tradiciones nacionales. En la sede de experimentación permanente de la arquitectura parisina, el Palacio del Louvre, continuó el viejo proyecto de ampliación con el Patio Cuadrado, al que incorporó el *Pavillon de l'Horloge*, Pabellón del Reloj (1624), cuyo frontón está sostenido por cariátides, y sobre él se alza una cúpula cuadrada. Lemercier compitió en obras con Mansart, como la iglesia de Val-de-Grâce, al que sustituyó en 1746 para concluir la cúpula sobre tambor reforzado con pilastras, la más impresionante obra «a la romana» vista en París hasta entonces. La amistad con el cardenal Richelieu hizo que éste le confiara en 1631 el trazado de un castillo con parque y una nueva ciudad que llevan su nombre. El plano de la nueva población de Richelieu se hizo según los parámetros de la cuadrícula, con una imagen homogénea de las calles y plazas, de la arquitectura, regida por los principios del uso de pilastras en fachada y cubiertas abuhardilladas.

François Mansart continuó con la línea de un clasicismo interpretado que reuniese lo mejor de las dos tradiciones, dominando en unos casos los acentos de la arquitectura de las antiguas casas de campo –Palacio de Balleroy, 1626–, para inclinarse por la opción de un clasicismo más correcto y depurado, lo que aplicó al ala de ampliación del castillo de Blois (1635). En París comenzó la iglesia de Val-de-Grâce (1645), la obra en la que se acercó más a los dictados del clasicismo italiano. Su comitente, la reina Ana de Austria, la había pensado como un conjunto formado además por un convento y un palacio, en clara alusión al programa de el Escorial, y así lo dibujó Mansart. Sólo se construyó la iglesia, que fue continuada por Lemercier.

Louis Le Vau, el más joven de los tres, tuvo oportunidades variadas para demostrar la versatilidad que estaba adquiriendo el arte francés en el camino por encontrar sus propias respuestas a los problemas planteados. Con él comienza el esplendor del clasicismo, una hegemonía de la que gozará Francia en el futuro, desplazando a Italia.

En París Le Vau proyectó «hoteles», palacetes residenciales, un tipo característico de construcción en la ciudad, muy cuidados en los detalles decorativos, pues Le Vau trabajaba siempre con un nutrido grupo de artesanos a su servicio. La mayoría han desaparecido, se conocen por grabados de época que dan idea del modo diferenciado de distribuir el espacio y disponer la decoración. En los gabinetes interiores del Hôtel Lambert (1646), las paredes quedaban divididas por medio de zócalos y recuadros que, sin renunciar al gusto por la ocupación total, evitaban la confusión de los géneros, respetando las fronteras de unas artes y otras, bien distinto del deslumbramiento y confusión deliberada del arte italiano contemporáneo.

Le Vau compitió y ofertó proyectos alternativos para la fachada oriental del palacio del Louvre, cuyo concurso ganó Bernini en 1665. Tras los meses de estancia del artista romano en París, fue un médico anatomista con conocimientos muy teóricos de la arquitectura, Claude Perrault, quien recibió el encargo en 1667. Perrault aprovechó el basamento ataludado y con foso ya realizado para llevar a París una columnata de sabor antiguo, rematado en un pabellón central con frontón y entrada inferior como un arco de triunfo, y pabellones resaltados en los extremos. La única libertad dentro de la severidad contenida de la columnata, definida con formas claras y sencillas, sin curvas de ningún género, fue el empleo de dobles columnas, un rasgo de arbitrariedad que el autor justificó en sus textos teóricos. El triunfo de Perrault sobre Bernini fue el de la razón operativa sobre la imaginación, la mostración, con acentos políticos, de que existía en Francia un núcleo de artistas con talento y ciencia, capacitados para hacerse cargo de los problemas modernos de la arquitectura nacional sin necesidad de intermediarios de ningún género. La fachada oriental del Louvre se terminó en apenas tres años, todo iba rápido en Francia en aquellos años. Al año siguiente, en 1671, se fundó la Academia de Arquitectura, primera institución oficial de esta naturaleza en donde se iban a enseñar los principios constructivos claros, racionales, metódicos, bellos, del clasicismo, que de ese modo sería más francés que nunca, por lo menos a la altura del antiguo, superior, en todo caso, al italiano. La Academia, con el apoyo y control real, se encargaría de asegurar los medios para que las obras alcanzaran una calidad superior, por encima de las modas pasajeras, que su fama fuese proclamada por la posteridad, tal como había ocurrido en el presente con las obras clásicas antiguas.

Cl. Perrault. París. Fachada oriental del palacio del Louvre (1667).

F. Mansart, París, perspectiva de la iglesia de Val-de-Grâce (1645).

La gran oportunidad de Le Vau estuvo fuera de París, con el encargo del ministro de Hacienda Nicolas Fouquet de su residencia en el campo, Vaux-le-Vicomte (1657). El *château* y los jardines estaban concluidos en 1661, y se inauguraron aquel verano con la más famosa fiesta barroca francesa, que sirvió para que Fouquet mostrase al rey Luis XIV el brillo de su gloria alcanzada, y al rey para defenestrarlo políticamente acusándolo de apropiación indebida de bienes públicos. El pabellón principal de Vaux recuerda las mansiones tradicionales francesas, instalado sobre una terraza creada artificialmente, incluso posee un foso con agua, tejados muy pronunciados, y el tratamiento de materiales combinados, piedra y ladrillo, que en la Francia del momento se entendía como una característica específica, como un rasgo de diferenciación a través del obstinado mantenimiento de las formas de la tradición arquitectónica nacional. Vaux fue creado para cumplir una función residencial y representativa, su planta baja se destinó a salones y estancias, con el principal de forma oval, resaltado en su mitad hacia la fachada del jardín. El efecto general del tratamiento decorativo interior impresiona por la capacidad del pintor Le Brun para coordinar el trabajo de los artesanos, y el suyo propio, para encontrar un compromiso entre el gusto italiano de referencia y el francés que se va consolidando como alternativo, menos propenso a las confusiones, respetuoso con las líneas de demarcación de lo pictórico y lo escultórico como muestra del ideal de equilibrio y estabilidad, del papel relativo de las cosas en el orden del universo, que es definitorio del ideal clasicista del barroco francés.

Vaux es, finalmente, la ocasión que se le brinda a André Le Nôtre para realizar su primera obra maestra como creador de jardines, un modelo basado en los italianos de terrazas, pero convertido por él en un nuevo tipo genuinamente francés, el jardín formal regular, de enorme trascendencia en la historia de la construcción de paisajes arquitectónicos. Le Nôtre pertenecía a una dinastía de jardineros reales, y antes de diseñar los jar-

A. Le Nôtre. Jardines de Vaux le Vicomte (1661). Vista desde la terraza de la residencia.

A. Le Nôtre. Jardines de Vaux le Vicomte (1661). Vista con la perspectiva de la residencia.

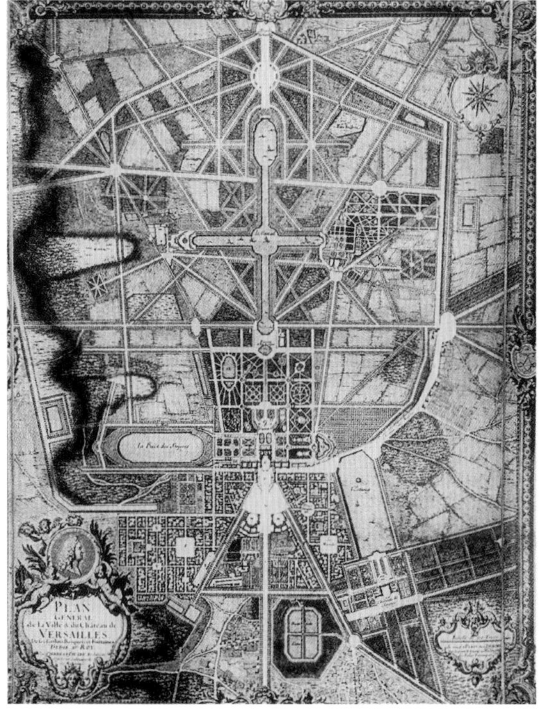

A. Le Nôtre. Jardines de Versalles. Planta general.

dines de Vaux se había ocupado de los jardines de las Tullerías, así como de estudiar los principios pictóricos de la perspectiva, que con tanta fortuna aplicará a la creación de paisajes. Los jardines de Le Nôtre se basan en unos principios muy sencillos pero debidamente manipulados. La composición general se articula a partir de un eje principal, que marca el recorrido longitudinal hacia un objetivo final inalcanzable, pues es un punto infinito del paisaje, mucho más allá del límite de la propiedad. El palacio residencial, el *château* por seguir denominándolo a la manera francesa, se halla inscrito como parte de ese recorrido longitudinal, señala la transición entre el exterior, la entrada del patio, hacia la inmersión gradual en un mundo, el del jardín, organizado de manera que la naturaleza vaya siendo domesticada según los dictados de la geometría racional de las calles rectilíneas y las plazas estrelladas, a través de parterres, fuentes de agua, estanques, canales, caminos transversales, bosquetes, que hacen presente al paseante la idea de que hay un dentro y un fuera del jardín, una frontera entre la naturaleza recreada y mejorada del interior, y la naturaleza salvaje del exterior, del resto del mundo creado pero no afectado todavía por el trabajo artístico del jardinero.

En Vaux los caminos conducen primero al patio de entrada del *château*, el eje atraviesa el vestíbulo y salón oval, y por medio de un puente sobre el foso se extiende por los jardines traseros, que son los principales, en los que se escenifican todos los juegos perspectivos salidos de la imaginación proyectual de Le Nôtre. Para lograrlo, el terreno fue debidamente modificado, desviado el cauce del río Anqueil, que aportaba el agua. La organización de las partes es simétrica en torno al eje principal, que se acaba perdiendo más allá de donde se hace visible la réplica gigante del Hécules Farnesio, en el puro infinito. Visto en sentido contrario, desde el extremo del recorrido, las sutiles manipulaciones del terreno consiguen recrear el efecto de un cuadro perspectivo perfecto, formado por los elementos de la naturaleza tratados según la hipótesis de que su estado ideal fuera el fijo, inmóvil, inmutable.

Los mismos artistas creadores de Vaux fueron llamados por Luis XIV para transformar un castillo de caza heredado de su padre Luis XIII en la aldea de Versalles, al suroeste de París. Durante más de treinta años los trabajos de Le Nôtre, Le Vau, Le Brun y Jules Hardouin- Mansart entre otros, se encaminaron a crear una ciudad palatina y una ciudad vegetal conjuntamente, y el resultado fue uno de los ejemplos más definitorios del urbanismo barroco europeo, un modelo que se extenderá y será copiado por las monarquías europeas durante las décadas siguientes.

El palacio en esta ocasión se sitúa en el centro de la organización, a la que divide en dos mitades. Tres

A. F. Van der Meulen. Luis XIV dando órdenes a sus oficiales de caza. (hacia 1664).

A. Le Nôtre. Jardines de Versalles. Estanque de Apolo (escultura de J. B. Tuby, 1671).

A. Le Nôtre. Jardines de Versalles. Fuente de Latona (escultura de B. Marsy, 1670) y eje principal del jardín con perspectiva hacia el Gran Canal.

calles convergentes llegan desde la parte de la ciudad. Desde el centro del palacio se irradia el trazado geométrico de los jardines, lanzando hacia el infinito lejano calles rectilíneas, interrumpidas por ejes transversales, formando cruces y plazas estrelladas. Como en Vaux, todo el terreno ha sido modificado para crear plataformas suavemente inclinadas, relacionadas entre sí con rampas o escalinatas, pautadas con parterres de flores, de césped verde, con fuentes y estatuas. La diferencia es que aquí todos los puntos de vista tienen al palacio como el centro desde el que se explica la trama geométrica del jardín, con obvios contenidos simbólicos: el centro es la casa del rey.

Desde la fachada del jardín toman forma los distintos episodios que constituyen el eje principal, que lo es tanto desde el punto de vista geométrico, de organización del jardín, como de la carga iconográfica y simbólica. Comienza con dos parterres (estanques) de agua simétricos al pie del edificio, en los que este se refleja. Desde el extremo de esta primera plataforma, a través de rampas, se desciende al estanque de Latona, una fuente circular de cuatro gradas de mármol. Latona, la ninfa madre de Apolo, está rodeada por las ranas en las que han sido convertidos sus impertinentes pretendientes. Desde este punto se mira a la fuente del estanque de su hijo Apolo, saliendo del agua con el disco solar tirado por briosos corceles, que está situada en el otro extremo del Tapiz Verde, una avenida alargada y cubierta de césped verde, bordeada por distintos bosquetes de árboles de copa alta, cada uno de los cuales encierra en su interior escenas diferentes, con esta-

A. Le Nôtre. Jardines de Versalles. El denominado «tapiz verde» del eje principal, y perspectiva hacia el Gran Canal.

L. Le Vau. Palacio de Versalles (1668). La fachada al jardín fue realizada por J. Hardouin Mansart a partir de 1678.

tuas y arquitecturas sorprendentes. Apolo era la representación por excelencia del sol, de su recorrido diario este-oeste, la misma dirección que la del eje longitudi-

J. Hardouin Mansart. Capilla Real del palacio de Versalles (1698-1710).

nal de Versalles, que era, por tanto un reflejo en la tierra del mundo de los dioses, y Luis XIV su más genuino equivalente mortal. El eje principal se prolongaba aún más, por medio de uno de los brazos del Gran Canal, concluido en 1680, que tenía forma de cruz, con el brazo menor de más de un kilómetro de longitud, dentro del cual fueron habituales las fiestas de batallas de barcos, músicas y fuegos nocturnos artificiales.

Versalles posee una condición añadida fundamental: su enorme extensión, la de ser inabarcable para la vista, imposible de ser recorrido en su totalidad como un ameno paseo. La pretensión intencionada era la de mostrar un mundo organizado mediante reglas estrictas y evidentes. Los jardines del rey debían parecer un mundo perfecto, regido y garantizado por su autoridad, donde no cupiera el accidente, nada que alterase su quietud inmutable, incluido lo que no se veía, lo que estaba fuera de la propiedad, un paisaje ilimitado que se suponía que prolongaba la rectitud de sus dictados.

El palacio actual fue primero una envolvente arquitectónica del pabellón de caza de Luis XIII en forma de «U», creada por Le Vau, un bloque abierto a la ciudad con un patio de honor muy profundo y una terraza con vistas al jardín entre dos bloques, que luego sería ocupada por la Galería de los Espejos. El lenguaje de Le Vau es italiano sin concesiones a ninguna tradición nacional francesa, sin cubiertas abuhardilladas, ni materiales combinados, ni falsos fosos defensivos para guerras que ya no tendrían lugar; al contrario, se imponen las sosegadas líneas horizontales, los entablamentos y áticos abalaustrados, pilastras y semicolumnas articuladoras de los muros. Todo en su arquitectura es ritmo y proporción de la mejor arquitectura clásica a la manera de Bernini en el tercer proyecto del palacio del Louvre. Se cerraba, pues, el círculo de la apropiación del lenguaje clasicista: sencillamente ahora era Francia y sus artistas quienes pasaban a dictar los términos del buen gusto.

Versalles revela el sentido artístico de la época de Luis XIV, es la principal obra acometida en su reinado. Le Brun y Jules Hardouin Mansart tuvieron a su cargo la coordinación de la decoración de las estancias del interior, apartamentos privados y salones: Salón de la Guerra, Salón de la Paz, Salón de Hércules, Galería de los Espejos... La ejecución, con la experiencia previa de Vaux, puso a prueba la maestría adquirida, el nivel de desarrollo de las manufacturas, la destreza de los artesanos asociados en una obra general de tal envergadura. El estilo francés, el clasicismo del *Grand Siècle* que derivó de Versalles, partiendo de principios no originales, produjo resultados nuevos, en los que la riqueza de los materiales, la delicadeza de los detalles, fundían grandeza y mesura, el buen gusto contenía el riesgo del exceso, el peligro de la fastuosidad descontrolada. Todos los géneros aparecían inscritos en trazados rectilíneos, las paredes quedaban debidamente compartimentadas, sin dar cabida al ilusionismo confuso del barroco romano.

A partir de 1679 Jules Hardouin Mansart le confirió a Versalles su aspecto definitivo, lo prolongó con dos alas que darán al palacio la amplitud de estructura horizontal capaz de acoger a toda la corte francesa y el servicio necesario. Suyas son la Orangerie y las majestuosas escalinatas de los Cien Peldaños, la deliciosa arquitectura del Grand Trianon, y en el interior del palacio, la Galería de los Espejos y la Capilla. Esta última se comenzó en 1689, con la peculiaridad, por su carácter cortesano, de ser más importante la planta superior, desde donde el rey asistía a las celebraciones. Esto produjo una parte inferior con arcadas, destinada al público, y un primer piso alto de columnas corintias, con el sitial del rey en uno de sus extremos, así que, aunque el lenguaje es clásico, las proporciones muy altas traen el recuerdo de las iglesias góticas. De todos modos, se encargó de despejar las dudas el pintor Antoine Coypel con un fresco ilusionista en la bóveda, propio sólo de una sensibilidad de época barroca.

Fuera de Versalles, en París, Hardouin Mansart diseñó las plazas reales de Vendôme y de las Victorias, y la iglesia de los Inválidos (1679), inicialmente pensada como panteón real, de planta mixta, una de cruz griega con capillas circulares en las esquinas prolongada con una segunda parte, la llamada iglesia de los soldados inválidos. La fachada, rectilínea y severa en la parte baja, va intensificándose hacia el centro y hacia arriba, hasta culminar en una cúpula vagamente inspirada en la de San Pedro, con las variaciones propias, como el dis-

J. Hardouin Mansart. *Colonnade* (1684) en el bosquete de los jardines de Versalles, según la pintura de Jean Cotelle de 1693.

P. Patel. Pintura en que se representa el estado de Versalles hacia 1668.

tinto ritmo de ventanas entre los contrafuertes, el mayor énfasis en las líneas verticales que se concluyen en una linterna muy apuntada, o una brillante y característica decoración de trofeos en los entrepaños de la cúpula.

Versalles se mantuvo operativo en su plenitud mientras vivió Luis XIV. Cuando el rey murió, ya muy anciano, en 1715, los cortesanos desertaron de las incomodidades de la vida en palacio, volvieron a sus residencias de París. La etapa de la Regencia no sólo relajó la normas de la etiqueta, sino las del arte en general. En arquitectura, salvo las actividades de poner de nuevo a punto los hoteles residenciales, apenas se emprendieron obras de importancia, Versalles había agotado las energías y los fondos para nuevas obras. Así que se atiende a las pequeñas cosas de la vida, a los detalles artísticos delicados, la paleta suave de colores, los cuadros de formato portátil. Es el momento del estilo Rococó, el de los objetos inspirados en las formas rocosas de las conchas marinas, de donde procede la denominación. El Rococó es un estilo que afecta más a la pintura y las artes aplicadas, resulta difícil de detectar en la arquitectura desde una estricta consideración estructural o lingüística. El Rococó básicamente es un tratamiento de interiores, un triunfo de la paleta del color blanco combinado con el oro y el plata, de los tonos pastel, del brillo refulgente de los espejos, de los paneles decorativos, y de los suelos barnizados, de las ventanas rasgadas que inundan de luz las estancias. En París el ejemplo característico del gusto Rococó es el salón oval del Hôtel Soubise (1735), del arquitecto G. Boffrand, una encantadora estancia envuelta por un muro continuo en el que se alternan ventanas, paneles y espejos, refugio de falsas cornisas, molduras vibrantes y de las pinturas de C. Natoire, todo junto y luchando por ocupar el incierto lugar que les corresponde dentro del conjunto. El responsable de hacer triunfar en Alemania la arquitectura tratada al gusto Rococó fue François de Cuvilliés, francés de nacimiento, formado en París, autor del pabellón Amalienburg, de la reina Amalia (1734), en los jardines del palacio Nimpheburg, y del pequeño teatro cortesano de la Residenz (1750), ambos en Munich. El pabellón es una estructura sencilla, pero no su salón circular, tratado con el cuidado de un trabajo de orfebrería, en cuyas paredes se disuelven espejos, ventanas rasgadas hasta el suelo, molduras que trazan arabescos curvilíneos, y todo en tonos blancos, plateados y suaves pastel que convierten a esta intervención en la segunda muestra genuina conservada de un salón Rococó.

J. Hardouin Mansart. y Le Brun. Galería de los Espejos en el palacio de Versalles (1679).

ARQUITECTURA BARROCA CENTROEUROPEA

Viena debió superar dos duras pruebas antes de emprender su magnífica reconstrucción monumental de finales del siglo XVII: la epidemia de peste de 1679, cuyo recuerdo sigue presente mediante un monumento, la «columna de la Trinidad» o *Pestsaüle*, y la ofensiva de las tropas turcas que en 1683 pusieron sitio a la ciudad. La arquitectura que siguió a la liberación adoptó

J. Hardouin Mansart. *Colonnade* (1684) en el bosque de los jardines de Versalles.

G. Boffrand. París. Salón Oval del Hôtel Soubise (1735).

un lógico carácter triunfal, el «Barroco Imperial» de los Habsburgo.

Los emperadores de esta dinastía, Leopoldo I y sus hijos Jose I y Carlos VI, pudieron contar con los servicios de arquitectos que se habían formado en el gusto de la Roma Barroca, puesto que habían visitado y realizado largas estancias en la ciudad, lo mismo que estaban enterados de las novedades que llegaban desde París y desde Versalles. J. B. Fischer von Erlach fue llamado por Leopoldo I para ofrecer la versión vienesa de Versalles, el palacio de Schönbrunn (1695), que imaginó primero sobre una colina de las afueras de Viena como una síntesis de las artes de la tradición clásica reciente, pues reunía temas de terrazas a la italiana, lenguaje aprendido del proyecto de Bernini para el Louvre, y jardines formales trazados con el criterio del mejor discípulo de Le Nôtre. La realidad impuso escalas más modestas, pero sin renunciar a las pretensiones sincréticas iniciales, la fusión del Barroco italiano con el Clasicismo francés. Fischer von Erlach dio la medida de su conocimiento de la cultura universal en dos obras más muy importantes ambas, la iglesia votiva de San Carlos Borromeo (1716), y el texto *Entwurff einer Historischen Architektur*, «Compendio de una Arquitectura Histórica», que publicó en 1721, dos años antes de su muerte. El libro era una visión a través de grabados de la arquitectura mundial hasta el presente, hasta la suya propia, desde las maravillas de la antigüedad, a la arquitectura clásica griega y romana, así como de la

J. Hardouin Mansart. París. Iglesia de los Inválidos (1679).

árabe, persa, turca, china, un panorama amplio y notable que era presentado y explicado sin criterios normativos y en condiciones de igualdad dentro de sus caracteres diferentes.

La iglesia de San Carlos parte de una planta central oval prolongada con un altar mayor y el coro, que crean un eje generado por yuxtaposición de partes, como en la iglesia de la Salute de Venecia. La fachada se erige como una proclama del saber histórico del autor al servicio de las reclamaciones propagandísticas imperiales. Su composición es audaz, reúne la memoria de los grandes edificios de la historia universal: pórtico clásico, dos columnas rostrales terminadas en cupulines con coronitas imperiales, enmarcando, como los alminares de Santa Sofía de Constantinopla, la cúpula, que aquí en Viena parece una corona imperial. Sin columnas y sin pórtico, San Carlos se entendería como una composición muy próxima a la iglesia de Sant´Agnese, de Borromini.

Lukas von Hildebrandt estudió en Italia con Carlo Fontana, vivió en Turín y como matemático e ingeniero militar admiró las cúpulas de Guarino Guarini. El príncipe Eugenio de Saboya, auténtico emperador en la sombra, le conoció como miembro del ejército, y le encargó obras en Viena, principalmente su residencia personal, el palacio del Belvedere, que consta de los jardines proyectados desde 1700, encerrando entre los muros de su privacidad las perspectivas de los trazados barroco habituales, y dos edificios, el Belvedere inferior, más convencional, y el superior, el más tardío, que se comenzó en 1721. El superior se halla en lo alto de una colina desde la que se disfrutaba la vista panorámica de Viena y sus alrededores. El cuerpo está dividido en varios volúmenes unidos por un muro continuo, cada pabellón se diferencia por sus remates independientes de cúpulas rebajadas. El lenguaje reúne la plasticidad y la sobriedad de manera elegante, pero dotándolo de una riqueza y brillantez nuevas, haciendo que las superficies de los muros vibren con motivos de decoración arquitectónica y escultórica, con fuerza especial en determinadas estancias o en el hueco de escalera, sostenida por pilastras con forma de atlantes.

Aunque no conocía Italia, Jacob Prandtauer se dejó llevar por el italianismo vienés en sus obras generales de tono menor. En la principal y más conocida, la abadía benedictina de Melk (1701), el autor debió adaptar las partes obligadas de la tipología monacal a un emplazamiento pintoresco, la curvatura de un espolón rocoso a cuyos pies fluye el río Danubio, lo que aumenta el carácter ya de por sí solemne del programa. Melk, como muchas abadías de Austria y sur de Alemania, cumplía funciones de centro de estudios y extensión de la fe contrarreformista. Como otras muchas, se reconstruyó sobre una antigua fundación monacal revestida con el esplendor de la nueva arquitectura barroca, modificación que afectó a las huertas convertidas en jardines formales a la moda. Era habitual que estas abadías barrocas centroeuropeas del siglo XVIII ocuparan lugares sobre colinas desde las que dominaban el territorio sobre el que ejercían labores de control en representación de la autoridad imperial. La iglesia presidía la silueta del conjunto de los edificios monacales como el elemento vertical sobresaliente, con fachada ondulante de dos altas torres y cúpulas que fueron tomando caprichosos perfiles bulbosos, fruto de la conjunción de los esquemas de la arquitectura culta con lo imaginativo y lo popular. Prandtauer debió acoplar el programa obligatorio a las condiciones del sitio, de manera que la iglesia se dispuso en la proa del espolón, flanqueada por la sobria regularidad de las alas de la biblioteca y de la residencia imperial, la *Kaisersaal*.

J. Prandtauer: Monasterio de Melk (1701).

La arquitectura tardobarroca centroeuropea está regida por un doble programa de actuaciones que explica este capítulo muy dinámico de su historia. En el caso de las abadías y monasterios, el lenguaje está muy próximo al barroco italiano, adaptado a los acentos populares y a las condiciones del lugar, al paisaje del campo, a la vida rural, a la religiosidad campesina muy sensible a los efectos deslumbrantes propiciados por este tipo de arquitectura y sus accesorios. En las ciudades, el empeño se centró en imitaciones y variaciones de la arquitectura del barroco clasicista francés, en particular del modelo de Versalles y sus jardines formales, en los que se reconoció la plasmación de la arquitectura del poder real que ahora príncipes y obispos regentes austríacos y alemanes trasladan a sus territorios en su práctica literalidad. Balthasar Neumann ofreció dos obras maestras en cada uno de los dos tipos citados: el palacio episcopal de Würzburg y la iglesia de peregrinación de Vierzenheiligen, «Catorce Santos» (1742), un santuario en un bello paraje sobre una colina a las orillas del río Main. Un exterior austero, con dos torres en la fachada, guarda un mundo interior muy distinto, blanco, luminoso, con notas de color aplicadas puntualmente, y el esperado despliegue pictórico de la bóveda. La planta basilical está compuesta mediante la yuxtaposición de baldaquinos elípticos apoyados en un sistema de columnas y pilastras, arcos cruzados, variaciones de perspectivas en fuga, como el arte de las variaciones y fugas que salían de los pentagramas musicales contemporáneos de J.S. Bach. En el centro del falso crucero, respuesta del autor con una propuesta geométrica muy sofisticada, se halla el fastuoso altar de los Catorce Santos, una obra de sensibilidad pictórica y cromática plenamente rococó.

B. Neumann, ingeniero militar de formación, trazó el palacio episcopal de Würzburg (1734), un bloque macizo, severo, con un patio de entrada inspirado en el de Versalles, pero sin el desarrollo equivalente de los jardines traseros, por carecer del terreno llano suficiente. De nuevo las estancias del interior, la capilla, la escalera de honor, sorprenden por la riqueza de la decoración, aunque todo quedó muy afectado por los bombardeos de la Segunda Guerra Mundial. La escalera es muy espaciosa, concebida como auténtico centro repre-

B. Neumann. Escalera principal del palacio episcopal de Würzburg (1734).

sentativo del palacio, con efectos cambiantes a medida que se asciende por sus tramos. Los frescos del techo fueron realizados por Giovann Battista Tiepolo a partir de 1750, representando un espacio celestial plagado de falsos personajes antiguos y habitantes principescos de los confines del orbe conocido, fantasía pictórica deslumbrante lograda mediante engaños ópticos que llevaron a Würzburg la ilusión psicológica del barroco italiano.

El barroco de las iglesias y abadías centroeuropeas no es corto de recontar. Autores y obras despliegan un rico discurso arquitectónico en el que se concilian las diferentes «escuelas» que ejercen influencia, a lo que se viene a sumar la adaptación y los dejes tradicionales propios de cada región. J. M. Fischer es el autor de Ottobeuren (1748), la abadía más importante de Suabia, pero las más delicadas de estructura y decoración, puro estuco refulgente, son las iglesias elípticas cubiertas con bóvedas pintadas de los hermanos Zimmernann, Steinhausen (1727) y Wies (1744), en el sur de Baviera, tratadas con la paleta cromática de un pintor rococó. En Baviera los hermanos Asam aplicaron a las abadías e iglesias del entorno de Munich el barroquismo teatral aprendido en Roma, pero conducido por ellos a sus extremos decorativos y escenográficos más exaltados, como en las abadías de Rohr (1717) y Weltenburg (1721), en San Juan Nepomuceno de Munich

B. Neumann. Fachada principal de la iglesia de los Catorce Santos (1742).

(1733). El barroco bohemio no estuvo por debajo en cuanto a la consecución de los efectos sobre las estructuras eclesiales y residenciales que configuraron la potente imagen de la capital, Praga, como alternativa al prestigio próximo de Viena. La familia Dientzenhofer, Christoph el padre y Kilian Ignaz su hijo, cumplieron un papel importante en la realización de palacios en el barrio de la Malá Strana, colaborando sucesivamente en la Iglesia de San Nicolás (1705), o ya sólo el hijo en la de la Magdalena de Karlovy Vary (1735), de San Juan sobre la Roca (1730), donde jugó con las torres de fachada dispuestas en diagonal, o la nueva de San Nicolás (1732), entroncada con el caserío de la expansión urbana de Praga, llena de acentos reverberantes, tratada como si las molduras y los elementos fueran producidos desde la falta de resistencia de un material esculpido por la fantasía del tracista.

ARQUITECTURA BARROCA EN INGLATERRA

La arquitectura inglesa eclesial y residencial no participó de las novedades del Renacimiento más que tardíamente y de una manera muy poco comprometida, continuando fuertemente arraigadas las fórmulas góticas, el estilo que será reclamado constantemente como el «nacional», seña de identidad de la arquitectura insular en tiempos en los que ya había dejado de ser un activo en el resto del continente. La nobleza inglesa siguió realizando sus casas señoriales sin sentirse identificada con el nuevo lenguaje clásico que, cuando entró en Inglaterra, lo hizo de manera casi subrepticia, tangencial, sin alterar la inercia general que ignoró los valores de lo nuevo, y lo que se aceptó fueron todo lo más rasgos puntuales añadidos, se procuró que no lo hiciese el «estilo» completo. El arquitecto más próximo a una transición de lo medieval mantenido a lo moderno renacentista fue Robert Smythson, ya en la segunda mitad del siglo XVI, en la época isabelina. Smythson, autor sobre todo de mansiones residenciales como Wollaton Hall (1580) o Hardwick Hall (1590), trató de someterlas a principios compositivos más regulares y simétricos, con amplias ventanas acristaladas de perfiles rectangulares, algunos detalles decorativos en forma de grutescos inspirados en el manierismo italiano o en los libros de Serlio. Pero el recuerdo de las viejas mansiones defensivas seguía perdurando, la presencia de las torres lo hacían patente. Aunque en la entrada se hubiese añadido un pórtico clásico, no era suficiente para desplazar la autoridad y la querencia por la tradición medieval de las casas de ladrillo.

Y así seguirá hablando la arquitectura inglesa arraigada en sus principios, tanto que fueron necesarias auténticas imposiciones para que el prestigio de lo clásico hiciera acto de presencia en un ambiente desconfiado y hostil a sus supuestas bondades, a los contenidos de un clasicismo internacional que carecía de antecedentes históricos en Inglaterra, por lo que cuando el primer arquitecto genuinamente clásico inglés, Inigo Jones, dio un giro radical a la historia nacional de la arquitectura, lo efectuó por motivos ideológicos, porque su obra iba unida a un cambio dinástico, al reinado de Jacobo I, un Estuardo de origen escocés. Inigo Jones viajó a Italia en dos ocasiones, estudió a Vitruvio y, en directo, las obras de Palladio y Sansovino, trabajó al servicio de la nueva monarquía que quería distinguir que con su llegada al poder había comenzado en el país un nuevo tiempo histórico, una apertura a las novedades del cosmopolitismo frente a la impermeabilidad artística de los Tudor,

J. M. Fischer. Abadía de Ottobeuren (1748).

D. Zimmermann. Iglesia de Wies (1744).

K. I. Dientzenhofer. Praga. Iglesia de San Nicolás (1732).

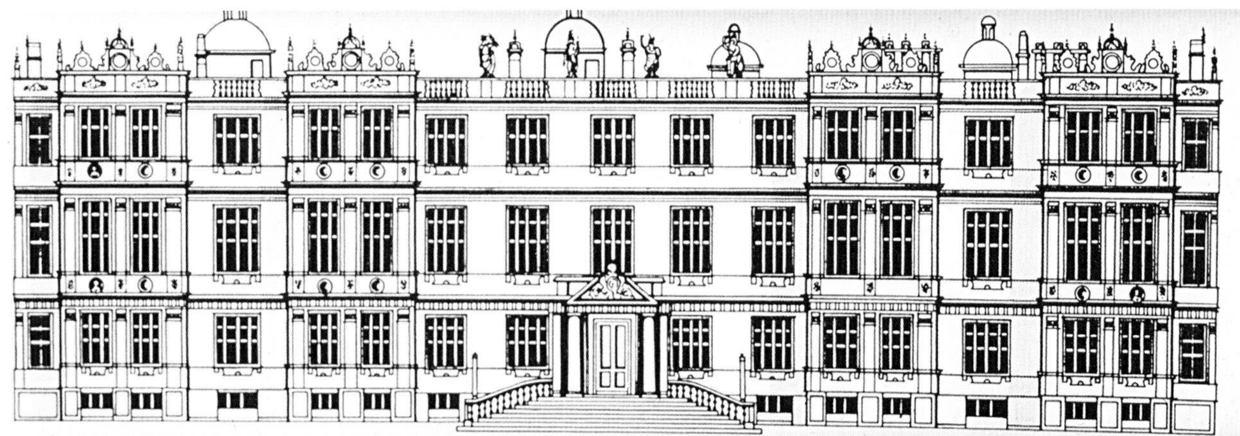

R. Smytshon. Longleat House. Wiltshire (1572).

del reinado de su antecesora Isabel I. Con la arquitectura de Inigo Jones, el tiempo del barroco continental en Inglaterra será el de un «palladianismo» de estricta observancia, adaptando los esquemas de las villas en la casa de la reina Ana, la Queen´s House (1616) en Greenwich, a orillas del Támesis, una declaración de principios en contra de la tradición de las casas isabelinas, un juego de proporciones, sencillez y elegancia refinada de inspiración foránea. Lo mismo ocurrió con la Banqueting House (1619), una sala de banquetes añadida a Whitehall, el palacio real en Londres, falto de espacios representativos, sin ninguna imagen arquitectónica monumental como se esperaría de una residencia de este tipo. El lenguaje clásico de un palacio italiano palladiano hizo acto de presencia en el corazón de la capital con el uso de los órdenes superpuestos en fachada, el ritmo de los huecos, el remate horizontal abalaustrado, los adornos de guirnaldas. Posteriormente, en 1629, coincidiendo con una estancia en Londres de Rubens, el rey Carlos I le pidió que decorara el techo de la Sala, y el pintor representó una apoteosis de Jacobo I como se esperaba de él, tumultuosa, llena de colorido, como si hubiera sido convocado el espíritu de los techos italianos para alegrar un poco los de las tierras del norte, tan necesitados de su fuerza rebosante.

I. Jones. Londres. Banqueting House, Whitehall (1619).

Jones tuvo oportunidades de continuar con su labor de auténtico apostolado clasicista. Alguna de sus obras se han perdido, como el pórtico corintio añadido al antiguo San Pablo, que desapareció en el incendio de 1666, otras se han visto modificadas, pero pervive su huella en el Londres actual, como la plaza rectangular del Covent Garden con la iglesia de Saint Paul (1625), una reconstrucción, no exenta de tintes arqueologizantes, del templo etrusco según la descripción de los libros de Vitruvio.

I. Jones. Londres. Queen´s House (1616).

El incendio de 1666 arrasó el centro de Londres, se llevó por delante la ciudad medieval, dejó un vacío de calles, viviendas y comercios que hubo que reconstruir con nuevos criterios. La llamada época de la «Gran Instauración» monárquica de Carlos II se hubo de enfrentar a la «Gran Restauración» arquitectónica de la capital. Al frente de la oficina del plan de reconstrucción estuvo Christopher Wren, matemático de formación, entonces recién llegado de su viaje a París, a donde había acudido en 1665 a estudiar las obras públicas de la capital vecina, coincidiendo con los días de estancia de Bernini, su único contacto directo con el arte de Italia. El plano de la reconstrucción se basaba en normas de policía e higiene urbana, el uso obligatorio de materiales que evitasen nuevos fuegos, y el dibujo de una nueva trama geométrica y flexible, de calles ortogonales y diagonales superpuestas, fragmentado según los varios centros que seguían constituyendo las fuerzas vivas de la capital: la ciudad eclesiástica, que salía triunfante en la silueta a través de las iglesias de los barrios y, sobre todo, la cúpula del nuevo San Pablo; la ciudad monárquica, y la económica, pues uno de los centros se basa en la aceptación del Royal Exchange, la Bolsa, como foco articulador de su área.

Wren poseía ya experiencia como arquitecto en obras anteriores realizadas, el Teatro Sheldonian en Oxford (1662) o el Colegio Pembroke en Cambridge (1663), en las que había buscado introducir algún argumento empírico dentro del lenguaje clasicista seleccionado, como la cubierta atirantada del teatro Sheldonian, recinto de las actividades académicas en la ciudad universitaria. La respuesta a las iglesias londinenses marcarán un hito y dejarán un legado, no por su monumentalidad, sino por la flexibilidad de responder a más de 50 variaciones del tipo, que en su día recortaban sus esbeltas torres contra el cielo de la ciudad. La suma de todas ellas formaban un amplio muestrario de cómo lograr la sensación de verticalidad de lo gótico mediante la suma de elementos extraídos de la gramática formal clásica. Aún subsisten algunas, como St. Bride, o St. Stepehn en Walbrook (1672), con una cúpula de yeso sostenida por ocho arcos que descansan en finas columnas corintias formando un octógono, mezcla de alusiones a lo bizantino y a las plantas centralizadas renacentistas.

Ch. Wren. Londres. Panorama desde el río Támesis con la cúpula de San Pablo (1675).

Ch. Wren. Cambridge. Trinity College Library (1676-1684).

Para resolver el nuevo San Pablo, Wren debió presentar varias soluciones antes de procederse a la colocación de la primera piedra, en 1675. Aún con eso, el arquitecto debió ir adaptando el proyecto a las solicitudes del cabildo, y al grado de improvisación que se derivaba del experimentalismo constructivo elegido, imposible de ser contrastado con ninguna otra iglesia inglesa del pasado, pues no existían antecedentes de un edificio que pretendiera rivalizar con San Pedro de Roma. El lenguaje clásico de San Pablo es deudor de lo visto por Wren en París, de lo conocido del Renacimiento italiano, pero el autor debió asumir riesgos bajo la única garantía de sus conocimientos teóricos respecto a una construcción de tal envergadura. La búsqueda de Wren de un lenguaje científico universal se traduce en la universalidad de las referencias de San Pablo, las que se observan en la imagen de la fachada y las torres, donde están el Borromini de Sant´Agnese y el Hardouin Mansart de la iglesia de los Inválidos.

En la decisión de la solución de la planta, el cabildo de la iglesia anglicana no fue menos restrictivo que el de la católica respecto a las necesidades del culto, lo cual obligó a Wren a renunciar a su ideal de la planta central de cruz griega, a prolongarla longitudinalmente por uno de sus brazos y con la profundización del coro, que le retrotraia de nuevo al recuerdo de la planta de cruz latina de las catedrales medievales.

Lo que no pareció nunca negociable fue la importancia dada interior y exteriormente a la cúpula, que forzó a finos ajustes de cálculo, a reinventar un sistema estructural basado en la experiencia constructiva gótica trasladada a la solución clásica, bramantesca, con la que todos quisieron ver rematado el monumento por excelencia de la iglesia anglicana interpretado por constructores ingleses. El ingenio experimental de Wren le llevó a la solución de una triple cúpula, la exterior, una variación sobre el tema del tambor y la cúpula de inspiración renacentista, la interior visible, una estructura ligera de madera y plomo con una apertura que dejaba pasar la luz de la linterna. La tercera y verdadera estructura sustentante era una intermedia oculta a la vista, construida con ligeros ladrillos cocidos, de sección cónica, una catenaria invertida, con líneas de fuerza proyectas dentro de la planta, lo cual garantizaba la estabilidad de la que carecían las italianas, y de esta manera permitía cumplir con los requisitos de la levedad de los ocho pilares como soportes, el viejo sueño de Miguel Ángel para la suya de San Pedro. No obstante, para garantizar la estabilidad última de la construcción, Wren introdujo arbotantes ocultos por encima de las naves laterales que transmitían los esfuerzos de la cúpula a las paredes perimetrales, versión gótica «oculta» que le valdrá tantos elogios a su ingenio como reprobaciones de sus críticos por las contaminaciones del método estilístico elegido.

Si Londres obtuvo al final su catedral, que definió por mucho tiempo la silueta simbólica de su centro, no ocurrió lo mismo con las residencias reales, que no acabaron de adquirir el aire de monumentalidad del resto de las europeas coetáneas hasta mucho más tarde, en ningún caso comparable con Versalles, que se trató de imitar, por causa de sus evidentes valores representativos y monumentales, en Hampton Court, pero sin lograrse, ni tampoco en la versión disminuida de sus jardines formales. El clasicismo que Wren logró imponer finalmente en la ampliación de Hampton Court (1689) fue el de una sencillez derivada de la economía de medios, la falta de pretensiones estilísticas, combinando en alegre colorido el ladrillo tradicional rojizo con los encintados de piedra blanca, que hacía del palacio inglés un simpático eco campestre del clasicismo versallesco.

El pluralismo estilístico de Wren lo continúan en las primeras décadas del siglo XVIII J. Gibbs y N. Hawksmoor en el tema específico de las iglesias, y J. Vanbrugh en la arquitectura civil. Las iglesias de Hawksmoor, como St. George-in-the-East (1714) o St. George in Bloomsbury (1716), presentan el mismo esquema volumétrico que las del plan de Wren, sencillas plantas rectangulares y altas torres en la fachada, síntesis de formas clásicas de columnas, pórticos, frontones, ecos variados del lenguaje sometido a proporciones góticas y a severas restricciones ornamentales. En una línea parecida se movió Gibbs, autor de una de las iglesias más famosas de Londres, St. Martin-in-the-Fields (1720) y de la biblioteca Radcliffe (1737), en Oxford, una gran rotonda rodeada de columnas corintias, cubierta con una cúpula, un provocador homenaje a la arquitectura renacentista italiana en el corazón de la ciudad universitaria más medieval de espíritu y de formas.

Vanbrugh es autor de dos obras maestras de la arquitectura barroca inglesa, Castle Howard (1699) y Blenheim Palace (1705). El primero fue la residencia campestre del conde de Carlisle en la región de Yorkshire, el segundo del duque de Malborough, capitán de las tropas inglesas victoriosas sobre las francesas en la batalla cuyo nombre rememora el palacio. Castle Howard era todo un complejo residencial en el campo, con la novedad de que el vestíbulo de la casa está cubierto por una cúpula, que preside bien a las claras el

J. Gibbs. Londres. Iglesia de St. Martin in the Fields (1722).

perfil exterior. Vanbrugh tuvo mucho interés en cambiar el sentido y las formas del ajardinamiento, huir de los ejes rectilíneos y de las alamedas trazadas a cordel según el modelo francés del jardín formal. En los jardines de Castle Howard se asiste a un cambio de estilo llamado a tener enorme importancia en Inglaterra. Se trataba de la creación de un tipo de jardín inspirado en la pintura de paisajes idílicos de N. Poussin y Claudio de Lorena, un jardín en el que apenas se notaran las modificaciones y mejoras llevadas a cabo sobre el lugar natural en el que, sin embargo, se intervenía, se transformaba su estado previo mediante la incorporación de terrazas, el trazado de caminos sinuosos, la plantación a gusto de nuevos bosquecillos en posiciones deseadas y convenientes para resaltar los puntos de vista, la alteración de los cursos de agua y la represa de las fuentes para formar lagos artificiales. Vanbrugh incorporó arquitecturas clásicas a ese nuevo paisaje natural construido que se adelantan al movimiento de vuelta a la antigüedad de años posteriores, como la Torre de los Vientos, una reconstrucción vitruviana de un templo con cuatro pórticos simétricos, o el Mausoleo, que proyectó Hawksmoor en 1728, una estructura rotonda colosal sobre una extensa plataforma en lo alto de un montículo del jardín. Más lejos todavía, en el horizonte, se recorta la figura no menos sorprendente, por lo inusitado de la elección, de la Pirámide.

Blenheim Palace, en Oxfordshire, es la obra maestra de Vanbrugh, con un programa más amplio aún que Castle Howard, con patios y alas que se extienden sobre la pradera, pabellones con torres que mezclan el aire militar y feudal de un homenaje militar diseñado por un ingeniero, con los recursos de la gramática clásica, de las columnas, exedras y pórticos, con las líneas horizontales de las terrazas. Igualmente se consideró la relación con el entorno, renunciándose al ajardinamiento geométrico regular. Vanbrugh unió el palacio con la pradera mediante un puente palladiano que salvaba el río, más tarde represado en lago. No importó, sino al contrario, que delante del palacio hubiera un declive del terreno, un vado, que no fue terraplenado, sino aprovechado por el primer arquitecto inglés preocupado por consultar al genio del lugar antes de emprender cualquier modificación del paisaje para transformarlo en jardín, en el cual intervino más tarde, en 1764, otro importante diseñador de jardines ingleses, Capability Brown, con postulados al respecto aún más radicales que los de Vanbrugh, el primer maestro inglés del nuevo género.

ARQUITECTURA BARROCA EN ESPAÑA

Con la muerte de Juan de Herrera en 1597 nació el «estilo herreriano», continuado en primer término por sus discípulos directos, luego, en momentos históricos posteriores, fue invocado cada vez que se quiso argumentar contra la ornamentación, en favor de las formas características de su arquitectura despojada y escueta, del severo clasicismo que practicó y que sus defensores a ultranza identificaron como signos excluyentes de una arquitectura «nacional».

J. Vanbrugh. Castle Howard. Yorkshire (1699-1712).

Francisco de Mora fue su discípulo y sucesor, pero no un «herreriano» tan acérrimo, a tenor de su legado más importante, la villa burgalesa de Lerma (1604), dominio favorito del rey, el duque de Lerma, sobre un altozano que riega un recodo del río Arlanza. El conjunto lo forman el palacio, iglesias, conventos y edificios empalmados por pasadizos cubiertos, conjugando de manera feliz la desnudez característica de la arquitectura del maestro con la implantación en el lugar, con el goce de las vistas, con la amenidad de su escala, muy lejos, pues, de la grandiosa soledad y lejanía metafísica de la arquitectura escurialense.

Es cierto que la arquitectura de acentos herrerianos se dejó notar en las actuaciones de las primeras décadas del siglo XVII, pero en menor medida de lo que la fama le atribuyó. Lo superfluo está ausente en el Hospital de Medina del Campo (1591), de Juan de Tolosa, el colegio del Cardenal 1592) en Monforte de Lemos, de Andrés Ruiz, en la Capilla Cerralbo (1585), en Ciudad Rodrigo, de tracista desconocido. Igualmente hay ecos del proyecto inicial de Herrera en el Ayuntamiento de Toledo, concluido por Jorge Manuel Theotocópuli, a partir de 1613.

El sobrino de Francisco de Mora, Juan Gómez de Mora mantuvo algo del recuerdo de la arquitectura de sus ilustres antecesores, pero marcando distancias personales, como ya ocurre en el convento de la Encarnación, en Madrid (1611), en cuya fachada los áridos elementos herrerianos se componen de manera más dinámica en sus relaciones. Juan Gómez de Mora dio las primeras trazas para la Clerecía de Salamanca (1617), y un impulso definitivo a un viejo proyecto de procedencia herreriana, la Plaza Mayor de Madrid (1617), que por fin se llevó a cabo, aunque fuegos y cambios posteriores alteraron su aspecto original. Juan Gómez de Mora participó con rango protagonista en la definición de este tipo de espacio urbano tan característico de la tradición española que son las plazas mayores, implantadas en el corazón del viejo caserío, pero sin alterar drásticamente su entramado, al que apenas modifican, llevando a la vieja ciudad irregular y cerrada la amplitud de la regularidad, del espacio público y festivo rodeado de pórticos, de la arquitectura normativizada. En 1674, tras un incendio, José Ximénez Donoso revistió la Casa de la Panadería con un diseño arquitectónico nuevo, más amplio, con arcas inferiores continuas y torres en los extremos rematadas con chapiteles.

Madrid como capital barroca careció de intervenciones singulares de relieve, no puede compararse con las capitales europeas inmersas en radicales transformaciones, tanto en la arquitectura religiosa, como en la civil. Los reyes siguieron habitando el viejo alcázar y sólo lo sustituyeron en la centuria siguiente porque les forzó un fuego. El ingenio de tratadistas y constructores se esforzó en la búsqueda de soluciones constructivas rápidas y baratas, tal como lo concreta fray Lorenzo de San Nicolás *(Arte y Uso de Arquitectura, 1633)* en el ejemplo del ensamblaje de las cúpulas de madera grapada con «camones» y revestidas de pizarra, llamadas «encamonadas» por esa razón. Cúpulas encamonadas las había realizado previamente su maestro Francisco Bautista, carpintero y escultor de la Compañía de Jesús, en la iglesia de San Isidro de Madrid (1629), solución que se repetirá como constante hasta devenir tradición nacional específica. A ambos dos se les atribuye, con razones fundadas, la Capilla de San Isidro en la Iglesia de San Andrés (1642), cuya colosal escala está presidida por una de las cúpulas más hermosas de la capital, de planta octogonal, que se alza sobre un cuerpo cúbico, realmente impresionante por su definición volumétrica tan directa, materializada sólo por un basamento raso de piedra y desnudos muros de ladrillo reforzados con dobles pilastras en las esquinas.

Francisco de Mora. Lerma. Burgos. Palacio del Duque de Lerma (1604).

Quizá porque ya la mayor parte de las ciudades importantes poseían catedrales terminadas o en marcha, no hubo nuevas empresas relevantes en este capítulo, sí intervenciones puntuales en las mismas, el acabamiento de lo iniciado tiempo atrás, como la de Granada, en la que a partir de 1664 Alonso Cano interpretó con contención lineal y severa el esquema previo de Gil de Siloé, sencillo de apariencia, con portales en retroceso. En la de Jaén (1667), intervino Eufrasio López de Rojas, con dos torres enmarcando el frente, en el que es determinante el orden gigante de columnas corintias dobladas, con un pasaje en la parte superior que las comunica, como ya se había hecho en la solución más sobria de El Escorial. Ya mucho más tardías son las portadas de la catedral de Valencia (1703), en la que Conrado Rudolf introdujo la primera experiencia de la articulación mediante muros cóncavos y convexos de aire italiano, lo cual significó un cambio en la tradición dominante de las soluciones planas españolas. En Murcia (1741), Jaime Bort se aproximó a las configuraciones del barroco tardío francés, dejó explayarse el gusto por los perfiles curvados de amplios vuelos, cornisas mixtilíneas, columnas corintias sobre pedestales muy pronunciados, superpuestas en doble entablamento, conviviendo con detalles decorativos minuciosos, extremos conjuntados en los que la composición trabeada del lenguaje del arquitecto clasicista se acopla con el gusto por el detalle, por lo pequeño, propio del entallador y del orfebre.

Juan Gómez de Mora. Madrid. Plaza Mayor (1617).

Un caso especial fue la realización de la fachada de la catedral de Santiago de Compostela, pues toda la ciudad se vio embargada en una febril actividad de campañas arquitectónicas que le devolvió el justo rango de capital artística que había empezado a labrarse desde la fundación románica de la catedral. En la catedral se culminaron las torres de las Campanas (1667), de José Peña del Toro, y del Reloj (1676), esta última por Domingo de Andrade, sobre la comenzada en el siglo XIV, a la que remató con cuerpos decrecientes en volumen y recrecidos con torrecillas y cúpulas ornamentales. Como terminación del nuevo disfraz con el que se venía envolviendo la fábrica románica de Santiago, para preservar el frágil Pórtico de la Gloria, Fernando Casas y Novoa realizó a partir de 1738 la fachada actual del Obradoiro. Tras un necesario tiempo de contemplación para que cese la ilusión de movimiento y permita la descripción de un somero análisis, va definiéndose con mayor nitidez la soberbia intervención de la nueva fachada por parte de Casas y Novoa, que consistió en añadir una segunda torre, réplica exacta de la torre de Campanas, y, entre las dos, el conocido como «El Espejo», la membrana central de dos cuerpos decrecientes y un remate de culminación, con amplios ventanales vidriados para procurar la iluminación de las naves interiores románicas. Esta es la parte más delicada del proyecto, pues debía acoplarse a la estructura interior preexistente con un lenguaje y una estructura lingüística exterior diferente, asumir las crí-

Juan Gómez de Mora. Madrid. Convento de la Encarnación (1611).

Fernando Casas y Novoa. Fachada principal (del Obradoiro) de la catedral de Santiago de Compostela (1738).

ticas de ocultar la fachada románica, resolver con destreza técnica la amplitud de los vanos acristalados, ser consecuente con los antecedentes del lenguaje ornamentado de Peña del Toro y Andrade, y llevarlo a las últimas consecuencias, satisfacer la idea monumental que se seguía requiriendo en un edificio cargado con tantos significados históricos y artísticos. El resultado final fue una fachada equilibrada de elementos, con columnas y pilastras muy talladas, siguiendo la lógica de ocupación decorativa intensa, mediante esculturas, chapiteles de remate de las torrres, volutas, pináculos por todos los sitios y molduras, camino que ya se había dejado insinuado con la fulgurante torre de campanas, y abajo, a manera de zócalo, por la escalera imperial que llevó a los pies del templo, y a su correspondiente tamaño, la inspiración tomada de otra escalera catedralicia española no menos magnífica, la Dorada de la catedral de Burgos, de Diego de Siloé.

En la intimidad de la girola de otra catedral medieval, la de Toledo, se halla el Transparente (1721), la que quizá sea la imagen representativa de la arquitectura barroca ornamentada española. Su autor, Narciso Tomé, pertenecía a una familia de ornamentatistas y talladores que ya habían dejado su firma en obras conocidas, como la fachada de la Universidad de Valladolid (1715), en la que se volvió a la estilística plateresca para extraer una interpretación de formas y temas poco convencionales, concentrados con especial énfasis entre las grandes columnas gigantes que señalan la calle central, en cuyos paños no se deja sitio a la quietud. Nada, sin embargo, hacía preludiar el golpe de inspiración y la audacia proyectiva del Transparente de la catedral de Toledo. Se partió de una carencia lumínica y de culto, y a tal fin se puso remedio abriendo un tragaluz sobre la estructura de las bóvedas góticas del deambulatorio. De ahí procede la fuente de luz que ilumina el camarín que en realidad es el Transparente, sólo que a diferencia de otras capillas camarines situadas siempre detrás de los altares de las iglesias, el Transparente carece de muros que lo cierren como espacio independiente. En el centro de la gran tramoya escenográfica y de perspectivas pictóricas forzadas, la luz se transparenta al sagrario del retablo mayor a través de un óculo que simula congelar esa luz en rayos solares, símbolos aquí del sol eucarístico rodeado por un sinfín de ángeles y querubines, centro de la composición urdida por la fértil imaginación de Narciso Tomé. La parte inferior, como sostén, lo preside la imagen de la virgen dentro de una hornacina; encima del sol se representa la Última Cena. Sin duda la experiencia en la realización de retablos influyó en la organización que Narciso Tomé traduce a ricos mármoles de colores, estucos de yeso y pintura, pero no explica el origen de todos los recursos ornamentales, próximos a los contemporáneos europeos adscritos formalmente a la gramática del Rococó, que el autor conocería por fuentes impresas.

La capacidad de sugerencia espacial y de sabia conducción de los efectos reveladores de la luz del

Transparente no admite parangones con ninguna otra intervención contemporánea, pues es una obra única, original en el sentido artístico del término. Su ejemplo viene a consagrar la vertiente más profusamente ornamental de la arquitectura barroca española, con la que se identificará después toda la estilística, proceso de asimilación totalizadora del que se encargaron los combativos críticos neoclásicos. Estos, con un afán de afirmar la nueva estética que defendían a costa de denigrar la de la generación anterior, tomaron a la familia Churriguera como blanco de sus dardos críticos envenenados, convirtieron a un adjetivo, «churrigueresco», con su retintín fonético muy a propósito, en sinónimo de arquitectura corrupta y desorientada. Es la fase de una arquitectura barroca que sigue de cerca las invenciones autoatribuidas por fray Juan Ricci (*Breve tratado de Arquitectura acerca del Orden Salomónico,1663*) del orden salomónico de pedestales ondulantes y fustes helicoidales, una arquitectura barroca que deja de lado las evidencias regulares y directas del ángulo recto y apuesta por las delicias de otros ángulos, de otras curvas, por la unidad barroca de lo oblicuo, como dejó escrito el texto de arquitectura más representativo del pensamiento de la época, *Architectura Civil Recta y Oblicua* (1667), del clérigo cisterciense Juan Caramuel.

Los Churriguera fueron una saga de ebanistas fabricantes de retablos de madera dorada, plagados de formas muy imaginativas, densas, elaboradas gracias a la ductilidad del material y la práctica entalladora de la familia, según una línea que adaptaba las fórmulas decorativas del barroco romano y las trasladaba a las iglesias castellanas. José Benito Churriguera, el mayor de los tres hermanos, fue el autor del retablo mayor de la iglesia del convento de San Esteban de Salamanca (1693). Con tales antecedentes, resulta sorprendente comprobar cómo trueca su fértil capacidad para combinar detalles en sus trabajos de arquitecturas de madera por la severidad pétrea que esgrime en su principal trabajo, el poblado de Nuevo Baztán (1709), una experiencia singular promovida por el banquero de origen navarro Juan de Goyeneche, en la que Benito Churriguera sigue las pautas de un trazado regular y los dictados de la arquitectura posherreriana, tanto en las casas de viviendas como en el palacio del banquero, con la única salvedad del portal de la iglesia, en el que se escapan los únicos acentos que se salen del tono contenido de todo el conjunto.

El hermano de José Benito, Joaquín de Churriguera, trabajó en Salamanca, mirando de soslayo a la tradición plateresca de la ciudad, muy presente en sus actuaciones tradicionalistas, como el Colegio Anaya, la cúpula de la catedral Nueva (1714), rehecha tras el terremoto de Lisboa de 1755, y el Colegio de Calatrava (1717), que bien pudieran pasar todas por obras del pasado al que tanto se quieren parecer.

Narciso Tomé. Transparente de la catedral de Toledo (1721).

El más joven de los hermanos, Alberto Churriguera sumó su nombre al de los grandes autores de Plazas Mayores cuando recibió el encargo de la de Salamanca (1729), que continúa el esquema general de la de Madrid, encajada en el laberinto del plano medieval con el que se conecta a través de entradas que no siguen los ejes de simetría. Las fachadas de la de Salamanca, de cuatro pisos sobre soportales y remate de balaustrada con pináculos, son mucho más adornadas, la piedra rosada añade un tono cálido y acogedor, al igual que el ritmo repetido de los balcones de hierro forjado. En uno de los lados Alberto Churriguera destacó uno de los grandes arcos de entrada con el volumen sobresaliente en altura del Pabellón Real. Las obras se prolongaron más de lo previsto, y fueron concluidas en 1750 por Andrés García de Quiñones, autor del Pabellón del Ayuntamiento.

El barroco de los adornos delirantes, como fue bautizado por sus críticos neoclásicos, triunfó en la primera mitad del siglo XVIII con una intensidad sólo comparable al de las abadías centroeuropeas o al colonial americano. La enumeración del recuento puede ser fatigosa, sumerge la mirada del observador en un mar de

Andrés García de Quiñones. Salamanca. Patio de la Clerecía (1760).

Andrés García de Quiñones. Plaza Mayor de Salamanca. Pabellón del Ayuntamiento (1750).

Alberto Churriguera. Salamanca. Plaza Mayor (1729).

trabajos plásticos que no tienen fin, ni límites. El patrocinador de la causa en la arquitectura madrileña fue Pedro de Ribera, la que expuso con éxito en la portada del antiguo hospicio de San Fernando de Madrid (1722). Andalucía, en términos generales, fue el granero de esta arquitectura enmascarada bajo capas de yesos, terracotas y azulejerías, facilitada por la tradición de la construcción con ladrillo, notas del blanco «barroco andaluz» perfectamente reconocible por sus señas de identidad distintivas. Sevilla fue el foco que avivó el fuego del conquense Leonardo de Figueroa (noviciado jesuítico de San Luis, 1699, Colegio de San Telmo, 1724). Francisco Hurtado Izquierdo, diestro maestro de retablos, condujo al paroxismo la utilización de mármoles polícromos y columnas helicoidales en la Capilla del Sagrario de la Cartuja de Granada (1702), la Cartuja de El Paular en Rascafría, Segovia (1718), antecedentes que ponen en la pista para atribuirle con credibilidad, pero sin seguridad, la creación de un mundo rayano en la alucinación decorativa, el de la Sacristía de la Cartuja de Granada (1732), plagada de molduras ondulantes, de tracerías de escayola que hacen entrar el espacio y la vivencia del mismo en un estado de auténtica catarsis antiminimalista. La labor conjunta de un pintor, Hipólito Rovira, y dos escultores, Luis Domingo e Ignacio Vergara, produjeron el Palacio del Marqués de dos Aguas (1740), la fachada civil española más próxima al Rococó francés. G. Kubler, gran estudioso de este capítulo de la arquitectura española, compara los trabajos de los estucos que ambicionan semejar mármol sobre los muros planos del palacio, las rocallas de los marcos de las ventanas, a las labores textiles de las sedas y del moaré, que en aquel tiempo era la principal industria de la ciudad.

Hay otro hilo narrativo que engarza la arquitectura barroca española de la primera mitad del siglo XVIII con el gusto francés de la corte de los Borbones, pues Felipe V, un nieto de Luis XIV, fue el rey que ocupó el trono español tras la guerra de Sucesión, que se dio por concluida con la llamada Paz de Utrech, de 1713. Sin mucha pena, el monarca vio cómo un incendio se llevó por delante el viejo alcázar madrileño, marco de la monarquía de los Austria, la Nochebuena de 1734. Se imponía a la fuerza una reconsideración de toda la red de residencias reales y de poner final a sus incomodidades y gustos trasnochados. La tarea de renovación ya se había empezado antes, en el palacio y jardines de La Granja (1720), donde no se consiguió evitar todavía del todo la arquitectura con aire de alcázar, con torres en los ángulos, que inició el arquitecto de corte Teodoro Ardemans y que se siguió ampliando con alas y otras partes sobre el núcleo de Ardemans. La llegada al palacio está regida por el volumen de la iglesia. La fachada al jardín, proyectada por F. Juvarra, dio la imagen aúlica definitiva a esta suma de intervenciones variadas, su línea horizontal pautada con pilastras y

Francisco Hurtado Izquierdo. Granada. Sacristía de la Cartuja (1732).

Hipólito Rovira. Valencia. Fachada del palacio del Marqués de Dos Aguas (1740).

columnas corintias se incorpora como telón de fondo al despliegue de los jardines.

En lo que la Granja tuvo a gala ser francesa fue en el parque y los jardines, que adaptan a la suave pendiente que sube hacia las estribaciones de la sierra los *parterres*, cadenas de agua, fuentes mitológicas, laberintos, calles, y paseos ortogonales según el modelo regular de Le Nôtre, jardines que por un instante le dejarían soñar a Felipe V que Versalles era posible en Castilla, aunque aquí el sitio no iba a permitir la apertura de perspectivas abiertas a la captura del infinito. Los autores de los jardines, René Carlier y E. Boutelou fueron la primera avanzadilla de los artistas franceses que habrían de llegar después, pero a los que la nueva reina, muy amante de las artes, Isabel de Farnesio, interpuso en el camino su preferencia por los compatriotas italianos.

Tampoco los Borbones españoles consiguieron borrar el fantasma del pasado en otro importante enclave residencial, Aranjuez, pues los proyectistas de las intervenciones acometidas a partir de 1748 le dieron un aire estilístico que se retrotraía a la arquitectura de tiempos de Felipe II, un renacimiento herreriano en esta ocasión sobre la base de un edificio en el que el propio Herrera había intervenido. Santiago Bonavia, pintor y escenógrafo de formación, impregnó de estas características no sólo a la ampliación del palacio, sino que se aprovechó la coyuntura para renovar la ciudad de Aranjuez, para mejorar las relaciones del palacio con el sitio y los jardines por medio de pórticos y arcadas, trazados de calles rectilíneas y sistemas axiales, con el diseño de la iglesia de San Antonio, de planta central con pórticos curvados. Aranjuez en manos de Bonavia se impregnó del valor de una escenografía tratada, de una escena real integrada por arquitectura y naturaleza en idílica convivencia, un pequeño mito que aún perdura.

El Palacio Real Nuevo de Madrid vino a resolver en primera instancia las necesidades representativas de una corte moderna a través del sentido de lo monumental aplicado a la arquitectura residencial, fuera del menor recuerdo a un alcázar con rango militar. La elección del arquitecto y del proyecto parecía la decisión del justo punto medio entre dos opciones culturales rivales, aunque de máximo prestigio, la francesa y la italiana, las dos respectivas naciones de procedencia de los monarcas que encargaron el proyecto en 1735 a Filippo Juvarra.

Italiana era la nacionalidad del arquitecto, que imaginó para Madrid una versión colosal de Versalles en los altos de Leganitos, luego reducida en extensión y elevada en altura, pasada por las hechuras del proyecto de Bernini para la fachada oriental del Louvre, y llena de detalles que devolvían la atención al recuerdo del pala-

R. Carlier y E. Boutelou. Jardines del palacio de La Granja (1721). La Selva. Grabado de F. Brambilla.

Santiago Bonavia y F. Sabatini. Palacio de Aranjuez (1748).

cio versallesco. Con una diferencia notable, el Palacio Real de Madrid, despojado de jardines extensos y regulares y recortado sobre la cornisa en declive, no puede hacer olvidar del todo que su silueta ocupaba y mantenía la función de vigía defensiva del antiguo alcázar.

F. Juvarra falleció al poco de llegar a Madrid en 1735, a donde se había trasladado para ponerse al frente de las obras del palacio, por lo que fue llamado su discípulo J.B. Sacchetti, que cambió algunos aspectos del proyecto del maestro, así como la ubicación, pero no sus líneas generales, deudoras, como se ha repetido, del tercer proyecto de Bernini para el Louvre, denotado por rasgos como el piso bajo a manera de zócalo almohadillado que sirve de pedestal a los órdenes gigantes de pilastras y columnas corintias de la planta noble, o la línea horizontal de remate sólo rota por la instalación sobre la balaustrada de jarrones y un programa previsto de estatuas de reyes, que finalmente se decidió dejar en tierra.

El palacio de Sacchetti llevado a término hubo primero de crear una gran terraza de apoyo que nivelase los declives de la cornisa, en cuyos flancos, como el del norte, las escalinatas exteriores permiten bajar al parque. Se basa en una planta cuadrangular con un gran patio interior, en torno al cual se distribuyen las estancias del programa, con cuidados detalles en las de representación, incluida la escalera doble principal, que no fue realizada según sus previsiones, pues fue otro italiano, Sabatini, quien dio forma a la actual, o de servicio religioso, como la capilla de planta oval.

ARQUITECTURA BARROCA EN PORTUGAL

Tras la riqueza decorativa de la arquitectura manuelina, Portugal en las primeras décadas del siglo XVI se dio un respiro de moderación, de apertura a las novedades procedentes de Italia, de contención decorativa, que los estudiosos han denominado arquitectura *châ*, arquitectura lisa, plana.

La restauración de la corona portuguesa en 1640 tras el interludio español es el comienzo de un capítulo propiamente «barroco» de la arquitectura portuguesa, cuyos esplendores se alcanzarán en el siglo XVIII, en el reinado de Joâo V, con el flujo de las riquezas mineras procedentes de Minas Gerais, en Brasil. Antes de esta fase, realizaciones como el palacio de Fronteira, en Benfica (1667) mantienen la tradición de una arquitectura que por momentos se camufla con el ajardinamiento, creando escenas de característico sabor, íntimas, sin grandes despliegues, como es el gusto general del arte portugués, en el que juegan un papel destacado y muy atractivo las figuras y temas representados en los azulejos, con tonos dominantes blancos y azules.

El largo reinado de Joâo V, entre 1707 y 1750, la rendida admiración del monarca por Roma, le llevó a promover empresas disparatadas y ruinosas, como trasladar una capilla desmontada, previamente consagrada por el papa, e instalarla en la iglesia de S. Roque (1747). A esto se redujo el alcance de sus iniciativas más personales, pues el resto de los empeños no estuvieron a la altura de los caudales disponibles. En 1717 encargó a un arquitecto alemán, Johan Friedrich Ludwig, el monasterio de Mafra, inspirado en El Escorial, jamás habitado: «El convento de Mafra es grande. Grande es el convento de Mafra. De Mafra es grande el convento. Son tres maneras de decir, podían ser algunas más, y todas se pueden resumir de esta manera simple: el convento de Mafra es grande», escribió José Saramago en su papel de viajero portugués aturdido por la imponente visión

J. F. Ludwig. Monasterio de Mafra (1717).

N. Nasoni. Oporto. Iglesia Dos Clerigos (1732).

M. Vicente y J. B. Robillon. Palacio Real de Queluz (1747).

del convento en el paisaje, sensibilidad del escritor educado en una tradición ajena a este gusto que no se comparte, por la escala extrema y vacía de Mafra.

Un pintor de origen sienés, Nicola Nasoni, impulsó el desarrollo de una escuela barroca específica desde Oporto, la ciudad con la que se identificó, de la que supo extraer los efectos positivos de su endiablada topografía. De sus realizaciones –la más reconocida la iglesia Dos Clerigos (1732)–, no se sabría qué destacar más, si la disposición de las plantas ovales con las imprescindibles escaleras frontales para poder entrar en ellas, las torres campanarios impregnadas de decoración por todas partes, o el despertar de un sentido de colocación de los edificios en los lugares más pendientes posibles, para crear espectaculares efectos de aproximación desde el punto bajo, de una ascensión que, para redimir las penas del esfuerzo, se trueca en zizagueantes viacrucis, caso del Santuario de Nossa Senhora dos Remedios en Lamego (1750). El ejemplo, que será imitado a veces literalmente por los arquitectos de las ciudades coloniales brasileñas (Ouro Preto, Tiradentes, Congonhas do Campo), fue seguido primero y más cerca en Braga, foco de atención de un segundo núcleo de la arquitectura portuguesa barroca tardía y rococó, que conoció una época de fecunda actividad fomentada por el obispo Rodrigo de Moura en las primeras décadas del siglo XVIII. De nuevo en un escarpado montículo próximo a la ciudad encontramos la imagen inolvidable del Santuario do Bom Jesus do Monte (1784), a cuyos pies se fue realizando un viacrucis constituido por tramos de escaleras, fuentes y estatuas, representación alegórica del camino de ascensión y de la ascesis del camino.

Siempre con la escala amante de lo íntimo, sólo rota en Mafra, en las afueras de Lisboa se construyó el Palacio Real de Queluz (1747), por Mateus Vicente, una residencia de verano constituida por tres alas en torno a un patio de honor, que el autor decoró con rocallas y temas de la gramática decorativa del Rococó, delicadezas que convenían al programa y al signo de los tiempos, por ser el presente del rey João a sus hijas las infantas de Portugal. El autor de los jardines, Jean Baptiste Robillion, aceptó de buen grado que lo regular «lenotriano» podía adaptarse a las irregularidades de los sitios, e introdujo en los escarpados parajes las delicias de un «Jardim Pênsil», un jardín colgante con fuentes y glorietas y estatuas portadoras del característico sentido alegórico, de la mejor tradición barroca europea llevada hasta sus últimos confines.

Arquitectura neoclásica

REDESCUBRIMIENTO DE LA ANTIGÜEDAD

El Neoclasicismo en las artes fue el movimiento promovido por los nuevos burgueses que querían acceder al poder a través de la cultura, elevarse dentro del marco social del mundo en el que habían nacido y hacer evidente su éxito. Por esa causa el estilo se basó en afirmar a la vez la ruptura drástica con el pasado, con la generación Rococó, y en anticipar el futuro renovando los fundamentos del conocimiento, apostando por los avances científicos, depositando en el hombre la responsabilidad de la construcción de su historia con fórmulas que garantizasen su progreso, esto es, el desarrollo regular y sucesivo de la civilización hacia sus metas.

Paradójicamente, la expresión de ese arte basado en la idea de progreso fundamentó su carácter rupturista e innovador en el conocimiento profundo del arte antiguo, en el valor anticipatorio de la antigüedad, de cuyo estudio se trataron de extraer las normas universales de belleza y los modelos que guiasen a la acción, desde una consideración incluso moral y política, no sólo estética.

Por eso la época neoclásica fue el tiempo de los arqueólogos y de los primeros historiadores del arte, porque de las excavaciones y viajes de estudio a todos los confines de la antigüedad clásica –no era ya válido conformarse sólo con la etapa romana– se coligieron hechos inéditos que se asimilaron a la materia general de la experiencia histórica, se esclareció el pensamiento de los pueblos civilizados, la historia se pasó a interpretar de manera solidaria con el presente y proveedora de argumentos para iluminar el porvenir, se confió en que la experiencia del pasado ilustrara a la Razón cara a la consecución de una única civilización superior.

Las excavaciones que se promovieron con tanto afán, el descubrimiento de Pompeya y Herculano a partir de 1738, no daban la impresión de estar realizando una ruptura con las generaciones precedentes. Al contrario, la actitud empírica verificadora con la que se procedió en las campañas, apoyadas por el monarca Carlos III como primer interesado en las mismas, vino a ratificar la creencia ilustrada en el principio del desarrollo solidario de las culturas universales.

Para los espíritus menos radicalizados, el estudio de las formas de la antigüedad no sólo enriquecía el repertorio de las formas tradicionales, con lo que esto significaba de ayuda a la definición de nuevos modelos artísticos, sino que de la constatación del desarrollo sucesivo de las civilizaciones desde el pasado hasta el presente derivaban la confianza tranquilizadora en un progreso sin rupturas.

El Neoclasicismo fue llamado así porque se pasó de la conformidad con las vagas noticias y las fuentes literarias indirectas del pasado clásico, a las mediciones de los edificios de ese pasado, que ayudaron a extender las respuestas dejadas incompletas o hipotecadas por los tratadistas italianos desde el siglo XV, basadas en el aprendizaje exclusivo de la arquitectura romana, esto es, la fase cronológica más tardía de la antigüedad y, en cierto sentido, generadora de menos principios arquitectónicos que la griega original. Los viajeros redescubridores de la antigüedad salieron al reencuentro con Grecia y su ideal, a la búsqueda de las fuentes, con el fin de solventar la carencia, de aportar

W. Kent. Holkham Hall. Vestíbulo, Norfolk, 1734.

J. Stuart. Stuart tomando un apunte del Erecteion (1751).

J. Stuart y N. Revett. Theseion de Atenas («Antiquities of Athens» 1794).

J. D. Le Roy. Atenas. Frente sureste del Partenón. («Les ruines des plus...», 1758).

R. Adam. Peristilo del palacio de Diocleciano en Spalato («Ruins...», 1764).

los datos que llenasen el enorme e incomprensible vacío de su ausencia.

En la segunda mitad del siglo XVIII la cadencia de publicaciones sobre sitios y edificios de la antigüedad grecorromana fue abrumadora. Los ingleses James Stuart y Nicholas Revett, que habían estado en Grecia entre 1751 y 1755 financiados por la Society of Dilettanti, un club británico de admiradores de las cosas antiguas, midieron y dibujaron un número considerable de edificios, aunque tardaron más de lo previsto en publicar los resultados, *Antiquities of Athens* (1762). Se les adelantó el más expeditivo pero oportuno arquitecto francés J. D. Le Roy, con la publicación de *Les Ruines des Plus Beaux Monuments de la Grèce* (1758), que dio fe del estado de los edificios de Atenas, representados en planchas de naturaleza pictórica que les ubicaba en su disposición real sobre el territorio, completadas con otras en que aparecían delineados, medidos y acotados con dibujos específicos que permitían saber todo de ellos sin falsas idealizaciones o sometimientos a la generalización normativa de los tratados y de los órdenes.

En los años siguientes la aventura y el placer de los artistas viajeros de medir y de medirse con las ruinas de los monumentos antiguos produjo el entretenimiento creativo y las espléndidas láminas de las obras de R. Wood sobre Palmira (1753) y Baalbeck (1755), de R. Adam sobre el palacio del emperador Diocleciano en Spalato (1764). El rey Carlos III financió la edición de un catálogo, de difusión muy restringida, de las pinturas y bronces que iban apareciendo como fruto de las controvertidas excavaciones de Pompeya y Herculano, *Antichita'di Ercolano Esposte* (1755), parte de las cuales enriquecieron las colecciones de los palacios de Portici, Caserta y Capodimonte.

En el seno de la península italiana, al sur de Nápoles, en Sicilia y la Magna Grecia, había un legado oculto durante mucho tiempo por las dificultades del acceso y por pura ignorancia acerca de su valor. A la par que se excavaron Pompeya y Herculano, se visitaron y midieron los templos de Pestum, en el golfo de Salerno, y, en Sicilia, los de Segesta, Selinunte, Agrigento, Siracusa o Taormina. Ante tal cúmulo de novedades, de restos materiales sacados a la luz, las consecuencias no se hicieron esperar, unas de tipo especulativo y comercial, pues surgieron ladrones de ruinas que procuraban a los coleccionistas de antigüedades los objetos de sus deseos, a veces con el cruel engaño de la falsificación. Hubo una moda inspirada en las pinturas pompeyanas, en la cerámica, en la decoración, en el mobiliario de la antigüedad que se extendió con rapidez por los salones europeos más avezados.

Pero sobre este paisaje de admiradores y de buscadores de tesoros de la antigüedad, emergen las

Retrato de J. J. Winckelmann, incisión del cuadro de Anton von Maron de 1783.

G. B. Piranesi. Roma. Piazza del Popolo («Vedute», ed. 1773).

G. B. Piranesi. Pórtico del Panteón («Vedute», ed. 1745).

figuras de dos titanes solitarios, dos romanos de adopción, cuya labor fue decisiva en la formulación de una teoría visual sobre el valor de las ruinas, y sobre la importancia del conocimiento riguroso y la interpretación de los descubrimientos de la antigüedad como muestras de la cultura que las había producido: el veneciano G. B. Piranesi y J. J. Winckelmann, un alemán que fue adoptado por Roma como uno de sus ciudadanos más eminentes, ciudad a la que había llegado a los 38 años tras su paso como profesor en Dresde desde su Stendal natal. En Roma, según propia declaración, encontró la redención a los años de oscuro trabajo derrochados en Alemania, halló el marco de la belleza de un arte no exento de pasión erótica, la estética de una cultura capaz de satisfacer las exigencias de una inteligencia emocionada.

Winckelmann trabajó como bibliotecario del cardenal Albani en su villa, en el techo de cuyo salón su compatriota A. R. Mengs pintó su versión personal del Parnaso en defensa del orden dórico griego, en cuya causa se batía, con toda razón, pero sin el debido reconocimiento, Winckelmann, el catalogador de las obras antiguas y de los libros de la colección del cardenal.

Lo común de ambos intérpretes de la antigüedad, Piranesi y Winckelmann, fue su descontento con el presente, sus críticas acerbas al estado del arte moderno entre otros motivos por su falta de tareas en favor del bien común, por las perversiones ornamentales del Rococó. En ambos se dio la preferencia por el estudio de la antigüedad, una huida, o refugio, en el tiempo del pasado, la pasión por la historia como compensación a las carencias intelectuales, e íntimas personales, del presente.

Winckelmann construyó su obra con el material intangible del pensamiento, con la cadencia de las palabras, con la articulación de la escritura de su discurso con el que quería interpretar, no sólo describir, las obras de la antigüedad que catalogaba, pero a las que, como obras de arte, no sólo como documentos, reconocía un valor estético del más elevado rango intelectual. Publicó obras decisivas para la comprensión del arte desde la perspectiva de su época, *Observaciones sobre la Arquitectura de los Antiguos* (1738), *Reflexiones sobre la imitación de las obras griegas en la pintura y en la escultura* (1754), *Historia del Arte en la Antigüedad* (1764).

A través del poder creativo de la imaginación, Winckelmann formuló la imagen de una Grecia luminosa, firme y coherente en la persecución de sus ideales, cifrados por él en el célebre juicio de «noble sencillez y serena grandeza» aplicado a la escultura del Apolo Belvedere, pero extensible a todo el arte clásico griego. La imitación de los antiguos se justificaba porque tal era la única manera de hacerse grandes, incluso inimitables, porque todo acto creativo, todo artista creador, en estado de gracia, debía ser capaz de imaginar algo que sobrepasase a cualquier modelo que tuviera ante sí. Esa había sido la lección del arte griego, el ideal de una visión un tanto ahistórica, en cuanto absoluta y abstracta, que Winckelmann proponía a sus contemporáneos como alternativa para prolongar la excelencia y el genio de Grecia en el presente, lección que no sería desoída por otros artistas y autores continuadores de su legado, que no se quedarían sólo con la vaga nostalgia y el lamento por lo que ya no existe, en la satisfacción de una mera necesidad sentimental, sino que pasarían a reclamar el espíritu de esa cultura para depositarlo en nuevas sedes, en nuevos imperios que se reivindicarán como la tierra de los nuevos griegos, de los clásicos modernos.

Piranesi era veneciano de origen, seguidor de las clases rigoristas de Carlo Lodoli, un maestro que pretendía reformar la atmósfera decadente de la arquitectura de su ciudad, evitar el abuso de los ornamentos innecesarios y antieconómicos, no justificados ni derivados de la naturaleza de los materiales utilizados. La formación como arquitecto la obtuvo Piranesi junto a su tío Matteo Lucchesi, magistrado de las aguas, por tanto un funcionalista poco dado a las construcciones ornamentadas. Venecia, pues, estaba en los orígenes de su formación, en la sensibilidad pictórica, en la imaginación inclinada hacia el capricho y la fantasía, géneros muy arraigados entre sus artistas.

Piranesi no fue sólo un grabador, su personalidad incluyó las facetas de anticuario, teórico y encendido polemista, en particular por su defensa cerrada a favor de la preeminencia del arte etrusco y romano, cuya magnificencia anteponía, incluso en términos de anterioridad en el tiempo, al griego, motivo inmediato de controversia asegurada con el filoheleno Winckelmann.

Salvo la excepción de su intervención en la plaza e iglesia de los Caballeros de Malta (1764), en la colina del Aventino, el valor principal de la obra de Piranesi descansa en su ingente trabajo como grabador, investigando a lo largo de su vida en las técnicas de estampación, en las medias tintas y aguafuertes, en los sistemas de representación de las antigüedades, su pasión universal. Como innovador en el arte de la estampación, sus invenciones son asombrosas, sus tratamientos al aguafuerte añaden a los temas una cierta violencia visual, un dramatismo que los presenta y hace ver de manera distinta, con puntos de vista inusuales y una habilidad misteriosa para emplear los recursos de la perspectiva, para recrear la realidad de lo representado y llevarla a planos de irrealidad ilusoria. Todo sin perder por ello nada de la precisión en los detalles.

Sus colecciones (*Vedute*, 1745; *Carceri*, 1745; *Antichità*, 1756; *Della Magnificenza*, 1761; *Parere*, 1765; *Paestum*, 1778, entre otras) suman más de mil estampas, que en su conjunto se pueden entender como

J. G. Soufflot. París. Interior de la iglesia de Santa Genoveva, llamada hoy Panteón (1755).

una invocación permanente, a veces no exenta de rabia reivindicativa, del esplendor de la grandeza romana desaparecida. Esa evocación no conlleva sólo el sentimiento por la pérdida y el levantamiento testimonial de ruinas fantasmales, sino una crítica a la actualidad, a la miseria de las tareas artísticas contemporáneas: la grandeza de la antigüedad empequeñece aún más la decadencia de las tareas presentes. Desde esa posición característica del artista ilustrado, Piranesi trabajó febrilmente para hacer el recuento de la grandeza antigua antes de que la naturaleza y los hombres completaran su labor destructiva o enterradora.

ARQUITECTURA NEOCLÁSICA EN FRANCIA

El Neoclasicismo fue articulado por la cultura francesa en una medida importante de su formulación como corriente artística internacional, a través de su aceptación y promoción académica, la implicación de sus partidarios en las empresas ilustradas de relieve, como la inclusión de la voz «arquitectura», redactada por J. F. Blondel, en el primer volumen de la *Enciclopedia*, publicado en 1751, por la repercusión, en fin, que tuvieron las iniciativas de los artistas franceses, en cuanto ellos pasaron a ser nuevos modelos de referencia para el resto de las naciones, una vez que Roma sólo aspiraba a ser visitada y admirada como lugar de encuentro y de estudio de sus gloriosos tiempos pasados.

Una condición de obligado cumplimiento en los arquitectos que querían devolver a la arquitectura los rectos principios de sus orígenes clásicos consistía en conocer en directo las ruinas conservadas del esplendor antiguo. El arquitecto neoclásico francés que fomentó como ningún otro el cambio, J. G. Soufflot, viajó en dos ocasiones a Italia, la segunda en 1750 como acompañante de Abel Poisson, futuro marqués de Marigny, joven hermano de Mme. de Pompadour, la poderosa amante del rey, viaje de instrucción que tuvo como etapa culminante la visita al valle de los templos dóricos de Paestum. Las buenas relaciones le valieron a Soufflot buenos encargos, y uno de ellos, que le llevó toda una vida, es el monumento parisino neoclásico por excelencia, la iglesia votiva a la patrona de la capital, Santa Genoveva (1755 primer proyecto, 1764 primera piedra), denominado Panteón desde época revolucionaria.

No se le cambió a Santa Genoveva sólo el nombre, sino parte de su aspecto, pues los muros exteriores resultan hoy más opacos que los ideados por Soufflot, dado que, a partir de 1791, cuando la iglesia fue secularizada, Quatremère de Quincy, entre otras adaptaciones, cegó las ventanas con el fin de afianzar la estabilidad del edificio. Esto estaba en relación con los cálculos apurados de Soufflot, que quiso que la cúpula

J. G. Soufflot. París. Fachada de la iglesia de Santa Genoveva, llamada hoy Panteón (1755).

más correctamente clásica del cielo de París fuera soportada por una ligera estructura de columnas corintias en el interior de una planta centralizada de cruz griega. Esto es, Soufflot se remontó al viejo ideal de origen bramantesco llevándolo al límite, tanto que en esa ligereza corintia de las naves interiores cubiertas con bóvedas fragmentadas de platillo volvía a exponerse el afán de levedad y de desmaterialización del peso de los muros, algo propio de la refinada estética gótica, de la «otra» tradición mantenida en la práctica por los maestros masones franceses.

La construcción de Santa Genoveva fue un auténtico avatar en el que el riesgo asumido por el arquitecto joven y moderno, educado en los nuevos principios de la corrección, salió triunfante no sin graves disgustos y afiladas críticas de sus envidiosos colegas. El gigantesco pórtico corintio, orgullo del estudio de resistencia de materiales y del trabajo de los maestros canteros, le devolvía a París-Lutecia el espectro de su genealogía romana, le satisfacía en el plano simbólico la condición de antigüedad, y el tambor y la cúpula de un correcto renacimiento que no había logrado nunca del todo.

A. J. Gabriel. Versalles. Petit Trianon (1763).

A. J. Gabriel. París. Place de la Concorde (1755). Al fondo, la iglesia de la Madeleine, de P. Vignon (1806).

M. J. Peyre y Ch. De Wailly. París. Teatro de la Comedie Française (1770).

El Neoclasicismo francés en sus primeras muestras dependió de las empresas reales, una vez que había bajado de intensidad la atención sobre Versalles. El rey Luis XV promovió las principales obras con las que se consolidó el estilo, hasta ese punto se desligaba la ruptura artística de connotaciones políticas explícitas, algo que cambió de signo en las siguientes fases de la tendencia. Precisamente con motivo de erigirle una estatua ecuestre al rey Luis XV en una plaza que llevó su nombre, en época revolucionaria reemplazado por el de la «Concorde», se convocó en 1753 un concurso del que salió vencedor el arquitecto A. J. Gabriel, la figura alternativa de la nueva arquitectura francesa, merecedor de menor reconocimiento por no estar introducido en el París de los «filósofos», por su proximidad a las obras de Versalles (Petit Trianon, 1763; Teatro de la Opera, 1770) y por su gusto convencional, pero muy refinado, a la hora de entender las formas y el papel del ornamento en la arquitectura, con una tendencia en su obra que evoluciona hacia una mayor austeridad, a un uso más contenido de la decoración, a una mayor simplicidad dibujística.

La Plaza de la Concordia (1755) fue un episodio urbano importante en la expansión del eje monumental parisino desde el barrio tradicional del Marais y las plazas reales de Enrique IV, hasta la conclusión de los Campos Elíseos y la plaza de la Estrella en época napoleónica. La propuesta ganadora de Gabriel se fundía por uno de sus lados con los jardines de las Tullerías, y creaba un telón de fondo compuesto por dos edificios simétricos entre los que se abría la calle Real y al fondo la iglesia de la Magdalena, en principio prevista con imagen basilical de planta de cruz latina rematada por cúpula según el proyecto del arquitecto P. Contant D´Ivry, pero realizada a imitación de un templo romano, de la Maison Carrée de Nimes, por P. Vignon, en tiempos del neoclasicismo arqueológico promovido por Napoleón Bonaparte. Los edificios de Gabriel vuelven a una inspiración que recrea tiempos más próximos y homenajea a maestros rigurosos, pero del pasado nacional, pues sus columnatas denotan su filiación con la fachada oriental del Louvre, de Perrault, cuya maestría obtiene así su primer gran reconocimiento posterior y la consideración de ser equiparable a las autoridades clásicas antiguas.

A Gabriel la crítica no le ha reconocido nunca del todo la categoría de «neoclásico», pero sus edificios muestran un declarado impulso reformador, sus trabajos fueron apoyados por la misma mecenas que estaba detrás de las empresas de Soufflot, Mme. de Pompadour. Su pequeña obra maestra, el *Petit Trianon* (1764), fue concebido como un pabellón cúbico apoyado en un podio de base, dentro de los jardines de Versalles, terminado en el año de la muerte de su promotora, que quería separarse de la vida de la corte de la misma manera que había repudiado la intimidad como amante del rey. El pabellón fue pensado, pues, como refugio de una huida relativa, su perfil arquitectónico se remata con líneas horizontales, sin estatuas sobre la balaustrada, cada fachada ofrece una variante del mismo tema compositivo resuelto con pilastras, columnas o semicolumnas, dentro de una sencillez de líneas que le convierten en el paradigma de la elegancia del estilo «pompadour». El vago aire palladiano que flotaba en el Petit Trianon se renovó en el teatro cortesano, la llamada Ópera de Versalles (1770), una variación más sobre el teatro Olímpico de Vicenza, con la galería de columnas que divide los palcos. La Ópera fue un trabajo rápido y eficaz de los artesanos decoradores, que lo cubrieron de espejos, columnas de madera y lámparas de cristal colgadas del techo.

En Versalles predicaba la reforma imposible de la moral del padre jesuita Laugier, que entendía que el cambio ético lo ejemplificaba muy bien la revisión crítica de la arquitectura. En 1753 publicó un texto, *Essai sur l´architecture*, «Ensayo sobre la Arquitectura», y en el frontispicio de la segunda edición, de 1755, incorporó una clave visual fundamental sobre sus intenciones, un grabado en el cual el genio de la arquitectura, sobre fragmentos de la arquitectura antigua, mostraba el camino de vuelta a la cabaña primitiva, a los primeros principios, a los modelos de integridad estructural de la arquitectura: columnas aisladas, entablamento y frontón.

Muchos contemporáneos que reconocieron enseguida la importancia del texto de Laugier interpretaron que la solución de Santa Genoveva de Soufflot traducía a la realidad construida la descripción del *Essai* de una iglesia ideal, que combinaba el espacio espiritual y elevado de una catedral gótica con el uso de columnas antiguas.

La conclusión no fue única, pero sí la más evidente: se imponía el empleo de columnas portantes, aisladas. El amor incondicional por las columnas, la «estilofilia», marcó el devenir de la arquitectura neoclásica en Francia y en sus áreas culturales de influencia. Los alumnos de la nueva generación (M. J. Peyre, Ch. De Wailly) que obtenían el «Grand Prix» y con ello la oportunidad de ampliar estudios en Roma, se recreaban en proyectos en los que triunfaban las columnas aisladas, las columnatas sin fin, clara señal de los nuevos tiempos neoclásicos. Un pórtico columnado cualifica la austera fachada del teatro parisino de la Comedie Française (1770), obra conjunta de los citados Peyre y de Wailly, la primera muestra indicativa de que la tipología teatral estaba llamada a desempeñar una posición relevante entre los nuevos monumentos urbanos de la ciudad burguesa, abandonando ya para siempre sus recónditos reductos cortesanos.

Al respecto de teatros neoclásicos, la sorpresa es el encuentro inesperado del más importante de todos ellos fuera de París, en Burdeos (1772). Fue creado por

Victor Louis. Burdeos. Detalle de la puerta en la parte superior de la escalera del Gran Teatro (1772).

Victor Louis, alumno destacado en Roma, de espíritu brillante y rebelde, lo que le valió no ser admitido en las instituciones oficiales. El rico puerto de Burdeos le brindó la oportunidad de desarrollar su genio creador, pues la ciudad se hallaba en un proceso de renovación urbana comenzado por la Plaza Real, precisamente trazada por Gabriel, padre.

El Gran Teatro de Victor Louis en Burdeos fue la estructura arquitectónica más compleja de todas las construidas hasta ese momento en Francia. Se erige como volumen autónomo entre dos calles de la ciudad, y su fachada es abarcada en toda su longitud por un gran pórtico de columnas corintias, el cual se extiende en el frente de una plaza rectangular a la que caracteriza con su elegante severidad, mientras que en los flancos se perforan arcadas con tiendas, lo que le pone en relación con los usos habituales de las demás calles de la ciudad. La severidad exterior no anuncia los ricos esplendores que se van descubriendo al penetrar en el interior, al ascender por la escalera, un brillante ejercicio de interpretación de las formas de la arquitectura antigua desde la severidad del material, pero sin renunciar a la contenida decoración: las guirnaldas talladas

J. Gondoin. París. Aula Magna de la Escuela de Cirugía (1769).

J. Gondoin. París. Fachada a la calle de la Escuela de Cirugía (1769).

en el seno de los sillares de piedra, el virtuoso trabajo esculpido de la balaustrada, el orden jónico de las columnas sobre pedestales enriquecido con capiteles ornados también con guirnaldas, las cariátides de la puerta de entrada al palco principal, las fuentes de iluminación que penetra por los huecos termales bajo la bóveda. La sala oval del teatro recupera el orden corintio del exterior, con cuatro grandes arcadas que sostienen el techo redondo, con columnas gigantes compartimentando los palcos, que vuelan entre ellas. Una de las cuatro arcadas se ocupa por la embocadura del escenario, cuyo fondo profundo permitía acoplar las cada vez más complejas escenografías que demandaban las funciones del teatro, imprescindible nuevo templo laico de la ciudad burguesa.

La Escuela de Cirugía (1769), de J. Gondoin, fue calificada como el monumento clásico del siglo por A. Ch. Quatremère de Quincy, uno de los críticos más rígidos y reputados de su época, encargado de pronunciar los elogios fúnebres de los arquitectos desde su cargo de secretario perpetuo de la Academia. Es la única obra importante conocida de su autor, un idealista apasionado por las ruinas y paisajes romanos, donde había permanecido cuatro años, pero cuyo recuerdo no le abandonó, pues lo aprendido en Roma no fue el fruto de una simple pasión de juventud, como explicaría él mismo años más tarde.

La Escuela de Cirugía tuvo de nuevo al rey como patrocinador, y a Gondoin como un esforzado organizador del lugar, al que hubiera querido modificar para crear un ámbito urbano formado por tres edificios en torno a una plaza, pero hubo de conformarse con llevar a cabo sólo una de las intervenciones previstas.

El discurso formal que Gondoin mantiene en todo el proyecto se apoya en la convicción de conseguir la magnificencia mediante el protagonismo de las columnas, presentadas en distintas variantes. Una pantalla de columnas jónicas cierra el patio interior hacia la calle, y el orden se formula con práctica ausencia de molduras, sólo la concesión de obturar dos intercolumnios en el centro e introducir un frontispicio con relieves para crear la ilusión de un arco de triunfo, motivo que, además de servirle para homenajear a su admirada arquitectura romana, le convino para representar al rey Luis XV, acompañado por Minerva y rodeado por enfermos, dando la orden de construir el «templo de Esculapio», literaria alegoría referida al programa de la Escuela.

En el interior del patio se continúa con el orden jónico de la portada, y al fondo del mismo se añade el frente de un pórtico hexástilo corintio que sugiere la presencia de un templo, en realidad el Aula Magna, en el interior. En el tímpano del frontón dos figuras que representan la Teoría y la Práctica juran sus responsabilidades cívicas ante el altar de la Unión Eterna. En el Aula Magna, Gondoin se aplicó para poner en práctica sus conocimientos de arqueología romana, pues con el fin de procurar la máxima visión al mayor número de espectadores adoptó en la parte inferior la solución del graderío de un teatro semicircular, combinado con una bóveda semiesférica con casetones decrecientes hacia el óculo, derivación evidente del Panteón. De esta manera la lección de anatomía se llevaba a cabo en un marco arquitectónico que le prestaba a la actividad pedagógica la condición de una representación teatral, la dignidad de los modelos se transfería con generosidad al programa escolar. En el plano de fondo, detrás del estrado del profesor, sólo había la pared desnuda con la puerta de acceso desde el pórtico del patio, y sobre peanas los bustos de médicos eminentes, y un panel arriba con nuevos relieves del rey animando a los jóvenes estudiantes a proseguir con su celo quirúrgico investigador.

La arquitectura de la segunda mitad del siglo XVIII en Francia mantenía, pues, el común denominador de la influencia del sistema de aprendizaje de los alumnos pensionados en Roma, el factor determinante de los envíos de dibujos con levantamientos de la antigua arquitectura. De ello se derivaba la lógica adaptación a las necesidades de los nuevos programas y al paisaje urbano de París. Tal volvió a ocurrir con el Mercado del Trigo (1762), de N. Lecamus de Mezières, el primero de los grandes mercados construidos en la capital, tratado con la idea de permanencia de su construcción: sillares de piedra, la fábrica de ladrillo. Las formas generales eran alusivas a un anfiteatro romano de planta circular, y Lecamus prestó máxima atención al cuidado de los detalles, al ensamblado de los sillares de las bóvedas anulares, de las escaleras helicoidales, en honor al carácter debido a un monumento civil aislado en el corazón del barrio del Marais.

La nueva arquitectura debía responder a las necesidades de orden comercial, teatral o médico con la misma atención que a las religiosas, el objetivo primordial hasta la época Ilustrada. Lecamus de Mezières, como buen representante de arquitecto de la era de la Razón, escribió varios textos prácticos de construcción, y un libro en el cual debatía sobre la utilización expresiva de las formas en arquitectura, de la manera en que este arte traducía los sentimientos adaptados al carácter de los edificios. Su título resultaba elocuente sobre las especulaciones de su contenido, *Le Genie de l´architecture, ou L´analogie des arts et des nos sensations* (1780) –«El Genio de la arquitectura, o La analogía entre las artes y nuestras sensaciones».

Quien llevó hasta los extremos del entusiasmo las posibilidades expresivas de la arquitectura fue E. L. Boullée, cuya reputación descansa más que en los escasos edificios que construyó en vida, en sus dibujos y textos, que enmarcan su personalidad en una ambivalente posición de pintor, literato y filósofo del arte.

N. Lecamus de Mezières. París.*Halle aux Blés*, Mercado del Trigo (1762).

E. L. Boullée. Interior del proyecto para una Biblioteca Real (1785).

Aunque trabajó para la clientela privada de París, su vocación fue la pedagógica y académica, actividades que absorbieron toda su energía creadora, volcada en un famoso texto, *Architecture, Essai sur l´art* –«Arquitectura, ensayo sobre el arte»–, cuyo primer borrador escribió hacia 1790, en pleno fragor de los acontecimientos revolucionarios parisinos.

El texto y las láminas del «Ensayo», que incluyen propuestas proyectuales para edificios públicos en París junto a creaciones puramente imaginarias, reflejan las ideas que le guiaron como profesor y pintor a lo largo de su vida. Para defender el atractivo dibujístico de sus láminas, Boullée se reclama como artista pintor desde la primera página. Como autor defiende los efectos de luces y sombras, pues enaltecen sus estudios sobre las formas geométricas elementales, el círculo y la esfera más que ninguna otra, como base compositiva de sus propuestas desprovistas de ornamento.

Dejando de lado el aspecto funcionalista más directo de la arquitectura, Boullée desvía la atención hacia los valores simbólicos de las formas claras, austeras, hacia los sólidos regulares, tradicionales en cuanto a su inspiración básica, de procedencia grecolatina, pero manejados por él con audacia y habilidad para conseguir nuevas combinaciones.

Boullée defendía la postura comprometida del arquitecto y la necesidad de su acción crítica sobre el mundo, pensaba en la nueva era de la revolución francesa, en el mundo nuevo que se derivaría y al que había que ofertarle nuevas formas, concepto redentor en el que se traslucía su militancia masónica, su enaltecido sentimiento del valor del arquitecto como ordenador del mundo y rector de la sociedad.

La utopía figurativa que proponía Boullée no afectaba, pues, a respuestas individualizadas, sus edificios son siempre de tipo comunitario: bibliotecas, cenotafios, monumentos conmemorativos, arcos, iglesias, cementerios, puertas monumentales..., dibujados con efectos de luces y sombras, pues creía que la condición pictórica de su presentación contribuía a conmover el ánimo del observador, lo mismo que su escala grandiosa, pues la imagen de la grandeza, unida a la extrema frugalidad ornamental, entraba en sintonía con el alma artística del espectador, ávido de dilatarse en todas las fruiciones, de abrazar la dimensión infinita del universo newtoniano.

Cl. N. Ledoux. París. Barrera de la Villette (1785).

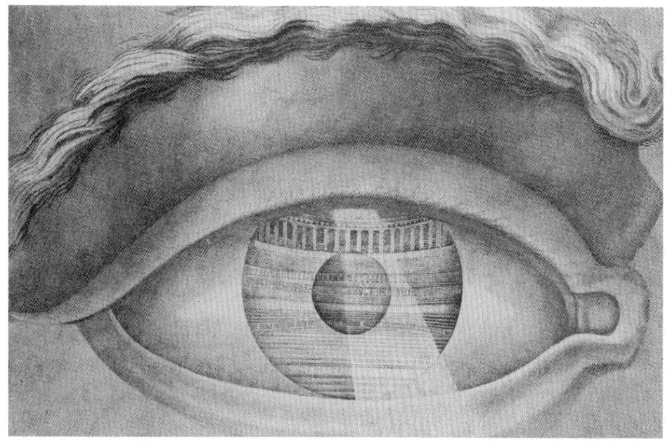

Cl. N. Ledoux. Representación del teatro de Besançon (1775) dibujado en la retina de un ojo.

Es evidente que Boullée pretendía impresionar al espectador, que tras su corazón ilustrado se incubaba el espíritu del romanticismo en puertas. Luchaba porque sus edificios, tratados desde la esfera de los problemas artísticos puros, estuviesen impregnados no sólo de un evidente simbolismo, sino de un carácter desde el cual se trasluciese la vía inaprehensible de la calidad poética existente en el universo del arte, de lo que él mismo definió como «la poesía encantadora» de su arquitectura de las sombras, una invención que orgullosamente se atribuía, un camino que ofrecía y que otros artistas no desdeñarían recorrer porque constituía el alma íntima y profunda de la arquitectura.

Sería otro arquitecto contemporáneo, Cl. N. Ledoux, el encargado de probar la validez de los principios descubiertos por Boullée, puestos en práctica gracias a su amplia trayectoria profesional en edificios de todo tipo, en residencias parisinas suntuosas y en humildes casas para trabajadores, en las más diversas estructuras utilitarias y en los templos al servicio de los ideales humanos y la causa de la revolución. Su obra nos es conocida en gran parte gracias al libro que publicó, cuyo primer tomo apareció en 1804, dos años antes del final de su vida, titulado *l´Architecture considérée sous le rapport de l´art, des moeurs et de la législation*, «La arquitectura considerada bajo sus relaciones con el arte, las costumbres y la legislación», en cuyo contenido revisaba sus trabajos profesionales junto con el proyecto de la ciudad ideal de Chaux, la arquitectura por la que él quería ser recordado y la que ofrecía a la posteridad, lejos del espíritu práctico y profesional que le había caracterizado en el pasado, cuando había sido el arquitecto más activo en la Francia prerrevolucionaria, el más admirado tras la desaparición de Gabriel y Soufflot.

De sus trabajos apenas quedan muestras, la apertura de nuevas calles en París arramblaron los numerosos hoteles residenciales que proyectó para las personalidades eminentes del antiguo régimen, amplios de programa, innovadores en el uso del lenguaje clásico, en los ajardinamientos (Hôtel Guimard, Hôtel Thelusson...).

Para la ciudad de Besançon realizó un teatro (1775) muy próximo al concepto de un anfiteatro antiguo, austero en el tratamiento exterior, muy divulgado porque lo dibujó reflejado en la pupila del ojo de un espectador, iluminado por un rayo de luz procedente del interior del cerebro, una presentación de naturaleza trascendente, mediatizada sin duda por sus crípticas ideas masónicas.

En París, en el parque Monceau, en el de la Villette, quedan algunas de las «barreras» o aduanas que proyectó, su obra más ambiciosa, pues constaba de más de 50 pabellones destinados a controlar y gravar el tráfico de mercancías de la capital. El encargo conllevaba un esfuerzo para caracterizar de acuerdo a su función a cada una de las barreras, jugando con su condición de propíleos de la ciudad en sus vías de entrada, con el aspecto de fortaleza aduanera, con la estética clásica del lenguaje formal adoptado, de muy variada inspiración. En ocasiones, como la del parque Monceau, la barrera semeja un templo rotondo antiguo o un pariente parisino del *tempietto* de Bramante. La de la Villette sobresale con la atrevida composición de un cuadrángulo con cuatro severos pórticos en cada lado, coronado con un tambor cilíndrico con una columnata horadada en la parte inferior del mismo. La antipatía inherente a su función recaudadora de impuestos ocultó la riqueza de las soluciones arquitectónicas, el extraordinario repertorio de formas geométricas, la audacia de los tratamientos, la energía desplegada para aportarles individualmente una concepción monumental.

Otro tanto ocurrió con las salinas de Arc-et-Senans (1775), inicialmente una muestra de arquitectura utilitaria al servicio de la producción monopolística de la sal, el oro blanco de la economía y fuente de sustento de la monarquía. El plan se ciñó a una organización semicircular de edificios fabriles y casas de obreros, la casa del director, la puerta monumental de entrada, todo en relación directa con el campo, pues la seguridad de la producción de la sal y el contacto con los medios necesarios para la elaboración, madera y agua, así lo requería. Esa relación directa con la naturaleza le sirvió a Ledoux para explayar algunas propuestas atrevidas y originales, como la gruta dentro de la puerta de entrada, los huecos en forma de tinajas de agua, el vibrante almohadillado de los sillares que descomponen la imagen de la casa del director, que le aportan una extraña monumentalidad, le agregan una autoridad reverencial que nadie se atrevería a discutir.

Es innegable que en la arquitectura de Ledoux se reconoce una capacidad para revelar el uso para el que estaba destinada, para expresar el significado de su función. Cuando se revisó su obra años más tarde, en época romántica, a tal exigencia leduxiana de conseguir que la estructura de la arquitectura hablara por sí misma se le apostilló con el término de «arquitectura parlante», feliz distinción que después se amplió a otros autores y otras obras que siguieron la estela de sus postulados.

David. París. Fuente de la Regeneración en las ruinas de la Bastilla (1792).

En su libro, Ledoux trató de convencer a la posteridad a la que se dirigía de que en su obra había desaparecido la distinción entre arte culto y arte popular, que todos los temas merecían igualdad de investigación y cuidado. Es más, el grabado del frontispicio de *l'Architecture...* lo tituló «El abrigo del pobre», proclama visual del desamparo del hombre desnudo refugiado bajo la copa de un árbol, olvidado por la olímpica desconsideración del panteón de los dioses, distraídos, en las nubes.

La utopía leduxiana, su defensa de la arquitectura para todos en una nueva organización social al alba de la república, equivalía a una crítica del orden existente, buscaba la caracterización de la nueva ciudad futura como un lugar de felicidad y de paz, fruto de la razón planificadora, triunfo de la arquitectura geométrica simple, evidente, en la que está impresa la marca de su destino práctico y el simbolismo de su función. Las formas geométricas puras de sus casas para todos los oficios y de los monumentos para los mejores valores eran garantes de una construcción más económica, pero el ornamento no se rechazó sólo por razones de ahorro, pues detrás del ideal de la simplicidad, de la belleza perfecta del círculo, se entendía una verdad universal: la de que la Geometría era el lenguaje de la Razón.

Ledoux redactó su texto en los años de su estancia en la cárcel, los revolucionarios radicales no le perdonaron sus trabajos al servicio del antiguo régimen. Fue la misma revolución que fue devorando a sus hijos, sobrepasando las posiciones de sus preconizadores, como el pintor David, que en los primeros años se unió al ritual de la destrucción de los símbolos del pasado, a la reorganización del mundo de los objetos y de los símbolos a través del valor educador y persuasivo de las fiestas revolucionarias. En la década de los años noventa del siglo XVIII apenas se construyeron en Francia más que cosas efímeras, inspiradas en el mundo del arte antiguo, en las artes simbólicas del antiguo Egipto y de la Roma republicana. La antigüedad renovaba su valor, su tiempo mítico se adhería al tiempo del presente, el pasado se confundía con la prospección del futuro, las formas de la arquitectura antigua revestían la expresión de lo nuevo. La fiesta revolucionaria consolidó la fuerza del neoclasicismo como portador de valores ideológicos añadidos, le arrancó de la promoción real con la que se había formulado en sus orígenes para hacerle recorrer su último trecho, el más politizado y el menos creativo a fuerza de tanto rigor arqueológico.

Con la ayuda, además, de Napoleón Bonaparte, que desde el 18 de Brumario del año VIII (9 de noviembre de 1799), cuando accedió al poder como Primer Cónsul, tomó en sus manos el destino de la Revolución y del país, del arte y de la arquitectura. Y fue a más a partir de 1809, cuando Francia pasó a proclamarse Gran Imperio, al dejar de lado el modelo de referencia de la Roma republicana para sustituirlo por el de la Roma Imperial.

P. Vignon. París. Iglesia de la Madeleine (1806).

Ch. Percier y P. Fontaine. París. Arco de Triunfo del Carrusel (1806).

Las huellas de la época napoleónica en la arquitectura fueron intensas teniendo en cuenta la brevedad de la permanencia en el poder. Algunas actuaciones venían ya comprometidas, como la conclusión del proyecto de Gabriel de la plaza de la Concordia con el telón de fondo de la Rue Royale y la iglesia de la Madeleine (1806), resuelta por fuera en forma de paráfrasis de un templo romano, del orden corintio de la Maison Carrée de Nimes sobredimensionado con la grandiosidad de Baalbek, imposición directa de Napoleón sobre el autor, P. Vignon.

París como capital recibió los mayores beneficios de la estancia en el poder de una mentalidad militar organizada, tanto en los aspectos celebrativos, con la instalación de columnas (de la Grand Armée, en la plaza Vendôme), nuevos puentes (Austerlitz, St. Louis, des Arts, Jena), como en los operativos, pues la ciudad fue dividida en distritos, se mejoraron los muelles del río, se diseñó el más peculiar de sus cementerios, el Père Lachaise, por el arquitecto Th. Brongniart, el mismo autor que compuso la Bolsa de Comercio (1806) como canto enaltecido al valor

Ch. Percier y P. Fontaine. Imagen de la publicación «*Recueil de décorations intérieures*» (1801).

redundante y envolvente del peristilo de columnas corintias sin frontón.

Dos arquitectos, Ch. Percier y P. F. L. Fontaine marcaron la moda con la que se reconoció el gusto de la época, el llamado «estilo imperio», un suave neoclasicismo de líneas recortadas e intensa concentración ornamental aplicada como decoración a los interiores de las residencias, al mobiliario, a la vestimenta, sus expresiones más características. Una publicación de los autores, comenzada en 1801 y completada en 1812, *Recueil de décorations intérieures*, contribuyó a divulgar y vulgarizar la moda, en último término inspirada en las figuras perfiladas de la cerámica antigua y la pintura de las casas pompeyanas.

Percier y Fontaine, que se habían formado en el rigor académico ilustrado, aprendieron en directo en Italia las bases del «estilo imperio» que acabó cristalizándose bajo su responsabilidad, recibieron los encargos adecuados para ponerlo de evidencia, como la residencia de la *Malmaison* (1799), pero, sobre todo, las intervenciones en el centro de París, en el eje que se prolongaba desde el Louvre a las Tullerías y la plaza de la Concorde.

La reactivación de la actividad en las construcciones públicas animó a intervenir en otro nudo embrollado del urbanismo parisino nunca resuelto del todo, el lateral de la conexión del jardín de las Tullerías con el plano medieval de esta parte de París, que Percier y Fontaine arreglaron abriéndolo con la figura más querida de los trazados franceses en jardines y ciudades, la línea recta prolongada, la de la calle Rivoli (1802). Los arquitectos partieron del condicionante de salvaguardar por un lado su papel de telón de fondo del eje aúlico y monumental, y por otro de atraer al capital privado para financiar la operación mediante la venta de los apartamentos del lado edificado de la calle. Percier y Fontaine diseñaron las fachadas bajo una consideración estilística unificada, consistente en arcadas de soporte y alzados regulares, repetitivos, sin concesiones a otras reglas que las de las ordenanzas y las del orden de los huecos dentro de una retícula constante y precisa. La calle Rivoli dejaba anunciada su futura prolongación axial hacia perspectivas indefinidas, al otro lado de la plaza de la Concorde, por los Campos Elíseos. En lo alto y final de su recorrido, en el centro de la plaza de la Estrella, aturdido por la geometría radial de doce calles que lo tienen enfilado, un arco de triunfo, proyectado por J. F. Th. Chalgrin en 1806, pero concluido en 1837, cuando se le incorporaron los relieves figurativos de Rude y otros artistas, vino a satisfacer los ideales imperiales napoleónicos, la grandiosidad convertida en mero gusto por la megalomanía, haciendo eco desde arriba al arco del Carrusel en el extremo inferior del nuevo trazado, extensión lineal de París que se sigue prolongando y que conecta hoy en día con otro nuevo arco, el de la Defense.

J. F. Th. Chalgrin. París. Arco de triunfo en la plaza de la Estrella (1806).

Los autores del arco del Carrusel (1806), Percier y Fontaine, se movieron dentro de la misma actitud de repetición revivalista de los modelos romanos. En esta ocasión la silueta reduce las fórmulas del más elaborado de los arcos imperiales romanos, el de Septimio Severo, al que se le añaden suaves relieves que están en la línea de los que los autores dibujaban en su *Recueil*.., la misma sensibilidad superficial con la que trabajaban los interiores de las residencias a la moda. Para instalarlo hubo que derribar las últimas casas del viejo caserío que se interponían entre el palacio del Louvre y los jardines de las Tullerías, por lo que el arco fue concebido como puerta de entrada, o de salida, flotando aislado en un tiempo y un espacio definitivamente sin límites ni fronteras.

GUSTO NEOCLÁSICO EN INGLATERRA

En la arquitectura inglesa del siglo XVIII la ruptura con el Barroco no necesitó generar excesivos conflictos,

Lord Burlington y W. Kent. Londres. Villa Chiswick (1725).

todo transcurrió de manera más sosegada, incluso comenzó antes, en parte por el carácter contenido y ecléctico propio de la actitud inglesa a la hora de adaptar las fórmulas estilísticas foráneas, en parte porque el neoclasicismo inglés tuvo mucho de palladianismo continuado, adoptado con singular éxito en la isla como la imagen identificadora de su tradición clásica, como la solución de prestigio de las villas en el campo de los terratenientes cultos. Ellos fueron los primeros interesados en buscar un ideal de arquitectura más discreto y sencillo, alejado de los excesos del Barroco continental y de sus monarquías absolutas, de los jardines geométricos con los que se podía explicar el mundo centralizado a partir de la posición hegemónica de la casa del rey, pues su país gozaba del placer adelantado de una monarquía constitucional.

De propagar la tendencia se ocupó una celebrada publicación aparecida en 1715, el *Vitruvius Britannicus*, del joven arquitecto Colen Campbell. El libro apenas llevaba texto, consistía en una colección de láminas de residencias, y perseguía convencer a los agentes culturales del país para recuperar la línea arquitectónica iniciada por Inigo Jones, dejada en suspenso tras su muerte. Detrás de Campbell se encontraba como mecenas el que desempeñaba el papel de árbrito de la elegancia culta de su tiempo, Lord Burlington, un rico aristócrata liberal admirador del arte italiano, país al que viajó en dos ocasiones. Del segundo viaje volvió en 1719 en compañía de un joven pintor, William Kent, que pasó a ser su nuevo artista protegido, favorecido por sus encargos, aliado en su campaña en favor de la purificación de la cultura arquitectónica nacional.

En 1725 ambos diseñaron la casa de recreo del aristócrata en las afueras de Londres, la villa Chiswick, una lectura con variaciones de la villa «Rotonda» de Palladio, respetando los principios básicos: planta simétrica, proporciones armónicas, cúpula central, pórtico con frontón de entrada. Las «variaciones» –almohadillado más potente, ventanas venecianas, aberturas termales en el tambor de la cúpula...– pasarán a constituir temas específicos de lo que se denominará el «palladianismo inglés», tanto por la forma peculiar de combinar los elementos, como por la finura del tratamiento pictórico del interior, en que intervino más decisivamente W. Kent, lo mismo que en el diseño de los jardines. Kent formuló el trazado del jardín en un estilo de transición de la geometría regular hacia la propuesta de un nuevo tipo de ajardinamiento irregular de inspiración pictórica, basado en la creación de efectos sobre equilibrios compositivos asimétricos, de vistas en ángulo, de escenas calificadas de «pintorescas» en cuanto plasmaban en la realidad física del territorio las configuraciones de los paisajes arcádicos de la pintura de N. Poussin, S. Rosa o C. de Lorena.

W. Kent mostró su genio peculiar en la Holkham Hall (1734), una villa palaciega para el conde de Leicester en la campiña de Norfolk. Sobre una planta de composición simétrica, el conjunto se articula con un pabellón central con pórtico y frontón y cuatro pabellones en los extremos, unidos al principal por pequeñas alas de conexión. El alzado es un animado juego de cuerpos en avance y retroceso, de cubiertas variadas, de chimeneas, de temas que se incorporarán como legado a la arquitectura inglesa con acento propio, ya sólo reverencialmente palladiano. La Holkham Hall está representada en gran medida en su vestíbulo, una puesta en escena deslumbrante bajo el artesonado denso del techo bajo el que navega la riqueza jónica de la pantalla de columnas estriadas de mármol polícromo. Estas se apoyan en un zócalo de mármol incrustado por dos bandas de cenefas formando ondas y esvásticas que acompasan el ritmo de la escalera, que derrama sus peldaños desde la entrada en forma de ábside al piso intermedio.

La vocación pictórica de W. Kent no le abandonó nunca del todo, sólo que el lienzo al que aplicó sus dotes fue la naturaleza, creando los primeros modelos definidos del jardín irregular pintoresco inglés, Rousham (h. 1738) y Stowe (1734). En este último, Kent incorporó sus actuaciones a las precedentes, en concreto en el escenario de los Campos Elíseos, ante cuya entrada, en el borde de la laguna Estigia, erigió el templo de la Virtud Antigua como un templo romano monóptero con estatuas de poetas y filósofos antiguos. El de la Virtud Moderna denunciaba con su estado ruinoso la decadencia de las costumbres del presente. Una exedra con nichos al otro lado del río exponía los bustos de catorce glorias británicas, poetas, filósofos, artistas, y un arquitecto, I. Jones. Kent, pues, activó el mecanismo intelectual y compositivo que convertiría al jardín inglés en el escenario de la autorrepresentación de la naturaleza como sistema irregular, pero mejorado por la participación sensible, apenas perceptible, del jardinero. Con el añadido imprescindible de los pabellones, dispuestos en el paisaje recreado para ir desvelando al paseante la memoria del tiempo a través de sus profundas cargas evocadoras, las históricas depositadas en sus formas, y las del ensoñador paseante solitario, reactivadas durante al menos el tiempo de su estancia en el jardín.

El jardín de Rousham, de menor tamaño, se adapta aún mejor a las sinuosidades del terreno, a los meandros del río, sacándoles el máximo partido pintoresco, incorporando el paisaje exterior según las reglas de la pintura paisajista, cuyos recursos no tenían secretos para Kent.

W. Kent. Templo de las glorias británicas en el jardín de Stowe (1734).

En la exedra de Stowe el único busto de un poeta vivo era el de Alexander Pope, traductor de Homero al inglés, «descubridor» del poder del genio del lugar, de la naturaleza irregular inglesa, que en cierta medida había cantado, además de en sus poemas, en el jardín de su villa en Twickenham (1726), el verdadero inicio de las composiciones libres en los jardines modernos. A Pope habría que unir los nombres de otros filósofos, poetas y estetas (J. Addison, A. Ashley Cooper, conde de Shaftesbury) que criticaban contemporáneamente al jardín regular como exponente de la cultura del absolutismo, como jardín coartador de la libertad expresiva inspirada en la naturaleza, propugnando su cambio por el amor a la naturaleza salvaje, el gusto por la vida en las villas suburbanas y por la pintura paisajista, incluso despertando la atención sobre los jardines irregulares chinos, de los que se comenzaban a tener noticias en Europa a través de los misioneros jesuitas.

H. Walpole. Strawberry Hill, en Twickenham (hacia 1748).

En 1741 se había cumplido el proceso de abandono de la simplicidad cartesiana de los jardines regulares, y el jardín de Stourhead, en Wiltshire, constituyó la mejor prueba. Fue la creación de un rico banquero, Henry Hoare, refugiado en la vida del campo, que a lo largo de los años fue transformando la propiedad familiar hasta hacerla parecerse a los cuadros de paisajes de Cl. De Lorena que tan admirados eran por los coleccionistas ingleses. El dueño mandó plantar, represó el río y formó un lago en el fondo del valle, y con la ayuda del arquitecto Henry Flitcroft, del círculo de Burlington, construyó arquitecturas de inspiración estilística variada, dispuestas para causar agradables sorpresas en el recorrido por el borde del lago, por los caminos hacia los altozanos, en el interior de los follajes.

Paisaje y arquitectura sumaban sus respectivas cualidades, al solaparse con intención deliberada creaban una lectura de contenidos cultos concatenados que se iban desvelando a lo largo del recorrido, entendido en este sentido como un circuito.

Desde la entrada al jardín de Stourhead, cada paso del caminante le remitía al interior construido de un paisaje pintoresco, le hacía traspasar el marco convencional de la pintura *Eneas en Delos* (1672), de Cl. de Lorena, cuya vivencia se la procuraba la dimensión real de la naturaleza. De este modo se sugería la noción del jardín como un verdadero cuadro enmarcado, tanto por la disposición de las masas, formas y colores, como por la determinación de pintura y jardín de representar un paisaje culto con el soporte de la arquitectura, en particular un templo con cúpula y pórtico de columnas, el «Panteón», que unido al templo de Flora, al de Apolo, y a otros pabellones, leídos en la cadena sucesiva del circuito, recreaban pasajes de la *Eneida* de Virgilio, el viaje de Eneas al jardín de las Hespérides,

W. Chambers. Londres. Pagoda en el jardín botánico de Kew (1758-1761).

H. Hoare y H. Flitcroft. Panorámica del jardín de Stourhead (1740-1765) en Wiltshire, Inglaterra.

metáfora del viaje de la vida del héroe literario, metáfora de la vida cultivada del dueño en el santuario de la naturaleza del país.

El éxito de los jardines de W. Kent y de Stourhead afianzó el gusto por las delicias de la irregularidad, convenció a muchos propietarios de que el Paraíso y la Arcadia feliz tenían su acomodo en sus latifundios mejorados por la mano del experto jardinero. Hubo algunos, como Horace Walpole que extremaron las propuestas y transfirieron la irregularidad pintoresca y las disposiciones asimétricas del jardín a la organización de la casa, cuya planta irregular ponía el acento en su predisposición a aceptar de antemano cualquier posibilidad de crecimiento y cambio, pues no parecía obedecer a otra regla que la de un lento crecimiento orgánico. Walpole se identificó con su vivienda, Strawberry Hill (1748) tanto como con su literatura fantástica, de un amable terror gótico («El castillo de Otranto»). Lo gótico fantástico estaba presente en la denominación de las salas, en la carpintería de las estanterías de la biblioteca, en el papel maché pegado a las paredes de la galería para fingir las bóvedas flamígeras de un medievo reducido a términos domésticos. La asimetría y la irregularidad quedó fijada en la planta, en el juego de los alzados semiocultos entre la floresta, que aludían a torres artúricas y a castillos campestres con sus ventanas recortadas de perfiles conopiales y parteluces con cristales emplomados, todo en la escala diminuta y cálida de lo hogareño, con un inevitable tono de melancolía que le contagiaba la personalidad solitaria y excéntrica del propietario.

Williams Chambers alternó su severo clasicismo urbano (Somerset House, 1776) con los placeres de la imaginación de los jardines y sus pabellones, a los que él enriqueció con la variante «anglochina». Según propia confesión, su apuesta por los jardines de inspiración china fue un pretexto para contrarrestar la influencia de los jardines paisajistas compuestos exclusivamente con elementos naturales de Lancelot Brown, el más solicitado de los jardineros ingleses de la época. Chambers, el adusto arquitecto conservador al servicio de la corona, publicó dos textos sobre la arquitectura china rememorando sus andanzas juveniles por Oriente: *Designs of Chinese Buildings* (1757), y *Dissertation on Oriental Gardening* (1772), en los que exponía y defendía el arte de distribuir los jardines según los usos de los chinos, compuestos mediante la agregación de escenas psicológicas contrapuestas, identificadas con las estaciones del año: horror-otoño, encanto-verano, alegría-primavera. Según Chambers, los jardines chinos, como los ingleses, partían de un mismo principio de irregularidad, *sharawadgi* en la denominación orientalizante. La diferencia consistía en que los chinos los enriquecían con elementos artificiales, pabellones, puentes, grutas, ruinas, rocas, que unidos a la dramaturgia de la naturaleza debidamente tratada, los elevaban al plano intelectual de un poema pedagógico que despertaba las emociones y afectaba positivamente a la psicología de los paseantes.

Los críticos de Chambers, como Horace Walpole, le mostraron la diferencia al revés: los jardines chinos eran el reflejo de un ominoso poder despótico, mientras que los paisajistas ingleses del tipo de Lancelot Brown cantaban las libertades de una nación culta y moderna. No obstante, Chambers puso en práctica sus

Capability Brown. Jardines en la Bowood House (1761).

ideas sobre el jardín moderno en Kew Gardens (1757), la villa y jardín del príncipe heredero en Richmond, una propuesta que consistía en la agregación de varias escenas de cariz culto y sentimental, exótico y diverso, conjuntando en el espacio restringido del jardín pabellones muy variados, un microcosmos que abarcaba el mundo arquitectónico en su pura diversidad, desde la Antigüedad clásica grecolatina a la Casa de Confucio, pasando por la Alhambra, la catedral gótica y la mezquita turca, el artificio de las ruinas y, cómo no, la pagoda china de Nanking revestida con refulgente cerámica vidriada. El mundo de la diversidad y de lo diferente cabía en los márgenes tolerantes del jardín, todo venía a propósito si conseguía conmover la imaginación del visitante, hacerle ver en un trozo de su territorio próximo la dimensión inabarcable del orbe conocido, las muestras de la cultura universal como si fueran las páginas de un libro ilustrado pasadas con la misma fruición que la de un viaje imaginario por las maravillas de lo creado.

Si al Chambers urbano y tratadista convencional del vitruvianismo neoclásico (*Treatise on Civil Architecture*, 1759) le tocó personificar la esencia del clasicismo oficial inglés, el brillo del prestigio de un estilo que lleva literalmente su nombre le cupo a Robert Adam. De origen escocés, miembro de una familia de constructores, permaneció en Roma entre 1754 y 1758, y allí entró en contacto con el círculo de Piranesi, del que llegó a ser fiel admirador y amigo personal. En 1764 publicó los resultados de un viaje a las ruinas del palacio de Diocleciano en Spalato que había llevado a cabo en los días finales de su estancia italiana acompañado por un maestro de la pintura panorámica de arquitecturas clásicas, el francés Ch. L. Clérisseau. Por tanto, Robert Adam regresaba con un amplio bagaje de experiencias y conocimientos adquiridos en contacto directo con las obras antiguas y junto a los artistas e intelectuales del pensamiento ilustrado, con el recuerdo de formas, diseños, colores que pondrá en práctica en su trabajo profesional.

R. Adam. Londres. Osterley Park House (1761).

R. Adam. Culzean Castle (1777), en Strathclyde, Escocia.

Se especializó en la adaptación de las casas de su rica clientela al gusto neoclásico tamizado según su versión personal, en la que se traspasaban las fronteras históricas y estilísticas convencionales, pues se aprovechaba igual el repertorio de los años de aprendizaje de la Antigüedad, que el de las estancias renacentistas pintadas a la antigua por Rafael, o la maestría francesa en lo tocante a la decoración de interiores. El arte del pasado se comprendía como un acervo de imágenes, como una estética en la que la libre interpretación de cualquier tradición seguía detentando en la cultura inglesa una autoridad intermediaria. La valía y perdurabilidad de lo que se reconoció como un exquisito estilo personal, el «Adam», se basaba, en lo material, en la exhaustiva labor de los artesanos especializados, pintores de renombre como el italiano Antonio Zucchi y su esposa Angelica Kauffman, que constituían un auténtico equipo trabajando bajo sus dictados. La razón última del éxito del estilo consistió en el haber sabido aprovechar la pluralidad estilística de los modelos para, con avenencia típicamente inglesa, tomar la solución del término medio y limar las fricciones del encaje bajo los auspicios de la presentación clásica.

R. Adam. Londres. Antecámara de la Syon House (1762).

La Syon House (1763) deslumbra por los órdenes de columnas clásicas auténticas, sacadas del fondo del Tíber en Roma, compradas y trasladadas hasta la Antecámara, donde se apoyan sobre los muros como en el mausoleo de Diocleciano en Spalato. Otras se constituyen en columnatas interiores que sirven de soporte a frisos y techos artesonados con estucos de suaves tonos grisalla (Kedleston Hall, 1760). El buen hacer de sus ayudantes artesanos y pintores se deja notar con pinturas a la manera etrusca o pompeyana (Osterley Park, 1763), con escayolas marcando los límites de las pinturas o de los espejos, los muebles de las librerías (Kenwood House, 1767). En su Escocia natal restauró el Culzean Castle (1777) e hizo del antiguo bastión militar una acomodada residencia moderna que preservaba la silueta medieval de cuerpos irregulares coronados por almenas, pero sin atenerse a la literalidad de las formas góticas, pues abrió las ventanas a formas de filiación clásica. En el interior se repiten las fórmulas de su estilo personal en la decoración de las estancias, pero en el corazón del castillo, sobre los acantilados del fiordo escocés, todo gira en torno al espacio de la escalera oval de órdenes clásicos superpuestos. Con ella, a la vista del desdoblamiento estilístico consumado, se vuelve a corroborar un principio de la arquitectura del autor: el del libre traspaso de los límites entre los estilos históricos.

La etapa de formación clasicista de John Soane pasó también por la estancia en Italia durante dos años. Luego, durante su vida, que llegó hasta muy entrado el siglo XIX, se mantuvo fiel a los modelos clásicos del pasado, en su caso mediatizado por su admiración hacia la cultura arquitectónica francesa, en particular por los textos de Lecamus de Mezières y de Boullée. Soane quedó prendado de sus especulaciones acerca del valor simbólico de la arquitectura, de los misteriosos efectos que procuraba el tratamiento pictórico y poético de la arquitectura de las sombras, la búsqueda del carácter de los edificios, sobre la luz procedente de fuentes escondidas que procuraba resultados mágicos realmente encantadores.

En la transición del siglo de las Luces al del Romanticismo, Soane fue el arquitecto adecuado para asumir ambivalentemente ambos talantes, partiendo de la reforma y purificación del lenguaje clásico, al que manejó con libertad en cuanto a proporciones, a las audacias estructurales, pero siempre con extremado refinamiento en el tratamiento de los detalles.

Tras su vuelta de Italia, Soane fue nombrado arquitecto del Banco de Inglaterra, en donde, a partir de 1788 fue proyectando sucesivas ampliaciones, muchas

J. Soane. Londres. Fachada de la Casa-Museo en Lincoln´s Inn Fields (1792).

J. Soane. Londres. Banco de Inglaterra (1788-1808).

J. Soane. Londres. Dulwich Art Gallery (1811).

hoy desaparecidas o alteradas: Lothbury Court, Consols Office, Rotonda, Old Colonial Office... En el Banco Soane experimentó con sistemas constructivos de arcos de ladrillo, pilares de piedra, bóvedas ligeras bizantinas, buscó una síntesis en lo que atañía a la procedencia de las referencias, que iban desde el Panteón a los dibujos de Piranesi, pasando por la elucubración del texto de Boullée que le invitaba a esconder las fuentes de luz para provocar sensaciones poéticas. Al igual ocurría con las directrices arquitectónicas, más reducidas y esquematizadas, puras líneas geométricas incisas en las salas más tardías de un edificio que creció a trozos, expandiéndose como un organismo vivo, capacidad de crecimiento y cambio que agregaba a su naturaleza este rasgo peculiar de la estética pintoresca.

De las obras conservadas de Soane, junto con la Dulwich Art Gallery (1811), su casa en Lincoln´s Inn Fields (a partir de 1792) nos abre la intimidad de su alma artística, diferente a cualquier otra de su tiempo. La casa, hoy museo, fue ampliándose, llenándose de escaleras, recovecos, muebles secretos, patios interiores cubiertos, salas a diferentes niveles abigarradas de decoración, de obras antiguas auténticas y de réplicas falsarias, dentro de un eclecticismo sin límites, medieval, clásico, bizantino y pintoresco, vibrante de color. Cualquiera de las estancias era susceptible de ser tratada con el mismo exquisito cuidado, aplicado con morosa delectación, sin urgencias, sin más finalidad que la de recrearse en el puro placer por lo extraño y excéntrico, por manifestar la personalidad del dueño refugiado en el diseño de interiores, en particular en la biblioteca, o la sala del desayuno, cubierta con una bóveda ligera rebajada, iluminada indirectamente y decorada en las pechinas con espejos convexos como los que gustaban disponer en sus cuadros los maestros de la pintura flamenca para ver en ellos el reflejo distorsionado de la realidad.

Salvo intervenciones puntuales de Robert Adam (*Adelphi Terrace*, 1768) o William Chambers (*Somerset House*, 1776), ambas procurando incorporarse como fachada arquitectónica monumental a la imagen de Londres contemplada desde el río, no se dio en la capital de la nación una planificación urbana equivalente a la del París contemporáneo. A pesar de los esfuerzos del plan de Ch. Wren tras el incendio de 1666 por renovar el trazado, la ciudad acabó aceptando el legado plural de su pasado, lo que unido a la ausencia

J. Wood. Bath. Royal Crescent (1767).

de una gestión monárquica autoritaria y a las dificultades topográficas, le privó de los elementos urbanos de prestigio por los que luchaban otras capitales en su afán de distinguirse. Durante el siglo XVIII, además de las medidas de reglamentación dirigidas a preservar un mínimo orden y dignidad, junto a los intentos por tratar el borde del río, los episodios sobresalientes del urbanismo londinense fueron las plazas, *squares*, auténticos centros de identidad de los barrios y las únicas figuras urbanas que caracterizaban las parcelaciones del plano.

Para encontrar una inflexión en este discurso de la arquitectura y la ciudad hay que desplazarse a Bath, ciudad termal de origen romano, que a partir de 1727 conoció un proceso de crecimiento controlado y dirigido por una familia, los Wood, John padre y su hijo del mismo nombre, arquitectos, empresarios y promotores, artífices de la recuperación de Bath como ciudad residencial a la moda. Para responder al gusto nuevo, adelantándose a una demanda tan definida, los Wood fueron incorporando al ambiente arbolado, espacioso, relajado y tranquilo, propios de una estación termal, una línea constante de crecimiento que fue realizada por partes, basada en adecuar a la topografía de la ciudad secuencias residenciales siguiendo un plan establecido, con una disposición geométrica muy poco rígida, en particular en las últimas fases.

La primera fue la *Queen Square* (1728), una plaza de 90 metros de lado, en ligera pendiente, cuyo diseño todavía está próximo al de las plazas reales francesas, con edificios de viviendas en los laterales y en el centro un jardín característico de las plazas inglesas. Subiendo por la empinada Gay Street se llega al *King Circus* (1754), una plaza circular de 95 metros de diámetro, con tres calles de acceso, de manera que queda dividida en tres segmentos de bloques de pisos de tres plantas, cada uno articulado con un orden clásico, resultando tres órdenes superpuestos en una figura cóncava, el envés geométrico del Coliseo romano, en quien los autores se habían inspirado para transferir la dignidad de los órdenes y de los monumentos antiguos a los apartamentos de veraneo de sus clientes burgueses.

En 1767 John Wood, hijo, acometió el último tramo de la intervención, el *Royal Crescent*, un bloque semielíptico de 30 unidades de habitación adosadas hasta alcanzar los 180 metros de la pantalla abierta al paisaje, cuyo alzado está fragmentado por el orden repetido de columnas jónicas gigantes, que unen los dos pisos superiores apoyadas en el rústico piso bajo. Esta última figura del *crescent* tendrá una importante repercusión en el urbanismo inglés, que adoptó como propias las ventajas de su aspecto de arquitectura de moderno Coliseo, su lenguaje de palacio clásico extendido y al alcance de las nuevas clases sociales emergentes, abierto a las vistas de la campiña, que para conseguir filtrarse hasta su vera se metamorfoseaba en parque urbano.

Tras la derrota de Napoleón en todos los campos de batalla, recuperado el orgullo de las naciones acosadas por sus afanes expansivos, reanudada la actividad en las capitales acomplejadas por las escalas de la arquitectura de París, en Londres se tomó como revancha ofertar su alternativa y desbancar el prestigio cultural francés basado en el énfasis y en la megalomanía.

En Londres la contraofensiva vino de la mano y del ingenio de dos interesados en primera persona, el príncipe regente, futuro rey Jorge IV, y el experimentado arquitecto John Nash. La disculpa fue un parque al norte de la ciudad, Marylebone, de propiedad real, que el príncipe quiso convertir en bien público y unir con un plan de mejora de todo el centro de la capital hasta conectarlo al sur con el parque real de St. James y las propiedades de la corona, la Carlton House, junto al antiguo paseo del Pall Mall.

Desde 1812 J. Nash fue presentando distintas variantes de su propuesta, que afectaba a la forma adoptada para definir el nuevo gran parque público, Regent´s Park, en clave de jardín urbano irregular con lago, bordeado por grupos de casitas realizadas según patrones estilísticos variados, y bloques aterrazados de viviendas (Chester Terrace, York Terrace, Cumberland Terrace), deudores en parte de la experiencia urbana de Bath, consagrando la relación directa de las casas de pisos con frontones y órdenes clásicos revestidos de estuco blanco, en contacto con el verde arreglado del parque urbano.

Una segunda consideración no menos decisiva cara al triunfo del modelo radicaba en la construcción de la calle de conexión de ambos polos, la Regent's Street, interrumpida en su recorrido por distintos episodios, carente de un trazado rectilíneo, sin la obsesión por unificar el estilo de los edificios más que con las reglas de la imprescindible policía urbana, pues Nash trató de imbuirle el alma de un recorrido pintoresco, de refutar con sus quiebros la idea de las interminables y repetitivas avenidas parisinas. En la arquitectura de la ciudad, tras décadas de experimentación en el territorio del jardín, se vino a consagrar la ruptura entre el modelo de la irregularidad de la estética pintoresca con el de las mallas espesas y simétricas de la ciudad hipodámica y del jardín geométrico, defendido hasta sus últimas consecuencias por la cultura francesa.

Nash, que había sido autor de villas campestres que se movían con ductilidad pintoresca entre los estilos góticos vernaculares (Luscombe Castle, 1800), o con aires toscanos italianos (Cronkhill, 1802), acabó en la vejez disfrutando de la fantasía de los estilos exóticos, entonces cuando empezaban a ponerse también de moda los baños de olas en las ciudades costeras, lo que hizo de Brighton la estación balnearia que terminó con la hegemonía termal de Bath. En el Pabellón Real de Brighton (1815), Nash dejó de lado toda moderación y revistió su arquitectura con los oropeles de la arquitectura mongol transfigurada, retorció el hierro fundido para que semejase capiteles de hojas de palma, redes de tracería, cúpulas bulbosas y minaretes de sueño oriental, todo de nuevo al gusto del príncipe regente que, con la connivencia de su arquitecto, se apropiaba de las señas de identidad de la cultura de la colonia hindú con estas estrambóticas propuestas al borde del mar.

NEOCLASICISMO EN ESTADOS UNIDOS

La fidelidad al estilo neoclásico lo trasplantó y lo cultivó en América uno de los autores de la Declaración de Independencia de los Estados Unidos, Thomas Jefferson, que además era arquitecto, admirador de la cultura artística europea, en donde vivió durante cuatro años como embajador en París. En ese tiempo viajó para conocer en directo la arquitectura de Palladio en Italia, también la de los nuevos jardines ingleses. Ese bagaje de ideas adquiridas, más lo aprendido en los tratados y libros de repertorio, lo empleó Jefferson para caracterizar la nueva arquitectura de su país. En 1793 amplió su pequeña villa en Monticello, cerca de Charlottesville, en su Virginia natal, la cubrió con una cúpula, le agregó alas a los lados, pórticos y frontones de estuco blanco que destacaban sobre los muros de ladrillo oscuro. La posición de Monticello en el altozano del verde paisaje le añade el tono pintoresco de la tradición insular inglesa. El vago palladianismo vuelve a remitir a la unión del programa residencial con la elección estilística, lo que sería motivo de inspiración para tantas

J. Nash. Brighton. Pabellón Real (1818).

J. Nash. Londres. Cumberland Terrace en el Regent's Park (1827).

Th. Jefferson. Charlottesville. Villa Jefferson en Monticello (1793).

W. Thornton y Th. U. Walter. Washington. Capitolio (1792-1855).

F. Sabatini. Madrid. Puerta de Alcalá (1764).

casas de las haciendas en la tradición americana posterior. Con este tipo de actitudes y elecciones arquitectónicas cultas, con el añadido de la fama de su persona, Jefferson empezó a aportarle una dimensión internacional a la arquitectura de los Estados Unidos

La previsión de una sociedad regida por la cultura llevó a Jefferson a promover leyes generales de enseñanza, a dar respuesta arquitectónica a nuevas instituciones en Chalottesville, capital del estado de Virginia. En 1817 se realizó la Universidad de Virginia según la previsión de sus planes, inspirados en la arquitectura de los pabellones de jardín franceses, en concreto del palacio de Luis XIV en Marly, traducidos aquí a diez pabellones para profesores unidos por galerías porticadas, dispuestos en dos hileras de cinco, y al fondo, cerrando la composición, la Biblioteca, una rotonda con pórtico inspirada en el Panteón, en Virginia interpretado como Panteón democrático, como templo laico de la sabiduría depositada en los libros.

La transferencia de los modelos culturales del continente europeo al nuevo mundo pasó a ser la constante aplicada en las más diversas oportunidades. El plano de la nueva capital federal, Washington, lo fue esbozando el ingeniero francés Pierre Charles L´Enfant a partir de 1790, teniendo presente el papel preeminente de dos complejos básicos, las áreas en las que ubicaban los edificios representativos de la nueva ciudad: la residencia del presidente, la Casa Blanca (de J. Hoban, restaurada por B. Latrobe tras la guerra de 1812), y la sede del parlamento, el Capitolio.

Junto al río Potomac, L´Enfant abrió arterias diagonales, plazas como focos de la organización del plano, y lo articuló sobre una malla geométrica muy trabada, fruto de las experiencias urbanas europeas, pero sobre todo de la grandiosa geometría de Versalles. La grandeza de la nueva ciudad descansó en la silueta de su edificio emblemático por antonomasia, el Capitolio, que mantuvo en las sucesivas restauraciones y ampliaciones e incorporaciones de volúmenes, entre el proyecto de 1792 de W. Thornton, y la nueva cúpula de 1855 de Thomas U. Walter, el uso característico del lenguaje de la antigua arquitectura griega, traspasada por todas las interpretaciones históricas hasta hacerse cargo ahora de los valores políticos de una sociedad que comenzaba a perfilar su futuro, y la correspondiente arquitectura, en un nuevo mundo creativo.

ARQUITECTURA NEOCLÁSICA EN ESPAÑA

La arquitectura que se realizó en España a lo largo del siglo XVIII fue en ocasiones italianizante, en otras afrancesada, con dejes castizos, abrumadoramente «barroca» si consideramos el arraigo y profusión del ornamento como depositario de los valores que exteriorizan el reconocimiento superficial del estilo.

Los palacios de los Borbones (La Granja, Aranjuez, Rascafría, El Pardo, Madrid) sirvieron para poner al día los usos de un clasicismo cosmopolita, importado directamente por sus creadores, o interpretado por arquitectos nacionales que actualizaron sus conocimientos, o que tuvieron la oportunidad de reanudar el diálogo con obras de un pasado menos enfebrecido por los delirios del teatro imaginativo barroco, como fue el caso de las ampliaciones de los palacios de Aranjuez y El Pardo.

Un cambio significativo dentro de la lenta evolución de las cosas en la historia fue la llegada en 1759 de Carlos III para ocupar el trono tras la muerte de su hermano, Fernando VI, pues el monarca traía su afición a las artes, su curiosidad por la antigüedad, despertada durante sus años en el trono de Nápoles, que coincidieron con las excavaciones de Pompeya y Herculano. Traía además un nutrido grupo de artistas de su confianza, que pasaron a incrementar el elenco y el peso de la visión italiana en el arte cortesano español. Fue la oportunidad de trabajar a su servicio de F. Sabatini, formado en Nápoles con Vanvitelli, por tanto en un barroco depurado que el monarca entendía como la traducción de los ideales ilustrados que encarnaba su persona. Sabatini como arquitecto responsable de las obras reales fue ante todo un realista práctico, y buen ejemplo de ello fue la ampliación de El Pardo (1772), donde se limitó a doblar el bloque renacentista en el que ya había intervenido previamente, tras el incendio de 1604, Francisco de Mora, y a eliminar las alusiones directas, foso y torres, a su condición de castillo para darle un toque superficial y algo castizo de palacio, dejando la cubierta de pizarra y el tejado animado por numerosas chimeneas. Como parte del ornato de las calles de Madrid, dejó su obra más popular, la Puerta de Alcalá (1764), versión elegante y contenida del clasicismo de un arco de triunfo romano antiguo tamizado por alusiones a otros arcos y puertas monumentales romanas renacentistas que mantenían viva la vieja función de ornato público y el carácter celebrativo.

Sabatini animó el debate de la arquitectura española, necesitado de controversias que lo sacaran del letargo en el se había sumido durante la primera mitad del siglo. Su antagonista fue Ventura Rodríguez, arquitecto de la Junta de Castilla, una personalidad de transición entre el Barroco de origen y el Neoclasicismo en el que militó en su etapa de madurez.

Ese debate crítico de la arquitectura tuvo en la tardía fundación de la Academia de Bellas Artes de San Fernando, en 1751, la sede institucional adecuada para darle el máximo eco y nivel intelectual. Desde la Academia se fomentó la traducción de los textos de arquitectura (Vitruvio, Vignola, Alberti), a los que tímidamente se sumaron algunos propios (*Colección de diferentes papeles críticos de arquitectura*,1776, de Diego de Villanueva). Pronto salieron los primeros alumnos educados en un conocimiento más riguroso y pautado de la arquitectura, formados en un severo clasicismo que volvía a remontarse a los rígidos preceptos del estilo herreriano como un bien añadido a las corrientes de revisión de las tendencias contemporáneas. Los titulados por la Academia, algunos de ellos becados para ampliar estudios en Roma en contacto directo con las obras de la antigüedad, pasaron a formar parte del brazo artístico armado preparado para efectuar el cambio de rumbo, a tenor del gusto imperante en el resto de las naciones vecinas.

Ventura Rodríguez. Madrid. Iglesia de San Marcos (1749).

En la fase de transición del Barroco al Neoclasicismo se halla, pues, la figura del arquitecto Ventura Rodríguez, influido en sus primeras obras por la arquitectura de Juvarra y Sacchetti, con quienes se había formado trabajando como aparejador en las obras del Palacio Real de Madrid. En los encargos de su primera etapa se adaptó a la tradición del Barroco romano, como la iglesia de San Marcos de Madrid (1749), un juego de cinco elipses entrecruzadas en planta que recuerda la solución de San Carlino de Borromini, y de superficies cóncavas y convexas en fachada que hacen pensar en Sant´Andrea al Quirinale de Bernini como fuentes directas de inspiración. Ventura Rodríguez se encargó de la nada fácil tarea de remodelar el Pilar de Zaragoza (1750) y de resolver las dificultades planteadas por el proyecto de Francisco Herrera (1679), que afectaban básicamente a la orientación, la relación con el río y la capilla de la Virgen, que resolvió con una planta elíptica con cuatro exedras en los extremos de los ejes y cubierta mediante cúpula.

Con la muerte de su protector Fernando VI se concluye la etapa de Ventura Rodríguez como arquitecto de palacio, a partir de entonces debió buscar los encargos fuera del ámbito cortesano e implicarse como profesor en la Academia. Debido a que trabaja en programas más funcionales, por el contacto con las nuevas ideas que entraban desde Francia e Italia, sus obras a partir de 1760 denotan un mayor grado de severidad, de rigor contenido en el uso del ornamento, del tratamiento de los materiales con cuidada atención a su naturaleza, conceptos todos que, con la ayuda siempre de Herrera como intermediario, aproximan su práctica arquitectónica a los dictados defendidos por la nueva generación de reformistas neoclásicos. En Valladolid, no lejos de la catedral inconclusa de Herrera, realizó el convento de los Agustinos Filipinos (1760), un conjunto de un solo cuerpo formado por las dependencias residenciales y la iglesia de planta central. En esta ocasión se hacen evidentes las muestras del cambio, las superficies murarias no van más allá de establecer en puro silencio las relaciones entre huecos y muros, las torres se subordinan a la cúpula.

Igual severidad geométrica y militancia contra el ornamento se da en el Real Colegio de Cirugía de Barcelona (1761). En su última intervención significativa, la fachada de la catedral de Pamplona (1783) se acercó más que nunca a los postulados de un diseño arqueológico de los modelos romanos antiguos, con un pórtico tetrástilo corintio en el se concentra la mayor fuerza de la composición, los únicos efectos de claroscuro, pues el resto de la fachada y las dos torres son el campo donde lo único que se explaya son las figuraciones geométricas de amplio desarrollo, que no alteran la decidida calma de las superficies murales sobre las que se recortan.

Francisco Cabezas. Madrid. Iglesia de San Francisco el Grande (1761).

Juan de Villanueva. Madrid. Fachada al Paseo del Prado del Museo del Prado (1785).

A Ventura Rodríguez no le abandonó la polémica, él mismo la avivó en ocasiones, como cuando denunció las carencias técnicas de las trazas del padre Francisco Cabezas para la iglesia de San Francisco el Grande de Madrid (1761), cuyo programa estaba previsto como parte del conjunto del palacio Real. Fue este un proyecto muy discutido, lleno de avatares e indecisiones, que debió concluir finalmente, de nuevo, Sabatini.

No menos duro fue el enfrentamiento con Diego y Juan de Villanueva en el seno de la propia Academia, culpando al hermano mayor por su falta de modernidad y doctrinarismo, y a Juan por su falta de experiencia constructiva.

Y sin embargo, nuevo error de cálculo de Ventura Rodríguez, Juan de Villanueva estaba llamado a ser el representante de la nueva arquitectura y del nuevo gusto, el arquitecto «neoclásico» por excelencia de la arquitectura española.

Villanueva salió titulado de la Academia y obtuvo una beca como pensionado en Roma, donde permaneció varios años, dibujando y aprendiendo de las ruinas y de la arquitectura moderna de la ciudad, estableciendo vínculos con otros jóvenes viajeros y estudiosos que coincidieron en sus días de estancia. A su vuelta, emprendió junto con José de Hermosilla la tarea de dibujar las antigüedades árabes de Granada y Córdoba (1766), y poco después se trasladó a El Escorial, donde recreó con gusto la arquitectura herreriana en la Casa de Infantes (1771), y en menor medida, en La Casita de Arriba (1773), un pabellón de jardín cortesano para el Infante don Gabriel. En las casas de El Escorial, realzadas por el marco de los jardines, Villanueva experimentó con algunos de los temas que se convertirán en constante de su arquitectura posterior, como el lenguaje clásico sencillo, prescindiendo de los recursos habituales de frontones o pilastras articuladoras de los muros, sacando el máximo rendimiento a la textura del granito, el material común en las construcciones del lugar.

En 1785, fecha en la que falleció Ventura Rodríguez, la comunidad de monjes jerónimos para los que había trabajado en el Escorial le encargó como depósito de sus libros de rezo el *Nuevo Rezado*, actual sede de la Academia de la Historia, un volumen cúbico de líneas serenas y sobrias, resuelto con paños de ladrillo, vanos enmarcados por molduras lisas y bandas de granito en las esquinas.

En ese mismo año de 1785, como parte de la mejora urbana de Madrid en el paseo del Prado, recayó en él la responsabilidad de proyectar un museo de Historia Natural, luego Museo del Prado, y esa fecha significa el comienzo de las intervenciones de Villanueva en Madrid, a las que se suman, entre las más destacadas, el Oratorio de Caballero de Gracia (1789), y el Observatorio Astronómico (1790).

El Museo del Prado se integra como el argumento principal de la mejora del borde inferior de los jardines del Buen Retiro, que el monarca Carlos III pretendía convertir en el gran paseo urbano de la capital. Tras algunas variantes sobre el proyecto inicial, Villanueva mantuvo en la versión definitiva las características de adaptación del edificio a un paseo ajardinado, buscando la calma de la relación con la naturaleza y el recibimiento por todos su flancos de los paseantes de la ciudad que venían a su encuentro. Su frente es alargado, compuesto por una secuencia de cinco cuerpos dispuestos de forma que, sin perder cada uno su tratamiento específico, se integran en una unidad final perfectamente trabada. Tanto los materiales, granito y ladrillo, como las cornisas corridas dan unidad a la yuxtaposición de las partes. Hay dos cuerpos cuadrados en los extremos, el del norte, «puerta Goya» (alterado posteriormente con la apertura de la entrada baja), un pórtico jónico «in antis», guarda en el interior uno de los espacios más hermosos del museo, «la Rotonda», una límpida estructura circular de orden jónico y cúpula con óculo y casquete con cuatro filas de casetones, templo panteísta del saber ilustrado universal dentro del museo. En la fachada sur, hacia el Jardín Botánico, las columnas corintias se levantan como un panel por encima de la puerta de entrada, «de Murillo». El pabellón central se conecta con dos alas rectas retranqueadas con los cuerpos cuadrados norte y sur, dos galerías de columnas jónicas exentas en el piso principal, mientras que el piso inferior se articula mediante edículos rectangulares y semicirculares alternos. El cuerpo transversal, la «Basílica», se destaca con el orden de mayor tamaño, un pórtico dórico cuyas columnas arrancan directamente del suelo del paseo y, por supuesto, carece de frontón; se concluye en un piso ático con el frontal ornado de relieves escultóricos.

Todavía más introducido en la floresta del parque, el Observatorio Astronómico pone de evidencia su condición de pabellón neoclásico dentro de la naturaleza, en un altozano que, además de servirle a sus funciones de observatorio, le añade una interesante cualidad pictórica, de conjunción entre el rigor de los órdenes que se rematan en la pureza cilíndrica de la rotonda jónica superior, con la relajación de su vista distanciada y difuminada en la vegetación, cerca de un entendimiento, probablemente no intencionado pero casualmente próximo, a la interpretación de este tipo de pabellones diseñados por W. Kent en los jardines pintorescos ingleses. En la arquitectura del Observatorio Villanueva siguió con dúctil fidelidad los dictados de formas clásicas más cerca que nunca, en esta fase final de su carrera profesional, a los años de aprendizaje en Roma, a la rememoración «neoclásica» de sus dibujos de arquitecturas clásicas antiguas.

Juan de Villanueva. Madrid. Observatorio Astronómico (1790).

Juan de Villanueva. Madrid. Fachada norte del Museo del Prado (1785) según el estado del proyecto original.

Arquitectura del siglo XIX

ARQUITECTURA DEL CLASICISMO ROMÁNTICO

EL TRATADO DE VIENA DE 1815 DIO POR CONCLUIDAS LAS CONVULSIONES EN QUE SE VIO ENVUELTA EUROPA POR CAUSA DE LA POLÍTICA NAPOLEÓNICA, EN PARTE UNA HERENCIA FALLIDA DE LA MENTALIDAD FRANCESA ILUSTRADA Y REVOLUCIONARIA. LAS NACIONES DEL MAPA POLÍTICO AFECTADAS POR EL TRATADO, LAS ACTITUDES GENERALES DE LA POLÍTICA EUROPEA, EN CONSECUENCIA TAMBIÉN LA CULTURA, REACCIONARÁN CONTRA ALGUNOS DE LOS IDEALES DE LA GENERACIÓN ILUSTRADA ANTERIOR, QUE A LA POSTRE LES HABÍA CONDUCIDO AL COLAPSO. SIN SOLUCIÓN DE CONTINUIDAD, EN APENAS DOS DÉCADAS, FRANCIA MISMA PASÓ DE SER MILITANTE CONVENCIDA DE LOS VALORES DE LA RAZÓN UNIVERSAL NEOCLÁSICA, A SER SIERVA DE LA IRRACIONALIDAD INDIVIDUALIZADA ROMÁNTICA. OTRO TANTO OCURRIÓ EN PAÍSES QUE SE HABÍAN MOSTRADO MENOS PROCLIVES A ACEPTAR LOS BENEFICIOS DE LAS LUCES, CASO DE ALEMANIA, VERDADERA ADELANTADA, PUES EN SU SUELO SE HABÍAN ENCENDIDO LAS SEÑALES DEL MOVIMIENTO PRERROMÁNTICO COINCIDIENDO CON LA TAREA ASUMIDA POR SUS ARTISTAS E INTELECTUALES, LA DE HACER PARTÍCIPE EL PROGRESO, IDENTIFICADO CON LA FILOSOFÍA ILUSTRADA, CON LAS FORMAS NEOCLÁSICAS.

La transición hacia la nueva actitud artística romántica, como en otros momentos de la historia, venía siendo, pues, un proceso continuado, cuyos orígenes se pueden remontar a las primeras críticas y al paulatino abandono del Rococó, con el consecuente afianzamiento de la sensibilidad individual, verdadera proclama en la que se verá reconocido el movimiento romántico.

Pero no existe un «estilo romántico» identificable con formas características. En la arquitectura siguió prevaleciendo una fe entusiasta hacia los valores del clasicismo y su capacidad de portar significados universales de la cultura, si bien su hegemonía se vio cada vez más debilitada por el auge de otros estilos históricos alternativos. De hecho, en todas las naciones cultas las Academias continuaron ejerciendo el papel de arbitraje y de difusión de las reglas del clasicismo, cuyas directrices eran las únicas que se impartían en los distintos planes de estudio. El modelo de todas ellas, la *Academie Royale d'Architecture*, Academia Real de Arquitectura, fundada por Colbert en 1671, tras muchos y muy distintos avatares que incluyeron su supresión en 1793, se refundó en 1795 como *École Spéciale d'Architecture*, Escuela Especial de Arquitectura, claro que ya debiendo convivir entonces con una nueva institución de perfil ingenieril llamada a tener un papel protagonista en la historia de la construcción, la *Ecole Polytechnique*, Escuela Politécnica, heredera de la antigua *Ecole des Ponts et Chaussés*, Escuela de Caminos y Puentes.

K. F. Schinkel. Berlín, Altes Museum, 1823.

En época napoleónica primero, a partir de 1816 después, y hasta 1968, la sede de la enseñanza de la arquitectura, el modelo francés que inspiró a otras instituciones académicas y veló por el mantenimiento de la enseñanza reglada de las distintas artes, incluida la arquitectura, fue la *Ecole Royale et Spéciale des Beaux-Arts*, dominio de A. Q. Quatremère de Quincy, desde 1816 Secretario Perpetuo, máximo exponente en las primeras décadas del siglo XIX de la línea clasicista y de la ortodoxia doctrinaria a que se sentía obligado, dado su total convencimiento de que la *École* debía mantener el prestigio de la Antigüedad.

El siglo romántico comenzó bajo los auspicios de las formas clásicas, las mismas que habían determinado la faz del movimiento Neoclásico. No obstante, señal del cambio de los tiempos, en 1830, se prescindió del viejo Quatremère, pues una nueva hornada de artistas combativos deseaban introducir los temas de la realidad, la vitalidad de la arquitectura contemporánea, nuevas tendencias y estilos, el estudio de los nuevos materiales, con el fin de evitar que la enseñanza de la arquitectura se separara de la verificación práctica, de los procesos constructivos, que, si se abandonaban, pasarían a ser competencia profesional exclusiva de los ingenieros.

Muchos de esos nuevos jóvenes artistas de la generación que se estaban declarando en rebeldía en 1830 se adscribían al movimiento «romántico», lo cual no les hacía automáticamente anticlásicos.

El Romanticismo, en arquitectura, fue pluriestilístico, pero básicamente militó en la tendencia clasicista. Su clave de identificación romántica no se basó en el cambio de lenguaje como argumento fundamental, sino en la coexistencia del clasicismo con otros estilos recuperados del pasado, unos de tintes nacionalistas, como el Gótico, otros degustados por simple capricho o por gusto por lo exótico, por lo diferente o lo variado, como había ocurrido hasta ese momento en los pabellones de los jardines pintorescos ingleses, verdadero campo de experimentación de la variedad de los estilos históricos, que pasó a ser compartido por los demás ámbitos generales de la cultura arquitectónica del siglo XIX.

Por debajo de las formas históricas de los estilos, de la hegemonía del clasicismo, sí corría por el alma de los jóvenes artistas de la generación romántica un ideario que les unió a la corriente y les hizo ser reconocidos precisamente como tales, mas allá de los diferentes géneros que practicasen.

Si el artista neoclásico buscaba penetrar bajo la superficie de la naturaleza para revelar el orden subyacente, el Romántico prefería sugerir que bajo las apariencias superficiales se ocultaban impenetrables profundidades de inexplicable misterio. De todas las variantes de la representación plástica, la preferida fue la del paisaje, pues este despertaba la reacción del individuo ante el resto de lo creado y los vínculos existentes entre ambos. Por esa razón, la «arquitectura romántica» aspirará a alcanzar la condición de pintura. Los monumentos del Romanticismo, templos clásicos o catedrales góticas, gustan instalarse en paisajes que idealicen al máximo su realidad material, y las representaciones pictóricas que se derivan ayudan a llenar el vacío dejado por la heroica pintura de historia, fomentada por los neoclásicos como ejemplo característico de la unión entre la ética y el arte.

K. G. Langhams. Berlin. Puerta de Branderburgo (1789).

Parte del sentimiento de rebeldía del nuevo arte se identificó con la defensa de la arquitectura gótica, estilo que pasó de la hostilidad a la admiración, más tarde a la restauración de sus monumentos arruinados. A la herencia de la recuperación que venía dejándose notar en el siglo XVIII, la literatura del XIX le añadió al Gótico la virtud de expresar la belleza y el misterio impenetrable de la naturaleza, disculpa con la cual Chateaubriand («El genio del cristianismo», 1802) condenó el «bello ideal» del arte pagano y salió en defensa del «bello moral» del arte cristiano.

La arquitectura gótica se puso de moda porque a sus interpretaciones se le incorporó una más de cariz nacionalista, pero la fuerza de su vitalidad se la inyectó la poesía y la literatura, la de un joven Goethe ante la catedral de Estrasburgo, o de un Coleridge, que asimilaba sus alturas vertiginosas al trazo de un perpetuo anhelo, de una continua ascensión hacia Dios. Es quizás en la poesía, y en la pintura, en donde la vuelta al Gótico alcance sus frutos más logrados, pues en la arquitectura pesará demasiado el rigor arqueológico. Sus realizaciones modernas, muy vinculadas con tipologías eclesiásticas, defraudarán, porque, como denunciaba Heine en 1837, las catedrales góticas del pasado las habían levantado hombres con convicciones, y las iglesias góticas modernas se sostenían en meras opiniones, en controversias académicas anticlásicas, constituían un vano intento de resucitar un arte fenecido, de reproducir un cuerpo sin alma.

La vía espiritual abierta con la recuperación del Gótico la llevaron algunos a extremos ideológicos combativos. El inglés A. W. N. Pugin luchó por evitar las parodias del estilo, y con celo propio de un converso trató de insuflarle las características de un lenguaje moderno, pero tanto sus iglesias parroquiales, como sus inflamados escritos, no consiguieron superar el grado de la denuncia de los males de la sociedad industrial del presente (*Contrasts*, 1836), cayendo en la añoranza retrógrada o en la religiosidad puramente reaccionaria (*An apology for the revival of christian architecture*, 1843).

Los juicios anteriores ayudan a constatar que la filosofía de la Ilustración y los acontecimientos políticos de la Revolución francesa habían agudizado el sentido de la historia, habían hecho consciente el abismo que separaba definitivamente el pasado del presente. Al contemplar con detenimiento los hechos del pasado, lejano o reciente, al estudiar las causas, se abría una nueva perspectiva, a veces vivida con auténtico dramatismo: la de la conciencia del paso del tiempo. El siglo XIX fue profundamente historicista porque los estudios del pasado ayudaban a señalar las diferencias y semejanzas entre el pasado y el presente, actitud bien diferente a la de los neoclásicos, empeñados en encontrar precedentes y ejemplos morales.

Inevitablemente, el estudio de la historia generó actitudes que se regodeaban en vagas añoranzas, en juicios de valor sobre los buenos tiempos del pasado. Pero no fue esa la línea interpretativa dominante. La Antigüedad dejó de asimilarse con el bello estilo ideal de los artistas neoclásicos y pasó a integrarse en un conjunto de estilos de igual rango, dentro de ellos como el más importante y afín con respecto a las culturas occidentales. El juicio provenía del estudio de los hechos físicos y materiales, de las excavaciones sistematizadas que exploraban y organizaban los distintos episodios del pasado. La única conclusión determinante sobre la Antigüedad no eran sus supuestos valores eternos, el Ideal, sino su naturaleza transitoria, una clave que devolvía cierta paz a los hombres habitantes del pasado, que les permitiría descansar por fin bajo su condición humana sin más.

El descubrimiento de la policromía de la arquitectura antigua, que hubiera destrozado el alma y la teoría sobre el Bello Ideal de Winckelmann, hizo parecer a los intérpretes neoclásicos partidarios de una pureza, nobleza y elegancia de la Antigüedad que, además de fría e incolora, se demostraba ahora como científicamente inexacta. Dibujados con colores chillones y rebajados de la perfecta simetría con la que habían sido reproducidos, los templos antiguos recibieron nuevas miradas críticas sumamente atractivas, pero que les devolvían a un tiempo, el suyo propio, cada vez más alejado del mundo moderno.

ARQUITECTURA DEL CLASICISMO ROMÁNTICO EN ALEMANIA

En la cultura alemana del siglo XVIII hubo representantes de primera fila de las ideas ilustradas (Winckelmann, Lessing), pero la estructura política, basada en el poder de los príncipes territoriales, impidió que las nuevas ideas racionales cumplieran el papel revulsivo que llevaban implícitas, de manera que la Ilustración fue un fenómeno asumido y controlado desde las instancias del poder, y el estilo neoclásico, en general, se redujo a copias de los modelos franceses, la cultura vecina a la que se admiraba con enormes dosis de envidia y recelo.

En los inicios de una cultura moderna burguesa, el movimiento *Sturn und Drang* (Fuerza y Empuje) se vio limitado a reclamar los derechos de la libertad individual y a denunciar los abusos del despotismo ilustrado, manteniendo la característica contradicción de participar en posturas conservadoras en lo político y progresistas liberales en lo artístico. El movimiento *Stur und Drang*, desposeído de la racionalidad ilustrada por la clase política dirigente, acabó configurando una visión del mundo incomprensible, misteriosa, inalcanzable a la razón humana, elevó sus carencias interiores a necesidad exterior, tildó la soledad social y el subjetivismo exacerbado del artista creador como potencia creadora, como genio, definió a la creación artística como un proceso misterioso que hacía innecesaria la experiencia ordinaria y sensible, ideas todas que representaban la antítesis de la racionalidad ilustrada.

Leo von Klenze. Propíleos, Munich (1846).

Los arquitectos y artistas de las distintas capitales alemanas solían educarse en el sistema francés, el modelo de referencia, el que les había servido para garantizar el éxito de sus empresas civiles, una vez que se había apagado el brillo de los artistas italianos. La invasión napoleónica agudizó los sentimientos nacionalistas, pero no borró el paralelismo entre las artes de ambos países.

Las inclinaciones arquitectónicas de algunos príncipes, como Federico Guillemo de Prusia, les llevaron a fomentar las construcciones de inspiración clásica durante su reinado. Federico encontró en la figura del arquitecto K. F. Schinkel al artista que configuraría los monumentos del nuevo Berlín, la capital en la que hasta entonces apenas se había construido nada de relieve, sólo contaba con el antecedente de la puerta monumental de Brandenburgo (1789), de K. G. Langhans, una puerta ceremonial de proporciones moderadas, puerta de entrada del neoclasicismo alemán.

Schinkel era discípulo de F. Gilly, muerto de forma prematura, que había estudiado en París en los años prerrevolucionarios, autor de un proyecto no construido en memoria de Federico el Grande (1797), que consistía en un templo griego izado sobre un basamento enorme, rodeado de obeliscos y otras figuras sombreadas que le aportaban un tono general de solem-

K. F. Schinkel. Potsdam. Casa del jardinero de Corte (1829).

K. F. Schinkel. Berlín. Altes Museum (1823).

K. F. Schinkel. Potsdam. Chalottenhof (1826).

nidad funeraria, efectos que hacían recordar los dibujos de los arquitectos visionarios franceses.

La formación pictórica de Schinkel le permitió subsistir durante los años de inactividad de las guerras napoleónicas, desplegar su imaginación proyectual en temas imaginarios, escenografías teatrales, así como presentar de manera muy atractiva sus proyectos. En su juventud viajó en dos ocasiones a Italia, y más tardíamente, en 1826, a Inglaterra. Los estudios en la Academia de Arquitectura de Berlín y la influencia de los viajes dio como resultado una arquitectura que fue pasando por variados compromisos, todos muy fructíferos para el desarrollo de la arquitectura de la nueva Alemania en ciernes, con cuyo ideario se identificó. En su arquitectura urbana y oficial empleó un neoclasicismo funcional, en la residencial adaptó la arquitectura vernacular italiana, la pintoresca inglesa, y las nuevas estructuras de hierro. Sus últimos proyectos recuperaron las escalas y el carácter ideal de su arquitectura dibujada, afectada siempre por un pintoresquismo expresado con los recursos de un virtuoso, que seduce de inmediato por su atractivo pictórico, por su imaginación colorista, por la belleza de la implantación, por saber que eran eso, la proyección de anhelos y fantasías que nunca se llevaría a cabo.

En 1815 Schinkel fue nombrado Arquitecto del Estado Prusiano, y sus primeras actuaciones estuvieron encaminadas a cualificar el centro representativo de Berlín, lo que se ha dado en llamar el área directiva del Spree, el pequeño río de la ciudad, y la continuación del gran eje monumental de la ciudad, la célebre avenida *Unter der Linden*, «Bajo los Tilos», dándole unidad general a partir de la relación entre edificios aislados, autonómos, revestidos de una estilística de signo neogriego. En la *Neue Wache*, de 1816, Nueva Guardia, se aproximó al dórico escueto, mientras que la *Schauspielhaus* (1818), el Teatro Estatal de Prosa, por su programa requería una mayor complejidad de masas, utilizando el orden jónico griego con el purismo y al tiempo con la racionalidad que permitía su aplicación a un programa de esas características. En 1823 proyectó el *Altes Museum*, Museo Antiguo, cuya fachada principal se inspira en las stoas columnadas de las ciudades griegas, lectura urbana del museo que Schinkel transforma en una gran columnata horizontal de orden jónico con un pórtico detrás, línea que se remarca con un cuerpo ático rectangular. Dicho ático oculta la exteriorización de una cúpula central, versión pictórica de la del Panteón, que junto con la escalinata abierta al pórtico, con vistas a la plaza filtrada por la columnata, son los dos espacios interiores más relevantes, dos notas dentro de un conjunto claramente organizado, según los principios expuestos por J. N. L. Durand, otro de los maestros de la arquitectura francesa heredero de la ideología artística neoclásica.

A partir de 1824 Schinkel dio comienzo a su extensa obra para la familia real en Potsdam, rica ciudad vecina a Berlín, que se convirtió en la auténtica capital del clasicismo romántico prusiano. En las obras de Potsdam colaboró con él P. J. Lenné, Jardinero de la Corte, seguidor de las directrices naturalistas del jardín inglés. Se trata de pabellones residenciales que, como *Glienicke* (1824), *Charlottenhof* (1826), la casa del Jardinero de la Corte (1829), los Baños Romanos (1829), y el castillo de *Babelsberg* (1833), ofrecen variaciones sobre la casa de campo de placer. Cada una de ellas trata de romper las barreras habituales entre la arquitectura residencial y la naturaleza, por lo que su punto de partida son las plantas irregulares de la tradición inglesa pintoresca, prescindiendo, salvo en el caso de Babelsberg, de la reclamación de lo gótico, pues Schinkel se vale de pórticos dóricos, terrazas elevadas, pérgolas, pabellones conectados, así como de los jardines para conseguir el efecto de libertad dentro de un riguroso orden geométrico. A la casa del Jardinero de la Corte logró imbuirle el aire de una villa italiana rural, organizada en composición de volúmenes asimétricos en torno a la torre, verdadero eje del conjunto. En el exterior se le acoplan pérgolas a diferentes alturas, logias, y un ático abierto bajo el tejado principal, homenaje del arquitecto a las lecciones de la arquitectura italiana rural que con tanta delectación había dibujado en su cuaderno de viajes.

Los últimos años de Schinkel mostraron su dúctil flexibilidad para adaptarse a los nuevos materiales, cuyas posibilidades de uso había conocido en su viaje a Inglaterra. Se separó de los modelos clásicos de su juventud y se acercó a las corrientes del *Rundbogenstil*, el estilo de arco de medio punto de inspiración medieval, con el empleo de ladrillo y terracota como material de construcción, del que dio sus propias creaciones personales. Un proceso de constante adaptación que le retrotrajo a los deleites dibujísticos de su juventud, con proyectos que culminan su línea pintoresca y clásica de manera felizmente conjuntada. Para el nuevo rey alemán de Grecia, el príncipe Oto de Wilttesbach, imaginó su palacio en la Acrópolis de Atenas (1834), y para la princesa Carlota de Prusia, zarina de Rusia, un palacio en Orianda, Crimea (1838). Ambos quedaron en el estadio de la fantasía, propuestas sobre suntuosos escenarios, combinando la arquitectura de formas griegas dispuestas en ricas variaciones simétricas, junto a espectaculares jardines interiores que venían a reforzar lo excepcional de su disposición pictórica en el paisaje, en cuyo color quedaban incorporados, color que, signo de los tiempos y de las averiguaciones sobre la arquitectura antigua policromada, empleó Schinkel con fina sensibilidad en cada detalle arquitectónico de las láminas de los proyectos, propuesta del entonces ya maduro autor capaz de incorporar las novedades sin renunciar a sus propias raíces y convicciones artísticas.

Leo von Klenze. Ratisbona. Walhalla (1831).

Leo von Klenze. Munich. Gliptoteca (1816).

En Baviera, el rey Luis I y el arquitecto Leo von Klenze repitieron a partir de 1814 los mismos afanes de Federico Guillermo III y Schinkel en Prusia, en esta ocasión dirigidos a la construcción de Munich como la gran capital artística del sur. Ello sucedió a partir de 1814, cuando Klenze fue llamado para dirigir los trabajos del ensanche de la ciudad y hacerse cargo de proyectos singulares. El ensanche de la ciudad se cifró en la gestión, promoción y financiación de dos ejes monumentales, dos calles que dirigirán las líneas de crecimiento de la ciudad, la *Ludwigstrasse* y la *Briennerstrasse*, en cuyos flancos fueron surgiendo palacios, edificios oficiales y de viviendas, donde tuvo un protagonismo alternativo al de Klenze el arquitecto rival suyo, Friedrich von Gärtner, que controló con férrea disciplina la unidad de criterios estilísticos de la arquitectura de la ciudad, muy modulada, sin exageraciones ornamentales, dentro de un suave eclecticismo, ocasión aprovechada por Munich para obtener la categoría de gran ciudad ordenada y regular de la que había carecido hasta ese momento.

La responsabilidad personal de Klenze fueron sus proyectos para los edificios singulares más destacados promovidos personalmente por el rey Luis I: la Gliptoteca, el Museo de Escultura (1816), la Pinacoteca, el Museo de Pintura (1826) y los Propíleos (1846) en Munich, y fuera de la capital, cerca de Ratisbona el *Walhalla* (1831) y en Kelheim la *Befreiungshalle*, Sala de las Libertades, de 1842.

En todos ellos Klenze produjo variaciones sobre la base arquitectónica en que se había fundamentado su aprendizaje. Por un lado el orden compositivo y gusto por la regularidad de su formación francesa, el academicismo que le había transmitido las enseñanzas de Durand, el discípulo de Boullée que había simplificado los recursos dibujísticos, pero mantenido el gusto por el rigor geométrico del arquitecto neoclásico. Klenze había viajado en 1805 por Italia, por lo que conocía de primera mano los edificios clásicos y los templos dóricos sicilianos. Esas claves citadas aparecen transfiguradas en las tres variantes, en los tres programas que delimitan de manera muy abierta los tres flancos de la plaza que quedó señalada con sus respectivos volúmenes.

F. von Gärtner. Atenas. Palacio Real (1837).

F. Weinbrenner. Karlruhe. Markplatz (1804).

La fachada de la Gliptoteca la domina un pórtico de ocho columnas jónicas y alas laterales más bajas, pero en su interior el programa se adapta a la exhibición de la espléndida colección real de esculturas, dispuesta por el gran escultor danés B. Thorvaldsen, en salas abovedadas, bien iluminadas, organizadas alrededor de un patio central. La decoración de los muros, homenaje a otros maestros franceses, Percier y Fontaine, se perdió por culpa de los daños bélicos, por lo que las austeras paredes actuales responden a criterios restauradores y expositivos ajenos a los originales.

La última intervención, los Propíleos, se realizó tras las experiencias de Klenze en Atenas, sus dibujos sobre los edificios de la Acrópolis, sus trabajos al servicio de Oto, el nuevo rey alemán de Grecia una vez liberado el país de la ocupación otomana. La puerta monumental de los Propíleos está reclamando para Alemania la condición de nueva patria del clasicismo griego, y lo proclaman con la debida simetría, de la que carecían los genuinos de la Acrópolis, reincorporándoles la novedad de la policromía, un debate de la cultura decimonónica de fundamentación arqueológica, pero con enormes consecuencias estéticas y constructivas.

La mirada romántica de Klenze al pasado de la arquitectura griega, las lecciones pictóricas que la arquitectura inglesa inserta en el paisaje, el canto exaltado a los héroes alemanes se conjugan en la obra sin duda más espectacular y conocida del autor, el *Walhalla*, un templo períptero dórico según el esquema del Partenón que corona un cerro de las llanuras bávaras, en cuya cúspide, sobre enormes plataformas y escaleras de ascenso zizagueante, se recorta el sagrado volumen que ratifica que el alma de los antiguos griegos y el de los alemanes participan de los mismos honores olímpicos, que los frontones sirven para acoger indistintamente las figuras de los dioses de la mitología helénica o los de las sagas teutonas. Arquitectura clásica y paisaje romántico se aúnan para crear una imagen representativa del más puro espíritu del clasicismo romántico. Desde la base del templo, culminada la ascensión, se abre el paisaje bávaro, el Danubio se desliza a lo lejos regando los campos de la Alemania fértil. Dentro del templo, flotan por los muros de mármoles polícromos los bustos de las glorias alemanas, al fondo preside el retrato del buen rey Luis, todos reciben la iluminación cenital de un espacio resuelto por libre. Sin los datos perdidos de los templos antiguos, el interior oscuro de los templos del sur deviene una experiencia templaria inesperada, determinada por luz tenue de las tierras del norte.

La fecundidad de las tareas de Schinkel y de Klenze no pueden hacer olvidar el auge de la arquitectura en otras capitales, que acometían contemporáneamente empresas de trascendencia equivalente cara a su configuración moderna. A Karlsruhe, la capital del pequeño estado de Baden que había sido trazada en época barroca con las directrices de una ciudad-parque, el arquitecto F. Weinbrenner le aportó coherencia monumental a la arquitectura de sus calles y monumentos, impuso una impronta unitaria, racionalizó la actividad edificativa del ensanche estableciendo modelos canónicos para los distintos tipos de viviendas y patrones unificados de fachadas. La composición de la *Markplatz*, Plaza del Mercado, de 1804, presidida por la enigmática figura de la pirámide central, sutil recuerdo egipcio y de los dibujos de Gilly, se basaba en la conjunción de los edificios autónomos, sencillos de estilo, semejantes pero no idénticos, una muestra característica de las intervenciones del clasicismo romántico.

La labor de Weinbrenner fue continuada por H. Hübsch, el representante del *Rundbogenstil* en el sur, el estilo del ladrillo y la terracota, de los arcos rebajados y de la vuelta a las iglesias de estilo románico. Hübsch supo expresar el desconcierto estilístico ante los historicismos del momento, la perplejidad del arquitecto ante la tesitura de optar por uno entre la amplia oferta si se partía de una apática falta de convicciones: *¿En qué estilo hay que construir?*, resume bien como frase la misma interrogante en la que se debatía la cultura arquitectónica europea contemporánea.

En Dresde, la capital de Sajonia, G. Semper comenzó su carrera sin un rumbo estilístico determinado, ese parecía el destino de los jóvenes arquitectos, presos en las redes de la interrogante de Hübsch. Semper era discípulo de Gärtner, y desde 1837 comenzó a intervenir en el área del foro barroco monumental de Dresde, que había hecho de ella a los ojos de los visitantes una de las ciudades más bellas de Alemania, una ciudad «augustea» a tenor del nombre de los reyes, Federico Augusto I y II, que habían promovido las principales actuaciones. Semper alteró la organización del conjunto palaciego del *Zwinger* (1697), concebido por el arquitecto M. D. Pöpelmann como una plaza de celebraciones con planta en forma de anfiteatro abierta al río Elba. La apertura al río la clausuró el ala de la Galería de Pintura (1847), cuyo programa se unía al

G. Semper: Estudio cromático de la Acrópolis de Atenas (1830-1833).

Teatro con la idea de convertir el área en el centro cultural de Sajonia (Teatro de Ópera, 1837, incendiado y reconstruido por él mismo en 1872). En estas obras, como en el palacio Oppenheim (1845), Semper empleó el estilo renacentista de inspiración italiana como revestimiento de la estructura mediante un lenguaje adecuado, pues ante la indefinición de los estilos, entendía, y explicaba, que la cultura renacentista italiana y el esplendor cultural sajón estaban en el mismo plano de afinidades, algo que no podría expresarse nunca con el Gótico.

Antes de recorrer Europa como exiliado político, Semper había viajado a Italia y Grecia (1830-1833), había hecho un alto en Inglaterra coincidiendo con la primera Exposición Universal de 1851, por lo que pudo visitar con atención el Palacio de Cristal y sus contenidos. En plena madurez fue reclamado a Viena por el emperador Francisco José para colaborar en los trabajos del ensanche, la *Ringstrasse*, el nuevo gran bulevar que rodeaba como una anillo a la ciudad histórica, aprovechando el vacío dejado por los campos militares y las viejas murallas que el emperador Francisco José había mandado derribar.

El concurso del ensanche lo había ganado en 1858 L. Förster, y la ordenación consistía en una serie de edificios públicos (Iglesia Votiva, Universidad, Teatro de la Ópera, Parlamento, Academia de Bellas Artes) y de bloques homogéneos de viviendas en medio de grandes espacios abiertos a la manera de un parque verde continuo. Para el *Burgtheater* (1874) Semper eligió una vía más recargada que la del teatro de Dresde, su plástica refuerza el papel del ornamento con la misma intensidad que el Barroco lo había intensificado con relación al Renacimiento, el arco histórico por el que se movían las preferencias de Semper.

Los textos teóricos de Semper arriesgaron más que su arquitectura. El más significativo y maduro fue *Der Stil in den technischen und tektonischen Künsten*, «El Estilo en las artes técnicas y tectónicas», 1860. En sus escritos Semper resumía muchas de sus experiencias, viajes, conocimientos históricos y animadas controversias, como la que había mantenido con Hittorff acerca de la policromía en la arquitectura. Desde el convencimiento de sus ideas socialistas, Semper entendía que la arquitectura estaba en relación con la estructura social y política de cada época, que incorporaba además valores simbólicos, como era el caso de la policromía en la arquitectura clásica, la cual superaba la pura noción de revestimiento o sistema de protección de los materiales, como mantenían Hittorf y otros. La posición más radical le llevó Semper a defender la evolución de la historia de la construcción en función del conocimiento y uso de los materiales, algo que había agudizado su conocimiento en directo en Inglaterra de las nuevas construcciones de hierro y cristal, del pabellón de Paxton para la Exposición Universal de 1851. La evolución venía de más lejos, se remontaba a la Antigüedad, con los hombres primitivos realizando sus cabañas para preservar el fuego en el hogar de barro, cubriéndolas con techos de madera, asentándolas sobre terrazas de piedra y resguardándolas con cerramientos de tejidos. En ciernes, Semper deja apuntada una historia de la arquitectura como historia de los sistemas constructivos, a los que las nuevas generaciones, no él, habrían de incorporar los nuevos materiales como expresión de la sociedad industrial contemporánea.

R. Smirke. Londres. British Museum (1832).

INGLATERRA Y ESCOCIA

En la arquitectura inglesa del siglo XIX las tradiciones asentadas ya en su cultura con carta de naturaleza, clásica, gótica y pintoresca, mantuvieron vivas sus tensiones por lograr una primacía, al menos relativa, pues el indiferentismo estilístico constituía la última instancia del pueblo más ecléctico de la historia.

Las lecciones sobre la arquitectura griega de «Atheneian» Stuart en la segunda mitad del siglo XVIII, las filiaciones neoclásicas de J. Nash y J. Soane que penetraron en las primeras décadas del siglo XIX, dieron sus frutos, en cuanto el «Greek Revival», el «neogriego», se mantuvo como una respuesta adecuada para muchos edificios públicos, sedes bancarias y de clubs, colegios universitarios y casas en el campo, e incluso revistió el ambiente general de una ciudad entera, Edimburgo, bajo las nieblas nórdicas de Escocia.

Una generación más joven de arquitectos, discípulos o seguidores de los anteriores, mantuvieron el

A. Thomson. Glasgow. Caledonia Road Free Church (1856).

arraigo insular de los órdenes griegos y lo emplearon para solucionar los programas de los dos museos más significativos de Londres. William Wilkins realizó el primer esfuerzo en la National Gallery (1832), cuya fachada sirve de telón de fondo a la Trafalgar Square, pero no pudo evitar la «impureza» de dejar a la vista, detrás del pórtico, una pequeña cúpula, menor de volumen que la que Schinkel había ocultado con un cuerpo ático en el Altes Museum de Berlín con el fin de eliminar interferencias en las límpidas líneas horizontales de su clasicismo más ortodoxo. Robert Smirke, discípulo de Soane, también organizó el interior del British Museum (1832) alrededor de una gran cúpula en el patio central, que se realizó muy tardíamente, en 1850, y fue diseñada en hierro y cristal por su hermano menor Sydney, pero su fachada principal, que costó años terminar, es una doble columnata jónica que flanquea al pórtico del templo, una escenografía de abundancia de columnas que traen al corazón de la urbe londinense ecos de las ciudades helenísticas y su tendencia a exagerar las muestras de riqueza.

Las tierras de Escocia, cuyos castillos y torneos caballerescos había exaltado Walter Scott como esencia característica de su pasado, se cubrió de un manto de columnas, frontones y réplicas literales de monumentos áticos. Glasgow fue menos afectada por los aires de la corriente, pero contó con las composiciones de las iglesias de Alexander Thomson «the Greek» (*Free Church*, 1856; *Queen´s Park Church*, 1867) en las que combinaba, con el espíritu libre del clasicismo romántico, torres altas de pesada mampostería con pórticos elevados y galerías de columnas, todo siguiendo disposiciones asimétricas muy innovadoras.

En Edimburgo la apuesta por el «greek revival» contó con los leves antecedentes del clasicismo de Robert Adam, que elaboró algunos planes para su tierra natal. La expansión de la ciudad obligó a salir de la colina histórica para ganar ensanche en las tierras llanas de la bajura hasta alcanzar la colina frontera, la Calton Hill, sobre la que G. M. Kemp imaginó copias del Partenón y otros monumentos atenienses con la pretensión de revivir una «Acrópolis Escocesa» en la «Atenas del Norte». La personalidad que dominó la arquitectura de Edimburgo en las primeras décadas del XIX fue William Playfair, responsable a partir de 1818 del trazado del ensanche a los pies de la Calton Hill, de calles rectas combinadas con *crescents*. Playfair fue autor igualmente de edificios monumentales (Royal Scottish Institution, 1822; Free Church College, 1846; National Gallery of Scotland, 1850), que sumados a los de Thomas Hamilton (High School, 1784) cerraban el círculo de composiciones neogriegas que con tanta pericia practicaron los arquitectos escoceses, lecciones de un neoclasicismo nórdico con el que dejaron definido el gusto de la ciudad, encantada de verse adornada

G. M. Kemp. Edimburgo. Monumento a Walter Scott (1840).

W. Playfair. Edimburgo. Calton Hill. Royal Stewart´s Monument (1831).

con las muestras más tardías del estilo que habían desvelado los viajeros del siglo anterior.

La reacción de los partidarios del Gótico corrió en paralelo a los éxitos de los clasicistas. El incendio del Parlamento de Londres en 1834 fue la ocasión aprovechada para que el concurso para la construcción del nuevo incluyese la cláusula de que debía seguir las formas del gótico isabelino. El ganador, Charles Barry, se enfrentó a un reto para el que inicialmente no estaba preparado, pues hasta entonces había seguido los caminos de una arquitectura inspirada en las líneas de un renacimiento italianizante. Por esa causa, Barry solicitó los consejos del más firme defensor de la preeminencia del gótico como estilo nacional, A. W. N. Pugin. De la unión de dos personalidades de difícil encaje resultó el moderno Parlamento (1836), un triunfo oficial del Gótico, que daba así muestras de su capacidad para resolver cualquier tema y cualquier edificio moderno, no sólo iglesias, el «baldón» que arrastraba, sobre todo desde que en 1818 la *Church Buildins Society* había lanzado la campaña para revitalizar el papel institucional de la religión promoviendo nuevas construcciones en estilo gótico.

El Parlamento, como resultado general, convenció en principio de su militancia en el Gótico, con sus altas torres rematadas con pináculos, pero el plano goza de la regularidad y de la organización afín a la arquitectura clásica, los huecos son regulares, las líneas se repiten con la continuidad horizontal de los entablamentos, la fachada al río es totalmente simétrica.

Teniendo en cuenta que las obras del Parlamento y del British Museum fueron coetáneas, los argumentos para el debate entre clasicistas y goticistas estaban bien servidos. Los clasicistas denunciaban la identificación excluyente del Gótico con la idea del nacionalismo moderno, además de considerarlo un estilo carente de reglas y principios, producto del trabajo de maestros artesanos, que cifraban los mejores efectos del estilo que defendían en el papel protagonista de lo decorativo, de lo anecdótico y de lo superficial.

Las feroces campañas y los argumentos esgrimidos por Pugin valieron un respiro a los partidarios de la tendencia e hicieron que en la década de 1840 y 1850

Ch. Barry. Londres. Parlamento (1836).

G. Gilbert Scott. Londres. Estación de St. Pancras (1868).

G. Gilbert Scott. Londres. Albert Memorial (1863):

el llamado Movimiento de los Eclesiólogos, que acabó configurándose en una sociedad Cultural, la *Cambridge Camden Society*, promoviese con éxito el renacer del papel social de la Iglesia y la renovación del culto y del ritual, que los problemas estilísticos se conectaran con las exigencias de renovación del clero. Se llegó a publicar un periódico, *The Ecclesiologist*, dirigido a controlar las construcciones de edificios religiosos, la restauración de iglesias, a establecer los criterios del modelo gótico, y a recaudar fondos para mantener la presencia social del movimiento.

Además del Parlamento, el Neogótico logró materializarse en soluciones diversificadas, cada una de las cuales venía a dar la razón a los defensores de su versatilidad. En el mismo Edimburgo clasicista, cuando se quiso conmemorar con un monumento público la figura de Walter Scott, el concurso lo ganó y realizó en 1840 G. M. Kemp con un edículo rematado con una aguja catedralicia que hacía de la estatua del escritor el trasunto de un santo varón de la literatura caballeresca. El mismo caso se repitió años después en Londres con el Albert Memorial (1863) de G. Gilbert Scott, un prolífico constructor de iglesias góticas, que instaló un nuevo relicario sacro en Hyde Park, en memoria del marido de la reina Victoria, que posee toda la belleza metálica de los objetos medievales: mármoles de colores, bronces, esmaltes, esculturas de mármol blanco para este ejemplo del gótico victoriano tardío.

Gilbert Scott representaba la fase creativa del revival gótico, alejado de los misticismos de la fase inicial, abierto ahora a la aplicación de nuevos materiales, a los que el autor se acercaba con mentalidad desprejuiciadamente ecléctica, con apertura de miras, asociándose con ingenieros si fuera el caso para repartirse el programa de una nueva estación de ferrocarril, como la de St. Pancras, de Londres (1868), en la que Gilbert Scott se ocupó del edificio de viajeros con un gran hotel incluido, y lo resolvió brillantemente con un estilo gótico moderno descendiente del original del siglo XIII, mientras que el ingeniero W. H. Barlow consiguió levantar detrás la cubierta de hierro y cristal de mayor luz conseguida hasta entonces.

Esa misma actitud ecléctica le había ayudado cuando en 1856 ganó el concurso para el *Foreign Office* en medio de un enorme debate, lo cual le obligó a remodelar el proyecto y cambiarlo por uno con fachada del tipo de los palacios italianos, que se consideró más adecuado para la imagen de un ministerio. La batalla no conocía tregua y las victorias se inclinaban aleatoriamente hacia uno u otro bando. El caso contrario ocurrió con el concurso de 1866 de las *Law Courts*, Palacio de Justicia, ganado por E. Street, proyecto defendido por su ductilidad compositiva, por el control de las masas articuladas, por la animación procurada mediante el juego de alturas diferentes, torres, contrafuertes, pura imagen de gusto por lo medieval, pues la construcción incluía después los rasgos modernos de las estructuras metálicas, galerías de vidrio, puerta de entrada a los adelantos de la ingeniería que parecía ajena, y por encima de las disquisiciones de los arquitectos historicistas.

Th. Deane y B. Woodward. Oxford. Museo de Ciencias Naturales (1854).

No era la primera vez que se daba la presencia de la ingeniería moderna como un complemento aparentemente neutral llamado a resolver aspectos técnicos. En Oxford, ciudad universitaria que se había erigido en pilar de defensa de la tendencia medievalista, en 1854 se había convocado un concurso para el Museo de Ciencias Naturales de la Universidad, que ganaron Thomas Deane y Benjamin Woodward, auspiciados por la figura emergente del crítico John Ruskin. El exterior guardaba el carácter severo de un gótico veneciano que tanto gustaba al crítico, incluidas las concesiones decorativas y el empleo de materiales polícromos. El interior escondía la realización más espectacular de la cultura victoriana, pues el patio había sido concebido como una inmensa catedral de vidrio, con pilastras tubulares muy ligeras, al ser de hierro, y una red de ojivas igualmente metálicas que creaban una malla de nervios cubiertos con cristal. Por supuesto Ruskin repudió este interior, pero los autores mostraron cómo resolver la dificultad por una «tercera vía», la del diseño artístico de los elementos estructurales, aplicando el hierro colado a la construcción siguiendo los principios formales de la arquitectura gótica.

Ruskin conocía, y refutaba, la aplicación del hierro en la construcción, pero ni siquiera lo toleraba en los puentes, estaciones de ferrocarril o invernaderos de jardín, cuanto menos en edificios universitarios de ciudades históricas. El primer puente de hierro de la historia estaba en su mismo país, se conserva en un delicioso valle que en la actualidad se visita dentro de los circuitos de la «arqueología industrial». Lo había diseñado en 1777 un arquitecto, Thomas Pritchard, en Coalbrookdale, traduciendo al metal una estructura de madera. Desde entonces los puentes habían sido el campo de experimentación de los cálculos de arquitectos con alma de ingenieros, como Thomas Telford, autor de las más famosas estructuras colgantes sobre los ríos ingleses: Craigellachie Birdge (1815); Menai Bridge (1819).

Los que como Ruskin se atrincheraron en el mantenimiento de la condición artística de la arquitectura y se opusieron a la producción masificada del industrialismo y del mundo de la máquina, tenían la vivencia directa del espectacular éxito que había logrado el arquitecto jardinero John Paxton con la realización de *Crystal Palace*, Palacio de Cristal, para la Primera Exposición Universal celebrada en Londres en 1851. Como arquitecto jardinero, Paxton tenía experiencia en la construcción de invernaderos de hierro y cristal, como el que había realizado en Chatsworth (1837), con la ayuda de otro especialista en este tipo de estructuras, Decimus Burton, autor a su vez del invernadero de los jardines de Kew, la *Palm Stove* (1845), en la misma línea que el anterior pero todavía mayor de tamaño y más espectacular como jardín de plantas tropicales.

Th. Pritchard. Coalbrookdale. Puente de hierro (1777).

El Palacio de Cristal, Paxton lo había concebido prefabricado y montado en Hyde Park en un tiempo récord gracias a su diseño modular que permitía encajar todas las piezas como una inmensa caja transparente de hierro, madera y cristal. Su novedad principal consistía en que la estructura constructiva asumía los valores de la arquitectura de manera directa y esquemática, sin concesiones a la ornamentación historicista, sólo los códigos de colores para resaltar la elegancia mecánica del interior que fue la aportación de Owen Jones, el conocido estudioso de la ornamentación en las culturas históricas. La envoltura del cierre en hierro y cristal, una piel transparente, sin espesor, creaba relaciones inauditas entre los valores del interior y del exterior, simbolizaba la historicidad de su tiempo, no de ninguno otro del pasado, ejemplificaba el sueño en el progreso de la sociedad moderna industrial. El Palacio de Cristal, debido a su éxito, se mantuvo en Hyde Park tras concluir la Exposición, y duró luego en Sydenham hasta que un fuego lo redujo a cenizas en 1936.

Las opiniones de Ruskin eran enormemente influyentes, toda una generación de artistas de la época victoriana lo tomaron como guía, pintores de la comunidad Prerrafaelista, arquitectos como Philip Webb, William Morris o Norman Shaw. Se convirtió en un severo crítico de la arquitectura histórica y de la de su tiempo (*The seven lamps of architecture*, «Las siete lámparas de la arquitectura», 1849; *The Stones of Venice*, «Las piedras de Venecia», 1851) en defensa del papel del artesanado en el proceso de producción de los objetos artísticos. En razón de esta convicción, dado su punto de vista negativo sobre la arquitectura de su tiempo, propugnó inspirarse en los valores del pasado medieval, aunque su defensa no conllevaba el ardor moral de Pugin. Lo que sobresalía de la postura esteticista adoptada por Ruskin era su profunda aversión por la civilización industrial, camino que le fue definiendo como un crítico social del arte, en cuanto entendía que no era posible modificar ningún sector de la sociedad sin cambiar al tiempo todos los demás. Desmitificaba, a la vez que lo veía nacer, el valor ensalzado del progreso mecanicista, escribía en defensa del arte como antítesis a la alienación del trabajo. La eficacia contagiosa de su mensaje radicó en la proclamación de que el trabajo debía producir placer a quien lo realizara, lo cual, en el campo de la creación artística, le hacía soñar con el regreso a las antiguas comunidades y corporaciones de oficios, reclamadas por él con idílico extravío.

William Morris juzgaba que Ruskin diagnosticaba con exactitud los males de su tiempo, pero erraba en la aplicación de la terapia. Por esa razón él abandonó el intuicionismo como vía eficaz para procurar el cambio social. Partía de la misma idea sobre la necesidad del arte, pero en lugar de reducirlo a la condición artesanal, trató de introducirlo dentro de los procesos productivos, para lo cual, dado el carácter irreversible del proceso, estudió la forma de cualificar los productos industriales, de eliminar las partes superfluas de los objetos producidos en serie, rebajando el valor del ornamento. El ideal socialista de Morris confiaba en que, alterando positivamente el trabajo mecánico para revertirlo en un trabajo creativo, reformando la producción de las artes aplicadas (Arts and Crafts), con dichas acciones se iniciaría un proceso que a largo plazo conduciría a la revolución social («Arte y socialismo», 1884; *News from Newhere*, «Noticias de ninguna parte», 1890).

Entretanto, Morris desplegó una enorme actividad colaborando en las obras juveniles de los artistas Prerrafaelistas, promoviendo la fundación del movimiento *Art Workers Guild* (1883) con el objetivo de transformar los objetos de uso cotidiano, del cual salieron las exposiciones del *Arts and Crafts* (1888).

Ya antes, en 1859, le había encargado al joven arquitecto Philip Webb una casa para vivir con su joven esposa, la bella Jane Burden, la otra mitad de un aciago matrimonio. Quería celebrar la unión construyendo un «palacio del arte», la *Red House*, así llamada después porque se emplearon ladrillos rojos sin enfoscar en los muros exteriores. Su aspecto sencillo podía hacerla pasar por una casa parroquial del condado de Kent camuflada en el paisaje, en la tradición de las casas pintorescas de planta irregular, altas chimeneas y cuerpos dispuestos sobresaliendo del volumen central con alegre asimetría. En el diseño del interior colaboraron el propio Morris y su amigo el pintor Edward Burne Jones, sin dejar un resquicio en el que no se notara el toque artístico personal, un deseo de diferenciación tal, que Morris acabó creando su propia firma, *Morris and Co*, dirigida a controlar el diseño y producción de cuidados productos: telas, papeles pintados, muebles, vidrieras, joyas, objetos de metal, libros. La «Firma» fue el gran éxito de Morris, pero los diseños seguían siendo objeto de deseo y de compra de los adinerados que podían acceder a sus precios. Esta contradicción resultaba insoportable para el idealista Morris, que abandonó finalmente todo quehacer y buscó consuelo en el final de sus días, murió en 1896, volviendo a imprimir con su amigo Burne Jones los más bellos y cuidados libros de la historia de la estampación.

La *Red House* dio un gran impulso a Ph. Webb, que continuó su carrera profesional por los derroteros tipológicos de las casas aisladas, un capítulo muy cuidado por los arquitectos ingleses, dado la alta intensidad de la demanda y lo importante de responder con ellas, con su programa, a las exigencias de la vida cotidiana. El historiador H. R. Hitchcock le ha dedicado al

J. Paxton. Londres. Crystal Palace (1851).

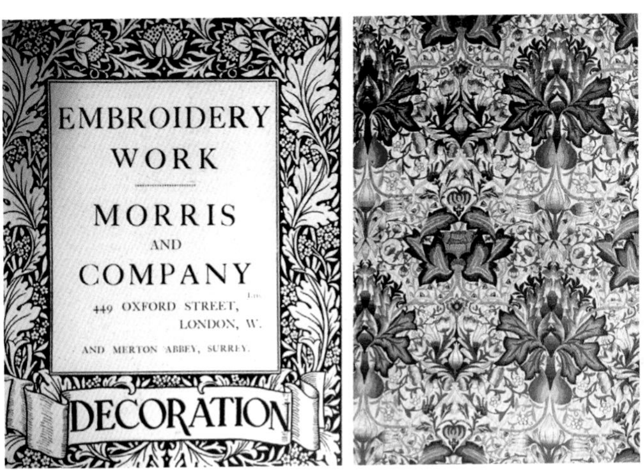

W. Morris. Catálogo de tapices bordados y modelo de tapiz (1897).

tema estudios pioneros, llamando la atención sobre cómo el tipo de las casas aisladas recoge y asimila el punto de vista pintoresco previamente experimentado en el trazado del jardín y de sus arquitecturas. Las casas

R. N. Shaw. Residencia campestre Cragside en Northumberland (1869).

Ch. F. A. Voysey. Casa Broadleys, en el lago Windermere (1898).

pintorescas en las afueras de las ciudades, con programas de tamaño medio, adoptaron los estilos variados como revestimientos de plantas irregulares, sobre las que se levantaban volúmenes igualmente asimétricos, lógica propia hasta entonces de los pabellones de los jardines, de los cuales heredaron así mismo la preocupación por el escenario natural. Como la irregularidad en la tradición de los estilos era la nota característica de lo gótico, fue habitual que los alzados de las casas se asemejasen a las tradicionales de las regiones inglesas, que imitasen el tono y la textura de los materiales locales. La *Red House* estilizó las formas de las casas parroquiales estilo Tudor, pero en las áreas residenciales de las ciudades inglesas se podían ver otros muchos estilos, libremente elegidos para el diseño de las viviendas por los arquitectos y sus clientes.

Richard Norman Shaw alcanzó gran éxito con este tipo de realizaciones de casas que trataban las formas regionales de manera despreocupada, natural, en clave pintoresca. Sus clientes adinerados aceptaban encantados la libertad aplicada a las plantas, «aglutinadas» en torno a un elemento de referencia, en general el vestíbulo central. Las vagas alusiones al medievalismo en el exterior, lo que se llamó el *Old English Style*, no se correspondía con los interiores, a los que se les dotaba de las notas de confortabilidad adecuadas al tipo de clientela. Una de sus mansiones más conocidas, *Cragside* (1869), en Northumberland, despliega sus volúmenes irregulares plagados de frontones agudos y chimeneas, de muros con entramados de madera. Su ubicación en una ladera pronunciada causa desde la distancia el bello efecto de una casa de fantasía en el claro de un bosque encantado.

Con el tiempo, Shaw fue simplificando los densos ornamentos de las casas de su primera etapa, bajó la intensidad de las referencias historicistas. Primero se sumó a la corriente revivalista del estilo *Queen Anne*, «Reina Ana», que había reinado a principios del siglo XVIII, cuyas notas destacadas eran el empleo de ladrillos rojos sin revocar, los contornos blancos, las líneas generales más calmadas, con mayor preponderancia de las horizontales, basando la composición en un geometrismo más elemental, de manera que el peso de la historia quedaba reducido a una pátina sutil. En ese camino, Shaw se encontró de lleno con el fenómeno de los primeros barrios jardines (*Bedford Park*, 1879), un grupo de casas adosadas de clase media, sin ostentaciones, construidas en ladrillo rojo y con un pequeño jardín, cada vez más lejos, pero no del todo, del historicismo, cada vez más próximo a la sensibilidad de la escala humana, capaz de ser entendida y tratada con la debida nobleza.

El moderado purismo geométrico y el alejamiento del historicismo de Sahw lo consumó Ch. F.

A. Voysey, arquitecto de casas familiares influido en sus comienzos por las ideas de Morris, cabeza de serie de una nueva generación de reformadores del estilo de la arquitectura doméstica que comienzan a destacar en la década de 1890, los que el historiador N. Pevsner bautizó con el rimbombante título de «pioneros del diseño moderno», entre los que se encontraban, además de Voysey, W. R. Lethaby, C. R. Ashbee y E. L. Lutyens.

Voysey, como partícipe de la vía de renovación del *Arts and Crafts,* fue un diseñador preocupado por todos los elementos y objetos de uso integrados en sus casas. Consciente de la necesidad de concordar los modelos con los medios mecánicos de producción, se atenía a dibujos precisos, sencillos, sintéticos, lejos de la pesada imitación historicista, pues quería conseguir espacios interiores llenos de frescura. De hecho, sus primeros trabajos en la década de 1880 no fueron casas, sino diseños de telas y papeles pintados, que le darían fama por su tendencia a la abstracción de los diseños y por su pureza preciosista. En ello no dejó de notarse la paulatina influencia que ejercía en los artistas de su generación las muestras del arte japonés.

La primera casa que se le atribuye está en *Bedford Park* (1891), el suburbio jardín de Shaw, pero las mejores ocasiones le llegaron con la casa *Broadleys* (1898), en el lago Windermere, y su propia vivienda, *The Orchard* (1900), destinadas a crear una tendencia muy imitada con posterioridad. Su modernidad consistía en conseguir un racionalismo dentro de la tradición, simplificando y renunciando a lo accesorio. El efecto se lograba mediante plantas asimétricas cómodas, funcionales, con vestíbulos de doble altura que distribuían con claridad los recorridos. Las cubiertas son bajas y con amplios aleros, enfatizan su función protectora, las altas chimeneas proclaman la confortabilidad del hogar, los muros de cemento blanco grueso, enlucidos con aspereza intencionada, cifran su calidad estética en su textura. Las ventanas forman bandas corridas, son vanos lisos, los parteluces carecen de molduras. En *Broadaleys*, el muro se aligera aún más en la fachada que mira al lago, con tres miradores semicirculares, *bow-window*, que sobresalen en busca del paisaje exterior, fino hilo que une todavía sin romperse a estas casas con la tradición.

FRANCIA

La ambiciosa política de construcciones emprendidas durante el Imperio Napoleónico fue más duradera que sus promotores, debió hacerse cargo de la misma la época de la Restauración, en la que los Borbones apenas tuvieron grandes iniciativas dignas de relieve, sólo su conservadurismo religioso les animó a promover

J. I. Hittorff. París. Proyecto para el Circo Nacional (1840).

algunas iglesias en París, la más interesante de todas *Notre-Dame de Lorette* (1823) de L. H. Lebas, que recuperaba con ella el viejo tipo de planta basilical de cinco naves.

Un joven arquitecto J. I. Hittorf heredó de su suegro J. B. Lepère en 1831 el proyecto inacabado de otra iglesia igualmente basilical, *Saint-Vincent-de-Paul*, en la cual el severo pórtico jónico, las estructuras interiores de madera policromada, dejaban notar los resultados de sus estudios de arquitectura clásica durante su estancia en Sicilia en 1822. A la vuelta, Hittorf publicó las conclusiones de sus investigaciones sobre la policromía de los templos griegos antiguos, *Architecture Antique de la Sicile*, 1827, y emprendió una campaña de divulgación para cambiar la forma de observar la arquitectura griega, a partir de entonces vista con los distintos elementos pintados con los más vivos colores, con lo que se rompía la creencia neoclásica de una antigüedad marmórea monocroma, símbolo de una pureza ideal expresada en todos los ámbitos artísticos.

Hittorf corroboró la exactitud de sus criterios, hizo partícipe de ellos al resto de los arquitectos clasicistas, suscitó controversias entre las facciones de los

H. Labrouste. París. Exterior de la biblioteca de Sainte Geneviève (1838). El volumen de la biblioteca está constituido por una sobria caja rectangular que carece de columnas.

H. Labrouste. París. Interior de la sala de lectura de la Biblioteca Nacional (1854).

H. Labrouste. París. Interior de la sala de lectura de la Biblioteca Sainte Geneviève (1838).

pintores coloristas y los partidarios de la primacía del dibujo. El suyo era uno de los varios ensayos por renovar el clasicismo en tiempos en los que debía mostrar su capacidad de adaptación al destino de nuevos tipos de edificios y dejar de demostrar el secular desinterés por las cuestiones técnicas. Respecto a su personalidad como crítico y polemista, Hittorf publicó el colofón de sus teorías polícromas años más tarde, en 1851: *Restitution du temple d´Empédocle à Selinonte, ou l´architecture polychrôme ches les grecs*, «Reconstrucción del templo de Empedocles de Selinunte, o la arquitectura polícroma de los griegos»). Su esfuerzo por conjugar las formas perdurables del clasicismo con los descubrimientos de la técnica moderna, por mostrar la faz racionalista del clasicismo moderno, lo demostró con la realización de una estación de ferrocarril, la *Gare du Nord* en París (1861), uno de los nuevos tipos de arquitectura que había que ir definiendo en la cultura del siglo.

Una segunda figura importante en los esfuerzos de renovación y racionalización del clasicismo fue la de Henri Labrouste, *Grand Prix* de 1824, que le valió una estancia en Roma, donde vio la antigüedad con ojos racionalistas, pues Labrouste seguía más las lecciones de Durand y su manual de matrices tipológicas *Précis des leçons*, publicado en 1802, que los consejos del viejo Quatremère de Quincy, con el que mantuvo agrias controversias. Sus ideas de adecuar las formas de la arquitectura al destino y naturaleza de los medios constructivos, de subordinar la ornamentación, le valió la admiración de los alumnos de su *atelier* (taller), pero la ausencia de encargos importantes. La fortuna cambió en 1838, con el proyecto de su primera obra maestra, la biblioteca de *Ste. Geneviève*, en la plaza adyacente a la iglesia de Soufflot. El volumen de la biblioteca está constituido por una sobria caja rectangular que carece de columnas, pórticos o frontones, manifiesta al exterior la estructura interior, a la que reviste con muros de piedra divididos en un basamento y un piso principal pautado por ritmos de arcadas neorrenacentistas, cerradas en la parte baja con paneles en los que se fueron escribiendo los nombres de los grandes escritores de la historia, que por sí solos resumían la historia del pensamiento universal e invitaban desde fuera a leer sus obras en el diáfano espacio interior. El envolvente exterior llevaba inserto en su interior la radical novedad de un gran armazón de hierro, consistente en una hilera de columnas de hierro colado que sostienen un techo con dobles bóvedas de cañón y un esqueleto de nervios de hierro, anclado también en el muro envolvente de mampostería mediante tirantes.

Labrouste llevó sus ideas aún más lejos en su segunda biblioteca parisina, la *Bibliothèque Nationale* (1854), realizada dentro de un conjunto preexistente del Palacio Mazarin, por lo cual carece de la misma fuerza de implantación urbana que la de Ste. Geneviève. La base de la sala, el depósito de libros, es una auténtica parrilla de hierro tejida por pasarelas y estanterías que sostiene la sala de lectura del piso superior. La sala es una planta de nueve cuadrados con 16 columnas muy finas de hierro forjado que soportan arcos y cúpulas de terracota perforadas con óculos, un armazón independiente y ligero, pues los apoyos parecen destinados a sostener tan solo una fina membrana abovedada. La acogedora sala de lectura de la biblioteca parece amparar a los lectores bajo un espacio entoldado metálico, tensado y agarrado por los «cables» de las columnas.

J. F. Duban. París. Patio interior de la Ecole des Beaux-Arts (1860).

Los alumnos de la *Ecole des Beaux Arts*, sin embargo, no se sentían satisfechos con recibir las lecciones basadas sólo en los ejemplos griegos y romanos, exigían que fueran ampliados a las culturas, bizantinas, medievales o renacentistas, que habían continuado o transpuesto la Antigüedad, extender el horizonte de los estilos arquitectónicos, realizar un compromiso entre las formas de todos los países y de todos los tiempos. La enseñanza y práctica de la arquitectura debía atenerse a lo mismo que el espíritu sincrético de V. Cousin («La verdad, la belleza y Dios», 1830), que propugnaba un sistema de pensamiento constituido por puntos de vista diversos tomados de otros varios sistemas, o el de la teoría política liberal, que conciliaba el pasado tradicional con la revolución social razonable.

E. E. Viollet le Duc. Mercado cubierto. (*Entretiens sur l'architecture*, 1865).

Son las raíces históricas del Eclecticismo que teorizaría a partir de 1840 el crítico Cesar Daly en las páginas de la *Revue Génerale d'Architecture*, órgano oficial de los arquitectos franceses, luego recogido en su texto *Motifs Historiques d'Architecture et de Sculpture D'Ornement* (1869). Eclecticismo que definiría como un período de transición social y arquitectónica, como un estilo evolutivo, que partiría de un Eclecticismo Universal, el cual utiliza toda la historia, fusionado con el Racionalismo, que utiliza la ciencia y la industria moderna, para sintetizar conjuntamente la estética del Estilo Futuro.

En ese Eclecticismo Universal previo se desenvolvieron los arquitectos de la generación de H. Labrouste, pero menos arriesgados, siempre protegidos por la formación clasicista, como J. F. Duban, autor ya no tan convencido de que el principio de la belleza fuese único, sino individualizado. Esta relajación de ideas de Duban las llevó al seno de la *Ecole des Beaux Arts*, cuya fachada y biblioteca realizó él mismo (1860), simplificando las líneas, investigando en los detalles decorativos, pero dejando amplios márgenes a la interpretación de los motivos.

Más crítico con los programas de enseñanza fue Leon Vaudoyer, combatiente contra el falso clasicismo de las formas, que para encontrar la verdad de los principios aconsejaba buscarlos cotejando los monumentos de todas las épocas. Ese eclecticismo razonado condujo a la solución de su obra más conocida, la catedral de Marsella (1845), con la que pretendía demostrar que se podían unir las formas bizantinas, románicas e italianas dándoles apariencia de originalidad.

El Eclecticismo encontró respuestas críticas de inmediato, pero ninguna igual de eficaz para desacreditarle que la de E. E. Viollet le Duc, arquitecto que reunió la capacidad de atender a su actividad como restaurador de la arquitectura gótica francesa y de desplegar una enciclopédica producción como teórico y escritor. Apoyado por el novelista Prosper Merimée, que en 1834 había sido nombrado Inspector General de Monumentos Históricos, Viollet restauró monumentos que el «vandalismo» ignorante había saqueado o dejado en el olvido cultural. No se trataba ya sólo de defender el patrimonio del país, de salir en defensa del Gótico y de las grandes catedrales francesas como símbolos portadores del bello ideal moral (Chateaubriand), o de evocarlas en clave literaria romántica (Victor Hugo), ni siquiera de proponer un gótico nuevo en la arquitectura (conde de Montalembert), sino de promover la restauración «científica» del patrimonio medieval, de diseñar una doctrina filológica que legitimara el acabamiento de los edificios dañados y arruinados. Junto a J. B. A. Lassus, Viollet participó en la restauración de la *Sainte Chapelle* (1838), *St. Germain L´Auxerrois* (1838) y la catedral de *Notre Dame* (1845), y aplicó sus criterios de la restauración «recreativa» o «mimética», que consistía en reencontrar la forma del monumento medieval tal como hubiera sido acabado si el tiempo y las circunstancias lo hubieran permitido, a sus intervenciones en la iglesia de *Vézelay* (1840), las murallas de *Carcasonne* (1846), y el castillo de *Pierrefonds* (1858).

E. E. Viollet le Duc. Castillo de Pierrefonds (1858).

La búsqueda del «estilo» gótico como una realidad histórica y formal que permitiera proceder a la reconstrucción por medio de analogías tipológicas y estilísticas no se revestía en la teoría y práctica de Viollet de los tintes moralistas retrógrados de Pugin, lo situaba más próximo a la filosofía positiva de A. Comte que, en contra de la lógica especulativa, indagaba en la búsqueda de leyes y no de causas, o de las lecciones de H. Taine en la *Ecole des Beaux Arts* en las que enfocaba el estudio de las obras de arte determinadas por el medio, el clima, y el pensamiento de la época.

Viollet expresó su interés en participar en los debates de su tiempo, condenó los pastiches medievales basados en las copias inertes de las formas del pasado, por ello atacó los programas de estudios de la *Ecole des Beaux Arts* por su falta de atención a las necesidades y tendencias de la época. Napoleón III, sobrepasado por los acontecimientos, deseando ofrecer una imagen liberal de su gobierno, decretó la reforma de 1863, pero la batalla se cerró en 1871, con la vuelta de las aguas al cauce de la anterior rutina y de nuevas polémicas posteriores sucesivamente aplacadas con los respectivos informes y reformas, como el emitido en 1886 por el arquitecto Charles Garnier.

La otra vía utilizada por Viollet para exponer su pensamiento fue la publicación de sus saberes acerca de la arquitectura medieval y su capacidad de influir en la contemporánea en su monumental *Dictionnaire Raisonné de l´Architecture Française du XI au XVI Siècle*, «Diccionario Razonado de la Arquitectura Francesa del Siglo XI al XVI», 1854, y los *Entretiens sur l´Architecture*, «Conversaciones sobre Arquitectura», cuyo primer volumen apareció en 1858. Apoyándose en su profundo conocimiento de la arquitectura medieval, Viollet buscaba desacreditar al eclecticismo contemporáneo en nombre de la definición de la arquitectura como el pragmático arte de la construcción. Por tanto no propugnaba la vuelta a los modelos repetitivos neogóticos, sino a sus principios, pues, como llegó a expresar con algunas láminas en los *Entretiens*, las formas estructurales de este estilo eran las adecuadas para ser traducidas con los materiales y técnicas de la construcción moderna, de manera que el hierro permitiría economizar los pesados muros, sustituirlos por redes de bóvedas de hierro y cristal, soportes del mismo material y cerramientos de ligera mampostería, toda una nueva síntaxis del racionalismo constructivo estructural moderno, surgido de un diálogo entre los valores de la tradición y los de la innovación, entre cultura, naturaleza y la aceptación del signo de los tiempos.

La verdadera y profunda reforma del siglo XIX francés fue la de París. Tras los ambiciosos planes de Napoleón Bonaparte para la capital, los de Barón Haussmann no lo fueron menos. Había sido nombrado

Gobernador de la Prefectura del Sena por Napoleón III en 1853, un año después de la coronación de éste como Emperador. El interés inicial por recuperar el prestigio de la arquitectura de la capital comenzó por completar las obras interminables del Louvre, acabar de unirlo con las Tullerías. Los arquitectos L. T. J. Visconti, y a su muerte H. M. Lefuel, fueron los autores del «Nuevo Louvre» (1852), que con su ampulosa decoración añadía alas nuevas al, en comparación, contenido viejo Louvre de Lescot, de cuyas directrices había partido Visconti como fuente de inspiración.

El Nuevo Louvre fue tenido como el paradigma del llamado estilo «Segundo Imperio», las cubiertas amansardadas de los pabellones extremos pasaron a formar parte característica, con soluciones menos pomposas, de las nuevas construcciones de casas de pisos en las nuevas arterias de la ciudad, calles anchas y rectas, que se abrieron paso y ventilaron el trazado enroscado del centro medieval de París.

Tras los acontecimientos de la Revolución de 1848, visto que en los días de lucha callejera los alborotadores se habían atrincherado con facilidad en el centro histórico, la intención iba más allá que higienizar el laberinto de calles lóbregas e insalubres. Haussmann ocupó el cargo hasta 1870, tiempo suficiente para cambiar la faz de la ciudad, superponiendo sobre el viejo plano uno nuevo basado en el trazado de calles rectas, bordeadas de nuevas casas residenciales, un urbanismo basado en la querencia francesa por las líneas ortogonales, el gusto por la geometría y la monumentalidad, tal como habían enseñado los reyes y sus arquitectos en Versalles.

Los móviles del plan establecido sumaban diversos factores: continuar con la política de obras ya comenzadas con la confianza en que los grandes trabajos públicos procuraran riqueza, competir con las mejoras y avances de las ciudades inglesas, precaver las insurrecciones en el centro histórico y asegurar el incremento de las circulaciones de la ciudad moderna. En este sentido, para no estrangular la fluidez vial, se construyeron 5 nuevos puentes (Napoleón, Alma, Sully, Du Jour y Solferino).

Haussmann nombró a V. Baltard responsable de los servicios de arquitectura, del cual salieron medidas de vialidad para regular las relaciones de anchura y altura de los edificios, la inclinación de los tejados en 45 grados, la plantación de árboles y las acometidas de gas, aunque no se entró en las especificaciones estilísticas, sólo en hacer prevalecer la línea recta y la simetría.

Entre el sentimiento de pertenecer a la idea de salubridad de la época, y la del ornato, los jardines y parques detentaron un importante papel en el plan:

H. M. Lefuel. París. Alas ampliadas del palacio del Louvre (1852).

J. Ch. Alphand. París. Parque de Buttes Chaumont (1864).

Bois de Boulogne, Bois de Vincennes, y todavía más plenamente integrados en la trama urbana, los de Buttes-Chaumont, Parc Monceau y Montsouris. Tuvieron en suerte la dedicación de una gran autoridad en la materia, J. Ch. Alphand, con cuyos brillantes resultados contribuyó a modificar la mentalidad francesa en la materia, pues Alphand introdujo conceptos del jardín paisajista y los combinó de manera ecléctica con rasgos del jardín geométrico, de lo que resultó un tipo de parque urbano que buscaba el compromiso entre la naturaleza de apariencia salvaje y la naturaleza arquitecturizada. Como explicó en sus *Promenades de Paris*, «Paseos por París», se había atenido a los principios de los jardines ingleses evitando su romanticismo, adaptándolos en París a los relieves de los lugares, reemplazando las líneas rectas de las avenidas por los recorridos sinuosos.

Dos arquitectos y dos tipos de edificios definen la arquitectura del «Segundo Imperio» y de los planes

Ch. Garnier. París. Teatro de la Ópera (1860).

Ch. Garnier. París. Maqueta con la sección interior de la Ópera.

de Hausmann en sus respectivos extremos complementarios. V. Baltard se había especializado, con la ayuda del ingeniero H. Horeau, en estructuras de hierro y nuevos materiales, lo que le permitió llevar a cabo siguiendo este sistema los desaparecidos *Halles Centrales* (1854), un «gran paraguas», como quería y lo definió el Emperador, de varillas y soportes de hierro y cubiertas de cristal que iban uniendo mediante pasillos los 14 pabellones de que constaba el conjunto de los Mercados Centrales.

En 1860 Charles Garnier ganó el concurso de la Ópera, que se comenzó a construir al año siguiente como fondo de perspectiva de la nueva Avenida de la Ópera y de la plaza de su nombre, ante la cual se alza la fachada principal del edificio, un enorme volumen exento con fachadas y entradas por cada uno de sus lados, seguro de su papel como protagonista del orden que su presencia establece en el área, resuelto todo con una magnificencia en la que se reconoció el triunfo de la arquitectura del París Ecléctico e Imperial.

Garnier había seguido el proceso de formación de un alumno laureado con el *Prix de Rome*, y en Roma amplió al Renacimiento su mirada sobre los estilos del pasado, de los que, como confesó en sus escritos, quería recrear, no copiar, sus preceptos, encontrar en ellos el ejemplo que enseñaba a extender el gusto por las obras bien realizadas, a hacer prevalecer lo dominios de la voluntad por encima de los del sentimiento evocador del pasado.

Los cinco años de estancia en el sur llevaron a Garnier por los senderos del Próximo Oriente, al encuentro con la herencia de las culturas del Mediterráneo, de las que admiraba, sin querer sacrificar a una en favor de otra, la armonía de las formas, la conjunción de la belleza de los materiales, la policromía de los edificios, la consecución de obras bien hechas.

Enriquecido con tal cúmulo de experiencias, la ocasión para ponerlo todo de manifiesto fue el concurso ganado para la Ópera. El arquitecto Hittorf, miembro del jurado, había alabado la excelencia de la distribución y el aspecto monumental y característico de las fachadas y de las secciones, perspicacia de juicio que nos da las claves para entender y explicar lo más sobresaliente del «Palacio Garnier», como se le denomina en la actualidad. La sección cuenta muy bien la disposición consecutiva de las masas, las riquezas del interior, el recorrido desde la columnata de la fachada, el vestíbulo con la escalera, la sala con la media cúpula con silueta de corona imperial, y la alta caja del escenario.

Antes de comenzar las obras en 1862, Garnier viajó por Europa para conocer otros teatros, para seleccionar los materiales, los ricos mármoles polícromos de la Ópera. La fachada estaba terminada en 1867, pero las obras se paralizaron por la guerra, por lo que se inauguró en 1875, ya sin Napoleón III ni Eugenia de Montijo para disfrutarlo, pero sí con la música, con la primera que sonó en la sala, la de la ópera *La muette de Portici*, de D. F. E. Auber. Entre el mar de aclamaciones por el éxito del edificio, se criticó lo que eran las decisiones más conscientemente tomadas: la policromía exagerada, el protagonismo de la escalera robado al de la sala. Como había señalado Hittorf con juicio certero, la sección del edificio contaba sus excelencias, empezando por una fachada que le aportaba un carácter monumental y fastuoso. El frente principal está definido por un orden gigante de columnas dobladas, una logia palladiana contaminada con temas decorativos procedentes de las obras renacentistas que Garnier había estudiado en Italia. Bajo la logia, sobre una amplia escalinata, una arcada permite penetrar en el

P. Abadie. París. Iglesia del Sacré Coeur (1874).

A. de Baudot. París. Iglesia de St. Jean de Montmartre (1894).

vestíbulo. El autor confesaba que, como homenaje al teatro de Burdeos de V. Louis, la escalera estaba basada en la suya, pero con tantas variaciones sobre el tema que la afiliaban mejor con las propuestas de curvas y contracurvas de la estética Rococó. El gusto por la exuberancia, la sobreabundancia, la sensación de movimiento constante, los efectos de perspectivas, la policromía de los múltiples materiales, los brillos refulgentes de los espejos, convierten a la Ópera, desde la consideración estilística, en la mejor muestra del Eclecticismo como el punto intermedio entre referencias estilísticas variadas, aunadas en una solución nueva. Desde la valoración material y social, la Ópera constituye el mayor monumento dedicado al lujo, en el que actores y espectadores intercambiaban sus papeles respectivos, pues los espacios reservados a cada parte les permiten participar a unos de la magia de la representación y a otros del placer narcisista y social de una gran parada mundana en el más bello marco que se pudiera imaginar.

La Ópera consagró a Garnier como un arquitecto respetable, como un políglota estilístico cuya autoridad era requerida para calmar las aguas de la *Ecole des Beaux Arts* cuando las turbulencias de las críticas arreciaban en pro de una arquitectura más moderna y racional. Pero Garnier no era el indicado para encabezar la transición a la modernidad de los materiales y de las nuevas técnicas, lo suyo era la arquitectura del lujo y de la fiesta, y así lo refrendó cuando se le encargó el Casino de Montecarlo (1878), enclavado en posición pintoresca sobre terrazas y basamentos, cuyos blancos estucos neobarrocos relucen en la luz del Mediterráneo como el faro que seduce el gusto y atrae y succiona el interés del jugador de ruleta.

Otros arquitectos aprovecharon la moda instaurada y exageraron aún más las densidades ornamentales de los proyectos, para los que reclamaban la ductilidad, o el indiferentismo, de la opción estilística. La misma ciudad de París se sintió orgullosa, o sacó un cínico rendimiento turístico, a la propuesta y realización de Paul Abadie en la colina de Montmartre de una iglesia advocada al Sagrado Corazón, el *Sacré Coeur* (1874), verdadero hito de la arquitectura arqueológica en pos de la recuperación del románico de la región de Périgueux, traduciendo a mármol blanco y a burbujas de fantasía orientalizante las genuinas cúpulas bizantinas, con las que Abadie se había familiarizado en la restauración de *Saint Front*, la matriz histórica de la iglesia parisina. La escenografía del lugar, la escalinata procesional, la vista desde la distancia le hacen ser reconocido como uno de los monumentos más populares de la capital, y desde la distancia lo contemplan los observadores más exigentes.

A los pies de la misma colina, pasa sin embargo desapercibida la iglesia de *St. Jean de Montmartre* (1894), pero para la historia de la arquitectura encierra el máximo interés. Su autor, Anatole de Baudot, había ensayado en anteriores obras con estructuras de hierro, pero no acababa de encontrar la satisfacción que esperaba con su uso. En esa década de 1890 se estaba experimentando con los procedimientos del *ciment armé*, cemento armado, y la primera patente, la de Paul Cottancin, fue la que empleó Baudot para construir el sistema de bóvedas de la primera iglesia realizada con dicha patente, que no perduraría, pues los encofrados permanentes de ladrillo y el esqueleto de alambre del método se verían desbordados por la alternativa del *béton armé* con encofrado de madera, el hormigón armado, también de patente francesa, de François Hennebique, que acabó imponiéndose en las primeras décadas del siglo XX.

A. G. Eiffel. París. Torre Eiffel (1889).

No era la primera vez que los arquitectos franceses debatían acerca del papel de los nuevos materiales, pero la reacción clásica había cerrado filas en el seno de la *Ecole des Beaux Arts*, hasta el punto que las directrices que emanaban de ella se reconocían en la arquitectura como una impronta indeleble. Como imborrable era el recuerdo de la Exposición Universal de 1889, que había conmemorado el centenario de la Revolución. No sólo había sido esta Exposición el triunfo de los edificios de hierro y cristal, sino que uno de sus símbolos, la Tour Eiffel no se desmontó al finalizar la misma, para gran disgusto de los que no soportaban la novedad de una estructura que carecía de masa y no producía sombra, que hablaba en nombre de la utilidad y no de la belleza, de la ciencia y no del arte, de la funcionalidad y no del estilo. La Exposición había ofrecido dos frutos consumados de la tecnología moderna, no solo la Torre. El arquitecto Ferdinand Dutert y el ingeniero Victor Contamin se unieron al evento con la Sala de Máquinas, una galería de 420 metros de longitud y 115 de ancho cubierta con una osatura metálica que prácticamente resolvía el espacio interior como si de una planta libre se tratara. La cubierta, que algunos defi-

R. Delaunay. Tour Eiffel. (1910). Óleo sobre tela. Nueva York, Museo Guggenheim.

H. Deglane. París. Estructura interior metálica del Grand Palais (1900).

nieron como un enorme pájaro con las alas desplegadas en su vuelo, constaba de arcos de hierro de tres articulaciones que evitaban los apoyos intermedios y hacía que se correspondiera la estructura con la envoltura, de manera que la vivencia interior era la de un espacio ilimitado, de carácter dinámico, un canto a las cualidades universales del empleo del hierro, capaz de cubrir las más insólitas dimensiones.

Y junto a la Galería, la propuesta novedosa de la Torre, una pirámide curvada formada por cuatro triángulos trabajando a la vez a tensión y compresión, todo a base de anudar e ir izando elementos estandarizados. No había sido capricho del autor, las condiciones de partida estaban en las bases del concurso, que pedían una torre de 125 metros de lado y 300 de altura, en hierro, situada en plenos Champs de Mars. Eiffel elevó su torre hasta los 304 metros, su experiencia y conocimientos como constructor de puentes estaba en la misma base de la Torre, en los soportes equivalentes a los de los puentes que aquí eran los pilares con apoyos separados. Después, era cuestión de ir soldando con nudos planos y espaciales las piezas prefabricadas para urdir la membrana envolvente con técnica rápida y directa, que determinaba el espacio con los propios signos de la construcción, pues carecía de distinción entre espacio interno y externo, haciendo desaparecer y olvidarse de la noción de muro de cierre.

Como ocurría con el trabajo de los pintores impresionistas, con los dibujos lineales de los carteles de la publicidad, la Torre trazaba sus propia figura directamente en el lienzo del aire de París, ella misma era su cartel publicitario dibujado con técnica gráfica lineal, un signo estructural que captaba de manera inmediata el tiempo del presente y anunciaba el futuro. Su funcionalidad técnica, dejada permanecer como ornato urbano, soliviantó los ánimos de unos y de otros. Se dividieron los bandos de pintores y escritores (Emil Bernard, los Goncourt) que la deploraban en nombre del buen gusto y hasta la tildaban de amenaza hecha a la historia. Menos ruidosos, estaban los que se obstinaron en que permaneciera, los impresionistas, que la pintaron porque se sentían identificados con su rigurosidad técnica, la misma que ellos querían para su pintura. Después, todos entendieron y aceptaron incluso su papel monumental alternativo al del Sacré Coeur, un sueño indigesto de confitero. Los poetas, como Blaise Cendrars, que había nacido dos años antes de su construcción, salieron en su defensa y con su verbo fluido la cantaron como bello artefacto vanguardista, como un «frasco de agua clara» que atraía cual sirena a los pintores cubistas órficos, a su amigo R. Delauny, que la representó mil veces en sus lienzos, obsesionado por su férrea belleza, que hacía temblar las mansardas de los tejados de alrededor. Tanta fue la fuerza de la percepción visual y de la propaganda lírica, que la Torre devino la imagen espacial conocida y familiar de la ciudad, de un París que era ya para siempre el recuerdo de la imagen de su Torre.

Pero costó tiempo aceptarlo, la arquitectura oficial reaccionaba contra lo que consideraba la exclusión de todo ideal en los símbolos de la era industrial.

M. G. B. Bindesboll. Copenhague. Museo Thorvaldsen (1839). Galería interior con esculturas del propio Thorvaldsen.

M. G. B. Bindesboll. Copenhague. Fachada del Museo Thorvaldsen (1839).

Los arquitectos de la generación de Garnier y la generación más joven apenas querían oír hablar de los «artefactos» de la arquitectura del hierro, sólo aceptaban su cercanía en las estaciones de ferrocarril, víctimas de un auténtico desdoblamiento de personalidad arquitectónica, pues se asumió con naturalidad que por una lado podía ir el edificio de la terminal y hotel de viajeros, y por otro el hangar que cubría las vías y andenes (*Gare Quai d´Orsay*, 1898, en la actualidad Museo d´Orsay, de Victor Laloux). Paul Nénot, colaborador de Garnier, mantuvo los ideales monumentalistas de la *Ecole* en la Nueva Sorbona (1885), aunque tratando de guardar un equilibrio contenido entre las preocupaciones funcionales y las concesiones decorativas, en las cuales incluyó las pinturas en el teatro del simbolista Puvis de Chavannes.

Las soluciones del eclecticismo pervivieron más allá de 1900, en la Exposición Universal celebrada ese año en París, en la que, con la disculpa de la provisionalidad, se dio rienda suelta a la explayación de los gustos variados, pues se trataba de lograr en principio el decorado de una fiesta de la arquitectura. Salvo excepciones, como el restaurante de A. Baudot, o las leves presencias del Art Nouveau en el pabellón de H. Sauvage, la Exposición se ahogó a sí misma en el reino del pastiche, el ojo aturdido del paseante no veía sino fortalezas medievales y renacimientos variados por todas partes. Frente a la audacia de 1889 que había presentado la arquitectura del hierro en su directa desnudez, la de 1900 fue el territorio del disimulo, del revoco, el yeso y la escayola al servicio de las fachadas pintorescas, un sueño enfebrecido en el que los arquitectos, como despedida, en nombre de la fiesta, se dieron el último gusto.

Bajo la observación vigilante de la Torre, quedaron dos pabellones, el *Petit Palais*, de Ch. Girault, un arquitecto de los conocidos como de «estilo amable», dialogante siempre, en esta ocasión quería establecer el nexo con el pasado renacentista de la arquitectura francesa, su cúpula con la cúpula de los Inválidos; la decoración, muy cuidada, la había tomado de Le Vau y de Mansart. Por su dominio de los territorios estilísticos versallescos, le acabó llamando el rey Leopoldo de Bélgica para encargarle obras en Bruselas: Arco del Cincuentenario, Museo del Congo.

Más complejo era el programa del *Grand Palais* (H. Deglane y otros) que el historiador francés L. Hautecoeur definió como una galería de máquinas inserta en un museo, una fórmula ya utilizada en anteriores pabellones de exposiciones, como el Palacio de la Industria de 1855 en París, al que venía a sustituir el Grand Palais. La fórmula era bienintencionada, pero desfasada, tardía, insatisfactoria en suma, dada la posibilidad y la existencia de otras alternativas. En 1900 todo parecía llegar tarde a la Exposición, o ser víctima de delirantes batallones de estucadores. El Grand Palais, resultado final de demasiados compromisos, permanece con su doble faz, la de una columnata de piedra con pórtico central ornado de estatuas y, dentro de la envoltura pétrea, un hall metálico de dos naves con una cúpula sobre el crucero.

ESPAÑA Y OTROS PAÍSES EUROPEOS

La narración de los hechos en el resto de Europa sigue la estela de las novedades conocidas de los dos modelos de referencia, el francés y el anglosajón. La rapidez en la transmisión de las novedades, el peso de la personalidad individual de los autores, hará que cada vez resulte menos operativo seguir el criterio de dividir el estudio por nacionalidades, y tomar a las capitales como los centros representativos de las mismas. El Art Nouveau, el arte «fin de siglo» terminará de romper las fronteras, invitando a formular la historia de la arquitectura moderna por ciclos, movimientos, tipologías o biografías de personalidades artísticas.

En una Bruselas anterior al esplendor Modernista que le daría carta de naturaleza en la historia de la arquitectura, apenas había sucedido nada de relieve. Contaba con un *Théatre de la Monnai* (L. Damesne, 1819), típica y obligada realización de toda capital europea de la época, y actual referencia europea para los melómanos. La personalidad y la obra de J. Polaert, a todos los efectos un arquitecto de formación parisina, rompió la quietud de ensanche de Bruselas por un momento, pues la silueta de la ciudad quedó marcada para siempre por la mole inmensa del Palacio de Justicia (1866), una auténtica montaña sagrada neoclásica en la que los elementos han sido esculpidos en su masa con obsesión repetitiva y la inquietud de lograr la máxima extensión y altura con ellos.

En Amsterdam quien dominó el panorama de la centuria fue un discípulo directo de Viollet le Duc, J. H. Cuypers. Para sus dos edificios más conocidos, de escala muy grande en comparación con sus habituales trabajos de iglesias neogóticas, el *Rijksmuseum* (1876) y la Estación Central del ferrocarril (1881), recuperó la tradición holandesa de las construcciones en ladrillos polícromos, la decoración renacentista y las formas generales de un gótico tardío estilizado, sin desdeñar el uso de los nuevos materiales, hierro y cristal, en los patios cubiertos del museo, y, lógicamente, en la cubierta de los andenes de la estación. Las lecciones de construcción, cuidado de los materiales, tratamiento artesanal de la decoración y selección de formas que expuso Cuypers en sus dos obras más urbanas y visibles serían decisivas en el aprendizaje de la siguiente generación de arquitectos holandeses.

El mapa nórdico de la arquitectura decimonónica llama la atención por sus convencidas creencias clasicistas, una novedad aportada por los artistas bálticos educados en las escuelas del clasicismo romántico de Schinkel o de Leo von Klenze, y siempre con la ascendencia y el tirón mediterráneo del escultor danés Bertel Thorvaldesen, que vivió cuarenta años de su vida en Roma, compitiendo por ser más purista neoclásico que el mismo Canova.

Cuando Thorvaldsen legó su colección de esculturas a su tierra natal, se encargó la realización de un museo para depositarlas, que realizó M.G.B. Bindesboll en 1839. Este siguió los dictados de Schinkel, pero sin la retórica de la columnata central de Altes Museum, con los volúmenes resueltos de manera más purista, sin columnas ni pilastras, sólo la limpidez geométrica de un diseño de una planta rectangular con patio interior, en

C. F. Hansen. Copenhague. Fachada de la catedral *Vor Frue Kirke* (1808).

C. F. Hansen. Interior de la catedral *Vor Frue Kirke*, con esculturas de B. Thorvaldsen.

Th. Hansen. Atenas. Biblioteca Nacional (1860).

Th. Hansen. Atenas. Academia (1859).

torno al cual se desenvolvían las salas abovedadas de las galerías de exhibición. Había concesiones a la policromía pompeyana por todos lados, esa parecía la condición que lo ligaba al clasicismo romántico, así como el capricho de que los huecos se recortasen con perfil ataludado y molduras como golas de evidente inspiración egipcia. En muchas de las decisiones, en la disposición de las esculturas, en el diseño de los mosaicos del suelo, al parecer participó directamente Thorvaldsen, que dejó en su ciudad el monumento y el contenido artístico que la situaban en el circuito de las capitales en fase arquitectónica de puesta al día.

Thorvaldsen, desde su residencia romana, no había perdido nunca el contacto con la cultura artística danesa. Ya antes, sus figuras de apóstoles y la de un impresionante Cristo se habían integrado como un elemento fundamental de la nueva catedral *Vor Frue Kirke* (Iglesia de Nuestra Señora), reconstruida entre 1808 y 1829 por Christian Frederik Hansen tras haber sufrido daños irreparables la anterior durante el asedio inglés de la capital en periodo de ocupación napoleónica. La iglesia de Hansen fue la primera muestra del neoclasicismo romántico en Dinamarca, en la que se aunaba un pórtico dórico con frontón escultórico como entrada añadida a un bloque rectangular, y una alta torre, para significar con su conjunción la fachada principal, mientras que en el interior las esculturas de Thorvaldsen se disponían en nichos entre pilastras. Encima corría una galería de columnas jónicas, y la nave se cubría con una bóveda romana de cañón con artesonado, columnata y bóveda que delataban la admiración del arquitecto danés por los dibujos de la biblioteca de Boullée.

De la continuidad danesa en el neoclasicismo romántico dan fe otros arquitectos de igual apellido, los hermanos Hans Cristian y Theophil Hansen, cuyas figuras refuerzan la vía de ascensión geográfica del clasicismo del sur, en esta oportunidad procedente del cielo luminoso de Grecia, rasgando las nieblas bálticas para sentar lecciones que harán del clasicismo una causa pendiente de la arquitectura nórdica. A Copenhague ellos le aportaron las seguridades del estilo neogriego aprendido y practicado en las capitales europeas en las que desarrollaron su oficio de manera itinerante, pues colaboraron primero, y de manera destacada, en la realización de los edificios neoclásicos de la nueva Atenas, una vez que Grecia, tras la guerra de liberación acaecida entre los años 1820 y 1830 se había convertido en nación libre, pero bajo la tutela de las monarquías alemanas y nórdicas.

Cuando Oto de Wittelbach, segundo hijo de Luis I de Baviera, ocupó en 1833 el trono de Grecia, Atenas apenas era un villorrio de casuchas en torno a las ruinas de los monumentos antiguos, en los que los arquitectos traídos por la nueva casa reinante se inspiraban para establecer la continuidad entre las dos culturas en el mismo suelo. En 1831 ya estaba preparado un plano regulador del centro de la capital, redactado por dos jóvenes arquitectos, Eduard Schaubert y Stamatios Kleanthes, discípulos de Schinkel. Oto llamó a su arquitecto de confianza, Leo von Klenze como supervisor, que, entre otras decisiones durante su estancia en Atenas en 1834, modificó el plano de los anteriores. Igualmente el rey llamó a von Gärtner para realizar el sobrio Palacio Real (1837), salido de un diseño regular y geométrico sin apenas concesiones decorativas, presidido por el severo pórtico dórico. Los Hansen recibieron la parte alícuota de los monumentos públicos de la nueva Atenas, en una de sus nuevas avenidas centrales: la Universidad (1837), la Academia (1859), la Biblioteca Nacional (1860), verdaderos ensayos del neogriego local, polícromo y romántico, reasentado en su tierra originaria por manos de arquitectos venidos de lo que los griegos antiguos hubieran llamado los reinos de los extranjeros, los bárbaros del norte, ahora los nuevos intermediarios entre el Estilo y la Realidad.

El menor de los hermanos, Theophil Hansen, tras los años atenienses, se reincorporó como uno de los arquitectos partícipes del ensanche, la *Ringstrasse*, de Viena, mientras el mayor regresó con su experiencia acumulada a su Copenhague natal.

Contemporáneo de las transformaciones del París del Segundo Imperio, el ensanche de Viena perseguía los mismos fines de reorganizar la ciudad, aprovechando las explanadas liberadas por el derribo de las viejas murallas. El concurso lo ganó en 1858 Ludwig Förster, y a lo largo de las tres décadas siguientes el bulevar monumental que rodeaba el centro histórico como un anillo se fue poblando con las mejores muestras de la arquitectura ecléctica, en gran medida proyectadas por Förster mismo y su yerno, Theophil Hansen. El gusto por el clasicismo neogriego de Hansen se explayó una vez más en el Parlamento (1878), aunque él mismo bajó el tono estilístico en obras más contenidas, como la Academia de Bellas Artes (1872). De todos modos, en el Ensanche vienés hubo lugar para otras opciones, como el neogótico de la iglesia votiva (*Votivkirche*, 1856) de H. Von Ferstel, o el neorrenacimiento del *Burgtheater* (1874) de G. Semper.

Italia, reunificada bajo el reinado de Victor Manuel II, le devolvió en 1870 a Roma el honor de la capitalidad, y con ello se apaciguaron tantas incertidumbres que habían comenzado con la unidad ficticia de una República Cisalpina en los años iniciales del siglo, en época de ocupación napoleónica. Aquellos habían sido años de proyectos urbanísticos de escala inconmensurable, como los del Foro Bonaparte (1800) de Milán, de G. Antolini, o la reconstrucción con forma de grandes exedras de la Plaza del Popolo, en Roma, de G. Valadier (1809), de lo cual sólo se acabó realizando una versión reducida, y un caprichoso pabellón de jardín en los altos del monte Pincio.

Italia en el siglo XIX parecía víctima del espejo de su arquitectura antigua y renacentista. Por todos lados aparecían variaciones del Panteón como algo al parecer inevitable. En Turín servía para crear una iglesia como fondo de una céntrica calle urbana, la via Po (iglesia Gran Madre di Dio, 1818, de F. Bonsignore); en Possagno, su ciudad natal, el escultor Antonio Canova y el arquitecto G. A. Selva erigieron en 1819 su versión extremadamente simplificada de formas del tema, el cilindro con pórtico, lo que a cambio le procura un mayor efecto monumental.

A. Canova. Y G. A. Selva. Templo en Possagno (1819).

G. Sacconi. Roma. Monumento a Vittorio Emmanuelle (1884).

Las evocaciones historicistas de tiempos más próximos del pasado sirvieron para que R. Stern ampliara las salas de los museos vaticanos con el llamado *Braccio Nuovo* (1817), una larga galería iluminada cenitalmente y en la que la disposición de las estatuas y de los mosaicos en el suelo eran elementos determinantes del proyecto. Por su parte, G. Japelli reunió sus vivencias de Palladio y de sus viajes a Inglaterra en el famoso *Caffè Pedrocchi* (1816) de Padua, que con la incorporación de un cuerpo neogótico pasaba a justificar la convivencia pluriestilística de la tradición artística italiana. Ese mismo gótico que había sido causa de debates a causa de la terminación de la catedral de Milán, que se acometió a partir de 1806, se entendió como otra manera y otras formas de recuperar el nacionalismo, pues la Italia reunificada

G. Mengoni. Milán. Galería Vittorio Emmanuelle (1865).

no parecía disponer de más respuestas que las del eterno clasicismo.

Las transformaciones de las capitales europeas en la segunda mitad del siglo tenían como estímulo tratar de rivalizar con las novedades de la arquitectura de Londres y París, aunque la distancia que las separaba era insalvable. En todas se abrían grandes avenidas, se unificaban los criterios de edificación. Roma misma se extendió hacia el este con la regularidad de la cuadrícula, algo novedoso de verdad en su memoria urbana, y frente a la iglesia de Santa María de los Ángeles, de Miguel Ángel, Gaetano Koch logró darle a la plaza Esedra magnificencia parisina. Y Roma misma emprendió una meritoria carrera para lograr superar las presunciones monumentales del *Sacré Coeur*, y lo logró, aunque para ello hubo que revocar el fallo primero del jurado del Monumento a Vittorio Emmanuelle II (1884), en la plaza de Venezia, inicialmente ganado por el francés P. H. Nenot. A la tercera vuelta el fallo fue para las libres invenciones historicistas en mármol blanco del conde G. Sacconi, que se deleitó amontonado columnatas corintias sobre escalinatas sin fin en otra de las montañas sagradas de la arquitectura fin de siglo, con la que el conde arquitecto cumplía la primera solicitud de las bases del concurso, que reclamaba un monumento que resumiera la historia del país, pero difícilmente daba respuesta a la segunda demanda, la de crear un símbolo de los nuevos tiempos.

Ese signo de la modernidad llevaba el mismo nombre de Vittorio Emmanuelle, pero era una Galleria Comercial en Milán, proyectada por el arquitecto G. Mengoni en 1865. La capital lombarda conserva como su principal monumento histórico de la arquitectura del hierro y cristal la galería de. planta cruciforme con bóveda octogonal en el centro, que une las plazas del Duomo y del teatro de la Scala, a las que se abre con las decididas formas de arcos triunfales. La magnificencia conseguida con la Galleria radica en la fusión de la elegancia de las casas urbanas en la parte baja de las fachadas de lo que son verdaderas calles comerciales y de tránsito, y la belleza mecánica de las estructuras metálicas que las cubren con innegable audacia. Otras capitales italianas se sumaron al ejemplo, pero con términos mas modestos, como Nápoles con su Galleria Umberto I (1887), de E. Rocco, o Turín, cuya silueta quedó dominada por el volumen de lo que desde cualquier parte que se mirara se vislumbraba como una gigantesca mole, la *Mole Antonelliana* (1863), pues esa es la escala y la gran altura de su cúpula, un ensayo personal de su autor, Alessandro Antonelli, un extraordinario edificio en todo caso, nunca concluido, campo de experimentación de innovaciones estructurales de la ingeniería italiana batiéndose por ocuparle posiciones al territorio del lenguaje clásico y de los materiales tradicionales en los umbrales de los tiempos tecnológicos modernos.

España gozaba de un patrimonio arquitectónico rico y variado, acumulado a lo largo de los siglos de su historia, pero su cultura arquitectónica en el siglo XIX marcó el trazo nítido de una curva en declive con respecto a tiempos pasados. De la misma manera que Herrera había dejado su impronta en los que prolongaron su «escuela», podía esperarse algo equivalente con respecto a la figura de Villanueva, pero los acontecimientos se encargaron de malograr la posible continuidad. Las guerras y las convulsiones políticas de una monarquía enredada en sus propios mecanismos de supervivencia frustraron la continuidad. Jóvenes arquitectos partidarios del neoclasicismo desornamentado de signo revolucionario, como Silvestre Pérez (Iglesia de Motrico, 1798, iglesia de Bermeo, 1807) o Ignacio Haan (Universidad de Toledo, 1790) apenas tuvieron oportunidad de evolucionar desde sus posturas juveniles radicales.

Pasados los tiempos bélicos de la Guerra de la Independencia, Isidro González Velázquez y Antonio López Aguado, lejos del rigor purista de Villanueva, fueron conduciendo las formas del neoclasicismo heredado a las mezclas que anunciaban el academicismo historicista y la diversidad romántica que se imponía siguiendo el ejemplo de lo foráneo. Isidro González Velázquez, ferviente monárquico, había diseñado en 1803 la Casita del Labrador en Aranjuez, y tras la vuelta de la monarquía en 1814 se reincorporó a las tareas oficiales, que comenzaron con el monumento a los Caídos del 2 de mayo de 1808 de Madrid, un obelisco en medio de una propuesta de jardín funerario. Aguado debió exaltar el espíritu constitucional con un monumento, el arco triunfal de la Puerta de Toledo (1817) en la línea de su educación neoclásica, una versión modesta del tipo de monumentos primados en el París napoleónico. En la plaza de Oriente, ordenada por González Velázquez, Aguado dio los primeros trazos del Teatro Real (1817) que en una siguiente fase continuaría Custodio Moreno.

El tiempo de permanencia de Isabel II en el trono coincidió con el acontecimiento académico más relevante, la creación en 1844 de la Escuela de Arquitectura de Madrid, la primera del país, que venía a dar un tratamiento reglado y puesto al día a la enseñanza de la disciplina, hasta entonces bajo la égida directa de la Academia de San Fernando.

La identificación entre arquitectura institucional y clasicismo mantuvo el apoyo oficial a la hora de convocar nuevas empresas, como el Congreso de los Diputados (1843), de N. Pascual y Colomer, autor igualmente de un palacete para el marqués de Salamanca (1845) de gusto renacentista italiano.

A. Antonelli. Turín. Mole Antonelliana (1863).

Junto a la tradición neoclásica mantenida, las primeras promociones de la Escuela de Arquitectura apostaron por la apertura estilística y la recuperación de otros estilos históricos que llevaron a dar carta de naturaleza al gótico y los estilos medievales peninsulares, como la variante del hispanomusulmán que se conoció como «alhambrino», o el neomudéjar. La faceta medieval la practicará el arquitecto catalán Elías Rogent (Universidad Literaria de Barcelona, 1860), que será primer director de la Escuela de Arquitectura de Barcelona (1871), mientras que el academicismo seguía teniendo cabida en el proyecto para la Biblioteca Nacional de Madrid (1865) por F. Jareño, que conocía de primera mano la arquitectura alemana del clasicismo romántico, lo que le influyó en el contenido tratamiento de los paños de ladrillo como fondo sobre el que se abren en contraste los huecos con molduras clásicas blancas, o la superposición de órdenes poco resaltados en la fachada del actual Museo Arqueológico. Las obras se prolongaron hasta 1892 cuando las dio por finalizadas A. Ruiz de Salces.

El tiempo de la Restauración fue el del eclecticismo, el de la aparición de los nuevos materiales y el del resurgimiento de los «neos» variados que, profundizados, conducirían a los regionalismos de principios del siglo XX. Ello sin considerar el fenómeno específico del Modernismo catalán, el cual será tratado dentro del epígrafe general del Art Nouveau como preámbulo a la modernidad europea del siglo XX.

La guía para revisar someramente el panorama español y destacar algún episodio sobresaliente es la que ofrecen los países de referencia, a cuya luz se analizan las particularidades de la arquitectura nacional, que en términos relativos resulta más modesta, pero informada de las corrientes generales que la afectaban y en ese último tercio de siglo la sometían a las mismas disquisiciones pluriestilísticas de las culturas vecinas.

El rasgo distintivo dentro del medievalismo resurgido, tanto en el campo de las nuevas obras como en el de la restauración del patrimonio histórico, lo configuró el estilo neomúdejar y el neoplateresco, pues partían de referencias históricas específicas del pasado español. Un arquitecto, E. Rodríguez Ayuso, se distinguió en la defensa del mudéjar y la revitalización del empleo artístico del ladrillo en la construcción moderna, como en las Escuelas Aguirre (1887) y en la desaparecida plaza de toros de Madrid (1874), que señalaría una tendencia en este tipo de arquitectura exclusivamente hispánica, prolongadas hasta entrado el silo XX, pues la de las Ventas se inauguró en 1929, aunque el proyecto de J. Espelius y Muñoz Monasterio era de 1919. Igualmente en pleno siglo XX se continúa con la extensión del neomudéjar, como muestra su cobertura en la estación de ferrocarril de Toledo (1916), de N. Clavería.

Antonio López Aguado. Madrid. Puerta de Toledo (1817).

Francisco Jareño. Madrid. Biblioteca Nacional (1865).

Los arquitectos de la época de la Restauración en general, como sus colegas europeos, se sentían preparados y cómodos en la flexibilidad ecléctica de base compositiva académica y estilística diversa. Así, R. Velázquez Bosco se desenvolvía con la seguridad de una formación clasicista y el control del ornamento en sus edificios oficiales (Escuela de Minas de Madrid, 1886; Ministerio de Fomento, en la actualidad Agricultura, 1893), pero al tiempo intervenía con una moderna estructura de hierro y cristal en los jardines del Retiro, un pequeño Palacio de Cristal (1886) ubicado ante un lago, una amable remembranza del jardín inglés y de la imagen de la modernidad de los nuevos materiales, tal como había sido su origen experimental en la cultura de referencia.

En cuanto a tamaño, la estación de Atocha (1888), de Alberto del Palacio, con sus 27 metros de altura y 48 de luz, situaba la cultura tectónica española con notable resultado en el apartado de estas nuevas tipologías, figuraciones imprescindibles en las capitales modernas, pues de la llegada de los trenes al centro de las ciudades se derivaba, como una necesidad aceptada, que las estaciones ofrecían la ocasión de concitar con su arquitectura la nueva monumentalidad urbana. Con su evidente visibilidad, con el empleo de las nuevas tecnologías en las cubiertas de los vestíbulos y andenes, constituían la prueba de que el nivel de avance del país le conducía por la senda del progreso.

La vertiente alternativa era que la silueta monumental de las ciudades estuviera presidida por las agujas de las catedrales góticas, que en el paisaje se recortaran sus torres como señales de la conciliación tardorromántica entre la religión auténtica petrificada y la religión espontánea y panteísta de la naturaleza. En España también fue dominante el medievalismo neogótico, la reacción medieval se llenó de connotaciones religiosas, contaminó las lecturas técnicas del Viollet restaurador con las añoranzas cristianas de Pugin. Uno de los partidarios más consecuentes con las lecturas de Viollet, que llevó a la práctica algunos de sus postulados con respeto literal, fue F. de Cubas. En el castillo de Butrón (1888), Vizcaya, reunió las formulaciones de Viollet para Pierrefonds con las del alcázar de Segovia, en un sueño campestre y aristocrático que sorprende por su propia existencia. Concibió el proyecto para la catedral de la Almudena

(1880) como una perfecta réplica del estilo, ambición siempre fallida, penalizada en la catedral de Madrid con tan tristes destinos artísticos posteriores.

Réplicas de lo gótico se instalaban por doquier, en el centro de los ensanches de las ciudades (iglesia del Buen Pastor, en San Sebastián, 1887, de M. Echave), o en el paisaje, en el cual redimía con su manto pictórico las infidelidades de lo nuevo (Colegiata de Covadonga, 1886, de F. Aparicio). Es el mismo caso del espléndido conjunto de realizaciones que cayeron inesperadamente sobre un pueblecito de la costa cantábrica, Comillas, en el que se fueron depositando extraños invitados (Palacio, 1879; Capilla Panteón, 1882; Seminario, 1883, de J. Martorell), en los que se resumía lo literal de los dibujos de Viollet y de los palacios góticos venecianos, hermosas vistas en el verde panorama del paisaje norteño, pero que de cerca denotaban un excesivo peso de lo arqueológico y de lo funerario, monumentos todos con los que el marqués de Comillas representó sus éxitos económicos y sociales en su villa natal.

La actividad sin actualidad se reitera en el panorama de la arquitectura fin de siglo. En los ensanches de las ciudades, en las sustituciones de los centros históricos, en la renovación de los edificios institucionales, ayuntamientos, teatros, sedes bancarias, el eclecticismo se imponía con sus cómodas variantes. Unas, renacentistas, a la escala de magnificencia requerida por el Banco de España (1883), de E. Adaro; en otras oportunidades neoplaterescas, en uno de los nuevos ayuntamientos que empezaron a proliferar en las capitales de provincia (Ayuntamiento de Valladolid, 1898, de E. M. Repullés), o neobarroco en el no menos brillante ejercicio estilístico que llevó a cabo P. Mariño en el de la Coruña (1901).

Ricardo Velázquez Bosco. Madrid. Ministerio de Agricultura (1893).

Alberto del Palacio. Madrid. Estación de Atocha (1888).

La arquitectura fin de siglo en España, en definitiva, parecía dar la razón al exordio ecléctico de un entonces joven e impulsivo arquitecto catalán, LL. Domenech i Montaner, *En busca de una arquitectura nacional* (1878), en el que se declaraba ecléctico convicto, sondeador de la historia patria y de los estilos foráneos con la fe de un venerador del pasado. El camino que despejaba sus juicios entusiastas lo recorrieron todos, pero él se fue aplacando con el tiempo, y sus obras más conocidas y admiradas, el Hospital de Sant Pau (1901), el Palau de la Musica Catalana (1904), de belleza inenarrable, no forman parte de ese apartado, son obras maestras del Modernismo europeo.

ESTADOS UNIDOS. LA ESCUELA DE CHICAGO

La ocupación del territorio de Estados Unidos llevaba implícita la necesidad de fundar nuevas ciudades, la erección en ellas de los edificios y monumentos caracterizadores, junto con la resolución de los dedicados a la viviendas de sus habitantes. En ese proceso que parte de la costa este, los modelos de la arquitectura europea siguieron estando presentes, los arquitectos americanos en general procedían directamente o habían estudiado en París o Londres y admiraban la cultura europea. Pero la arquitectura se erigía sobre solares de ciudades carentes de pasado, lo cual relajaba el canon y permitía mayores dosis de libertad y de experimentación en ese proceso de adaptación referido, lo cual, unido a los avances técnicos y la falta de prejuicios para aplicarlos a la construcción, terminó fraguando en uno de los episodios más interesantes de la historia de la arquitectura del siglo XIX.

El historicismo siguió detentando la autoridad que le había conferido sus éxitos en el campo de la arquitectura institucional según las versiones de Th. Jefferson y de B. Latrobe y sus continuadores (R. Mills, W. Stric-

Eduardo Adaro. Madrid. Banco de España (1883).

Enrique Mª Repullés y Vargas. Valladolid. Ayuntamiento (1898).

kland), al identificar el estilo de la democracia ateniense con el de la joven América. Como en la evolución europea de referencia, el arco estilístico se fue abriendo a otras épocas históricas, las doctrinas de Pugin hicieron su mella en el inicial y exclusivo estilo neogriego de la mano de su principal avalista en América, R. Upjohn, experto constructor de iglesias góticas en piedra o madera, de todas las cuales la *Trinity Church,* en Nueva York (1844), es una de las que más fielmente sigue los preceptos puginianos. Los dictados de Upjohn los continuaría en Nueva York su rival J. Renwick, autor de la catedral católica de San Patricio (1858).

Si el movimiento goticista en Europa se vio dinamizado con las interpretaciones de Ruskin y Viollet, el ejemplo de sus teorías influyó en la evolución paralela americana. El arquitecto que sacó al medievalismo de la recreación mimética del pasado y lo convirtió en un estilo moderno interesante fue H. R. Richardson, que se había formado en la *Ecole des Beaux Arts* de París, aunque conocía y practicó las tendencias inglesas contemporáneas.

Como en el caso de otros contemporáneos (F. Furnes en Filadelfia), la labor de Richardson se cifró en la ciudades de la costa este, en Boston principalmente, tanto en el apartado de la arquitectura oficial, como en el de la vivienda aislada familiar. En ambos, su estilística flexible y su cuidada atención a los tratamientos de los materiales recreó el medievalismo románico (*Trinity Church* de Boston, 1873), siguió la maestría de las composiciones asimétricas de Norman Shaw (*Crane Library*, 1880) o adaptó las plantas aglutinantes de la tradición pintoresca a la evolución de las casas familiares americanas. En estas, por lógica de proximidad cultural y colonial, habían triunfado las tendencias inglesas, pero aplicadas con una mentalidad todavía menos canónica a la hora de interpretar los estilos con materiales de construcción de raro uso en Europa, como las estructuras generales de madera (*Stick Style*) o los revestimientos de muros y cubiertas con ripias y guijarros *(Shingle Style)*, que tenían su origen en las necesidades de la arquitectura de los colonizadores de construir con rapidez y eficacia, con materiales y estructuras sencillas.

En 1885 Richardson abandonó excepcionalmente el territorio del este y se adentró en la ciudad de Chicago con un proyecto diferente, los almacenes *Marshall Field*, ya desaparecidos. Aunque la estructura interior era de hierro, característica impuesta en los edificios de esta ciudad, la exterior era de muros con arcos de sillería, con sillares y ventanas decrecientes a medida que el muro se elevaba, como en los palacios florentinos del Renacimiento. Los vanos se abrían entre hileras de arcos superpuestos, y el volumen general se remataba con la cornisa horizontal del piso ático.

La obra de Richardson en Chicago sería admirada por los jóvenes arquitectos que trabajaban en la ciudad, embarcados en la reconstrucción de la misma tras el voraz incendio que la había asolado en 1871. Chicago, que carecía de una tradición arquitectónica específica, unió su nombre al de un grupo de arquitectos de una «escuela» que lleva su nombre, y a un tipo arquitectónico, el rascacielos, que durante varias décadas se identificó con los edificios de oficinas y comerciales con los que la ciudad ocupó su centro, el *Loop*, y escribió con ello de manera brillante su primera página en la historia general de la arquitectura.

Muchos de esos «rascacielos» han sido sustituidos por nuevas edificaciones, por lo que sólo queda su memoria y documentación fotográfica. La razón de su triunfo temporal en Chicago, fue el auge de la ciudad como gran capital en el territorio de expansión hacia el oeste, a lo que vino a unirse el vacío del incendio y la necesidad de rentabilizar al máximo el alto precio del suelo construyendo en altura cuando los medios técnicos lo permitían.

Las primeras construcciones de hierro fundido se habían experimentado previamente en Nueva York por J. Bogardus, un fabricante de máquinas para pulir hierro, pionero del uso del metal en construcciones comerciales (*Laing Stores*, Nueva York, 1849). El siguiente requisito para elevar la retícula estructural en altura como fundamento de la construcción de los rascacielos fue incorporarles los sistemas verticales de transporte, los ascensores que no dejaron de evolucionar desde su origen como transporte de mercancías para pasar a servir al de personas (ascensor de vapor, de Otis, 1864; hidráulico, de Baldwin 1870; eléctrico de Siemens, de 1887). La funcionalidad comercial añadía una clave básica para entender el auge del rascacielos en la ciudad americana y no en Europa, continente que tardaría en aceptar este nuevo tipo como invitado en sus centros históricos, ya que en el programa de los rascacielos no se dio cabida a la arquitectura residencial. En la ciudad americana, en su nuevo modelo de estructura urbana y territorial, se fomentaba la vivienda aislada alejada, ajena a la arquitectura de los centros comerciales y de negocios, que durante el día llenaban de vida y de actividad el corazón de las grandes capitales.

La historia del rascacielos unido a la escuela de Chicago la forman una pléyade de arquitectos individuales y asociados: W. Le Baron Jenney, en cuyo estudio se formaron y trabajaron los demás exponentes de la escuela, M. Roche, W. Holabird, D. Burham y L. Sullivan. Ellos como grupo hicieron evolucionar en breve espacio de tiempo los esqueletos metálicos de los edificios de Chicago, trabajaron con sinceridad constructiva los materiales, hicieron ir perdiendo papel determinante a los muros de carga hasta convertir los cierres de los rascacielos en puro revestimiento. Todos fueron autores de importantes obras, pero ninguno reunió el genio inventivo y artístico de L. Sullivan, que hasta 1895 trabajó asociado con D. Adler.

Su primer gran éxito fue el Auditoriun de Chicago (1887), construido todavía con robustos muros portantes de piedra clara, una monumental composición que incluía teatro, oficinas y hotel, resuelto de forma muy similar al almacén Marshall Field de Richardson. En lo que Sullivan se distinguió desde sus comienzos fue en el cuidado de los temas decorativos, en la ornamentación de los espacios interiores en los que se delataba su educación académica, su conocimiento de los estudios sobre el papel de ornamento en las culturas históricas, como la obra de Owen Jones *Grammar of Ornament* (1856), que tanto admiraba, su creencia de que los nuevos materiales eran susceptibles de obedecer a los mismos criterios de belleza que

J. Renwick. Nueva York. Catedral de San Patricio (1858).

H. R. Richardson. Crane Library, en Quincy, Massachusetts (1880).

L. Sullivan. Chicago. Auditorium (1887).

L. Sullivan. Nueva York. Bayard Building (1898).

los tradicionales estucos, bronces, terracotas, que también formaban parte de los recursos empleados por Sullivan en sus suntuosos interiores, algo que le reportó la justa fama de poseer un estilo personal.

A partir de 1890 en los rascacielos de Sullivan (*Wainwright Building* en San Louis, 1890; *Guaranty Building* de Buffalo, 1894) los muros exteriores dejaron de cumplir su antigua función, pasaron a ser una piel de revestimiento de la estructura interior de acero. Las preocupaciones sobre el tema del rascacielos como nueva forma de lenguaje expresivo las vertió Sullivan en varias publicaciones: *The Tall Office Building Artistically Considered*, «El edificio de oficinas considerado artísticamente», 1896. En los dos rascacielos citados la preocupación principal consistió en mostrar las líneas verticales como signos externos del impulso de elevación, para lo cual empleó el recurso de revestir los pilares de acero con ladrillos para hacer ver la fachada como un entramado de pilares de piedra entre los que se abren las ventanas de los pisos, rematándose con cornisas resaltadas. En el *Guaranty*, recubrió los pilares de la fachada con terracota y bajorrelieves decorativos con formas geométricas, que además de preservar el alma interior de acero, satisfacía la solicitud de Sullivan de integrar los elementos constructivos con los decorativos.

La última obra importante de Sullivan fueron los almacenes *Carson Pirie and Scott* (1899). Salvo en el pabellón de la esquina, en el que las columnillas destacan las líneas verticales, el resto de la fachada lo constituye una retícula con predominio de las líneas horizontales configuradas por los marcos de acero de las ventanas. La defensa a ultranza de la ornamentación alcanza en este almacén su expresión más refinada. En los dos pisos inferiores los huecos de los escaparates se enmarcan con terracotas blancas con relieves, y con terracotas lisas del mismo tono los de los pisos superiores, color blanco y líneas horizontales que marcan un cambio de signo en la arquitectura final del autor.

Sullivan participó en la Exposición Colombina de Chicago de 1893, cuya disposición general fue determinada por un maestro de la escuela de Chicago, D. Burnham y el arquitecto paisajista F. L. Olmsted. Las construcciones, en general efímeras, de la Exposición, se dispusieron en torno a un lago rectangular, y el tono general de la mayoría proclamaba un retroceso respetuoso a las posiciones del clasicismo académico y monumentalista.

Esta fiesta fin de siglo de la arquitectura en los Estados Unidos no llevaba implícita la desaparición de los edificios en altura, la escuela de Chicago continuó su andadura, pero bajó el nivel de su creatividad, los rascacielos de Manhattan volvieron a tomar la iniciativa y ganar en altura en las primeras décadas del siglo XX como símbolos inevitables de la arquitectura comercial, como silueta de identificación de su línea del cielo.

En la Exposición de Chicago de 1893 quienes salieron reforzados fueron las figuras emergentes de la reacción académica, en particular el estudio de arquitectura que realizaría innumerables obras en las siguientes tres décadas, el presidido por Ch. F. Mckim, W. R. Mead y S. White, la firma conocida como Mckim, Mead and White, que aceptaron todo tipo de encargos menos rascacielos. Sus edificios públicos se venían basando, y así continuaron, en alusiones historicistas, desde la antigua Roma y sus espacios termales al renacimiento italiano o el clasicismo francés, posturas claras en pro de una vuelta al orden clásico frente a los gustos pintorescos y vernaculares contemporáneos.

D. Burham. Nueva York. Rascacielos *Flatiron* (1902).

La Biblioteca Pública de Boston (1888) es un sencillo volumen rectangular de granito blanco que se inspira en la de St. Geneviève de Labrouste; en el Capitolio de Rhode Island (1891) emularon la cúpula de San Pablo de Wren, e igualmente impusieron su clasicismo refinado en las universidades de Nueva York (1894) y Columbia (1894), donde reinaron las columnatas, podios y bibliotecas, los espacios centralizados cubiertos mediante cúpulas. Incluso se atrevieron a traducir los espacios termales romanos revestidos de mármol travertino en las salas de espera de la desaparecida estación de Pensilvania, de Nueva York (1902), más el añadido de la consabida dualidad de las estructuras de hierro y cristal con bóvedas de crucería de las naves, atrevido encuentro de la tradición y la modernidad.

El auge de las casas familiares aisladas les procuró ocasiones para desarrollar su propio discurso sobre la tradición americana del *Shingle Style*, en general por medio de amplios y ricos programas que facilitaban mayor nivel de elaboración e imaginación decorativa. Las plantas aglutinadas en torno al hall con la chimenea formaban parte de lo que se aceptaba ya como una condición previa, lo mismo que la envoltura de ripias. Mckim, Mead and White representaron el tránsito de las casas decimonónicas de los barrios residenciales de Rhode Island o New Jersey hacia modelos más contenidos, menos irregulares y pintorescos. Estilizando las composiciones en general tan movidas del pintoresquismo, reaccionado para depurarlo, Mckin, Mead and White liberaron a las residencias del peso historicista, su rigor académico esta vez se puso al servicio de la precisión y de la armonía.

F. LL. Wright. Chicago. Casa Robie (1909).

Pero no alcanzaron el papel de innovadores. El testigo del tratamiento decididamente moderno de las casas familiares aisladas lo había tomado un joven arquitecto, F. LL. Wright, al comienzo de cuya carrera hace que el discurso de la arquitectura avance volviendo de nuevo a los barrios residenciales de Chicago.

Arquitectura del siglo XX

EL ART NOUVEAU, ORIGEN DE LA ARQUITECTURA MODERNA

LA ARQUITECTURA DE UN ARTE NUEVO (ART NOUVEAU, MODERNISMO) SIGNIFICA EL COMIENZO DE LAS VICISITUDES DE LA ARQUITECTURA MODERNA. MÁS QUE UN ESTILO, EL ART NOUVEAU ES UN AUTÉNTICO CÓDIGO GENÉTICO ARTÍSTICO QUE TRASMITE AL SIGLO XX LO FUNDAMENTAL DE LA HERENCIA DEL SIGLO XIX.

Sus raíces están en el revival del gótico y en la arquitectura del hierro, en el movimiento inglés de reforma de las artes *Arts and Crafts* y en la pintura impresionista, en la moda de los objetos orientales, en particular motivos del arte japonés, y en la aplicación al diseño de las nuevas técnicas de producción. El Art Nouveau, situado en la frontera temporal de dos siglos, toma como problemas propios los derivados de una larga evolución del gusto de la centuria decimonónica, a la que sirve de colofón, y transmite a las corrientes culturales del siglo que empieza, el veinte, el veneno de intentar construirse según las pautas de un «estilo» de nueva creación.

En cuanto pretensión de presentarse bajo la faz de formas nuevas, el Art Nouveau buscó alejarse conscientemente de los modelos históricos, acercar los campos de definición de las artes mayores y menores, lo cual desbordaba las tareas convencionales de la arquitectura. En lo que se refiere a la relación con la producción industrializada, aspiró a que la decoración se justificara desde la funcionalidad, pero no renunció a ella en absoluto. Como movimiento pretendía redimir al industrialismo de los males que habían denunciado sus críticos (Ruskin, Morris) sin obligar por ello a tomar posturas redentoras, propugnando sencillamente que el artista y el arquitecto se acercaran con decisión a las posibilidades ofrecidas por la máquina y cubrieran el espacio profesional del futuro diseñador, de manera que los objetos producidos por la industria llevaran el añadido de su consideración y tratamiento como objeto útil y bello a la par. En definitiva, conciliar el pragmatismo de lo útil y el hedonismo de lo ornamental.

O. Wagner. Viena, Majolika Haus (1898).

Al Art Nouveau se le identifica por una serie de características comunes y al mismo tiempo por sus variantes. Como movimiento aspiró a ser un estilo internacional, y lo corrobora el hecho de que surgiera con carácter simultáneo en varios focos: Bruselas, París, Barcelona, Glasgow, Viena, Munich, la explicación de lo cual fue su condición de ser el fruto cultural de las respectivas burguesías, del afán de éstas de rentabilizar parte de su beneficio comercial e industrial, fomentando un estilo cultural diferenciado y nuevo, rupturista con las tendencias historicistas del pasado, que aceptara las tecnologías modernas, las de sus propias fábricas, plegándolas incluso a las instancias del gusto nuevo que se quería imponer.

La paradoja principal del arte y de la arquitectura del Art Nouveau fue la de pertenecer a dos mundos, el del pasado, del cual no consiguió desprenderse, como muestra su condición final de «estilo» identificado con las formas que se reconocen en cuanto «históricas», y el del futuro, el del optimismo progresista, entendido y volcado en el consumo, en la aceptación de la sociedad industrial y de su lógica con todas sus consecuencias, si bien, como eco del pasado, una vez aceptado que la creación artística y la moda debían llegar a ser términos conciliables, se trató de mantener fijo el concepto, heredado de W. Morris, de que el producto industrial debía anteponer lo bello a lo útil. De lo que se derivaba que el objeto de diseño estaba más cerca de su consideración como objeto único artesanal, como «obra única de arte», aunque susceptible de ser repetido indefinidamente por las máquinas.

Tampoco quedó nunca resuelto el que el artista ideador, entendido en el sentido tradicional, se disolviera como autor en la figura del diseñador moderno de prototipos maquinistas, como era la pretensión, de manera que en el Art Nouveau, en la arquitectura Modernista, siguió prevaleciendo la figura del autor individual, del artista creador, incluso a niveles de trabajo artesanal, aunque se aceptara en ocasiones su introducción en los mecanismos de la producción industrial, pero con el objetivo prácticamente exclusivo de tratar de controlar la calidad del producto fabricado, de armonizar las relaciones entre el artista creador con

Henry Van de Velde. Casa Bloemenwerf en Uccle (1895).

Víctor Horta. Bruselas. Salón de actos de la Casa del Pueblo (1896).

Víctor Horta. Bruselas. Casa Tassel (1892).

las conveniencias del fabricante industrial, en este sentido el verdadero ejecutor de los diseños.

La arquitectura del Art Nouveau engloba expresiones variadas ubicadas en distintas capitales, pero dentro de una gramática de formas comunes y el empleo de materiales característicos. Los arquitectos de esta corriente de renovación buscaron en el uso simultáneo del hierro y del hormigón los resultados de elasticidad y de fuerza derivados de la naturaleza de dichos materiales. Eso mismo les permitía eliminar y sustituir paulatinamente las masas y volúmenes de los sistemas constructivos tradicionales en favor del triunfo moderno de los soportes puntuales y de las superficies de cierre de los edificios. El hierro ayudó a definir el gusto por las líneas, por la geometría, característica destacada de la estética modernista, y el hormigón los efectos del modelado plástico, de las formas cóncavas y convexas, orgánicas. No obstante, la tendencia fue el uso simultáneo de estos con otros varios materiales: piedra, ladrillo, madera, cerámica, vidrio.

La arquitectura del Art Nouveau en Bélgica otorgó a Bruselas un protagonismo internacional hasta entonces siempre capitalizado por la cercana París, que pasa a un segundo plano en este momento de gloria para Bruselas.

La base del despegue de la arquitectura moderna en Bélgica se basó en la fuerte implantación industrial, un importante respaldo económico, en cuanto que se generó un afán de renovación en un clima de progreso social y de optimismo cultural. Esta nota fue común a los otros focos europeos de renovación de la arquitectura. Los artistas belgas, el grupo de pintores llamados los «Veinte», se reunieron en la última década del siglo XIX en torno a las páginas de la revista «L´Art Moderne», encontraron en la figura de Henry van de Velde a su mejor activista, de la misma manera que la burguesía adinerada y culta hallaron en el joven arquitecto Víctor Horta al hombre adecuado para diseñar sus viviendas en el nuevo ensanche de la ciudad.

Van de Velde representaba la figura del artista culto, polémico, deseoso de introducir a su país en el circuito del arte moderno, de difundir un nuevo estilo, llegando en sus pretensiones a querer controlar los procesos de producción de las artes decorativas e industriales, tal como defendían sus admirados teóricos y artistas ingleses. La actividad de Van de Velde, debido a su convicción de que el diseño arquitectónico, el de las artes aplicadas y el de los objetos de uso cotidiano estaban sometidos al mismo principio de calidad esté-

Víctor Horta. Bruselas. Escalera de la casa Tassel (1892).

H. Guimard. París. Entrada al metro (1899).

tica, abarcó tanto la escala de edificios de vivienda, como su propia casa en Uccle, del año 1895, a la de los muebles, telas, vajillas, cuberterías, candelabros, vestidos. La admiración por las posibilidades de la máquina no anulaba el papel del artista, el que él mismo reclamaba para sí, cuya responsabilidad pasaba al plano del control del producto y el añadirle la condición de creación artística para redimirle de la banalidad industrial. La obra de van de Velde tuvo enorme repercusión, en particular en Alemania, donde pasó a desarrollar su trabajo profesional en años posteriores (teatro del Colonia, de 1914), estando su figura muy ligada a los comienzos de la Bauhaus en Weimar.

Víctor Horta fue el arquitecto de referencia en Bruselas en la última década del siglo XIX y primera del XX. En 1892 proyectó para un profesor de geometría descriptiva, el Sr. Tassel, una casa entre medianeras en un solar estrecho, una dificultad que en parte se resolvió abriendo grandes vanos acristalados en la fachada. En esta casa, como en el Hotel Solvay, de 1895, Horta consolidó las formas del estilo, basado en fundir la arquitectura con las artes decorativas, ello de manera particularmente brillante en los espacios interiores. La apuesta iba más allá, se trataba de usar en estos programas de viviendas burguesas convencionales las estructuras metálicas con funciones constructivas y ornamentales. En la escalera de ambas residencias, el armazón metálico adopta formas orgánicas, se moldura con trazado curvilíneo, la barandilla se desarrolla retorciéndose como volubles zarcillos.

En un solar no menos complicado de la ciudad de Bruselas, Horta diseñó en 1896 su obra más reconocida, la sede del Partido Socialista («Maison du Peuple»), una propuesta radical, con toda su estructura realizada como un esqueleto de hierro, a la manera de las obras de los ingenieros de la centuria anterior. La fachada principal, de línea cóncava, buscaba dar al conjunto la regularidad y el carácter unitario del que carecía en planta por causa de la suma de funciones añadidas (oficinas, café, comercios, sede política), manifestar al exterior las funciones internas por medio de la transparencia de la estructura metálica dejada a la vista y los cerramientos de ladrillo y cristal. El auditorio, capaz de acoger a mil quinientas personas, se hallaba en la parte superior del edificio, concebido como un espacio diáfano resuelto con grandes cerchas de hierro que recordaban los dibujos visionarios de Viollet le Duc, así como los espacios de una nave industrial, de una estación de ferrocarril o de cualquier otra de las visiones de la arquitectura industrial en la que Horta se había inspirado, pero llevándolo a un contexto arquitectónico diferente y novedoso. Con su demolición, desapareció uno de los ejemplos más característicos de los inicios de la arquitectura moderna europea.

Aunque Francia pareció disfrutar con las versiones más sofisticadas y elitistas de los diseños de los

Ch. R. Mackintosh. Glasgow. Fachada de la Escuela de Arte (1897).

Ch. R. Mackintosh. Glasgow. Hill House (1902).

artistas modernos, haciendo triunfar los exquisitos productos de E. Gallé o Majorelle, meramente decorativos, la obra de Hector Guimard, y en particular sus diseños para el Metro de París, de 1900, le dieron a la corriente de renovación de la arquitectura un valor social, una evidencia pública. A Guimard le había influido la obra de Horta, que conoció en un viaje a Bruselas, así que abandonó su anterior producción académica convencional y pasó a engrosar la nómina de artistas interesados en utilizar los materiales y las formas aprendidas en este caso en la capital belga. Con motivo de la Exposición Universal de 1900 en París, Guimard obtuvo el encargo de las entradas al metro. Los accesos de las estaciones hacían brotar del suelo de la capital formas híbridas de plantas metálicas, arcos de hierro con cubierta de cristal, elementos prefabricados en serie pero con aspecto de haber sido creados desde la imaginación de un artista de obras únicas e individualizadas. Desde los caprichos de las líneas sinuosas de la época Rococó, no se había vuelto a ver nada parecido en Francia hasta las propuestas de Guimard, moda que llevaría con particular éxito a la realización de casas de viviendas, de pisos (Castel Béranger, 1897) y villas familiares.

La arquitectura moderna de Escocia, de Glasgow, se asocia indefectiblemente al artista fin de siglo más importante de su historia, Charles Rennie Mackintosh, cabeza de serie de un pequeño grupo «La banda de los cuatro» empecinado en volver a colocar en el mapa a la capital norteña, con el deseo de continuar las líneas directrices del movimiento inglés del Art and Crafts, conectar con el magisterio contemporáneo de arquitectos innovadores de la talla de Voysey, experto como ninguno en la realización de viviendas domésticas, más la aportación de una fina sensibilidad pictórica y arquitectónica, la del propio Mackintosh, en parte deudora de la de su esposa, Margaret Macdonald, sin cuyo apoyo no hubiera triunfado.

De nuevo con Mackintosh se verifica la condición internacional de la tendencia modernista, pues sus mayores reconocimientos se produjeron fuera de su Escocia natal, en Viena, donde su obra fue expuesta en 1900, y en Turín, donde ocurrió otro tanto en 1902.

En la obra plástica y arquitectónica de Mackintosh confluyen las influencias de los movimientos de renovación de las artes, la tradición de la arquitectura vernacular y la de los castillos escoceses, junto con una tendencia progresivamente reforzada hacia la simplificación geométrica, tanto en sus versiones pictóricas como arquitectónicas, lo cual se materializa en la aparente severidad y el rigor geométrico de los volúmenes arquitectónicos. Al mismo tiempo, debido al convencimiento de la importancia que las artes aplicadas y de su papel determinante en la cualificación de los espacios, Mackintosh se aplica, hasta el grado de la obsesión, en el diseño todos los componentes integrados bajo las alas de la arquitectura: muebles, lámparas, tejidos, papeles pintados, pinturas al estarcido, paneles, sillas y luminarias.

En 1897 Mackintosh ganó el concurso para realizar la Escuela de Arte de Glasgow, que finalmente llevó a cabo en dos fases, pues el ala de la biblioteca la incorporó en 1907. La severa fachada norte, compuesta con disposición asimétrica y salvando la dificultad de construir en una la parcela ubicada en una fuerte pendiente, deja penetrar la luz en los talleres a través de grandes ventanales acristalados. Ese gusto por las composiciones asimétricas, de la que hará abundante uso el autor, es propio de la arquitectura insular, que la había reclamado como algo distintivo desde el siglo dieciocho. Lo tradicional también está aludido en la extraña solución del portal de entrada, inspirado en soluciones de la arquitectura medieval escocesa, si bien tratado con el característico despojamiento y severidad formal. En el interior, la reflexión sobre el valor de la tradición y su adecuación al lenguaje moderno se plasma en la biblioteca, una estructura de madera colgada, trabada a los muros y entre sí como un sofisticado artefacto, un mecano de madera oscura concebido y resuelto para generar una atmósfera de estudio y de concentración monacal en la lectura realmente único y estremecedor.

En el programa de viviendas familiares, capítulo de enorme importancia como campo de desarrollo de la arquitectura inglesa desde época neoclásica, el catálogo personal de Mackintosh nos ha legado aportaciones muy singulares, la Windyhill (1899), en Kilmacoln, y la Hill House (1902), esta última situada en Helensburg, periferia residencial de Glasgow. En ambas, pero más particularmente en la Hill House, Mackintosh buscó la descomposición de las masas volumétricas, partiendo de una planta irregular en forma de «U». En el exterior de la casa jugó con los distintos planos, con la austeridad intencionada del material, con la ruptura de la silueta mediante la tensión vertical de las altas chimeneas, clara alusión al fuego y el calor del hogar. Frente a la desnudez de la corteza exterior, en el interior se explaya el gusto por la decoración, por el dominio del color, de tonos pastel, por los flujos de los espacios y los contrastes de materiales, siendo algunos de sus muebles, como la silla de altísimo respaldo, auténticos clásicos del diseño moderno.

El éxito de Mackintosh en Viena tuvo mucho que ver con la existencia en aquella capital de un nutrido grupo de artistas y arquitectos jóvenes, arropados en torno a la figura de un arquitecto académico, Otto Wagner, capaz de evolucionar con el bagaje de su inmenso prestigio hacia los cauces de la modernidad. Wagner había publicado en 1895 un importante texto de referencia para todo ellos, *Moderne Architektur*, en el que preconizaba la necesidad de adaptarse a la vida moder-

O. Wagner: Viena. Sala central de la Caja Postal de Ahorros (1904).

na, a las exigencias de la época, lo cual equivalía para la pomposa arquitectura vienesa del momento abandonar la decoración ecléctica, aceptar la simplicidad y la economía de medios y de materiales como un bien necesario.

Pintores como G. Klimt y Kolomon Moser, arquitectos como Joseph Maria Olbrich y Josef Hoffmann, se conjuraron a partir de 1897 contra el arte académico retardatario que dominaba en la capital del viejo imperio austrohúngaro, difundieron las ideas nuevas «secesionistas» *(Secession* fue el nombre de guerra del grupo, el título de las exposiciones en las que fue cristalizando la tendencia) en las páginas de la revista *Ver Sacrum*, «Primavera Sagrada». Un edificio de composición cúbica y aspecto compacto, «la Casa de la Secession», construido por Olbrich en 1898 en el corazón de la ciudad, fue la sede de dichas exposiciones. En las paredes del exterior la decoración se limita a temas florales rehundidos en el cemento, pues la intención del autor era que dominase el efecto plástico de las masas y volúmenes. En la fachada, dos volúmenes macizos a manera de pilonos egipcios embargan la

J. Hoffmann. Bruselas. Palacio Stoclet (1905).

J. M. Olbrich. Viena. La Casa de la *Secession* (1898).

escalera de acceso, sostienen detrás cuatro pilares que soportan una cúpula realizada con hierro revestido con un follaje dorado, hojas de laurel, corona simbólica para artistas autolaureados, rebuscada referencia que produce un efecto de enorme impacto y alto valor propagandístico, como todo lo que ocurría en aquellos años en el interior del edificio, en la Casa de aquellos rupturistas.

Un Otto Wagner ya maduro a finales de siglo contribuía a distinguir desde 1894 el nuevo estilo de la arquitectura de la ciudad desde sus cargos municipales y académicos de máxima responsabilidad. Tanto en programas de viviendas («Casa de la Mayólica», de 1898, así denominada por la decoración en fachada de azulejos de cerámica con formas florales), como en las varias estaciones del Metropolitano (las de la Karlsplatz y Schönbrunn en especial), se fue apartando del peso del eclecticismo, apostando por la sencillez compositiva, por la regularidad de los trazos rectos, por la consideración de la decoración como un añadido superpuesto a lo tectónico, sin entrar en competencia con los materiales de construcción, sino contribuyendo a subrayar las líneas principales, o entendida como puro argumento adosado. Dichas ideas en defensa de la simplificación formal y la búsqueda de la sinceridad constructiva las radicalizó aún más en su obra de la Caja Postal de Ahorros (*Postsparkasse*, 1904), tanto en el exterior, recubierto con placas de mármol ajustadas con pernos, como en la sala de operaciones del interior, definida como un espacio de tres naves, la central abovedada, una cubierta de piel de cristal que dejaba pasar la luz como un inmenso lucernario, un recuerdo evidente, una cita homenaje a las arquitecturas decimonónicas de hierro y cristal evocadas aquí con enorme simplicidad formal, pero sin menoscabo a la debida elocuencia y nitidez propia de la arquitectura moderna que preconizaba el proyectista.

El tercer arquitecto fundamental de la Secession vienesa fue Joseph Hoffmann, ligado también al magisterio de Wagner, partícipe del mismo esfuerzo por reducir la estética de la arquitectura moderna a una cuestión esencial de líneas, planos y volúmenes, por aminorar, sin renunciar a él, el protagonismo de lo decorativo. Su preocupación por los procesos de diseño industrial le llevó a fundar en 1903 los talleres vieneses de producción de objetos decorativos (*Wienner Werkstätte*) con el fin de asegurar la calidad de dicha producción. La obra maestra de Hoffmann, el palacio Stoclet, 1905, se halla en Bruselas, encargo del banquero y coleccionista de arte Adolphe Stoclet. Como Hofmann había viajado por Inglaterra, y dado que Mackintosh había expuesto en Viena en 1900 su proyecto de «Casa para un amante del arte», el paralelismo entre ambas obras resulta más que evidente, lo cual no resta el menor mérito al lujo y refinamiento del palacio Stoclet tal como fue realizado. Todo el exterior se basa en un juego de volúmenes prismáticos que se concluyen en la torre, están forrados con placas de mármol blanco, las esquinas fileteadas con cantos de bronce moldeado, la torre rematada con estatuas hercúleas y una esfera que recuerda la de la Casa de la Secession, estatuas que, al igual que las que reciben a las visitas desde el pórtico, se inspiran en la escultura griega preclásica, época de reducción geométrica y trazos de elemental linealidad que tanto admiraba Hofmann. Los más ricos materiales contribuyen a cualificar las estancias del interior, marco suntuoso para la vida social de los dueños, verdadero foco de atracción intelectual de la Bruselas de principios de siglo, y marco también para la colección de obras de arte de los Stoclet, algunas de ellas creadas expresamente para el palacio, como los mosaicos y pinturas del comedor, facturadas por Gustav Klimt.

La Viena de la *Secession* tuvo su crítico más acerbo en la persona del arquitecto Adolf Loos, figura imprescindible en la narración de los orígenes de la arquitectura moderna. Loos pasó una larga temporada en Estados Unidos, entre los años 1893 y 1896, admiró allí las corrientes de renovación de la arquitectura, la obra y los escritos de L. Sullivan, en particular el texto del arquitecto americano, *Ornament in Architecture*, de 1892. Esta doble faceta, la de tracista y la de escritor polémico, él mismo la reproduciría a su vuelta a Europa. Su texto más conocido «Ornamento y delito», publicado en 1908, no perdonaba las veleidades ornamentales, ya de por sí muy escuetas, de los artistas de la *Secession*, pues su ideal de una arquitectura verdaderamente moderna pasaba por la total desnudez ornamental Era la suya una actitud moralizante, una campaña contra el despilfarro, en lo ornamental y en lo económico, unido a lo cual iba, en consecuente derivación, la simplificación de las formas y la selección de los materiales.

En 1910 Loos proyectó dos obras significativas de su producción, auténticos manifiestos de la poética despojada del autor. Una, la casa Steiner, una villa residencial, un tipo de arquitectura que el autor frecuentará en los años sucesivos (casa Scheu, de 1912; casa Rufer, de 1922; casa del poeta Tristan Tzara, de 1926; casa Muller, de 1930), y la segunda, la casa de pisos en la Michaelerplatz.

Las casas de Loos, desde la Steiner, serán cada vez más sencillas, puros volúmenes de hormigón perforados por los huecos de las puertas y de las ventanas. En los espacios interiores, el autor definió un tipo de disposición, que él denominó «planta espacial», *raumplan*, que se basaba en dotar a los espacios interiores de diferentes alturas en función de las necesidades y los tamaños de los mismos, y cubrirlos por tanto con techos con alturas igualmente diferentes. El resultado era que los ambientes de la casa se acoplaban, se comunicaban mediante escaleras, y de este modo se resolvía con la máxima economía las funciones del programa y a la vez la casa quedaba configurada con grandes dosis de variedad.

La casa de pisos en la Michaelerplatz provocó controversias desde el primer instante, entre otras razones porque su desornamentada propuesta se erigía en el centro de la capital, frente al palacio real de los Habsburgo. Loos utilizó el hormigón armado como armazón, pero lo revistió con ricos mármoles, pues a pesar de su credo teórico, no evitó el empleo de los mejores y más caros materiales, aunque evitó su ostentación. El

A. Loos. Viena. Casa de pisos en la Michaelerplatz (1910).

Lluis Domenech i Montaner. Barcelona. Palacio de la Música Catalana (1905).

mármol importado de Grecia recubre, pues, las cuatro falsas columnas de la fachada principal, y toda la zona baja comercial, en tanto que las plantas de viviendas se presentan sencillamente revocadas. Y fue esto precisamente lo que levantó la polémica, las invectivas contra la estética de «granero» de una casa burguesa en el centro de la capital imperial. Por conveniencia, Loos cedió y consintió que se dispusieran jardineras de bronce bajo los huecos de las ventanas, de manera que la visión de la radical austeridad neoclásica de la casa se aliviara mediante la redención floral, algo que permitió a Loos al menos verla terminada.

Aunque el fenómeno del Modernismo afectó, y con incidencia profunda, a toda la cultura catalana, embarcada en un proceso de renovación y resurgimiento, la *Renaixença*, sin embargo la dimensión internacional y cosmopolita se la aportó el más solitario y diferente de sus genios creadores, el arquitecto Antonio Gaudí. Al igual que el resto de los arquitectos modernistas catalanes, como Jose Puig i Cadafalch o Lluis Domenech i Montaner, la arquitectura de Gaudí se entiende desde la consideración inicial de la que partían todos ellos: la inspiración en el historicismo medieval junto con las formas orgánicas y naturales, el racionalismo estructural y la integración de la arquitectura con las artes decorativas y el diseño industrial. En principio, dichos valores los compartían todos los artistas modernistas, formaba el substrato común del que resultaban obras de distinto signo, interpretaciones de diferente cariz.

La obra de Domenech procede de la misma perplejidad eclecticista que la de Gaudí, y él se afana en buscar, desde los fundamentos de la tradición, un nuevo estilo nacional en la arquitectura, título de un famoso texto que escribió en 1878. Desde ese punto de partida, su arquitectura, impregnada de historicismos varios, se depurará hasta alcanzar en su obra maestra, el Palau de la Musica Catalana, de 1905, un valor de síntesis, en la cual las nuevas formas, y los materiales tratados con cuidado de alta artesanía, se confabulan para crear uno de los ambientes interiores mas exquisitos de la arquitectura nacional. Fantasía y racionalidad se equilibran, y sobre todo, la luz tamizada por vidrieras emplomadas penetra en el interior de la sala para iluminar el nuevo templo laico musical de la cultura moderna catalana.

El genio personal de Gaudí, su permanente espíritu empírico, su profunda religiosidad, el alejamiento del historicismo sustituido por la inspiración en las formas naturales y biológicas, tiene como resultado la creación de un mundo artístico personal, diferente y al tiempo partícipe de las corrientes renovadoras de la cultura arquitectónica europea contemporánea. Sus fuentes teóricas reconocidas fueron los textos de Viollet y de Ruskin, cuya defensa del valor del pasado asumió con actitud de converso, redimida por su experimentalismo permanente, por su fantasía aplicada a un mundo de formas que le convierten en una rara excepción. Algunas de las claves de su lenguaje creativo personal se comprenden a la luz de sus aficiones declaradas, que van desde los estilos y materiales de la tradición española, a sus conocimientos de la arquitectura popular del norte de África. Otras pertenecen a sus análisis detenidos y pacientes de las estructuras zoomórficas, de las composiciones de los minerales, de la naturaleza en general, de las leyes de la estática, de los cálculos estructurales lógicos, pero inauditos, como es su predilección por los arcos parabólicos, o su aproximación tangencial a la estética de los nuevos arquitectos europeos, a los que se parece y de los que al tiempo se distingue, sobre todo por la carga de simbolismo con la que tiñe a su lenguaje, hasta el punto de hacerlo incomprensible, pero sumamente atractivo.

Antonio Gaudí. Barcelona. Parque Güell (1900).

Antonio Gaudí. Barcelona. Iglesia de la Sagrada Familia (1883).

Antonio Gaudí. Barcelona. Casa Milá, *La Pedrera* (1906).

Las primeras obras de Gaudí están ligadas formalmente a las fórmulas neogóticas (casa Vicens, 1883), pero a partir de esas referencias, va introduciendo soluciones constructivas y decorativas características, como ocurre en el palacio Güell, de 1885, en el cual los arcos apuntados son reemplazados por arcos parabólicos.

El mecenazgo de la familia Güell le permitió llevar a cabo algunas de sus realizaciones más atrevidas, caso del parque Güell, del año 1900, un proyecto de un jardín suburbano con viviendas, de lo que sólo se realizó una parte ajardinada y la base de un teatro griego, en el que Gaudí experimentó con versiones personalísimas del orden dórico, tanto en su disposición como en la decoración, pues recubrió las columnas del pórtico y los bancos de la terraza con fragmentos de cerámicas polícromas troceadas (*trencadís* según la denominación en catalán), que recuerdan las técnicas del arte islámico y mudéjar, adaptadas a formas y a un contexto ajardinado puramente manierístico.

En una tipología tan convencional como la casa urbana de pisos, Gaudí no pudo sustraerse tampoco a su experimentación simbólica y de materiales. En el ensanche de Barcelona, en el elegante paseo de Gracia, casi enfrentadas, dejó dos ejemplos de su acercamiento personal al tema. En la casa Batlló, 1904, reformó un edificio preexistente, lo revistió de azulejos brillantes, añadió barandillas de hierro colado a los balcones, le dio a la cubierta una silueta de cresta ondulada que recuerda el lomo de un dragón. En la casa Milá, 1906, el variado material de construcción, pilares de piedra y ladrillo, vigas de hierro, bóvedas a la catalana, evitan los muros de carga y permiten que la estructura general se levante con libertad, que la distribución interior siga la misma dinámica irregular y vibrante que anuncia la imagen exterior de la casa. La fachada ciñe el exterior como un muro autoportante, la moldeó el autor como materia plástica de líneas curvas cóncavas y convexas, oleadas de lava solidificada parecen ser la masa pétrea con la que se sostiene la casa Milá. La similitud con las montañas rocosas de Montserrat le propició una denominación popular adecuada, «La Pedrera», y del seno de esa montaña pedregosa, del interior de sus cinco pisos, brotan ásperos arbustos de hierro que cierran los balcones, aunque también pudiera parecer, como se ha señalado repetidamente, que la roca sea acantilado, y que los pretiles son los restos de algas solidificadas que ha dejado la tormenta marina tras azotar el litoral.

Gaudí tuvo un cliente distinguido, el Altísimo, con el que solo él se relacionaba para informarle de los avances de su proyecto, la iglesia expiatoria de la

A. Perret. París. Casa de pisos en la calle Franklin (1902).

A. Perret. Raincy. Iglesia de Notre Dame (1922).

Sagrada Familia, obra de la que se hizo cargo en 1883, hasta su muerte, en 1926. Para entonces los avances parciales de la misma habían dejado en la imagen de Barcelona las siluetas de sus no menos altísimas torres de aguja afilada, pináculos cónicos de tracería calada y remates florales. Entre ambas fechas, Gaudí pudo ir dando los trazos y resolviendo la fachada de la nave transversal, consagrada al nacimiento de Cristo.

La Sagrada Familia reunía los valores apetecidos por Gaudí, cumplía con sus convicciones espirituales más íntimas, experimentadas a menor escala en la cripta de Santa Coloma de Cervelló, de 1898. Lo espiritual de la actitud no oculta, sin embargo, el trasfondo de cálculos estructurales apurados, la faceta más racionalista con la que se debían resolver los agudos problemas suscitados por las formas de la fantasía creadora, actitud permanente de Gaudí como artista. Los dibujos y maquetas que el autor dejó sirven para continuar una controvertida tarea, la de concluir el conjunto, pero ese mismo material siembra dudas, dado que Gaudí siempre trabajó con el proyecto como un documento abierto, resuelto a pie de obra, como debieron hacer los tracistas de las antiguas construcciones góticas, con los que su figura se parangonaba, los que, como él, difícilmente vieron terminadas nunca sus fábricas catedralicias.

LOS ORÍGENES DE LA ARQUITECTURA RACIONALISTA

En la parte en que el Art Nouveau pretendió romper con el pasado y proponer las bases de una arquitectura nueva se entiende que se estaban creando las condiciones para el nacimiento de la arquitectura moderna que, sin embargo, no se alcanzó con dicho estilo. Algunos de sus críticos, como A. Loos, despejaron el camino hacia una arquitectura desornamentada y racional, pero la historia de la modernidad no se basa en la biografía de un autor singular, sino en la suma de muchas posiciones equivalentes producidas con carácter simultáneo y sucesivo.

La arquitectura moderna del siglo XX se reivindica a sí misma en parte bajo la argumentación irrefutable de los materiales empleados y de las consecuencias derivadas de sus posibilidades técnicas y expresivas. En este sentido, la arquitectura moderna se construyó con hormigón armado, acero y vidrio. Las preferencias hacia uno u otro, los sistemas adoptados, cualificarán a las obras, pero resulta prácticamente imposible referirse a la modernidad en la arquitectura sin que estén presentes alguno de los tres, en detrimento de los sistemas constructivos tradicionales, refutándose la producción artesanal con carácter definitivo.

El defensor de las posibilidades del hormigón armado aplicado a la arquitectura había sido Auguste Perret, discípulo de A. Baudot, heredero a un tiempo, por tanto, de la tradición académica francesa y de las experiencias pioneras con el nuevo material de construcción. En 1902 Perret se separó de la manera tradicional de edificar las casas de viviendas burguesas parisinas con la que proyectó en el nº 25 bis de la calle Franklin, pues toda ella estaba basaba en un armazón de hormigón armado, de apoyos puntuales verticales y horizontales, todo un síntoma de los derroteros de la arquitectura en los años venideros. El esqueleto sustentante permitía abrir mayores huecos en la fachada, dar mayor libertad de distribución a los espacios internos, crear terrazas en la cubierta, a lo que el autor unió el retranqueo de fachada con el fin de airear más la planta evitando los insalubres y mefíticos patios de luces. El resto de la construcción pasaba a pertenecer a la categoría de cerramiento, superficies que fueron recubiertas de cerámica con motivos geométricos y florales, pues la aceptación de la lógica del hormigón armado no suponía para Perret el abandono de la decoración como parte sustancial del mensaje de la arquitectura. Durante los años sucesivos, Perret se convirtió en la autoridad de referencia sobre las posibilidades del empleo del hormigón, dando muestras brillantes de lo mismo en obras como el Teatro de los Champs Elysées, de 1911, o en su adaptación para recrear un espacio religioso muy sugerente, de inspiración medieval, la iglesia de Notre Dame de Raincy, de 1922, en una población próxima a París, resuelta con bóvedas de hormigón apoyadas en finas columnas y con cerramientos de paredes traslúcidas, sirviendo el hormigón para «emplomar» las espléndidas vidrieras, todo un homenaje al gótico francés de la Sainte Chapelle, directamente rememorado en esta nueva obra maestra de Perret.

En Francia hubo más apóstoles del hormigón armado, material tenido como de invención propia. Tony Garnier lo aplicó con carácter visionario a su proyecto ideal de ciudad moderna, la *Cité Industrielle*, concebida en 1901, aunque se publicó en 1917. Los edificios de la ciudad se dibujaban extremadamente simples, desprovistos de ornamentación, las alusiones al pasado eran mínimas. Algunas de esas propuestas las pudo llevar a cabo Garnier cuando en 1905 se hizo cargo de los trabajos públicos de la ciudad de Lyon, respaldado por el alcalde socialista E. Herriot.

Aún más radicales todavía, dado que era más joven, fueron las consecuencias para el futuro que extrajo de las lecciones de Perret un discípulo suyo, originario de Suiza, de nombre Charles- Edouard Jeanneret, conocido posteriormente como Le Corbusier. Este, en 1914, dio a conocer un sistema de construcción de casas de hormigón, al que denominó *Dom-ino*,

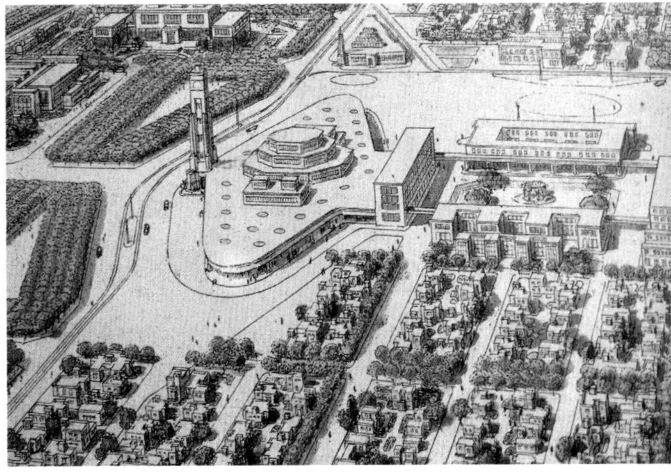

Tony Garnier. Imagen de la *Cité Industrielle* (1901).

P. Behrens. Berlín. Fábrica de la AEG (1909).

consistente en un sencillo esqueleto de hormigón con seis apoyos y pisos divididos por losas de hormigón, conectados mediante escaleras. El sistema prescindía de vigas, de ménsulas, separaba definitivamente la estructura del cerramiento, que pasaba a ser una mera membrana, la distribución interior era libre pues los tabiques se podían disponer arbitrariamente. El único sostén necesario del edificio era el esqueleto estructural. Estaban sentadas las bases, pues, de la arquitectura racionalista moderna.

Alemania contribuyó de manera decisiva a la formulación de la arquitectura moderna racional. Para controlar la calidad del diseño de los objetos producidos por la cada vez más potente industria germana contaron con la figura de Hermann Muthesius, que había residido en Inglaterra como agregado cultural de la embajada alemana, estudiado su arquitectura, *Das Englische Hause*, «La Casa inglesa», de 1905, analizado el enfoque que se la había dado desde las *Arts and Crafts* inglesas a las relaciones entre el artista y la industria. En

1907 Muthesius fundó el *Deutscher Werkund*, una asociación de arquitectos, fabricantes, escritores y diseñadores, en cuyo programa destacaba su propuesta de impulsar el trabajo artesanal vinculándolo a la industria, mejorar los productos industriales alemanes, superar el individualismo artístico y contribuir a mejorar el nivel económico del país. Fiel seguidor de dichos principios fue Peter Behrens, ligado a la empresa eléctrica AEG, para la que diseñó todo tipo de objetos, desde lámparas a carteles o muebles. Walter Rathenau, hijo del fundador, defendía un capitalismo empresarial moderado por los valores sociales, por la mejor distribución de la riqueza, en contra de la alienación del trabajo mecánico, en defensa de una mejor relación entre el capital, trabajo y calidad de los productos. Debido a ello, buscó y encontró en un seguidor de los principios del *Werkbund*, Peter Behrens, al perfecto hacedor de los nuevos edificios industriales de la fábrica de Berlín. En 1909 Behrens comenzó la colaboración, fruto de la cual fueron varias naves de la fábrica, pero se considera siempre que la *Turbinnenfabrik*, la sala de fabricación de turbinas, como su principal aportación a la consolidación de la arquitectura racional. Se trata de una gran nave cuya estructura metálica definía la configuración exterior. Los cierres de la nave, grandes pilares metálicos, paños de ladrillo y cristaleras, denunciaban el carácter fabril, pero al tiempo, al solucionar los testeros y su perfil quebrado con claras alusiones al frontón de un templo clásico, Behrens unía y sublimaba la función industrial transformándola en un vago clasicismo moderno, redimía con este valor el tipo fabril y abría una vía para este tipo de programas que sería decisiva en estos años de desarrollo industrial alemán, lo que algunos autores han denominado la era de la máquina y de la estética de la fábrica.

No hubo que esperar mucho para que se siguieran dando los pasos necesarios en la dirección apuntada por Behrens. En 1911 un joven colaborador de su estudio, Walter Gropius, recibió el encargo de proyectar una fábrica de hormas de calzado, la *Faguswerk*, que diseñó con su socio Adolf Meyer. Los paños exteriores de la Fagus fueron realizados con el protagonismo del material de vidrio, pasando a ser esta piel trans-

W. Gropius. Fábrica *Faguswerk* (1911).

B. Taut. Imagen visionaria de su libro *Alpine Architektur* (1919).

B. Taut. Escalera de la Casa de Vidrio. Exposición del Werkbund de 1914 en Colonia.

parente que recubre la estructura interior a la manera de un invernadero de cristal, y la cubierta plana, lo más decisivo de su caracterización.

Eran estos años previos a la Primera Guerra Mundial de un manifiesto optimismo hacia las posibilidades ofrecidas por los nuevos materiales, en particular el cristal, genuino vehículo expresivo de la sociedad moderna. De cerramientos acristalados será el Pabellón del *Werkbund* en Colonia, 1914, de Gropius y Meyer. Bruno Taut impregnará a sus construcciones de cristal de espíritu místico, de valores utópicos y progresistas (Pabellón del Acero en Leipzig, de 1913; Pabellón de Cristal en Colonia, 1914), lo mismo que el cristal era el tema cantado en el libro que le dedicó su amigo Paul Scheerbart, *Glasarchitektur*, «Arquitectura de Cristal», publicado en 1914.

Pero sin duda el movimiento de vanguardia que representó la apuesta radical por las nuevas formas y materiales fue el Futurismo, la aportación italiana a la modernidad. Su base pictórica y literaria fundacional no abandonó nunca a las manifestaciones del movimiento, incluida la arquitectura. El primer texto programático del Futurismo se publicó en el periódico «Le Figaro» en 1909 y estaba suscrito por Marinetti. Rechazo de la tradición y apuesta por los valores de la velocidad, la acción, lo nuevos materiales estaban en la base del programa común. La arquitectura Futurista no trascendió de los dibujos del Antonio Sant´Elia, en los que proponía los nuevos tipos de la cultura moderna, despojados de alusiones historicistas, sugiriendo las imágenes exaltadas de edificios colectivos y fabriles que pasarían a constituir los contenedores de *La Città Nuova*, de 1914. La Ciudad Nueva del futuro, protagonizada por las masas y construida con los nuevos materiales. Vanguardia plástica y arquitectónica se funden en el Futurismo como movimiento artístico, y ese será su principal legado, junto con la fuerza sugerente de algunas de las imágenes de la nueva ciudad de Sant´Elia, en particular aquellas referidas a centrales eléctricas, aeropuertos o bloques de casas escalonadas, pues en ellas y en su sentido evolutivo se sentirá reflejada la posterior actitud de las vanguardias.

Más compleja fue la actitud de la vanguardia Expresionista, pues presentó desde sus inicios varias corrientes y actitudes personales, poéticas y estéticas divergentes. Los pintores expresionistas pretendían alejarse de la tradición mediante el mecanismo de la deformación de sus vocabularios artísticos, proclamaban el derecho a la «expresión» del subjetivismo más absoluto de tal manera que esa fue la causa de que no existiera entre ellos un lenguaje figurativo común. Surgieron, además, en distintos focos, identificados bien como personalidades individuales (de Van Gogh como precursor, a Ensor, Munch, Nolde, Kokoscha o Chagall), bien como grupos (*Die Brücke*, «El Puente», fundado en Dresde en 1905, *Der Blaue Reiter*, «El Jinete Azul», creado en 1911, en el cual militó Kandinsky).

A. Sant´Elia. Central Eléctrica, en *La Città Nuova* (1914).

Al igual que en el Futurismo, hay un Expresionismo volcado como vanguardia en un movimiento de ideas, de dibujos, de proyectos. Pero existen además edificios construidos que se identifican y catalogan como «expresionistas», que forman parte substancial de la historia de la vanguardia en Alemania en la inmediata posguerra.

En arquitectura el Expresionismo es más tardío que en las demás artes. Su nacimiento se cifra en 1918, cuando se funda el *Novembergruppe*, un movimiento muy politizado que agrupaba a varios arquitectos, como W. Gropius, Mies van der Rohe, E. Mendelshon, dispuestos a llevar las tareas de la arquitectura al plano de la acción política, a abandonar los postulados individuales, a traspasar las fronteras hasta ese momento infranqueables entre el mundo del arte y las necesidades populares. En definitiva, establecer vínculos indelebles entre el arte y la realidad histórica presente.

Hubo en el Expresionismo actitudes y propuestas que no se limitaron a rechazar la tradición sin más, sino que propusieron la utopía visionaria en oposición a lo pragmático y utilitario, proyectos sobre el papel de los poetas y de los dibujantes que en los años de la inmediata posguerra, tras la derrota de los ejércitos alemanes, intentaban como fuera compensar tantos sueños rotos, adelantar por la vía de la compensación política la esperanza de una revolución, de una nueva sociedad que ellos avanzaban en el mundo de la formas.

Bruno Taut durante estos años fue el perfecto reflejo de las arquitecturas expresionistas imposibles. En sus acuarelas de la *Alpine Architektur*, «Arquitectura Alpina», y de *Die Stadtlkrone*, «La Corona de la Ciudad», de 1919, volvía a insistir en la importancia simbólica de la arquitectura de cristal, componiendo edificios de este material con múltiples facetas iridiscentes, como gigantescos iglús, arquetipos de la futura sociedad y de la nueva religión socialista. Taut desde años atrás seguía los dictados y trasladaba a las propiedades de sus proyectos los significados crípticos de los textos de P. Sheerbart y W. Kandinsky, defensor este último de lo espiritual en el arte, como titulaba a uno de sus famosos escritos, del año 1912.

E. Mendelsohn. Potsdam. Torre de Einstein (1917).

Algunos otros de los nombres partícipes en el *Novembergruppe*, como Gropius y Mies van der Rohe, derivaron enseguida a una arquitectura con vocación más realista, comprometida con su destino social, y aceptaron los condicionamientos y las directrices de su realización, renunciando a las posturas radicales que conducían por el camino contrario a no ser nunca tangibles. Es decir, del *Novembergruppe* surgió el núcleo que teorizó y llevó a la práctica el racionalismo moderno, en concreto a través de la experiencia de la Bauhaus, fundada en ese mismo año de 1919.

No obstante, el Expresionismo arquitectónico dejó huellas materiales en la arquitectura alemana del momento, independientemente de que se reconozca como «expresionista» un tipo de arquitectura, de soluciones formales y de actitudes personales que existió antes y que se mantuvo más allá del tiempo histórico al que nos venimos refiriendo.

Dicha arquitectura expresionista se define en un campo distinto al del contemporáneo racionalismo, con el que está por otro lado íntimamente ligada, aún para proclamarse anti-racionalista. Ambas vanguardias usan el hormigón armado como material básico de construcción, pero la poética del expresionismo trata de extraer de él las máximas posibilidades plásticas; lejos de la ortogonalidad racionalista, opta por las líneas curvas cóncavas y convexas, siempre fluidas, lo cual es perceptible tanto en las configuraciones generales como en la solución de las esquinas curvadas, que eran sus preferidas, o las franjas horizontales de ventanas. El vidrio se tiñó con ellos de connotaciones simbólicas, además de las de transparencia que le eran inherentes.

Existe el acuerdo de que la Torre de Einstein, un observatorio astrofísico, es el manifiesto arquitectónico de la arquitectura expresionista. Fue construida en Potsdam por el arquitecto Eric Mendelsohn entre 1917 y 1919. Mendelsohn se había formado influido por la estética Art Nouveau, argumento que ayuda a entender la evolución de las formas y materiales de principios de siglo al momento de depuración a que ahora se ven sometidas, aunque permanece el recuerdo de la tendencia hacia lo orgánico como nota común. La Torre de Einstein modela su volumen como un híbrido entre la arquitectura y la escultura abstracta; en realidad está construida en ladrillo y revocada con cemento, pero lo que contaba era la imagen de su resultado. Mendelsohn quería que la torre fuera una demostración arquitectónica de las teorías científicas de su destinatario, que plasmara con fuerza enunciadora los valores plásticos de la fluidez de la materia y de la energía, tensión constructiva de la que parecía proceder el volumen de la torre-del-homenaje al genio científico de Einstein, que la había encargado como observatorio para estudiar los fenómenos espectro-analíticos.

El catálogo de la arquitectura expresionista no es tan extenso como se podría deducir a tenor de su influencia histórica posterior. Para muchos arquitectos jóvenes constituyó una breve etapa de sus biografías, pues el tiempo de permanencia en dicha poética apenas sobrepasó la mitad de los años veinte. Citamos, del mismo Mendelsohn, los almacenes Schocken, en Stuttgart, de 1926. Hans Poelzig en 1919 realizó en Berlín una sala de cine, la *Grossse Schauspielhaus* con fantásticas estalactitas colgando de su bóveda cuyos efectos quedaban incrementados por la iluminación artificial indirecta. W. Gropius, en 1921, el Monumento a los Caídos de Marzo, en Weimar. Fritz Höger el edificio de oficinas *Chilehaus* en Hamburgo, de 1923 con esquina apuntada como proa de barco. Rudolf Steiner el Goetheaneum, en Dornach, cerca de Basilea, en Suiza, de 1924. La iglesia de Grundtvig, en Copenhague, de P. V. Jensen Klint data de 1920, se inspira en el gótico del siglo XIII y en la arquitectura rural nórdica, y a menudo es calificada dentro del apartado de la arquitectura expresionista gracias al tratamiento de su imaginativa fachada de ladrillo que evoca los tubos de un órgano.

P.V. Jensen Klint. Copenhague. Iglesia de Grundtvig (1920).

En los mismos años de posguerra se formó y consolidó la tradición moderna de la arquitectura en Holanda, un país que realizó su transición a la modernidad sin sobresaltos ni rupturas, entre otras causas porque se mantuvo al margen de la Primera Guerra Mundial. La arquitectura holandesa contaba con la figura de Hendrik Petrus Berlage como el mejor aval para realizar el cambio paulatino, pues este arquitecto provenía de una formación académica, y en su larga trayectoria había conocido el éxito temprano con su obra maestra, la Bolsa de Amsterdam, de 1898. Aunque muchas de las referencias formales de esta obra emblemática se sitúan en la tradición de la arquitectura románica holandesa de ladrillo, y desde ese punto de vista sería encuadrable en el eclecticismo historicista, reúne más valores. En parte es deudora a las experiencias de la arquitectura del siglo XIX, a las ideas de Ruskin y de Viollet le Duc que el propio Berlage reconocía, pero por otro lado lleva implícitas algunas formulaciones de la arquitectura moderna, a la que el propio Berlage contribuyó a hacer triunfar en su país. La Bolsa satisface un amplio programa, en realidad dentro de sus muros lisos exteriores se cobijan tres patios de operaciones. La austeridad con la que son tratados los muros y los materiales la compensa la riqueza de los perfiles, con la alta torre como elemento dominante, perfiles que anuncian con sus líneas movidas de subidas y bajadas que dentro de la muralla lisa de todo el perímetro se encierran las distintas partes del programa interior. El patio principal lo diseñó Berlage fundiendo las ideas de una nave eclesial con dobles tribunas laterales y las de una plaza medieval rodeada de pórticos, cubierta con una estructura de hierro y cristal, de raigambre ingenieril.

Berlage viajó a Estados Unidos y volvió admirando la obra de Frank Lloyd Wright, del que fue uno de sus principales divulgadores en Europa. Su biografía arquitectónica se vio afectada positivamente por dicha influencia, y mantenida por su fértil longevidad, pues alcanzó a participar en encuentros internacionales de arquitectura moderna, como el primero de los Ciam, en 1928, y en 1934, año de su muerte a los ochenta años de edad, se concluyeron las obras de una interesante obra, el Gemeente Museum, de la Haya.

Berlage sirvió como catalizador de una generación más joven de arquitectos holandeses, unidos en grupos activos de trabajo, los más próximos a él en la denominada «Escuela de Amsterdam», formada, entre otros, por M. Brinkman, J. F. Staal, M. de Klerk y P. Kramer.

H. P. Berlage. Amsterdam. Edificio de la Bolsa (1898).

El magisterio de Berlage en este punto iba más allá de su papel como arquitecto, afectaba a sus ideas en el campo urbanístico, a la aplicación a las llanas ciudades holandesas, siempre escasas de terreno, de planes de crecimiento que contemplaran los problemas específicos. Para evitar desaprovechar el territorio, las ciudades holandesas habían renunciado a adoptar los modelos de las «ciudades jardín», se atuvieron al concepto de calles urbanas y bloques de pisos, y cualquiera de estos planes se centraba en el control de las escalas uniformes de los edificios, las dimensiones de las viviendas y el diseño de los elementos constructivos. La planificación del barrio Zuid de Amsterdam, en 1917, fue la propuesta e intervención de Berlage más significativa en este tema.

Para estos nuevos barrios urbanos los arquitectos Kramer y de Klerk proyectaron grupos de viviendas obreras, en general de muros de ladrillo contrastados con carpinterías blancas, con volúmenes tratados con imaginativas composiciones escultóricas, al igual que la distribución de los huecos. Los resultados de estas arquitecturas, como el barrio Eigenhaard, de Michael de Klerk, realizado en 1913, con sus un poco ingenuas pretensiones de reproducir en la ciudad esquemas de la vida rural, tratando el ladrillo según la tradición flamenca, les encuadra en estos años de su producción, y desde la mera consideración estilística, en la corriente del Expresionismo.

FRANK LLOYD WRIGHT Y LA ARQUITECTURA ORGÁNICA

La longevidad del arquitecto F. LL. Wright, que llegó a nonagenario (1867-1959), ayuda a entender gran parte de la arquitectura del siglo XX, de la que fue una de sus personalidades más destacadas e influyentes. Aunque su obra, sumamente personal, desborda los límites de una escuela o tendencia, la que mejor le conviene y la que él mismo reivindicó fue la de la arquitectura orgánica.

Los términos de definición de lo orgánico en la arquitectura aluden a la concepción de la misma como un organismo que crece y se desarrolla como un ser vivo, de manera más libre que la que sigue las reglas y leyes geométricas, que es más individual e intuitiva que deductiva y genérica, que busca y se identifica con lo irregular, con los materiales del lugar y se afana en establecer el contacto directo con la naturaleza de las cosas y el paisaje en el que se construye. En este sentido, al no constituirse como escuela académica, la arquitectura orgánica no se reconoce según un vocabulario de formas determinadas, basa su lenguaje en su propio gusto por la variedad, tanto de materiales como de formas, en ofrecerse como alternativa moderna al racionalismo, del que en parte es su antítesis y su antagonista histórico.

Los ideales del individualismo americano convenían bien para fundamentar la base de la arquitectura orgánica moderna, así como el deseo de establecer una íntima relación entre la casa y la naturaleza, salvaje o urbana. Cuando Wright se independizó del estudio de Louis Sullivan, en donde había empezado su carrera profesional, sus primeros clientes fueron los dueños de casas familiares de los alrededores de Chicago. En 1901 Wright resumió sus experiencias de este tipo de realizaciones publicando un texto titulado «Una casa en una ciudad de la pradera» en el *Ladies'Home Journal*. Este capítulo de juventud, que incluye ejemplos característicos como la Winslow House, de 1893, la Hickox, de 1900, la Willits, de 1902, o la más famosa de todas ellas, la Robie, de 1909, explican muy bien la transición desde los modelos de las casas americanas del *shingle style*, «estilo guijarro», lo cual, sumado a la influencia de la arquitectura da la casa japonesa, que Wright descubrió en la Exposición Colombina de Chicago de 1893 y que no dejaría de fascinarle el resto de su vida, dieron origen a su arquitectura orgánica aplicada a la casa familiar aislada, en la que Wright luchó por romper el concepto tradicional de caja cerrada, de lo que después se vanagloriaba en sus escritos.

Sus casas partían de un sentido orgánico de expansión desde un centro, representado por la chimenea, pues los espacios se concebían desde dentro hacia fuera, según disposiciones cruciformes asimétricas, desplazando volúmenes para huir de la regularidad y conseguir efectos sorprendentes y novedosos. Las líneas dominantes, horizontales, que arraigaban el edifico al suelo, se culminaban por los voladizos de las cubiertas, y solo las interrumpían las verticales de las chimeneas.

Estas casas satisfacían a la clientela de Wright, que aceptaba su lucha contra los adornos superfluos, la sobriedad de sus diseños, le aplaudía de buena gana el cuidado artesanal de los detalles y el cuidadoso trabajo con los materiales, la experimentación con los muebles y objetos que definían y cualificaban los espacios interiores, de una abstracción geométrica como no se conocía en ninguna otra tradición moderna occidental. La publicación de estas casas en Europa le reportaron un sólido reconocimiento, en especial en Alemania y Holanda, donde fueron imitadas enseguida.

Los avatares de la vida de Wright le fueron llevando junto a su arquitectura por escenarios y propuestas diferentes, pero en todas ellas se mantiene la coherencia y el estilo personal del autor. En 1909 huyó a Europa con la mujer de un cliente. Volvió después a Estados Unidos y se refugió en la casa taller de Taliesin, lo que sería después una experiencia pedagógica y arquitectónica apasionante y dramática. Taliesin era una versión ampliada de las casas de la pradera, de planta asimétrica, dispuesta como una solitaria construcción sobre una colina, de lejos pasaba por ser una sofisticada factoría agrícola en relación apegada al paisaje y a los materiales. El primer Taliesin, East, se realizó en Wisconsin, hasta que un incendio provocado la destruyó en 1914. En 1932 Wright reconstruyó la idea general del Taliesin inicial en el Taliesin West, cerca de Phoenix, en el desierto de Arizona.

Algunos famosos edificios de Wright de esas primeras décadas del siglo XX han desaparecido ya, como las oficinas Larkin, de 1904, o el Hotel Imperial de Tokio, de 1915, que resistió terremotos pero no el paso del tiempo y el crecimiento compulsivo de la metrópoli

Durante años Wright prácticamente desapareció del protagonismo arquitectónico, se refugió en actividades que incluían la compraventa de grabados japoneses, una de sus aficiones y fuentes de economía en tiempos difíciles.

Ya en una etapa de plena madurez, en 1936, realizó dos nuevas obras maestras, la Falling Water, la Casa de la Cascada, en Pensilvania, y el Centro Administrativo de la compañía Johnson Wax, en Racine, Wisconsin.

La Casa de la Cascada se sitúa sobre un barranco en plena naturaleza, un lugar sintomáticamente denominado *Bear Run*, «la guarida del oso», y en ella Wright experimentó con atrevidas plataformas de hormigón armado superpuestas en tres pisos, en disposición transversal una sobre la otra, con voladizos muy salientes, en busca de la máxima interpenetración física y visual con el agreste paraje. Al igual que en sus sistemas de las casas de la pradera, la chimenea volvía a tomar la posición directiva, ocupando el centro de un salón desde el que se expandían hacia afuera el resto de los espacios, hacia la naturaleza para hacerla partícipe de los principios compositivos de la arquitectura de la casa. El viejo romanticismo del ideal americano de la casa familiar solitaria en el campo era llevado en la Casa de la Cascada a los extremos de la poesía paisajista. La ruptura de la caja se traduce en terrazas abiertas, en expresión exterior de la función interna, pero en íntima relación con el lugar, levantada la casa sobre las rocas y el agua de la cascada, traduciendo lo natural del lugar en el artificio de la arquitectura de hormigón, de la misma manera que la arquitectura de madera japonesa izaba sus teoremas visuales, sus febriles formas geométricas sobre las rocas y la naturaleza irregular de sus jardines.

F. LL. Wright. *Falling Water,* Casa de la Cascada. Bearn Run, Pennsylvania (1936).

En la sede de la compañía Johnson Wright cerró el conjunto sobre sí mismo, lo independizó del contexto urbano en el que se ubicaba, creó un ambiente interior en donde tuviera cabida la actividad laboral dentro de una atmósfera positiva, desahogada, un mundo casi irreal al margen del resto del mundo. Wright lo iluminó desde arriba, cenitalmente. El alto techo bajo el cual corrían plataformas de comunicación de menor altura se soportaba con altas columnas de hormigón abiertas al final como nenúfares sobre sus tallos, huecos por dentro para drenar el agua de lluvia. Como en el desaparecido edificio Larkin, Wright otorgó una naturaleza poética a un espacio laboral, reinventó órdenes egipcios lotiformes para dejar pasar la luz de los lucernarios, para sugerir el ámbito de una sala hipóstila luminosa, protegida del rumor gris del exterior. Posteriormente, en 1940, se añadió la torre exterior de laboratorios como una elegante caja de cristal sostenida por el núcleo central en donde iban situados los servicios.

En los años inmediatos de la segunda posguerra, con el proyecto del Museo Guggenheim, de 1944, Wright experimentó de nuevo con las formas curvas en el corazón de las manzanas ortogonales de Nueva York. El volumen principal lo define una rampa helicoidal cuyo desarrollo es toda una apoteosis de la arquitectura orgánica. El recorrido previsto se debe comenzar desde arriba, contemplando las obras expuestas en un espacio vuelto sobre sí mismo, doblemente introvertido. A medida que el espectador va bajando por la rampa puede ir contemplando, absorto, un doble espectáculo, uno el plástico, otro el espacial. Juntos y fundidos los dos, el de la pintura colgada en la espiral descendente de hormigón.

La publicación de las obras de F. LL.Wright por el editor Wassmuth causó un fuerte impacto en la cultura artística contemporánea, pero donde sus propuestas encontraron mayor eco fue en Europa. El arquitecto holandés Rob Van t´Hoff, conocía en directo la obra americana de Wright, la cual inspiró su Villa, en Huis ter Heide, de 1916, muy admirada a su vez por los jóvenes artistas del grupo De Stijl. Muchas de las características de las casas wrightianas, como la simplificación volumétrica, el predominio de las líneas horizontales o de los amplios voladizos son reconocibles, si bien Van t´Hoff se inclinó por el uso exclusivo de hormigón armado.

Como la arquitectura orgánica incluía la sensibilidad hacia los materiales y condicionamientos del clima y del lugar, sumado esto a la defensa de las posturas individuales, a la libertad de la elección dentro del arsenal de las formas posibles, la consecuencia era que se estaban creando las bases para identificar, como una acepción añadida al significado de la arquitectura orgánica, la de su vinculación con los valores nacionales y regionales. De lo orgánico al regionalismo moderno: una nueva réplica disidente hacia la aspiración universalista, conceptualmente abstracta, del Estilo Internacional.

R.Van t´Hoff.Villa en Huis ter Heide (1916).

La aportación más importante a la tendencia orgánica, entendida como búsqueda de una arquitectura moderna inspirada en los estilos vernáculos, en la rusticidad sublimada de la tradición, fue la de los países escandinavos, particularmente por medio de la obra del finlandés Alvar Aalto, que comenzó a despuntar en la década de los años treinta.

En toda la arquitectura de este autor las referencias a las imágenes del paisaje y a las construcciones tradicionales de su país son constantes, incluida la pequeña escala del diseño de muebles de madera, lámparas, o el caso de sus afamados jarrones de cristal, que reproducen los contornos característicos de los lagos del paisaje nórdico. A ello se unen algunas de las constantes de la arquitectura orgánica, como la preferencia por los espacios fluidos, por las líneas cóncavas y convexas, por las plantas informales y libres. La madera jugará un importante papel en el amplio catálogo de la arquitectura de Aalto, utilizada para cualificar la calidez y el atractivo de los ambientes interiores. Así, una de sus primeras obras importantes, la biblioteca municipal de Viipuri, de 1933, destaca por el uso de la madera en la sala de conferencias, modulada para formar un perfil ondulado, realizado mediante la unión de listones individuales de tarima, solución que resolvía los problemas de acústica y que causó gran impacto desde una consideración estética.

En el programa de casas familiares, la villa Mairea, de 1938, conseguía conciliar las aspiraciones del estilo moderno con las notas de un suave regionalismo, la distribución irregular de los volúmenes en torno a un patio interior abierto y la madera natural entonando con sus cualidades la textura de los espacios. La casa, al tener planta en forma de L salvaguardaba bien las solicitud de privacidad de los propietarios, y a la vez, al ordenarse en torno a un patio semiabierto, se fundía con el paisaje por la mediación de escaleras y plataformas, que era la manera de entender por parte de Aalto una vieja lección de la arquitectura clásica, aprendida y dibujada en sus cuadernos de viajes: integrar paisaje y arquitectura, vincular la vida con la naturaleza.

La adaptación al clima primó siempre en la arquitectura de Aalto, muy pendiente de las necesida-

J. Utzon. Copenhague. Interior de la iglesia de Bagsvaerd(1967).

des de los programas y de los clientes. En villa Mairea se utilizó básicamente el ladrillo y la madera natural. La cálida habitabilidad se resolvía en cada estancia de manera adecuada al programa y a las estaciones del año, lo cual quedaba reflejado en el uso alternativo de la piscina exterior, con forma de riñón, y la sauna.

La madera de los bosques nórdicos, en fin, era el elemento constituyente fundamental del Pabellón de Finlandia en la Exposición Universal de Nueva York, de 1939. Su fascinante espacio interior estaba forrado de listones de madera, que envolvían un soporte ondulado e inclinado, pensado para hacer las veces de un gigantesco panel en el que colgar y observar más cómodamente las fotografías representativas de la actividad del país.

La lección de la propuesta de Aalto, que unía el aprecio por la naturaleza, sus materiales y sus formas, la sensibilidad hacia la cultura clásica, la predi-

A. Aalto. Vista exterior de la Villa Mairea (1938).

lección por la versión de una modernidad irregular, influyó en generaciones más jóvenes de arquitectos nórdicos, que prolongaron su magisterio hasta nuestros días. Algunos, como Eero Saarinen emigraron muy jóvenes a Estados Unidos, donde este arquitecto de origen finlandés cumplió su formación, practicando tanto el lenguaje Estilo Internacional como el más arrebatado expresionismo de las formas orgánicas. Así, su famosa obra de la terminal de la compañía TWA en el aeropuerto Kennedy de Nueva York, de 1956, declara una simbólica relación con el programa de vuelos, pues las cubiertas de hormigón de la terminal semejan alas de ave.

De todos los arquitectos próximos al nuevo organicismo, Jorn Utzon ha llevado la tendencia a los niveles de éxito popular, de icono nacional, caso de su obra más conocida, la Ópera de Sydney, proyecto ganador de un concurso internacional convocado en 1956.

Utzon ha aplicado su sensibilidad hacia el orden sutil entre la arquitectura y el lugar en temas variados, monumentales o de viviendas familiares, fundiéndolas con la topografía con la ayuda de mecanismos como las terrazas que quiebran y hacen más amables sus volumetrías, utilizando materiales apropiados, inspirándose en lo vernacular. El exterior de la iglesia de Bagsvaerd, de 1967, realizada a partir de 1976 en las afueras de Copenhague, está basado en la silueta de las granjas y los graneros del paisaje del país, pero construido con elementos de hormigón prefabricado, el mismo material con el que se modulan la bóvedas plegadas del interior, que van fluyendo hacia arriba con suave movimiento ondulado.

W. M. Dudok. Ayuntamiento de Hilversum (1924).

J. Utzon. Sydney. Exterior de la Ópera (1956).

La Ópera de Sydney, que en la actualidad se identifica como la imagen más reconocible de la ciudad, no responde exactamente a las solicitudes proyectuales del autor, pues el interior escapó a su control. Utzon debió aplicar a la categoría del programa y la monumentalidad de los espacios fórmulas técnicas propias de los ingenieros especialistas en hormigón armado destinadas a cubrir grandes espacios. La yuxtaposición de las grandes conchas que conforman la Ópera está resuelto mediante nervaduras prefabricadas de hormigón revestidas de gres cerámico blanco, mate y brillante, que le da aspecto de alas de gran pájaro bajando a posarse en las plataformas a pie de tierra, o de velas de barco amarrado en los muelles, recortadas en el aire e insufladas por la fuerza musical que emana de su interior.

EL TRIUNFO DE LA ARQUITECTURA RACIONALISTA

Confiar en la razón para buscar la solución más adecuada a los problemas ni es una actitud que ataña sólo a la arquitectura, ni tampoco, refiriéndonos a esta, a la etapa contemporánea de su evolución histórica. No obstante, con independencia de que exista un perfil racionalista en la arquitectura desde que logró conformarse como método operativo en el clasicismo antiguo, o anteponer ese término, Razón, como principio verificador en época Ilustrada, el término de arquitectura racionalista se aplica convencionalmente a la que se fraguó en Europa en el período de entreguerras, al mismo tiempo, y en relación derivada, con las vanguardias figurativas.

La arquitectura racionalista partía de nuevos presupuestos y se marcó objetivos, como el de afrontar las exigencias económicas y sociales de los países industrializados, atender al problema de la vivienda popular, incrementar por tanto su presencia en las políticas urbanísticas de la sociedad y mejorar las condiciones de las ciudades modernas. La arquitectura racionalista se movía impulsada por un renovado afán de romper con el pasado, el mismo que distinguía a las vanguardias, ruptura que debía quedar significada tanto en las actitudes como en las formas.

En lo que se refiere a las contaminaciones e interferencias entre la vanguardia figurativa y la arquitectónica, la primera de ellas fue la que corrientes como el Cubismo o el Neoplasticismo introdujeron en los presupuestos del racionalismo, no sólo los consabidos alejamientos del historicismo y de la ornamentación, el rechazo a los medios tradicionales de representación, sino otras más novedosas que afectaban a los planos lingüístico y compositivo.

El Cubismo, operativo desde 1907, año del cuadro de Picasso «Las señoritas de Aviñón», aportó sus composiciones de imágenes basadas en estructuras geométricas ajenas a la perspectiva renacentista, con visiones simultáneas de objetos representados a través de planos, de volúmenes interpenetrados que son producidos al cambiar constantemente el punto de vista. El Cubismo pictórico fue afectando a los presupuestos de la arquitectura moderna de forma paulatina, desvelándole el conspicuo problema de la cuarta dimensión, el de la superposición de imágenes que introducen el factor temporal en el recorrido visual. No menos decisivo para la poética de la arquitectura racionalista, para su afianzamiento como vanguardia artística, fue la influencia cubista en la representación de la totalidad espacial de los objetos, la visión simultánea del interior y del exterior, de la planta y de la sección, para lo cual la educación de la visión requirió un necesario tiempo de adaptación y aprendizaje. En 1918 el siempre oportuno Le Corbusier abría una derivación arquitectónica específica, el Purismo, a través de un manifiesto escrito con el pintor A. Ozenfant, con título elocuente, *Après le Cubisme, «*Depués del Cubismo». A partir de 1920 publicaron una revista *Esprit Nouveau*, «Nuevo Espíritu», de manera que con dichas actividades y protagonistas fue sancionándose con carácter definitivo la alianza entre la vanguardia pictórica y la arquitectónica.

En Holanda la transición de la tradición a la vanguardia ocurrió apenas sin sobresaltos, sin acontecimientos bélicos de ningún género, con la ayuda de artistas y arquitectos foráneos admirados, caso de Ch. R. Mackintosh, F. LL. Wright, y de figuras propias, como H. P. Berlage y los miembros de la Escuela de Amsterdam, de otros nuevos valores como W. M. Dudok agrupados en la revista *Wendingen*, dispuestos a aceptar y promover las nuevas técnicas constructivas. Dudok pronto daría medida de su genio creador en la pequeña población de Hilversum, de la que fue el autor de su plano regulador, de 1921, y con la que sería sin duda su obra maestra, el Ayuntamiento, de 1928, una verdadera composición abstracta de ladrillo, material con el que se cualifica la desnudez de sus volúmenes asimétricos, dominados por la alta torre, representativa del carácter cívico del programa.

La expresión específica de la vanguardia holandesa fue el Neoplasticismo, nacido en 1917, en el que se aunaron los esfuerzos renovadores de artistas plásticos y arquitectos, reunidos en torno a las páginas de la segunda gran revista de la modernidad nacional, *De Stijl*, «El Estilo». En el Neoplasticismo militaron en estrecha comunidad de intereses pintores como P. Mondrian y T. Van Doesburg, arquitectos como P. Oud, Van´t Hoff y G. Th. Rietveld, todos partícipes del proceso de abstracción figurativa que presuponía la desaparición del viejo arte naturalista, de las composiciones cerradas y simétricas, un alejamiento de la naturaleza que a cambio les conducía a la primacía de las formas geométricas, al empleo de los colores entendidos como fuente de comunicación, a la descomposición cubista de los volúmenes.

Rietveld, formado como carpintero, fabuló una imagen de la modernidad, la casa Schroeder, en Utrecht, de 1924, realizada con materiales tradicionales y con el sobreentendido provocador de pintarla con los colores primarios. Con el experimento de la casa Schroeder Rietveld se opuso al carácter cerrado del cubo, desde cuyo centro los espacios, los niveles, las estancias, los balcones, son arrojados literalmente hacia afuera, con el objeto de conseguir una nueva plasticidad basada en la flexibilidad de las plantas y el carácter abierto de los espacios.

G. Th. Rietveld. Utrecht. Casa Schroeder (1924).

P. Oud. Rotterdam. Viviendas del barrio Kiefhoek (1925).

J. J. P. Oud, uno de los fundadores del Neoplasticismo reunió los principios pictóricos y arquitectónicos del Neoplasticismo en el café *De Unie*, en Rotterdam (1925). Fue arquitecto responsable de esta ciudad, a la que dedicó sus mejores esfuerzos en el capítulo de la vivienda popular, proyectando grupos y barrios (Spangen, de 1918; Hoek van Holland, de 1924; Kiefhoek, de 1925), en general casas bajas organizadas en hileras como bloques horizontales, enfoscados en color blanco, desprovistas de elementos tradicionales, apostando por los contornos lineales, con cubiertas planas. Oud con sus propuestas llevó de la mano la arquitectura holandesa hacia un gusto nuevo, dentro de las preocupaciones del racionalismo por este tipo de programas, pues se entendía que la cuestión de la vivienda popular ponía a prueba la capacidad del racionalismo para aplicar su lógica y resolver el tema de la habitación. Esto iba más allá de lo puramente arquitectónico, conllevaba un planteamiento moral, invitaba a calcular las distribuciones, estudiar las diferentes tipologías, a normalizar los procesos constructivos con el fin de obtener los mejores beneficios sociales con los menores costes económicos.

Establecido el código racionalista en Holanda, otros arquitectos añadieron sus propuestas hasta conferir a la arquitectura de este país la condición de referencia de la modernidad: M. Stam, J. A. Brinkman o L.C. Van der Vlugt, este último proyectista de la fábrica Van Nelle, en Rotterdam, de 1926, su obra más conocida, en la que los cuerpos acristalados quedaban entrecruzados con puentes y cintas transportadoras, poética de la fábrica en la que lo mecánico de su función lo recogían los medios expresivos de la arquitectura.

Otra vanguardia inesperada brotó en la Rusia de la primera posguerra en un clima mediatizado por la victoria en 1917 de la Revolución socialista. En algunos aspectos la vanguardia rusa fue deudora de las corrientes exteriores, como el Cubismo y el Futurismo, pero otras, como el Suprematismo y el Constructivismo, tuvieron rasgos específicos, se afirmaron como una respuesta genuina en una situación histórica que reclamaba no sólo el rechazo de los valores del pasado, sino que prefiguraba los del futuro de la sociedad socialista.

Hubo artistas, como El Lissitzky, que se expresaron por libre, construyendo su mundo poético personal en torno a determinados conceptos, como el aquilatado por él, que denominó *Proun*, algo equivalente a un formalismo abstracto que no estaba muy lejos de las búsquedas de la vanguardia occidental, en el caso suyo del De Stijl. En 1920 presentó el fotomontaje de uno de los emblemas de nuevo orden, la Tribuna de Lenin, una audaz construcción con trazado diagonal desde cuyo extremo el líder se dirigía a las masas.

La característica común en todos ellos era el alejamiento del naturalismo, que para Malevitch, fundador del Suprematismo, según los términos del Manifiesto de 1915, redactado conjuntamente con el poeta Majakoskij, era sustituido por la sensibilidad pura del arte, definitivamente fuera de cualquier carácter representativo.

Alejamiento del pasado, interés por la tecnología y por la estética de las máquinas, compromiso político, lo compartían Suprematismo y Constructivismo, eran notas comunes en sus respectivos promotores, Malevitch y V. Tatlin. Este último, formado como pintor y escenógrafo plasmó el máximo símbolo del Constructivismo en la vertiente que esta vanguardia desarrolló con mayor énfasis, el mito de la construcción, de la máquina y de la producción como garantes del desarrollo de un país recién salido de un atraso secular. En el Monumento a la Tercera Internacional, de 1920, Tatlin hacía girar a diferente velocidad tres volúmenes de cristal, un cubo, una pirámide y un cilindro, soportados por una gigantesca estructura de acero pintado de rojo con forma de doble espiral entrelazada. Las imágenes propagandísticas de la arquitectura ingenieril convergían con el entendimiento de la espiral como una línea de simbólica libertad, con las figuras geométricas

El Lissitzky. Tribuna de Lenin (1920).

K. Melnikov. Pabellón de la Unión Soviética en la Exposición de París de 1925.

elementales tratadas con despojamiento de pintura abstracta, y el resultado artístico se ofrendaba, con su alta capacidad retórica, a la formulación de la nueva cultura socialista.

En 1925, con motivo de la Exposición de Artes Decorativas de París, la nueva Unión Soviética presentó un pabellón que causó admiración por su propuesta rompedora, por la imagen que se transmitía al mundo de los logros y avances de la cultura socialista en contraste con el resto. Era obra de K. Melnikov y consistía en un volumen prismático atravesado por una escalera en diagonal, cubierta a su vez por una serie de planos inclinados.

Los arquitectos rusos constructivistas lucharon por crear un nuevo vocabulario, por expresar los valores del nuevo orden, pero tuvieron escasas oportunidades de llevar a la realidad sus propuestas, ni siquiera cuando eran el resultado de concursos de arquitectura. Ese fue el destino de algunos interesantes diseños de los hermanos Vesnin, como la del edificio *Pravda*, de 1924, que según ellos se alzaría como moderno rascacielos futurista, símbolo de una expresión tecnológica de la

V. Tatlin. Monumento a la Tercera Internacional (1920).

que en realidad carecía el país. El Lissitzky por los mismos años también soñaba con megalomaníacos rascacielos «apoya-nubes» levantados sobre gigantescos pilares en el panorama de un Moscú futurista e irreal.

El conflicto entre los altos recursos imaginativos de la arquitectura constructivista y la escasez de los medios para materializarla se escenificó por última vez en 1931, con motivo del concurso para el Palacio de los Soviets, un programa desmesurado al que se presentaron propuestas de arquitectos de todo el mundo. Sin embargo en la concesión del premio se impuso el gusto oficial, el mismo que a partir de 1932, con la llegada de Stalin al poder, sometió al control de la doctrina conservadora la actividad de los arquitectos de la vanguardia soviética.

W. Gropius. Edificio de la Bauhaus en Dessau (1925).

El éxito general de la arquitectura racionalista, su conversión en «estilo», lo representó la Bauhaus, la escuela de diseño fundada en Weimar por W. Gropius en 1919, producto de la fusión de la antigua Academia de Bellas Artes con la Escuela de Artes Aplicadas. Considerando la naturaleza de su génesis, la Bauhaus pretendía la integración de las artes con los oficios como vía de regeneración de la cultura artística alemana. Tal como quedaba escrito en el primer manifiesto fundacional se trataba de entender el edificio del futuro como una entidad compuesta, en la que debían participar agrupadas todas las energías de artistas y artesanos para crearlo de manera total.

Todas las corrientes artísticas de la época, expresionismo, futurismo, neoplasticismo, constructivismo, estuvieron representadas en la Bauhaus, en las diversas secciones de la Escuela. Por ella pasaron y ejercieron su magisterio los artistas de la vanguardia: J. Itten, L. Feininger, P. Klee, W. Kandinsky, Van Doesburg, El Lissitzky, M. Breuer y otros, con su enorme potencial artístico, con su patrimonio de ideas creativas, que Gropius quería aprovechar para introducirlas en los procesos productivos de la industria alemana y en la construcción de la nueva arquitectura.

La enseñanza de los doscientos cincuenta alumnos que eran acogidos en la Bauhaus pasaba por un curso preliminar generalista, dirigido por los pintores J. Itten, J. Albers y L. Moholy-Nagy, encargados de hacer olvidar a los jóvenes estudiantes sus hábitos y vicios académicos, para ir introduciéndoles en el campo experimental de la materia y de las formas abstractas. Tras el proceso de reeducación del primer curso, de acuerdo con la aptitudes individuales de cada alumno, se les dirigía hacia distintas especializaciones, en las cuales se les enseñaría las características de las técnicas industriales, la creación de prototipos adecuados a la producción industrial en serie, un cambio substancial con el enfoque habitual de las Escuelas de la época, dirigidas a la realización de productos artesanales manufacturados.

Lo que no resultó posible en la Bauhaus, en contra de sus pretensiones iniciales, fue eliminar la creatividad referida al individualismo del autor, la disolución de la subjetividad como algo inherente a lo artístico, en definitiva, la asimilación de determinadas creaciones exitosas con el nombre de sus creadores.

La Bauhaus pasó por distintas fases, recibió un cúmulo de influencias diversas, como la que produjo la visita de Van Doesburg en 1922, que llevó consigo sus formas neoplásticas tridimensionales, con la consecuente repercusión en la Escuela.

En 1924 la Bauhaus trasladó su nueva sede a Dessau, y a partir de esta época la arquitectura tomó el mando de la investigación didáctica, Gropius mismo abandonó los últimos rescoldos del trabajo artesanal y se convenció de la necesidad de diseñar tanto los objetos de uso cotidiano como la arquitectura en concordancia con la producción en serie, con la adaptación de la pedagogía a las necesidades de su tiempo, que era sin ambages el de la era de la máquina. El edificio de Dessau, proyectado en 1925 por Gropius, proporcionó la oportunidad deseada de crear un edifico moderno con todas sus consecuencias, y el resultado fue la mejor obra del autor, la carta de presentación del estilo de la Escuela, la prueba de cómo el proyecto y la construcción de la arquitectura se convertía en un diseño susceptible de responder a los principios de la producción industrial en serie. En sus rasgos generales, Gropius denotó la influencia neoplástica, descomponiéndolo en planos, respondiendo de esa manera a las distintas alturas de los diversos cuerpos que lo constituían. Se encontraban igualmente ecos, en particular en el cuerpo de laboratorios, de la estética fabril que provenía de la obra anterior de Gropius, la Fagus, de los cerramientos de vidrio, de los voladizos, de las esquinas vacías y transparentes, pero el resultado de conjunto era una obra novedosa y original, la que mejor representa el triunfo de la arquitectura racionalista europea. La instalación de la Escuela en Dessau, el apoyo del alcalde de la ciudad a la que ya era una auténtica comunidad artística con sede propia, coincidió con la etapa de esplendor, del triunfo público, de la creación de los productos que la acabarán caracterizando: sillas de acero, lámparas, ceniceros, tapicerías, alfombras o tipografías.

El devenir de la Bauhaus no estuvo exento de controversias internas, de enfrentamientos entre los distintos profesores que provocaban escisiones y posturas partidistas entre los alumnos, con el efecto añadido de las tomas de posturas políticas, pues la institución filtraba no sólo los aspectos figurativos de la vanguardia exterior, sino los acontecimientos de la vida socioeconómica y el devenir de la República de Weimar en general, con la que se sintió siempre involucrada. En 1928 Gropius abandonó la Bauhaus, fue sustituido sucesivamente por H. Meyer y Mies Van der Rohe, que la mantuvieron abierta hasta que en 1933 fue definitivamente clausurada por los nazis.

LE CORBUSIER, BIOGRAFÍA DE LA ARQUITECTURA MODERNA

Aunque la historia de la arquitectura no sea el resultado de la suma de aportaciones biográficas individuales, la elaboración del lenguaje moderno se entiende mejor con la ayuda de la personalidad del arquitecto suizo Charles Edouard Jeanneret, llamado Le Corbusier, pues su labor teórica y práctica, pictórica y arquitectónica resultó fundamental, ejemplar, entendido este término según la capacidad contrastada del autor para ofrecer un sistema de preceptos operativos, de elementos reconocibles, de un lenguaje personal capaz de ser compartido hasta el punto de considerarse internacional.

La formulación de ese lenguaje fue el producto de una lenta e intensa decantación de aprendizajes personales, bien en estudios de arquitectos como Perret o Behrens, de viajes en los que dibujaba con avidez los materiales de la historia y de los lugares, de militancias en la vanguardia figurativa, caso de su experiencia en el Purismo, con la primera de sus publicaciones, *Après le Cubisme*, faceta divulgadora que siempre cuidó, de la que salieron otros escritos de referencia, como *Vers une architecture*, de 1923, o la fundación de la revista *Esprit Nouveau* junto al pintor A. Ozenfant. El resultado del despliegue de tanta actividad encontró acomodo primero en el tema de la vivienda mínima y económica, preocupación que le fue llevando desde las sencillas propuestas de las casas Domino (1914), a las casas *Citrohan* (1922), y, finalmente, en 1926, a la formulación de los famosos «Cinco puntos para una nueva arquitectura». Eran estos el empleo de pilotis, la planta libre, la fachada libre, las ventanas horizontales y la cubierta-jardín, todos facilitados por el uso del hormigón como material de construcción.

Los cinco puntos acabaron de sentar las bases del un nuevo vocabulario racionalista de la arquitectura moderna. La casa del pintor A. Ozenfant, de 1922; la casa La Roche-Jeanneret, de 1923; la villa Stein en Garches, de 1927, o la villa Saboye, de 1929, el Pabellón Suizo en la Ciudad Universitaria de París, de

Le Corbusier. París. Pabellón de Suiza en la Ciudad Universitaria (1930).

Le Corbusier. Villa Saboya en Poissy (1929).

1930, expresan bien estas búsquedas y logros de Le Corbusier, que no se quedaron en esta dimensión de creaciones individuales, pues se concebían como experimentos extrapolables a escalas urbanas de ciu-

Le Corbusier: Capilla de Notre Dame du Haut, en Ronchamp (1950).

Le Corbusier: Monasterio dominico de La Tourette, en Eveux sur Arbresle (1953).

dades contemporáneas de población millonaria, en las que bloques de pisos se alternarían con rascacielos de vidrio emplazados en medio de amplias zonas verdes, destinados a habitantes no afectados ya por la división de clases (*Ville Contemporaine*, de 1922; *Plan Voisin*, de 1925; *Ville Radieuse*, de 1930).

La Ville Saboye, en Poissy, cerca de París, más allá de materializar la quintaesencia de los «Cinco Puntos», concitó desde su construcción todas las críticas y todas las alabanzas hacia la arquitectura racionalista, aplicada en esta ocasión a la última de las expresiones del viejo tema de la villa de recreo en el campo, que el autor concebía y definía como una «máquina para habitar», pues comparaba la casa al diseño funcional del automóvil, del aeroplano o del camarote de un trasatlántico. El trasfondo de la preocupación de Le Corbusier sobre el tema radicaba en que había que aprovechar y rentabilizar el espacio como un bien escaso y oneroso, y la inspiración para encontrar soluciones procedía de lo que venía siendo puesto a prueba desde tiempo atrás por los diseñadores afectos al mundo de las máquinas.

A la Villa Saboye el propio Le Corbusier la definió como un objeto posado sobre la hierba, una caja horizontal blanca apoyada en el suelo sobre pilares (*pilotis*) cilíndricos, pero bien mirado el volumen revela acentos variados de rica interpretación, desde la relación con la naturaleza, que es llevada a la azotea y transfigurada en jardín, a los diferentes tratamientos de cada una de las fachadas, o el cuidado de las comunicaciones verticales resuelto mediante rampas cuyo recorrido es entendido como un paseo arquitectónico (*promenade architecturale*) a través del cual se van desvelando los diferentes puntos de vista de los espacios y de los detalles, las imágenes de un proyecto arquitectónico profundamente influido por las visiones dinámicas de la pintura cubista.

Las villas de Le Corbusier no dejaban de ser pequeñas intervenciones comparadas con el tamaño de sus ambiciones, con las expectativas implícitas en el contenido de sus propuestas. El pabellón Suizo en la Ciudad Universitaria de París, de 1930, adelantaba posteriores temas de vivienda en bloques, introducía combinaciones de nuevos materiales, como el pavés, el acero, el vidrio y el aplacado de piedra, a la vez que volvía a emplear los puntos de la arquitectura, como los apoyos de pilotis, la planta libre y la cubierta con azotea. Este tipo de realizaciones presuponía connotaciones urbanísticas evidentes, reflexiones sobre la vivienda mínima, que serían los temas constantemente tratados en los Congresos Internacionales de Arquitectura (CIAM) celebrados a partir de 1928. El convocado en 1933 tuvo como centro de discusión los problemas de la ciudad moderna, y las conclusiones, recogidas en la famosa «Carta de Atenas» venían a ratificar muchas de las proposiciones de la *Ville Radieuse* de Le Corbusier.

Sobre el problema de la vivienda colectiva y la ciudad moderna, una larga búsqueda en la biografía del autor, todavía volvió Le Corbusier en la segunda posguerra con las *Unités d'Habitation*, Unidades de Habitación, cuyo prototipo fue la de Marsella, de 1947. El bloque, aguantado por gigantescos pilotis, consta de doce pisos más la terraza en la cubierta, entendida aquí como espacio público, como plaza elevada con la que responder a parte de las demandas de la vida en común de los habitantes de la Unidad. Las fachadas están caracterizadas por *brise-soleils*, parasoles, para preservar a las viviendas de los rayos solares. Una calle interior, que contenía servicios comunes como tiendas o restaurantes, rompía la cadencia de los apartamentos, encajados entre ellos de forma escalonada, tipo de disposición que ya venía siendo experimentado desde las casas *Citrohan,* y que aquí, dada la perentoria necesidad de viviendas en la posguerra, se formulaba como bloque urbano, como pequeña ciudad autónoma dentro de la ciudad. La Unidad de Habitación era capaz de acoger a 1.800 habitantes dentro del gran prisma que emerge contundente de entre el resto del caserío de la ciudad cual robusto bastión de hormigón visto (*béton brut*), el material cuyo tratamiento prefería ahora el autor, pues le permitía extraer del encofrado del mismo nuevas texturas, aspecto de tosquedad en realidad derivado de la rapidez de la construcción, pero que Le Corbusier, siempre positivo, explicaba como una apertura hacia nuevos valores plásticos de la arquitectura por venir. Y no le faltaba razón para pensar así. En 1954 el Congreso Internacional de Arquitectura Moderna se reunió en la cercana ciudad de Aix-en-Provence, y la fiesta de inauguración se celebró en la terraza de la recién inaugurada Unidad de Habitación de Marsella, a partir de entonces para la generación más joven una obra carismática de la modernidad que ellos se afanarían por seguir construyendo.

El hormigón *brut*/visto, que anuncia futuras tendencias «brutalistas» en la arquitectura, determinaría las siguientes obras, las últimas suyas, que son las más poéticas y personales de su trayectoria: la capilla de Notre Dame du Haut, en Ronchamp, de 1950; los edificios gubernamentales de la nueva ciudad de Chandigarh, en la India, de 1953; el monasterio dominico de La Tourette, en Eveux-sur-Arbresle, cerca de Lyon, de 1953, y el Carpenter Center for the Visual Arts, de la Universidad de Harvad, de 1960, su única obra en Estados Unidos. Son todas ellas resultado de un ingenio solitario, que exploran el mundo de las formas y las posibilidades expresivas del hormigón, que aceptan la revelación de las geometrías curvas, que persiguen conciliar los hallazgos modernos de la arquitectura con el valor poético de la metáfora.

La capilla de peregrinación de Ronchamp corona una colina de los Vosgos, con cuyos perfiles montañosos se relaciona la cubierta oscura y curvada, que descansa sobre muros blancos, perforados por los huecos de las ventanas con vidrios coloreados que le confieren un tono cálido y místico al interior. Fuera hay un altar y un púlpito al aire libre, cobijados bajo la protección de la amplia cubierta, que de lejos, ascendiendo por el camino procesional como se subía a los recintos sagrados de la antigüedad, parece la quilla de un barco varado entre un mar de rocas. Ante la resolución de esta obra todos se sintieron afectados, sus puristas admiradores para abjurar del vuelco «irracional» del autor, inclinado ahora hacia nuevos valores plásticos y escultóricos, recuperando el valor de la emoción religiosa, la relación de la arquitectura con el paisaje, la tradición y la memoria en términos que sus seguidores creían superados.

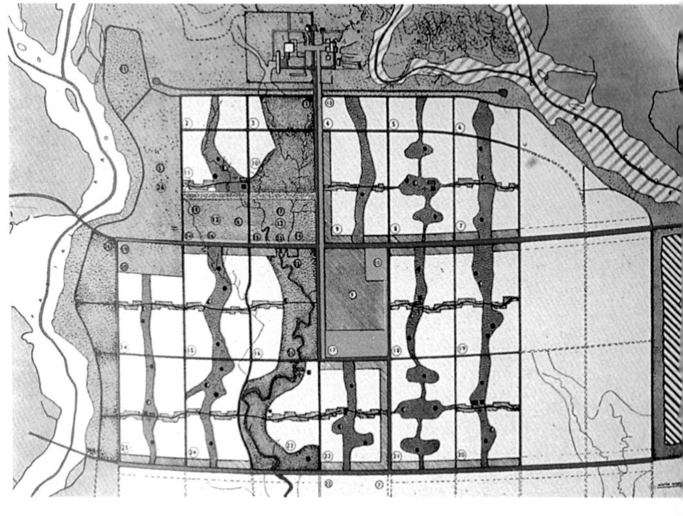
Le Corbusier: Trazado para la nueva capital de Chandigarh, en la India (1951).

Le Corbusier: Chandigarh. Asamblea (1951).

Con el convento de la Tourette se renueva un viejo diálogo entre la arquitectura y los programas monacales. Durante su viaje a Italia de 1907, Le Corbusier había quedado impresionado por la cartuja de Ema, en Galluzzo, cerca de Florencia, por la conjunción que en ella se producía entre la soledad de la vida de los monjes en las casas celdas y los espacios comunitarios de la convivencia, un esquema en parte equivalente a la relación entre las casas apartamentos de los bloques de su *Ville Radieuse* y las instalaciones públicas de la misma.

En 1953 hubo de volver sobre el tema cuando el padre Couturier le encargó la realización de un monasterio benedictino, a lo que respondió con un proyecto en el que primaba la disposición de las partes requeridas con la misma claridad, racionalidad y espíritu seve-

G. Terragni. Casa del Fascio, en Como (1932).

ro de los antiguos monasterios medievales. Los tres niveles de La Tourette descansan sobre un terreno en pendiente, en la soledad de un paisaje de suaves praderas que es objeto de contemplación desde los balcones abiertos de las celdas de los monjes, ubicadas en el voladizo que corre por la parte alta. En la planta baja, la única accesible al público, se sitúan el claustro, el refectorio, la sala capitular y la iglesia, y en la planta intermedia los espacios de estudios, dado que el monasterio era además seminario de formación de los futuros sacerdotes de la orden. Una pirámide puntiaguda cumple las veces de fuente de claustro, obligado recurso de los monasterios de antaño, a los que replicó Le Corbusier de manera satisfactoria, sin objeciones apenas por parte de los miembros de la orden, que aceptaron sin reticencias que el material utilizado fuera el hormigón visto, con las huellas de los encofrados, severidad material acorde con el tipo despojado de vida que ellos seguían reclamando como algo inherente al monacato contemporáneo.

En los últimos años de su vida, Le Corbusier recibió importantes encargos desde la India recién independizada de la ocupación colonial inglesa, lo que le llevó en varias ocasiones a aquel lejano mundo, a contactar con una vieja cultura con la que su arquitectura hubo de dialogar, tanto en programas de viviendas familiares en la ciudad de Ahmedabad, como en el trazado de la nueva capital de Chandigarh y la proyectación de los principales monumentos del área directiva, decisión directa del dirigente político Nehru, que ocupó las energías del arquitecto desde 1951 hasta su fallecimiento en accidente de natación en 1965.

Chandigarh suponía para Le Corbusier la oportunidad de llevar a la práctica sus ideas sobre la ciudad moderna que había venido madurando a lo largo de toda su vida: dividir el plano en secciones mediante arterias de comunicación y acoplar en ellos los bloques de viviendas de baja densidad, ordenar las funciones urbanas de modo lógico, sacando partido a las virtudes de la geometría racional, dulcificándola con la amplitud de las zonas verdes, compromiso entre un doble protagonismo compartido, pues el plano regulador de Chandigarh, ortogonal como una red, se inscribe sobre un soporte concebido como parque.

En la cabecera se ubicaba el área directiva, una amplísima plataforma en la que se organizaban los monumentos urbanos más representativos (Parlamento, Secretariado y Asamblea), al modo como en los vacíos metafísicos de Fathepur Sikri lo hacía la arquitectura singular y los volúmenes de los monumentos mongoles. Cada uno de los diseños de Le Corbusier introduce variantes sobre sus inolvidables puntos, se enriquece con alusiones puntuales a la arquitectura de la historia nacional india, otras pertenecen a su libre invención. El hormigón «bruto» se fabricó con los métodos artesanales, los únicos posibles en aquellos alejados y retrasados parajes, pero el autor, siempre positivo, lo interpretó como una cualidad añadida, señal de un inevitable rápido envejecimiento de la materia, un tiempo histórico precipitado sobre lo nuevo, que los admiradores de la arquitectura de Le Corbusier y de sus ideales entienden y aceptan, pero que sus detractores manipulan sin ofrecer alternativas.

EL ESTILO INTERNACIONAL

Una Exposición celebrada en 1932 en el Museo de Arte Moderno de Nueva York, y el título del catálogo, «El Estilo Internacional: Arquitectura desde 1922», en el que escribían el historiador H. H. Hitchcock y el arquitecto Ph. Johnson hicieron popular el término, con el que se daba la bienvenida a la arquitectura racionalista y muchos de sus arquitectos (W. Gropius, Mies Van der Rohe, M. Breuer), que empezarían a exiliarse en la década de los años treinta huyendo de la persecución sistemática a sus ideas y a sus personas. Con ellos llevaban la memoria de la reciente arquitectura moderna europea, con sus espacios interpenetrados, plantas libres, cubiertas planas, volúmenes rectangulares, ventanas nítidamente recortadas y carpinterías metálicas.

La segunda característica resaltada en el título de la exposición era lo internacional del triunfo de esa arquitectura del Movimiento Moderno, su seguimiento en la década de los veinte y principios de los treinta en distintos contextos y situaciones nacionales, el nutrido catálogo de obras que se podían referir como adscritas a la tendencia.

Los holandeses eran de los que mejor habían tomado el testigo de esa arquitectura (fábrica Van Nelle, de 1927, de J. Brinckmann, L. Van der Vlugt y M. Stam; Sanatorio Zonnestraal, en Hilversum, de 1926, obra de J. Duiker y B. Bijvoet; el Ayuntamiento de Hilversum, de W. M. Dudok, del año 1926).

El compromiso social de la arquitectura moderna, su militancia en posiciones políticas progresistas fue la nota característica habitual, pero el caso italiano desmiente el que la vanguardia no tuviese relativa aceptación en los regímenes totalitarios de la época. De hecho, un arquitecto italiano admirador de Le Corbusier, G. Terragni, siguió los preceptos de la normativa moderna para revestir a la Casa del Fascio, en Como, de 1934, con una abstracta fachada estructural.

Un emigrante ruso, B. Lubetkin, reabrió la actividad de la arquitectura inglesa cuando llegó a Londres en 1930, pasó a formar parte del grupo Tecton y dejó en el zoo de la capital, en el estanque de los pingüinos, de 1933, prácticamente una escultura constructivista, con rampas helicoidales entrecruzadas, nítidas en su trazado y dificultosas en su realización. En 1933, con el bloque de apartamentos Higpoint I, y en 1936 con Highpoint II, al norte de Londres, se cumplían con acierto la preceptiva del lenguaje lecorbuseriano: levantados sobre pilotis, rematados con azoteas, cuerpos blancos de las viviendas rodeados de vegetación.

La misma transición de un vago neoclasicismo a una palmaria modernidad la efectuó el arquitecto escandinavo G. Asplund, que es el paso dado desde la geometría abstracta de un cuerpo cilíndrico sobre un basamento cúbico de la Biblioteca Pública de Estocolmo, de 1920, al Crematorio del Cementerio Sur de Estocolmo, de 1935, un impresionante escenario creado por la interacción entre las formas rígidas y desnudas del pórtico principal, el valor simbólico y emotivo, pero no menos ortogonal, de la gigantesca cruz, que sobresalen como partes de una planta general abierta y fluida, y esta, a su vez, se haya inscrita en el ámbito romántico y silencioso de un paisaje que es parque y jardín irregular, espacio verde del urbanismo humanista y proclama adelantada del edén del eterno sosiego.

Los arquitectos alemanes se siguieron prodigando, su protagonismo era estelar, evolucionaban atravesando distintas vanguardias, como demostraba E. Mendelshon en los almacenes Schocken, en Stuttgart, de 1926, y Chemnitz, de 1928, de gran rigor constructivo y fluida linealidad. Y, por último, con la que quizá fue la obra más representativa del estilo en los finales de los años veinte, el Pabellón de Alemania para la Exposición de Barcelona, de 1929, de Mies Van der Rohe.

G. Asplund. Estocolmo. Biblioteca Municipal (1920).

G.Asplund. Estocolmo. Crematorio del Cementerio Sur (1935).

G. Asplund. Estocolmo. Entrada y cruz en el Cementerio Sur (1914-1940).

L. Mies Van der Rohe culminaba con esta obra una década de experimentaciones con el lenguaje y los materiales de la arquitectura moderna. Formado en el estudio de P. Behrens, heredó del espíritu de éste la maestría en la construcción, basada en la sobriedad de medios y la pureza de las formas. De su viaje a Holanda se derivó su gusto por las composiciones neoplásticas. Su proyecto de casa de campo de ladrillo, de 1923, representa la planta en aspa como un cuadro abstracto en el que se compendian los principios de De Stijl. Previamente había militado en las filas del *Novembergruppe*, participado en la fundación de la revista «G» dedicada a promover el arte moderno, y se había acercado a las cualidades constructivas del vidrio en varios proyectos de rascacielos entre los años 1919 y 1921.

Tanto el Pabellón de Barcelona, como la casa Tugendhat, en Brno, de 1928, parten de composiciones en las que los planos modulan la continuidad espacial, los muros generan la planta. Para el Pabellón de Barcelona creó un podio, sobre el cual ocho pilares de acero de sección cruciforme sostienen la cubierta de hormigón armado, y entremedias los espacios se reparten en disposición asimétrica, en los que se integran como partícipes dos estanques, uno de ellos adornado con la escultura de una figura femenina, de G. Kolbe. Riqueza decorativa derivada exclusivamente de la naturaleza de los lujosos materiales y austeridad formal se conjugan en el Pabellón, y el siempre cuidado rigor en los detalles, el juego de los vacíos y la colocación estratégica de muebles, como el famoso «sillón Barcelona», todo un clásico ya del diseño del siglo veinte.

L. Mies Van der Rohe. Berlín. Galería Nacional (1962).

L. Mies Van der Rohe. Casa Tugendhat, en Brno (1928).

Tras el episodio de la dirección de la Bauhaus de Dessau, el cierre de esta Escuela y las dificultades de trabajo en la Alemania de los años treinta, Mies decidió emigrar a Estados Unidos en 1937, donde se desarrolla la segunda parte, no menos fundamental, de su biografía arquitectónica.

Estados Unidos ofreció a los arquitectos modernos oportunidades excepcionales de construir en los

F. LL. Wright. Racine. Interior de la sede de la Compañía Johnson (1936).

años posteriores a la Segunda Guerra Mundial. En 1947 volvió a refrendarse el apoyo al «Estilo Internacional» con una segunda exposición en el Museo de Arte Moderno de Nueva York, en la que Ph. Johson presentaba la obra de Mies Van der Rohe como la de un clásico moderno. Incluso llegó a modificar los contenidos de la definición estilística del «Estilo Internacional» para que encajara con mayor precisión en la obra de Mies: veracidad en la estructura, ritmos modulares expresados por océanos de vidrio, cubiertas planas, supresión de la ornamentación y preferencia por las formas cúbicas.

Las distintas obras de la fase americana de Mies van a girar sobre una serie de temas centrales. En lo que se refiere a la cuestión constructiva su búsqueda se cifra en soluciones de estructuras metálicas sobre volúmenes rectangulares, y eso vale tanto para su primera obra en el Instituto de Tecnología de Chicago, de 1940, como para la pequeña casa de la Dra. Edith Farnsworth, de 1945, un diáfano pabellón de cristal resuelto mediante una sencilla estructura de tres planos, el de la plataforma de la terraza, el del piso y el de la cubierta, todo con la sensación de estar flotando porque sólo se apoya en el suelo sobre pies derechos.

Este esquema de pabellón abierto lo repetiría con variaciones en el *Crown Hall* de la Escuela de Arquitectura y Diseño del ITT de Chicago, del año 1952, y en la Nueva Galería Nacional de Berlín, de 1962.

Los rascacielos se habían multiplicado como reflejo de la inversión inmobiliaria en las ciudades americanas, constituían un campo de experimentación al que muy excepcionalmente se acercaban los arquitectos europeos, salvedad hecha del concurso para la sede del *Chicago Tribune*, de 1922. Aparte de estas ocasiones puntuales, el rascacielos venía siendo un asunto poco considerado por los intereses de la ciudad europea, ajena por el momento al canto vertical de su fuerza financiera.

Todos los visitantes en Nueva York admiraban fascinados las alturas vertiginosas que alcanzaban las agujas del edificio Chrysler, diseñado por W. Van Allen en 1928, del *Empire State Building*, de Shreve, Lamb and Harmon, de 1931, o del conjunto del *Rockefeller Center*, de R. Hood, de 1931. De nuevo en esta tradición de la modernidad, la mentalidad racional de Mies, su gusto por la desornamentación, por el empleo «minimalista» del acero, o del bronce, por los revestimientos tratados como paredes colgantes de cristal, dieron dos muestras ejemplares: las dos torres gemelas de los apartamentos *Lake Shore Drive* de Chicago, de 1948, y el *Edificio Seagram* de Nueva York, de 1954, este último la versión más refinada de todas la torres de cristal de Manhattan (*Lever House*, de Skidmore, Owings &

L. Mies Van der Rohe. Barcelona. Pabellón de Alemania en la Exposición de 1929.

L. Mies Van der Rohe. Chicago. Crown Hall de la Escuela de Arquitectura y Diseño del ITT (1952).

L. Mies Van der Rohe. Nueva York. Rascacielos Seagram (1954).

Juan O´Gorman (en colaboración con Gustavo Saavedra y Juan Martínez). Biblioteca Central de la Ciudad Universitaria de México D.F. (1948).

A. y P. Smithson. Escuela secundaria en Hunstanton (1949).

Merril, de 1951, o el conjunto de las Naciones Unidas, de W. Harrison y M. Abramovitz, de 1947).

La pretensión de universalidad de Estilo Internacional se vio constreñida en la práctica a la adaptación flexible de sus puntos de definición conceptual a materiales, técnicas y contextos muy diferentes. El destino de dicho estilo tras la Segunda Guerra Mundial se ligó a las figuras de los arquitectos europeos exiliados en Estados Unidos, a donde ya había llegado un adelanto de renovación en los años veinte de la mano de R. Schindler y R. Neutra, y a la aparición de nuevas generaciones que convertirían a este país en referencia mundial de la arquitectura contemporánea.

Hubo otros importantes despuntes de modernidad en otros países del continente americano, sorprendentes por su vitalidad y por surgir con fuerza en contextos que de antemano parecían poco propicios para ello. Es el caso de las figuras de Félix Candela, Juan O´Gorman o Luis Barragán en México, de Carlos Raúl Villanueva en Venezuela, de Clorindo Testa en Argentina o de Lucio Costa y Oscar Niemeyer en Brasil.

En 1936 Le Corbusier había viajado a Brasil llamado para aconsejar sobre el diseño del Ministerio de Educación de Río de Janeiro. Con él se consolidó la modernidad arquitectónica que dejaría profunda huella en la arquitectura del país. La versión triunfadora del edificio de Río, de los citados Costa y Niemeyer, se apoya en pilotis, tiene tejados con azotea y jardines, las fachadas se componen con parasoles, un auténtico homenaje, en fin, a los «puntos» lecorbuserianos. Pero pronto, como en otros momentos del pasado, el purismo europeo se contaminó con expresiones autóctonas, con exuberancias plásticas propias de una tradición nunca desprendida del todo de su inclinación por lo barroco, por las líneas curvas y sensuales.

De esa interpretación personalizada se encargó Oscar Niemeyer, el inspirador de la arquitectura moderna en Brasil, muchas veces trabajando en colaboración con el arquitecto paisajista R. Burle Marx. Fiel y distinto a la arquitectura de su a la vez admirado y refutado Le Corbusier, Niemeyer reinterpretó el concepto de *promenade architecturale* en el Casino de Pampulha, en Belo Horizonte, de 1942, pero en clave de geometrías sinuosas, de llevar a la arquitectura lo que luego titulará en sus memorias «las curvas del tiempo».

Por decisión del presidente J. Kubitschek, Lucio Costa diseñó el plano de la nueva capital, Brasilia, en 1956, junto con Chandigarh la segunda oportunidad de la arquitectura moderna de poner a prueba sus postulados y su capacidad de dar respuesta a las dificultades a partir de una propuesta tan ambiciosa. La planta general de Brasilia se adapta a un lago artificial, tiene forma aproximada de cruz con dos brazos suavemente curvados, divididos en grandes cuadras ortogonales. La planta queda organizada en sectores que cobijan distintas funciones, administrativas, residenciales y representativas. Niemeyer se hizo responsable de crear las formas de los edificios caracterizadores del espíritu nuevo de la capital. En la Plaza de los Tres Poderes, situada en uno de los extremos del eje principal, apostó por las soluciones técnicas atrevidas: muros cortina en lugar de parasoles en las fachadas, por volúmenes prismáticos puros, cúpulas invertidas con atrevido uso del hormigón, por la búsqueda de la expresión en la arquitectura mediante un formalismo alternativo y controvertido.

TENDENCIAS DE LA ARQUITECTURA EN LA SEGUNDA MITAD DEL SIGLO XX

Tras los desastres de la Segunda Guerra Mundial, parte de la historia de la arquitectura occidental se ciñó a meras tareas de reconstrucción, el centro de la actividad creadora se trasladó a Estados Unidos, que ofreció generosos medios y posibilidades a la experimentación de lo nuevo, a la continuidad, por tanto, del discurso de la historia en cuanto recapitulación de los principales hitos en que se soporta la narración de la misma.

La historia de esa arquitectura y de la creatividad de los arquitectos, desde entonces hasta nuestros días, se puede describir entendida como la continuación de tres líneas básicas de referencia, plasmadas en tres vías alternativas, tres epígrafes que nos ayudan a recapitular el ingente material, y a dejar esbozado el panorama inmediato a la actualidad, a un tiempo presente que ya no forma parte del contenido de un estudio histórico.

Al primero, el de la prolongación, desarrollo, e incluso deformación, de los logros de la arquitectura de las primeras décadas del siglo veinte, del Movimiento Moderno, algunos críticos le han denominado acertadamente como «la tradición de lo nuevo». En segundo lugar, el de la recuperación de la historia y la memoria de la propia disciplina, que se introduce para enriquecer las virtudes de lo moderno, reforzando los vínculos de continuidad entre el pasado y el presente. Y, por último, el de la seducción tecnológica. Cada una ofrece múltiples variantes, interrelaciones, expresiones personales, que, a media que nos acercamos al tiempo presente, hacen imposible la ya de por sí complicada tarea de organizar la información.

Una de las corrientes más directamente ligadas a la tradición de lo nuevo fue el llamado «Brutalismo» inglés, en el que militaron en la década de los cincuenta jóvenes valores emergentes, como Alison y Peter Smithson (Escuela de Hunstanton, 1949; edificio para el *Economist*, en Londres, de 1963), D. Lasdun (Real Colegio de Físicos, en Londres, de 1965; Universidad de East Anglia, en Norwich, de 1962, Teatro Nacional, en Londres, de 1967) o J. Stirling (Facultad de Ingeniería de Leicester, de1959; Facultad de Historia de Cambridge, de 1965), todos seducidos por el tratamiento del hormigón visto, *brut*, de la arquitectura última de Le Corbusier, el maestro reconocido, rudeza que ellos extendieron a la expresión de los temas y del resto de los materiales de la cultura arquitectónica moderna, como el acero y el cristal. Stirling es el ejemplo más característico de cómo influyó en su creatividad personal la herencia de la modernidad inmediatamente anterior, mensaje en el que la tradición de lo nuevo se expone en sus obras tanto a través de la elocuencia de los materiales como por el uso del patrimonio lingüístico de las vanguardias. Dicho historicismo entendido como suma de citas, de encuentros y enfrentamientos entre lo antiguo y lo moderno, lo siguió recalcando en proyectos posteriores (Museo de Stuttgart, de 1977).

J. Stirling. Cambridge. Facultad de Historia (1964).

Archigram. *Cities-Moving* (1966).

El tono de la rebeldía artística inglesa lo agudizó aún más el grupo «Archigram», en el sentido de que sus propuestas se basaban en las imágenes utópicas de un nuevo «futurismo», proyectos de papel en los que los dibujos, tratados muchas veces con técnica de cómic, denotaban la fascinación ejercida por la tecnología, la cada vez mayor presencia de los robots en la vida cotidiana, y en general por todas las imágenes de

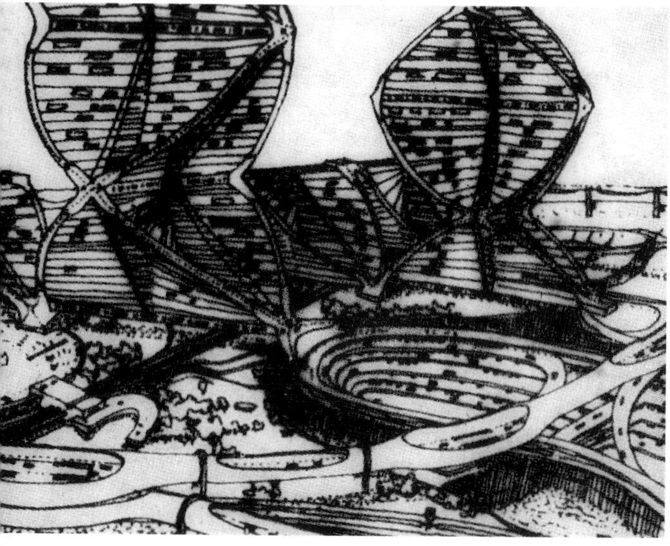

K. Kurokawa. Torres helicoidales.

L. Khan. Salk Institute, en La Jolla, California (1959).

L. Khan. Kimbell Art Museum, Fort Worth, Texas (1966).

consumo y de la cultura *pop* que producía en paralelo la pintura de los primeros años sesenta.

Un episodio equivalente lo representó en Japón el grupo de los «Metabolistas» (K. Kikutake, K. Kurokawa, N. Kawazoe), organizado en torno a la figura de Kenzo Tange, el principal seguidor de las ideas de Le Corbusier en aquel país, autor del monumento de la paz en Hiroshima, de 1955, del Estadio Olímpico de Tokio, de 1964, del plan urbano para Tokio, de 1960. Esta ambiciosa propuesta se lanzaba por pura necesidad anticipatoria al territorio de las utopías, formulaba macroestructuras de inmensas dimensiones alzadas sobre el mar de la bahía de Tokio, entrelazadas por puentes y autopistas, con el objetivo de resolver el caos de la metrópoli, los problemas de espacio y del aumento de la población. Tange representó la puesta al día de la cultura moderna japonesa, la apuesta por la aceptación de la tecnología más avanzada a expensas de la relegación de la rica tradición del país, que él conocía sobradamente, y admiraba, de la que trataba de extraer lecciones adaptables a la modernidad, lo cual corroboraban sus publicaciones sobre los templos de Ise o la Villa Katsura. No resulta extraño por tanto su papel de estímulo para los jóvenes metabolistas, que desplegaron su actividad en esa década de los sesenta tomando como soporte de su discurso, básicamente dibujado, cual nuevo «manga» (cómic japonés) académico de la arquitectura, el diseño, la publicidad y la ciencia ficción.

A gran altura por su obra general, pero en particular por la llevada a cabo en la década de los años sesenta, sobresale la figura de L. Kahn, reconocido como el maestro de la monumentalidad recuperada para la arquitectura en los Estados Unidos, capaz de conciliar la tradición con los medios constructivos modernos sin caer en el pastiche. Kahn era de origen estonio, emigró muy joven a Estados Unidos, se educó como arquitecto en la tradición clásica, que completó con viajes y estancias en Europa. Consecuencia de dicha experiencia fue el acercamiento a las culturas egipcia, griega y romana, fuente de inspiración que provocó una inflexión en su sensibilidad, y el resultado directo de sus magníficos dibujos de arquitectura, que reflejan su sabiduría pictórica y cromática, que preludian el talante posterior de su obra, en la que confluyen múltiples referencias, desde el historicismo más antiguo a la arquitectura contemporánea. Su biografía pasa por las primeras obras adscritas a un brutalismo refinado, influido por el perfeccionismo enseñado por Mies Van der Rohe (Laboratorios Newton Richards de la Universidad de Pennsylvania, de 1957), para ir definiendo un estilo personal a partir de las raíces del Estilo Internacional, en que muestra preocupaciones que van a perdurar como propias de su estilo personal: atender al cuidado de los espacios elementales, las connotaciones y efectos de los juegos de luces y sombras, el cuidado tratamiento de los materiales tradicionales usados desde la perspectiva plástica contemporánea. Por último, el autor sugiere estar proponiendo un viaje de regresión al pasado en términos alusivos, no directamente explícitos, en que la tradición aflora como historicismo abstracto, como reclamo de las técnicas y sistemas constructivos, caso del gusto por los muros sólidos, por las paredes de ladrillo, tanto en sus obras americanas como en los encargos procedentes de países del tercer mundo (Instituto Jonas Salk, en La Jolla, California, de 1959; Museo de Arte Kimbell, en Fort Worth, Texas, 1966; centro administrativo de Dacca, en Bangladesh, a partir de 1962; Instituto de Dirección de Empresas en Ahmedabad, India, de 1962).

L. Khan. Escuela de Administración en Ahmedabad, India (1962).

En los Estados Unidos el formalismo purista de Mies Van der Rohe, su intensa búsqueda para conseguir lo máximo con los menores medios posibles («menos es más») encontró continuidad en figuras de seguidores como Ph. Johnson, que en la *Glass House*, la Casa de Vidrio, en New Canaan, de 1951, llevó al extremo la idea de la caja de acero y cristal, duro contenedor para las funciones domésticas, pero hermosa imagen de la casa como artefacto en el jardín, en la que la estética del mensaje se sobrepone como decorado a las comodidades de la vida. La evolución personal de Johnson le llevará a experimentar con historicismos variados, hasta participar en la década de los ochenta en el movimiento Posmoderno, al que enriquece con el tono irónico y caprichoso de sus convicciones estéticas, como es la mezcla indiferente de referencias goticistas, renacentistas y del Art Decó en su rascacielos AT&T, en Nueva York, de 1978, en el que se permitió renunciar a los muros de cristal y volver a las fachadas revestidas de piedra natural. El ímpetu y la energía de este autor nos hacen avanzar de su mano organizadora a la exposición celebrada en el Museo de Arte Contemporáneo de Nueva York en 1988 «Arquitectura Desconstructivista», verdadero espaldarazo a las nuevas propuestas basadas en las geometrías oblicuas y la deliberada inestabilidad de los volúmenes, exposición de la que salió reforzada y avalada la figura del innovador arquitecto de origen canadiense F. Gehry, cuyos proyectos apenas se habían ejecutado, hasta que su signo cambió con el resonante triunfo del museo Guggenheim de Bilbao (1991).

Ph. Johnson. Casa de Cristal, en New Canaan (1951).

En la misma estela americana de la tradición de lo nuevo se desenvuelve Charles Eames, en cuyos diseños se concilia el gusto heredado de Mies Van der Rohe por el cuidado de los detalles, a lo que en su caso se une la admiración por la cultura japonesa, que le induce a resaltar la irregularidad y la ligereza inspirada en las construcciones de las casas y templos nipones de madera, a indagar cómo conjugar los prototipos

Ch. y R. Eames. Casa en Pacif Palisades, Los Ángeles (1947).

estandarizados de acero y paneles de cristal con la naturaleza (casa del arquitecto en Pacific Palisades, California, 1945). La faceta con más éxito popular de los Eames, pues se trataba de un trabajo de colaboración con su esposa Ray, fue el diseño de juguetes, muebles y sillas, como la famosa de 1956 que lleva su nombre.

Más próximo en el tiempo, se halla el grupo llamado de «los Cinco», «New York 5», P. Eisenman, M. Graves, Ch. Gwathmey, J. Hejduk y R. Meier. Guiados por la docta enseñanza de su maestro común, el historiador C. Rowe, apoyados por tanto en un sólido discurso intelectual, reclamaron en la década de los setenta la vuelta a los maestros de la vanguardia de los años veinte, a un lenguaje Estilo Internacional aún más abstracto, basado en purismos pictóricos, geometrías experimentales y, como en la opción de R. Meier, en una estética de blancos inmaculados y de transparencias que le ha merecido un notable éxito a su obra (Casa Douglas, de 1971), lo que Meier, el más reclamado en Europa de todos ellos, ha prolongado en proyectos de museos, como los de Artes Decorativas de Frankfurt, de 1979, y el de Arte Contemporáneo de Barcelona, de 1988.

Pero también, con el tiempo, la reacción no tardó en llegar contra la ortodoxia repetitiva del Movimiento Moderno, contra los purismos del Estilo Internacional. Un discípulo de L. Kahn, R. Venturi, como él afectado por el tiempo de estancia en la Academia Americana en Roma, publicó en 1966 un libro muy influyente, «Complejidad y contradicción en la arquitectura» en el que proponía la aleación arquitectónica de elementos variados, ambiguos, la mezcla de citas históricas con rasgos vernaculares. La ideas escritas de Venturi resultaban más convincentes que las dibujadas o construidas, y así siguió ocurriendo con un segundo libro, publicado en 1972, «Aprendiendo de Las Vegas», escrito en colaboración con su esposa, la urbanista D. Scott Brown. En este nuevo texto los autores salieron en defensa de las cualidades de los entornos cotidianos estadounidenses, de las calles comerciales, de los anuncios de los Casinos de Las Vegas, considerándolos, en contra de la valoración crítica negativa que los despreciaba como expresión de la fealdad, como un valor estimulante y fuente de inspiración del diseño moderno.

R. Meier: Casa Douglas, en Michigan (1973).

Pronto se sumaron nuevas fuerzas al bando ecléctico de Venturi, como Charles Moore, y un crítico, Ch. Jencks, que acertó a bautizar a la nueva corriente como «Posmodernismo» en otro celebrado escrito publicado en 1977, «El lenguaje de la Arquitectura Posmoderna», en el cual se defendía el eclecticismo como suma de citas históricas, incluyendo ya como historia el lenguaje de las vanguardias de las primeras décadas del siglo.

Desde parecidos criterios de recuperación de la historia, pero con presupuestos intelectuales más críticos, en el panorama europeo se efectuó una operación de recuperación del pasado, del racionalismo moderno, de los centros urbanos de las ciudades históricas, que tuvo como bandera la obra del italiano A. Rossi, publicada en 1966, «La arquitectura de la ciudad». A su alrededor se formó el grupo Tendenza, de inspiración racionalista, del que formaron parte varios arquitectos, de entre los cuales destacó el originario de la región suiza del Ticino, Mario Botta. La recuperación de los centros históricos y de la arquitectura de la ciudad del pasado ha sido el principal legado del pensamiento de Rossi, por encima del valor estimable de su arquitectura personal, defensa que se ha manifestado en múltiples teorías urbanísticas contemporáneas basadas en el respeto, valoración y preservación de los contextos urbanos, que van desde los criterios conservacionistas a ultranza de L. y R. Krier, a los argumentos de C. Rowe sobre la *Ciudad collage*, texto suyo de 1979 en el que describe el panorama de una ciudad actual en el que debería primar la escala de lo fragmentario, de los espacios intermedios, en la que la arquitectura moderna debería armonizar con la histórica. Distintos arquitectos reflejan, y representan, en las distintas culturas nacionales, la continuidad del diálogo entre la tradición y de la modernidad, las pesquisas formales, compositivas y materiales que ligan la memoria histórica de la arquitectura y la de los lugares. La fama de algunos ha desbordado los cauces de la profesión, va más allá de la calidad intrínseca de su obra, en cuanto su presencia en los medios les convierte en noticia, preludio, quizá, de que el tiempo les consolidará como figuras históricas. A modo de selección apurada, por citar los ejemplos más inmediatos, estarían el portugués A. Siza y el español R. Moneo.

La última de la tendencia definida entre la espesa masa de nombres, obras, tendencias y modas del «fin de siglo veinte» es la que se desarrolla desde la facción más tecnológica del Movimiento Moderno, que conecta con la tradición de los rascacielos prismáticos envueltos en la tersa piel de los muros cortina de cristal y, en general con las variantes de la arquitectura entendida como caja de acero y cristal. El diseño de rascacielos aplicó a las búsquedas anteriores conceptos de diseño minimalista y refinamiento tecnológico, de lo cual fueron perfecto testimonio las torres gemelas del World Trade Center, de M. Yamasaki, de 1966, en las que la fachada se desvanecía como trama superpuesta al núcleo central de servicios. Las altas torres de los rascacielos, identificadas desde su origen como la quintaesencia del perfil de las ciudades americanas, han cobrado fuerza en los finales del siglo en las asiáticas, emblema del futuro poderío que reivindican las naciones del extremo oriente. En Kuala Lumpur, la capital malasia, el arquitecto estadounidense de origen argentino C. Pelli proyectó dos torres gemelas unidas por un puente, las Torres Petronas, de 1991, de audaz altura. Las firmas americanas, como Skidmore, Owings &Merril, han pasado a servir a clientes chinos empeñados en batir las máximas alturas como expresión del prestigio de sus ciudades, salidas de endémicos subdesarrollos y presionadas al tiempo por el crecimiento demográfico y el alto valor del suelo. La concentración de varias intervenciones en el distrito Pudong de Shangai, entre ellas el edificio Jin Mao, de la citada firma americana, hará de la capital económica de China la metrópolis de las torres de mayor altura, competición para la que cuenta con apuestas en las que las innovaciones del diseño quedan sacrificadas a favor de la lucha contra la gravedad, por la consecución de la monumentalidad urbana por la vía vertical.

Desde los comienzos de los años setenta, el arquitecto británico N. Foster apostó decididamente por este tipo de arquitectura que otorga a los edificios la apariencia de mecanos sofisticados, con estructuras del tipo de los puentes colgantes, creados con los últimos materiales utilizados por la ingeniería aeronáutica, la arquitectura denominada «High Tech» (edificio de la compañía aseguradora Willis, Faber & Dumas, en Ipswich, 1974; Sainsbury Art Centre en la Universidad de East Anglia, 1978, central en Hong Kong de la Sociedad de Bancos de Hong Kong y Shangai, de 1979).

Dos jóvenes arquitectos, R. Piano y R. Rogers llevaron al extremo la idea de la máquina para dar forma a una institución popular, el Centro Pompidou de París, concurso internacional que ganaron en 1971. El alarde del esqueleto estructural de tubos de acero y las escaleras mecánicas de acceso por la fachada oeste

F. Gehry. Bilbao. Museo Guggenheim (1993).

constituyen la imagen exterior de la inmensa nave de cristal, que desde ese punto de vista se asemeja al sistema de las catedrales góticas, en cuanto en ambos casos se saca fuera la complejidad estructural que permite conseguir dentro espacios diáfanos y luminosos. El Centro Pompidou remite a más referencias, a las de un producto salido de fantasías dibujadas, de las propuestas de Archigram, a otros evoca una congestionada refinería petrolífera trasplantada para perturbar el delicado corazón histórico de la capital francesa. Piano y Rogers, tras el éxito parisino, trabajaron independientemente, con resultados como la sede de la firma Lloyd´s en Londres, de R. Rogers, de 1978, que repite en el centro histórico londinense la misma confrontación del Centro Pompidou parisino, la provocada por el desencuentro de una sede comercial con aspecto de una factoría que ha sacado fuera todas las instalaciones de sus servicios, y la resistencia de la arquitectura histórica del barrio, cada vez más desposeída de sus estatutos. Por su parte, R. Piano, que parecía haber renunciado a la vía del deslumbramiento tecnológico, se sumó a la actividad emergente de la arquitectura japonesa (T. Ando, T. Ito, K. Kuma) y recuperó el antiguo saber tecnológico en la terminal del aeropuerto de Kansai, en Osaka, de 1988, que requirió la creación de una isla artificial en la bahía, solución cada vez más empleada en un país que carece de terreno suficiente para satisfacer sus necesidades. La línea de maestros modernos de la arquitectura basada en la seducción tecnológica se sigue perpetuando gracias a su inherente atractivo y al éxito popular de este tipo de propuestas, bajo la responsabilidad proyectual de franceses como J. Nouvel, holandeses como R. Koolhaas, españoles como S. Calatrava, y canadienses-americanos como F. O. Gehry.

Bibliografía

HISTORIAS GENERALES

ARGAN, G. C.: Historia del arte moderno. Valencia, 1975.
BENEVOLO, L.: Historia de la arquitectura del Renacimiento. Madrid, 1972.
Historia de la arquitectura moderna. Barcelona, 1977.
Introducción a la arquitectura. Madrid, 1994.
BOIME, A.: Historia social del arte moderno. Madrid, 1994.
CHOISY, A.: Historia de la arquitectura. Buenos Aires, 1970.
CHUECA GOITIA, F.: Historia de la arquitectura occidental. Madrid, 1980-1985.
DEHIO, G. / BEZOLD, V.: «Die Kirchliche Baukunst des Ábendlandes», Stuttgart, 1901.
FAURE, E.: Historia del Arte. Alianza, Madrid.
FLETCHER, B.: Historia de la arquitectura según el método comparado. Madrid, 1985.
FURNEAUX, J.: Arquitectura occidental.
GIEDION, S.: Espacio, tiempo y arquitectura. Madrid, 1978.
La mecanización toma el mando. Barcelona, 1978.
GOMBRICH, E.: Historia del arte. Madrid, 1979.
GONZALEZ MORENO, J. L.: El legado oculto de Vitruvio. Madrid, 1993.
HATJE, U.: Historia de los estilos artísticos. Madrid, 1975.
HAUSER, A.: Historia social de la literatura y el arte. Madrid, 1966.
HAUTECOEUR, I.: Histoire de l´architecture classique en France. París, 1943-1953.
HITCHCOCK, H. R.: Arquitectura de los siglos XIX y XX. Madrid, 1981.
HONOUR, H. / FLEMING, J.: Historia del arte. Barcelona, 1986.
HUYGHE, R.: El arte y el hombre. Vitoria, 1970.
JANSON, H. W.: Historia general del arte. Barcelona, 1972.
JELLICOE, G. Y S.: El paisaje del hombre. Barcelona, 1995.
KOSTOF, S.: El arquitecto, historia de una profesión. Barcelona, 1995.
Historia de la arquitectura . Madrid, 1988.
KRUFT, H. W.: Historia de la teoría de la arquitectura. Madrid, 1990.
NORBERG-SCHULZ, C.: Arquitectura occidental. Barcelona, 1977.
PEVSNER, N.: Historia de las tipologías arquitectónicas. Barcelona, 1979.
Breve historia de la arquitectura europea. Madrid, 1994.
SEDLMAYR, H.: Épocas y obras artísticas. Madrid, 1965.
SUMMERSON, J.: Architecture in Britain 1530-1830. Yale, 1953.
TRACHTENBERG, M. / HYMAN, I.: Arquitectura. De la prehistoria a la postmodernidad. Akal. Madrid.
WATKIN, D.: Historia de la arquitectura occidental. Könemann, Colonia, 2001.
WITTKOWER, R.: Sobre la arquitectura en la edad del humanismo. Barcelona, 1979.
Los fundamentos de la arquitectura en la edad del humanismo. Madrid, 1995.

TEORÍAS Y METODOLOGÍAS

ARGAN, G. C.: Proyecto y destino. Univ. de Venezuela, 1969.
El concepto de espacio arquitectónico desde el barroco a nuestros días. Buenos Aires, 1973.
Sobre el concepto de metodología arquitectónica. Barcelona, 1974.
BARASH, M.: Teorías del arte. Madrid, 1991.
BATTISTI, E.: Arquitectura, ideología y ciencia. Madrid, 1980.
BAUER, H.: Historiografía del arte. Madrid, 1980.
COLLINS, P.: Los ideales de la arquitectura moderna. Su evolución. Barcelona, 1976.
CHUECA GOITIA, F.: Invariantes castizos de la arquitectura española. Madrid, 1971.
ECO, U.: La definición del arte. Barcelona, 1970.
FRANKL, P.: Principios fundamentales de la historia de la arquitectura. Barcelona, 1981.
FOCILLON, H.: La vida de las formas. Madrid, 1983.
FRANKASTEL, P.: Sociología del arte. Madrid, 1972.
FUSCO, R. de: La idea de la arquitectura. Barcelona, 1976.
HASKELL, F.: Patronos y pintores. Madrid, 1984.
HADJINICOLAU, N.: Historia del arte y lucha de clases. Madrid, 1973.
HAUSER, A.: Introducción a la historia del arte. Madrid, 1973.
Sociología del arte. Madrid, 1975.
KOSTOF, S.: El arquitecto, historia de una profesión. Madrid, 1984.
KURZ, O.: La leyenda del artista. Madrid, 1982.
KUBLER, G.: La configuración del tiempo. Madrid, 1975.
KULTERMAN, N.: Historia de la historia del arte. Madrid, 1996.
MARCHAN FIZ, S.: El universo del arte. Barcelona, 1981.
PACHT, O.: Historia del arte y metodología. Madrid, 1986.
PANOFSKY, E.: Idea. Contribución a la historia de la teoría del arte. Madrid, 1980.
PEVSNER, N.: Las Academias del arte. Madrid, 1982.
El ángel de la historia. Madrid, 1985.
PRAZ, M.: Mnemosyne. El paralelismo entre la literatura y las artes visuales. Madrid, 1981.
ROSSI, A.: La arquitectura de la ciudad. Barcelona, 1976.
SCHLOSSER, J.: La literatura artística. Madrid, 1976.
SCHOFIELD, P. H.: Teoría de la proporción en la arquitectura. Madrid, 1971.
SCRUTON, R.: La estética de la arquitectura. Madrid, 1985.
SUMMERSON, J.: El lenguaje clásico de la arquitectura. Barcelona, 1974.
SZAMBIEN, W.: Simetría, gusto, carácter. Madrid, 1993.
TAFURI, M.: Teorías e historia de la arquitectura. Barcelona, 1972.
TEDESCHI, E.: Teoría de la arquitectura. Buenos Aires, 1973.
VEN, C. VAN DE: El espacio en la arquitectura. Madrid, 1981.
VENTURI, I.: Historia de la crítica de arte. Barcelona, 1978.
WATKIN, D.: Moral y arquitectura. Barcelona, 1981.
WITTKOWER, R.: Nacidos bajo el signo de Saturno. Madrid, 1982.
WOLFFLIN, E.: Conceptos fundamentales de la historia del arte. Madrid, 1976.
ZEVI, B.: Saber ver la arquitectura. Buenos Aires, 1951.

DICCIONARIOS

AGUILERA CERNI, V.: Diccionario del arte moderno. Valencia, 1979.
BONET, J. M.: Diccionario de las vanguardias en España. Madrid ,1995.
CHILVES, I.: Diccionario de arte. Madrid, 1995.
DUROZOIG, G. (ed.): Diccionario del arte del siglo XX. Madrid, 1997.
FATAS, G. / BORRAS: Diccionario de términos de arte. Zaragoza, 1973.
HATJE, U.: Diccionario ilustrado de la arquitectura contemporánea. Barcelona, 1964.
LAMPUGNANI, V. M. (ed.): Enciclopedia de la arquitectura del siglo XX. Barcelona, 1989.
MORALES, J. L.: Diccionario de términos artísticos. Zaragoza, 1982.
MULLER, W. / VOGEL, G.: Atlas de arquitectura. Madrid, 1984.
PANIAGUA, J. R.: Vocabulario básico de arquitectura. Madrid, 1978.
PEVSNER, N., et. al.: Diccionario de arquitectura. Madrid, 1980.
PORTOGHESI, P. (coord.): Dizionario Encyclopedico di architettura e urbanistica. Roma, 1968-1969.

TÉCNICAS Y TECNOLOGÍAS ARTÍSTICAS

BERNAL, J. D.: Historia social de la ciencia. Barcelona, 1967.
DERRY, T. K.: Historia de la tecnología. Madrid, 1977.
KLINCKKWSTROEN, C. Von: Historia de la técnica. Barcelona, 1980.
KLINGENDER, F.: Arte y revolución industrial. Madrid, 1983.
MALTESE, C.: Las técnicas artísticas. Madrid, 1981.
MORRIS, W.: Arte y sociedad industrial. Valencia, 1977.
POIRIER, R.: La epopeya de las grandes construcciones. Barcelona, 1980.
ROSENBERG, H.: La tradición de lo nuevo. Caracas 1969.
SMITH, R.: El manual del artista. Madrid, 1990.

HISTORIA DEL JARDÍN

ANIBARRO, M. A.: La construcción del jardín clásico. Akal. Madrid 2002.
AÑON, C. (coord.): Jardines artísticos de España. Madrid, 1995
BUTTLAR, A. Von: Jardines del Clasicismo y el Romanticismo. Madrid, 1993.
CLIFFORD, D.: Los jardines. Madrid, 1970.
ENGE, T. O. / SCHOER, C. F.: Arquitectura de los jardines en Europa. Colonia, 1992.
HANSMANN, W.: Jardines del Renacimiento y el Barroco. Madrid, 1989.
PAEZ DE LA CADENA, F.: Historia de los estilos en jardinería. Madrid, 1982.

HISTORIA DEL URBANISMO

ARGAN, G. C.: Historia del arte como historia de la ciudad. Barcelona, 1984.
AYMONINO, C.: Orígenes y desarrollo de la ciudad moderna. Barcelona, 1972.
El significado de las ciudades. Barcelona, 1981.
BRAUNFELS, W.: Urbanismo occidental. Madrid, 1983.
BENEVOLO, I.: Orígenes del urbanismo moderno. Buenos Aires, 1967.
Diseño de la ciudad. Barcelona, 1978.
La ciudad y el arquitecto. Barcelona, 1985.
CHABOT, G.: Las ciudades. Barcelona, 1972.
CHOAY, F.: El urbanismo. Utopías y realidades. Barcelona, 1970.
GUIDONI, E. / MARINO, A. / SICA, P. / SETTA, C.: Historia del urbanismo. Madrid, 1981-1982.
MUMFORD, I.: La ciudad en la historia. Buenos Aires, 1966.
ROSENAU, H.: La ciudad ideal. Madrid, 1986.
RYKWERT, J.: La idea de ciudad. Madrid, 1985.
TAFURI, M.: La ciudad americana. Barcelona, 1976.

ANTIGÜEDAD: MESOPOTAMIA, EGIPTO, GRECIA Y ROMA

ANDREADE, B.: Arte romano. Barcelona, 1974.
BIANCHI BANDINELLI, R.: Roma, centro del poder. Madrid, 1971.
Del Helenismo a la Edad Media. Madrid, 1981.
BLANCO FREIJEIRO, A.: Arte antiguo del Asia anterior. Sevilla, 1972.
CENIVAL, J. L.: Arquitectura universal. Egipto. Barcelona, 1964
CHARBONNEAUX, J. M. / MARTIN, R. / VILLAR, F.: Grecia arcaica. Madrid, 1969.
Grecia clásica. Madrid, 1970.
Grecia helenística. Madrid, 1971.
DESROCHES NOBLECOURT: El arte egipcio. Barcelona, 1967.
FRANKFORT, H.: Arte y arquitectura del Oriente Antiguo. Madrid 2000.
GARCÍA BELLIDO, A: Arquitectura romana. Madrid, 1929.
GIEDION, S.: La arquitectura como fenómeno de transición. Barcelona, 1975.
El presente eterno. Los comienzos de la arquitectura. Madrid, 1981.
GRIMAL, P: Las ciudades romanas. Barcelona, 1956.
LLOYD; S.: Arquitectura mediterránea prerromana. Madrid, 1973.
MARTIN, R.: Arquitectura universal. Grecia. Barcelona, 1966
MARTIENSSEN, R. D.: La idea del espacio en la arquitectura griega. B. Aires, 1973.
POLLIT, J. J.: Arte y experiencia en la Grecia clásica. Madrid, 1984.
El arte helenístico. Madrid, 1989.
RICHTER, G.: El arte griego. Barcelona, 1980.
ROBERTSON; D. S.: Arquitectura griega y romana. Madrid, 1981.
ROBERTSON, M.: El arte griego. Madrid, 1985.
RYKWERT, J.: La idea de ciudad. Madrid, 1985.
STEVENSON SMITH, W.: Arte y arquitectura del antiguo Egipto. Madrid 2000.
WINCKELMANN, J. J.: Historia del arte en la antigüedad. Roma, 1764.
WARD-PERKINS, J. B.: Arquitectura romana. Madrid, 1976.
WOLGANG MULLER, H.: Arquitectura del antiguo Egipto. Madrid, 1971.

ARQUITECTURA PALEOCRISTIANA, BIZANTINA, ISLÁMICA Y MEDIEVAL

AZCARATE, J. M.: Arte gótico en España. Madrid, 1990.
BATLLE, P.: Arte paleocristiano. Madrid, 1947.
BENEVOLO, I.: El arte y la ciudad medieval. Barcelona, 1977.
BLAIR, S. / BLOOM, J. M.: Arte y arquitectura del Islam 1250-1800. Madrid, 1999.
BRAUNFELS, W.: Arquitectura monacal en occidente. Barcelona, 1975.
BUSH, H.: Arquitectura del gótico en Europa. Madrid, 1965 Arquitectura del gótico en España. Madrid, 1965.
CONANT, K. J.: Arquitectura carolingia y románica 800-1200. Madrid, 1987.
DUBY, G.: San Bernardo y arte cisterciense. Madrid, 1981.
Europa en la Edad Media. Arte Románico. Arte Gótico. Barcelona, 1981.
ETTINGHAUSEN, R. / GRABAR, O.: Arte y arquitectura del Islam. 650-1250. Madrid, 1996.
FRANCHETTI PARDO, V.: Historia dl urbanismo. Siglos XIV y XV. Madrid, 1985.
FRANKL, P.: Arquitectura gótica. Madrid 2002.
GOMEZ MORENO, M.: Iglesias mozárabes. Granada, 1975 (reed.).
Arte islámico en España y el Magreb. Barcelona, 1961.
GRABAR, O.: El primer arte cristiano. Madrid, 1967.
La formación del arte islámico. Madrid, 1981.
La Alhambra. Iconografía, formas y valores. Madrid, 1980.
GRODECKI, I.: Arquitectura gótica. Madrid, 1977.

HOAG, J. D.: Arquitectura islámica. Madrid, 1976.
HOFTATER, H. H.: Arquitectura universal. El Gótico. Barcelona, 1971.
JANTZEN, H.: La arquitectura gótica. Buenos Aires, 1958.
KRAUTHEIMER, R.: Arquitectura paleocristiana y bizantina. Madrid, 1984.
KUBACH, H. H.: Arquitectura románica. Madrid, 1974.
LAMBERT, E.: El arte gótico en España. Madrid, 1977.
LAMPEREZ Y ROMEA, V.: Historia de la arquitectura cristiana española durante la Edad Media. Madrid, 1908-1909.
MANGO, C. Arquitectura bizantina. Madrid, 1974.
MARÇAIS, G.: El arte musulmán. Madrid, 1983.
MICHELL, G.: La arquitectura del mundo islámico. Madrid, 1985.
NIETO, V.: La luz, símbolo y sistema visual. Madrid, 1978.
PIJOAN, J.: Arte islámico. Madrid, 1966.
PIRENNE, H.: Las ciudades de la edad Media. Madrid, 1972.
SERJEANT, R. B.: La ciudad islámica. Barcelona, 1982.
SIMSON, O. Von: La catedral gótica. Madrid, 1980.
TALBOT RICE, D.: El arte islámico. Barcelona, 1967.
TORRES BALBÁS, L.: Arte califal. Madrid, 1955.
Ciudades hispanomusulmanas. Madrid, 1949.
WHITE, J.: Arte y arquitectura en Italia, 1250-1400. Madrid, 1989
WORRINGER, W.: La esencia del estilo gótico. Buenos Aires, 1942.
YARZA, J.: Arte y arquitectura en España. 500-1250. Madrid, 1980.

RENACIMIENTO

ACKERMANN, J. S.: Palladio. Madrid, 1981.
ANTAL, F.: El mundo florentino y su ambiente social. Madrid, 1963.
Clasicismo y Romanticismo. Madrid, 1978.
BENEVOLO, L.: Historia de la arquitectura del Renacimiento. Madrid, 1972.
BENTMANN, R.: La villa como arquitectura del poder. Barcelona, 1975.
BLUNT, A.: Arte y arquitectura en Francia, 1500-1700. Madrid, 1977.
La teoría de las artes en Italia. Madrid, 1979.
BURCKHARDT, J.: La cultura del renacimiento en Italia. Madrid, 1953.
BUSH, H.: La arquitectura del Renacimiento en Europa. Madrid, 1966.
CHASTEL, A.: El Renacimiento florentino. Madrid, 1953.
El gran taller de Italia. Madrid, 1966.
El humanismo. Madrid, 1971.
El Renacimiento meridional. Madrid, 1972.
Arte y humanismo en Florencia en la época de Lorenzo el Magnífico. Madrid, 1982.
FORSSMAN, E.: Dórico, Jónico, Corintio en la arquitectura del Renacimiento. Madrid, 1983.
GARIN, E.: La revolución cultural del Renacimiento. Barcelona, 1981.
GÓMEZ MORENO, M.: Las águilas del Renacimiento español. Madrid, 1983 (reed).
GUTIÉRREZ, R.: Arquitectura y urbanismo en Iberoamérica. Madrid, 1983.
HASKELL, F.: Patrones y pintores. Madrid, 1984.
HAUSER, A.: El manierismo. Madrid, 1965.
HEYDENREICH, L. H. / LOTZ, W.: Arquitectura en Italia, 1400-1600. Madrid, 1991.
HOCKE, R.: El mundo como laberinto. Madrid, 1961.
KUBLER, G.: La obra del Escorial. Madrid, 1983.
LOTZ, W.: Arquitectura del Renacimiento en Italia. Madrid, 1985.
MULLER, I.: El ornamento icónico y la arquitectura, 1400-1600. Madrid, 1985.
MURATORE, G.: La ciudad renacentista. Madrid, 1980.
MURRAY, J.: Arquitectura del Renacimiento. Madrid, 1970.
NIETO, V. / CHECA, F.: El Renacimiento. Madrid, 1980.
OROZCO, E.: Manierismo y Barroco. Madrid, 1975.
PANOFSKY, E.: Estudios sobre iconología. Madrid, 1972.
La perspectiva como forma simbólica. Barcelona, 1973.
Renacimiento y renacimientos del arte occidental. Madrid, 1975.
Idea. Madrid, 1980.
PATER, W.: El Renacimiento. Barcelona, 1982.
PEVSNER, N.: Estudios sobre arte, arquitectura y diseño. Barcelona, 1983.
PORTOGHESI, P.: El ángel de la historia. Madrid, 1985.
ROSENAU, H.: La ciudad ideal. Madrid, 1986.
SCOTT, G.: La arquitectura del humanismo. Barcelona, 1970.
SHEARMAN, J.: Manierismo. Madrid, 1984.
TAFURI, M.: La arquitectura de la edad del humanismo. Madrid, 1978.
Retórica y experimentalismo. Sevilla, 1978.
Sobre el Renacimiento. Principios, Ciudades, Arquitectos. Madrid, 1995.
WITTKOWER, R.: La arquitectura en la edad del humanismo. Buenos Aires, 1958.
Sobre la arquitectura en la edad del humanismo. Barcelona, 1979.
Nacidos bajo el signo de Saturno. Madrid, 1970.
Los fundamentos de la arquitectura en la edad del humanismo. Madrid, 1995.
WOLFFLIN, H.: Renacimiento y Barroco. Barcelona, 1986

BARROCO Y ROCOCÓ

ARGAN, G. C.: Renacimiento y Barroco. Akal. Madrid.
Arquitectura barroca en Italia. Buenos Aires, 1979.
Borromini. Madrid, 1982.
BENEVOLO, L.: Historia de la arquitectura del Renacimiento. Madrid, 1972.
BLUNT, A.: Arte y Arquitectura en Francia. 1500-1700. Madrid, 1977.
Borromini. Madrid, 1982.
BOTTINEAU, Y.: El arte barroco. Akal. Madrid.
BRANDI, C.: Borrromini. Las Palmas, 1981.
BURKE, P.: La fabricación de Luis XIV. Madrid, 1995.
BUSH, H.: Arquitectura del barroco. Madrid, 1986.
CASTEX, J.: Renacimiento, Barroco, Clasicismo. Madrid, 1994.
CROW, Th. E.: Pintura y sociedad en el París del siglo Dieciocho. Madrid, 1989.
D´ORS, E.: Lo Barroco. Madrid, 1935.
Del barroco. Madrid, 1992.
GALL, J.: La pintura galante. México, 1973.
HIBBARD, H.: Bernini. Madrid, 1982.
LEVEY, H.: Pintura y escultura en Francia, 1700-1789. Cátedra. Madrid.
MALE, E.: El Barroco, arte religioso del siglo XVII. Madrid, 1985.
MARAVALL, J. M.: La cultura del barroco. Madrid, 1975.
MARTIN, J. R.: Barroco. Madrid, 1986.
MINGUET, Ph.: Estética del Rococó. Cátedra. Madrid.
NORBERG-SCHULZ, Ch.: Arquitectura Barroca. Madrid, 1973.
Arquitectura Barroca tardía y Rococó. Madrid, 1973.
OROZCO, E.: Manierismo y Barroco. Madrid, 1975.
PORTOGHESI, P.: Roma Barocca. Roma, 1966.
ROSENBERG, J.: Arte y Arquitectura en Holanda, 1600-1800. Madrid, 1981.
SCHONBERGER, A.: El Rococó y su época. Madrid, 1971.
SCHMARSOW, A. / SOEHNER, H.: El Rococó y su época. Barcelona, 1963.
SEBASTIÁN, S.: Contrarreforma y Barroco. Madrid, 1981.
TAFURI, M.: Retórica y experimentalismo. Sevilla, 1978.
Borromini. Las Palmas, 1981.
TAPIE, V. L.: Barroco y Clasicismo. Madrid, 1978.
VARRIANO, J.: Arquitectura italiana del Barroco al Rococó. Madrid, 1990.
WEISBACH, W.: El Barroco como arte de la Contrarreforma. Madrid, 1948.
WITTKOWER, R.: Arte y Arquitectura en Italia. 1600-1750. Madrid, 1979.
G. L. Bernini. Madrid, 1990.
WOLFFLIN, H.: Renacimiento y Barroco. Madrid, 1977.

NEOCLASICISMO

AAVV: Arte, arquitectura y estética en el siglo XVIII. Madrid, 1980.
ANTAL, F.: Clasicismo y Romanticismo. Madrid, 1978.
COLLINS, P.: Los ideales de la arquitectura moderna. Su evolución. Barcelona, 1973.
CHUECA GOITIA, F.: Varia Neoclasica. Madrid, 1983.
HASKELL, F.: Patronos y pintores. Madrid, 1984.
HAUTECOEUR, L.: Histoire de l´architecture classique en France. París, 1950.
HONOUR, H.: Neoclasicismo. Madrid, 1982.
KAUFFMANN, E.: La arquitectura de la Ilustración. Barcelona, 1974.
Tres arquitectos revolucionarios. Barcelona, 1980.
De Ledoux a Le Corbusier. Barcelona, 1982.
LEVEY, M.: Pintura y escultura en Francia. 1700-1789. Madrid, 1984.
MARCHAN FIZ, S.: Schinkel. Arquitecturas. 1781-1841. Madrid, 1989.
MIDDLETON, R. / WATKIN, D.: Arquitectura moderna. Madrid, 1979.
PEVSNER, N.: Estudios sobre arte, arquitectura y diseño. Barcelona, 1983.
POGACNIK, M.: K. F. Schinkel. Arquitectura y paisaje. Madrid, 1993.
PRAZ, M.: Gusto Neoclásico. Barcelona, 1982.
ROSENBLUM, J.: Transformaciones en el arte de finales del siglo XVIII. Madrid, 1986.
RYKWERT, J.: La casa de Adán en el paraíso. Barcelona, 1975.
Los primeros modernos. Barcelona, 1982.
SICA, P.: Historia del Urbanismo. El siglo XVIII. Madrid, 1982.
STAROBINSKI, J.: 1789. Los emblemas de la Razón. Taurus. Madrid.
TAFURI, M.: La esfera y el laberinto. Barcelona, 1984.
TSIGAKOU, F. M.: Redescubrimiento de Grecia. Barcelona, 1985.
VIDLER, A.: Ledoux. Madrid, 1994.
El espacio de la Ilustración. Madrid, 1997.
WITTKOWER, R.: Palladio and English Palladianism. New York 1974.

ROMANTICISMO. SIGLO XIX

AAVV: El pasado en el presente. Barcelona, 1977.
ANTAL, F.: Clasicismo y Romanticismo. Madrid, 1978.
BOIME, A.: Historia social del arte moderno. Madrid, 1994.
CLARK, K.: La rebelión romántica. Madrid, 1990.
CLAYTON, P. A.: Redescubrimiento del Antiguo Egipto. Barcelona, 1985.
FRANKASTEL, P.: Arte y técnica en los siglos XIX y XX. Valencia, 1961.
FUSCO, R. de: La idea de la arquitectura. Historia de la crítica, de Viollet le Duc a Persico. Barcelona, 1976.
HAMILTON, G. H.: Pintura y escultura en Europa. 1880-1940.
HITCHCOCK, H. R.: Arquitectura de los siglos XIX y XX. Madrid, 1982.
HONOUR, H.: El Romanticismo. Madrid, 1981.
KLINGENDER, F.: Arte y revolución industrial. Madrid, 1983.
MIDDLETON, R. / WATKIN, D.: Arquitectura moderna. Madrid, 1979.
NOVOTNY, F.: Pintura y escultura en Europa. 1780-1880. Madrid, 1981.
PATETTA, L.: L´architettura dell´Eclettismo. Milano 1975.
PAZ, A. de: La revolución romántica. Madrid, 1992.
PEVSNER, N.: Estudios sobre arte, arquitectura y diseño. Barcelona, 1983.
ROSENBLUM, R. / JANSON, H. W.: El arte del siglo XIX. Madrid, 1992.
TSIGAKOU, F. M.: Redescubrimiento de Grecia. Barcelona, 1985.

CONTEMPORÁNEO

BANHAM, R.: Teoría y diseño arquitectónico en la era de la máquina. Buenos Aires, 1960.
BENEVOLO, L.: Historia de la arquitectura moderna. Barcelona, 1974.
BENTON, I.: El Estilo Internacional. Madrid, 1981.
CIUCCI, G. et alt.: La ciudad americana. Barcelona, 1975.
COLQUHOUN, Alan: «La arquitectura moderna. Una historia desapasionada». Barcelona, 2005.
CONRADS, U.: Programas y manifiestos de la arquitectura del siglo XX. Barcelona, 1973.
CURTIS, W.: La arquitectura moderna. Madrid, 1986.
DORFLES, G.: La arquitectura moderna. Barcelona, 1957.
DREW EGBERT, D.: El arte y la izquierda en Europa. Barcelona, 1981.
FEO, V. de: La arquitectura en la URSS. 1917-1936. Madrid, 1979.
FRAMPTON, K.: Historia crítica de la arquitectura moderna. Barcelona, 1981.
FRANKASTEL, P.: Arte y técnica en los siglos XIX y XX. Valencia, 1961.
FUSCO, R. de: Arquitectura como mass-media. Barcelona, 1972.
Historia de la arquitectura contemporánea. Madrid, 1981.
HAMILTON, G. H.: Pintura y escultura en Europa.1880-1940. Cátedra. Madrid.
HITCHCOCK, H. R.: La arquitectura de los siglos XIX y XX. Madrid, 1981.
El Estilo Internacional. Murcia, 1984.
KULTERMANN, U.: La arquitectura contemporánea. Barcelona, 1969.
LAMPUGNANI, V. M. (ed.): Enciclopedia de la arquitectura del siglo XX. Barcelona, 1989.
MARCHAN FIZ, S.: La arquitectura del siglo XX. Madrid, 1974.
Contaminaciones figurativas. Madrid, 1986.
Fin de siglo y primeros ismos del siglo XX. Summa Artis. Vol. XXXVIII. Madrid, 1994.
Las vanguardias figurativas y sus sombras (1917-1930). Summa Artis Vol. XXXIX. Madrid, 1996.
MONTANER, J. M.: Después del Movimiento Moderno. Arquitectura de la segunda mitad del siglo XX. Barcelona, 1993.
PEVSNER, N.: Los orígenes de la arquitectura moderna y el diseño. Barcelona, 1973.
PORTOGHESI, P.: Después de la arquitectura moderna. Barcelona, 1981.
ROSSI, A: Arquitectura de la ciudad. Barcelona, 1976.
SCHAPIRO, M.: El arte moderno. A. Forma. Madrid.
SHARP, D.: Historia en imágenes de la arquitectura del siglo XX. Barcelona, 1973.
TAFURI, M. / DAL CO, F.: Arquitectura contemporánea. Madrid, 1978.

MODERNISMO

BOHIGAS, O.: Arquitectura Modernista. Barcelona, 1963.
Reseña y catálogo de la arquitectura modernista. Barcelona, 1973.
BOLILLON, J. P.: Diario del Art Nouveau. Barcelona, 1990.
CHAMPIGNEULLE, B.: Enciclopedia del Modernismo. Barcelona, 1983.
LOYER, F.: Art Nouveau en Cataluña. Colonia, 1997.

MANIERI ELIA, M.: William Morris y la ideología de la arquitectura moderna. Barcelona, 1977.
SCHMUTZLER, R.: El Modernismo. Madrid, 1980.
SCHORSKE, C. E.: Viena Fin de Siècle. Barcelona, 1981.
STERNER, G.: Modernismo. Barcelona, 1981.
TSCHUDI MADSEN, S.: Art Nouveau. Madrid, 1967.

PROTORACIONALISMO

DENVIR, B.: El Fauvismo y el Expresionismo. Barcelona, 1975.
HOFFMANN, E.: El Expresionismo. Barcelona.
MAENZ, P.: Art Decó. Barcelona, 1976.
NASH, J. M.: El Cubismo, el Futurismo, el Constructivismo. Barcelona, 1975.
PHENT, W.: La arquitectura expresionista. Barcelona, 1975.
SOLA MORALES, I.: La arquitectura del expresionismo. Barcelona, 1974.
WARNCKE, C. P.: De Stijl. Colonia, 1993.
WILLET, D.: El rompecabezas expresionista. Madrid, 1970.
ZEVI, B.: Poética de la arquitectura neoplástica. Buenos Aires, 1960.

RACIONALISMO

AAVV: Constructivismo. Madrid, 1972.
AAVV: Socialismo, ciudad y arquitectura en la URSS. Madrid, 1973.
AAVV: La Bauhaus. Madrid, 1971.
ARGAN, G. C.: Walter Gropius y la Bauhaus. Buenos Aires, 1957.
ARVATOV, B.: Arte y producción. Madrid, 1971.
AYMONINO, C.: La vivienda racional. Barcelona, 1972.
BENTON, I.: El Estilo Internacional. Madrid, 1981.
BONFANTI, et. al.: Arquitectura racional. Madrid, 1979.
DAL CO, F.: Futurismo y vanguardia en la construcción de la ciudad socialista. Barcelona, 1972.
FEO, V.: La arquitectura en la URSS. 1917-1936. Madrid, 1979.
MARCHAN FIZ, S.: Las vanguardias históricas y sus sombras. 1917-1930. Summa Artis. vol. XXXIX. Madrid, 1995.
MICHELIS, M.: Las vanguardias artísticas del siglo XX. Madrid, 1979.
WINGLER, H.: La Bauhaus. Madrid, 1975.

MAESTROS DE LA ARQUITECTURA MODERNA

BLASER, W.: Mies van der Rohe. Barcelona, 1982.
BOESIGER, W.: Le Corbusier. Barcelona, 1982.
CURTIS, W.: Le Corbusier. Ideas y formas. Madrid, 1987.
MONTEYS, X.: La gran máquina, la ciudad en Le Corbusier. Barcelona, 1996.
PFEIFFER, B. B.: Frank LLoyd Wright. Colonia, 1994.
SCHULZE, F.: Mies van der Rohe. Una biografía crítica. Madrid, 1986.

ARTE Y ARQUITECTURA ESPAÑOLA MODERNA Y CONTEMPORÁNEA. OBRAS GENERALES

AAVV: Madrid y los Borbones en el siglo XVIII. Madrid, 1984.
ARRECHEA, J.: Arquitectura y Romanticismo. Valladolid, 1989.
BALDELLOU, M. A. / CAPITEL, A.: Arquitectura española del siglo XX. Summa Artis. Vol. XL. Madrid, 1995.
BEVAN, B.: Historia de la arquitectura española. Barcelona, 197O.
BOHIGAS, O.: Arquitectura modernista. Barcelona, 1963.
Arquitectura española de la II República. Barcelona, 1970.
Reseña y catálogo de la arquitectura modernista. Barcelona, 1973.
BONET, J. M.: Diccionario de las vanguardias en España. 1907-1936. Alianza. Madrid, 1995.
BOROBIO, R.: Arquitectura contemporánea. Cincuenta años de arquitectura española. Zaragoza, 1965 .
BOTTINEAU, Y.: El arte de corte en la España de Felipe V. Madrid, 1986.
BOZAL, V.: Historia del arte en España. Madrid, 1972.
El arte español del siglo XX. La construcción de la vanguardia. Madrid, 1978.
Pintura y escultura españoles del siglo XX, Madrid, 1992.
BRIHUEGA, J.: Las vanguardias artísticas en España. Madrid, 1981.
La vanguardia y la República. Madrid, 1982.
BRU, E. / MATEO, J. L.: Arquitectura española contemporánea. Barcelona, 1984.
CALZADA, A.: Historia de la arquitectura española. Barcelona, 1933.
CAPITEL, A.: Metamorfosis de monumentos y teoría de la restauración. Madrid, 1988.
CIRICI, A.: El arte modernista catalán. Barcelona, 1951.
CHUECA GOITIA, F.: Invariantes castizos de la arquitectura española. Madrid, 1971.
DIEGUEZ PATAO, S.: La generación del 25. Madrid, 1997.
DOMENECH, I.: Arquitectura española contemporánea. Barcelona, 1968.
Arquitectura de siempre. Los años cuarenta en España. Barcelona, 1980.
ECHAIDE, R.: El modernismo en España. Madrid, 1969.
FLORES, C.: Arquitectura española contemporánea. Madrid, 1961.
Arquitectura popular española. Bilbao, 1973.
FREIXA, M.: El modernismo en España. Madrid, 1986.
GARCÍA BELLIDO, et al.: Resumen histórico del urbanismo en España. Madrid, 1968.
GARCIVAL, G.: Estaciones de ferrocarril en España. Madrid, 1994.
GINER DE LOS RÍOS, B.: Cincuenta años de arquitectura española. Madrid, 1980.
GÓMEZ MORENO, M.: El libro español de arquitectura. Madrid, 1949.
HENARES CUÉLLAR, I.: La teoría de las artes plásticas en España en la segunda mitad del siglo XVIII. Granada, 1977.
Romanticismo y teoría del arte en España. Madrid, 1982.
HERNANDO, J.: Arquitectura en España. 1770-1900. Madrid, 1989.
JIMÉNEZ BLANCO, D.: Arte y Estado en la España del siglo XX. Madrid, 1989.
KUBLER, G.: Arquitectura de los siglos XVII y XVIII. Ars Hispaniae, Vol. XIV. Madrid, 1957.
LAMPEREZ, V.: Arquitectura civil española. Madrid, 1922.
LOREDO, R.: La arquitectura española. Madrid, 1925.
LOYER, F.: Art Nouveau en Cataluña. Colonia, 1997.
LLORENTE, A.: Arte e ideología en el franquismo. Madrid, 1995.
MARTÍN GONZÁLEZ, J. J.: El artista en la sociedad española del siglo XVII. Madrid, 1984.
MORALES, J. L.: Arte español del siglo XVIII. Summa Artis. Vol. XXVIII. Madrid, 1984.
MUNTAÑOLA, J.: La arquitectura de los setenta. Barcelona, 1980.
NAVASCUES, P.: Arquitectura española. 1808-1914.Summa Artis. Vol. XXXV. Madrid, 1993.
ORTIZ ECHAGUE, C.: La arquitectura española actual. Madrid, 1965.
PÉREZ ROJAS, J.: Art Decó en España. Cátedra. Madrid.
PITARCH, A. / DALMASES, N.: Arte e industria en España. 1774-1907. Barcelona, 1982.
QUINTANA, A.: La arquitectura y los arquitectos en la Real Academia de Bellas Artes de San Fernando. Madrid, 1983.
RAFOLS, J. F.: El arte romántico en España. Barcelona, 1954.
RUIZ CABRERO, G.: Spagna. Architettura. 1965-1985. Milano, 1990.
El Moderno en España. Tanais, Sevilla, 2001.
SAMBRICIO, C.: Arquitectura española de la Ilustración. Madrid, 1986.
Territorio y ciudad en la España de la Ilustración. Madrid, 1991.
SOBRINO, J.: Arquitectura industrial en España. 1830-1990. Madrid, 1996.
SOLA MORALES, I.: Eclecticismo y vanguardia. Barcelona, 1980.
TERAN, F.: Planeamiento urbano en la España contemporánea. Barcelona, 1978.
UCHA DONATE, G.: Cincuenta años de arquitectura española. Madrid, 1980.
UREÑA, G.: Arquitectura y urbanística civil y militar en el período de la autarquía. Madrid, 1979.
Las vanguardias artísticas en la postguerra. Madrid, 1982.
URRUTIA, A.: Arquitectura española. El siglo XX. Madrid, 1997.
VALDIVIESO, E.: La arquitectura española del siglo XIX. Summa Artis. Vol. XXVII, Madrid, 1984.
VERGARA, A.: Diccionario de arte español. Madrid, 1996.
ZAVALA, E.: La arquitectura. Madrid, 1945.

Índice de ilustraciones

Aalto, A. Vista exterior de la Villa Mairea (1938), pp. 234
Abadie, P. París. Iglesia del Sacré Coeur (1874), pp. 199
Abu Simbel. Gran Templo de Ramsés II, h. 1250 a.C., pp. 9
Abu Simbel. Gran Templo de Ramsés II, hacia 1250 a.C., pp. 15
Acrópolis de Atenas. Alzado del Partenón. 447-432 a.C., pp. 21
Acrópolis de Atenas. Erecteion. Entre 421 y 406 a.C., pp. 22
Acrópolis de Atenas. Plantas superpuestas, la antigua y la clásica, del siglo V a.C., pp. 21
Acrópolis de Atenas. Propíleos. A partir de 437 a.C., pp. 22
Adam, R. Culzean Castle (1777), en Strathclyde, Escocia, pp. 169
Adam, R. Londres. Antecámara de la Syon House (1762), pp. 170
Adam, R. Londres. Osterley Park House (1761), pp. 169
Adam, R. Peristilo del palacio de Diocleciano En Spalato («Ruins...»,1764), pp. 154
Agra. Taj Mahal (1631-1652), pp. 54
Agra. Tumba de Itimad-Ud-Daulah (1628), pp. 54
Alberti, L. B. Florencia. Palacio Rucellai (1446-1459), pp. 93
Alberti, L. B. Florencia. Santa María Novella (1470), pp. 91
Alberti, L. B. Mantua. Iglesia de Sant´Andrea (1470), pp. 92
Alberto Churriguera. Salamanca. Plaza Mayor (1729), pp. 148
Alberto del Palacio. Madrid. Estación de Atocha (1888), pp. 209
Alcobaça. Monasterio cisterciense (1158-1223), pp. 71
Alphand, J. Ch. París. Parque de Buttes Chaumont (1864), pp. 197
Amiens. Fachada principal de la catedral (1220), pp. 77
Ammannati. B. Florencia. Patio del palacio Pitti (1560), pp. 103
Andrés García de Quiñones. Plaza Mayor de Salamanca, (1750), pp. 148
Andrés García de Quiñones. Salamanca. Patio de la Clerecía (1760), pp. 148
Antonelli, A. Turín. Mole Antonelliana (1863), pp. 207
Antonio Gaudí. Barcelona. Casa Milá, La Pedrera (1906), pp. 223
Antonio Gaudí. Barcelona. Iglesia de la Sagrada Familia (1883), pp. 223
Antonio Gaudí. Barcelona. Parque Güell (1900), pp. 222
Antonio López Aguado. Madrid. Puerta de Toledo (1817), pp. 208
Aquisgrán. Capilla Palatina, con ocho gruesos pilares en el centro, (792-825), pp. 58
Aquisgrán. Planta del conjunto del palacio de Carlomagno y de la capilla Palatina, pp. 57
Archigram. Cities-Moving (1966), pp. 247
Arnolfo di Cambio. Florencia. Claustro de Santa Croce (1294), pp. 80
Arnolfo di Cambio. Florencia. Santa Croce, fachada principal (1294), pp. 80
Asplund, G. Estocolmo. Crematorio del Cementerio Sur (1935), 243
Asplund, G. Estocolmo. Entrada y cruz en el Cementerio Sur (1914-1940), pp. 243
Asplund, H. Estocolmo. Biblioteca Municipal (1920), pp. 24
Babilonia. Puerta de Ishtar. Mediados siglo VII a.C., pp. 10
Babilonia. Puerta de Ishtar. Museo Pérgamo. Berlín, pp. 10
Barozzi, J., llamado Vignola. Caprarola. Palacio Farnese (1558-1573), pp. 104
Barozzi, J., llamado Vignola. Roma. Iglesia del Gesù (1571), pp. 105
Barozzi, J., llamado Vignola. Roma. Villa Giulia (1551), pp. 104
Barry, Ch. Londres. Parlamento (1836), pp. 188
Bassae. Templo de Apolo Epicureo, 450 a.C., pp. 23
Batalha. Monasterio. (1385), pp. 85
Baudot, A. de. París. Iglesia de St. Jean de Montmartre (1894), pp. 199
Beauvais. Catedral (1225), pp. 78
Behrens, O. Berlín. Fábrica de la AEG (1909), pp. 225
Berlage, H. P. Amsterdam.
Bernini, G. L. Roma, plaza de San Pedro, 1656-1667, pp. 117
Bernini, G. L. Roma. Cátedra de San Pedro (1657-1666, pp. 118
Bernini, G. L. Roma. Extasis de Santa Teresa (1645-1652), pp. 119
Bernini, G. L. Roma. San Pedro del Vaticano. Escalera Regia (1663-1666), pp. 120
Bindesboll, G. B. Copenhague. Fachada del Museo Thorvaldsen (1839), pp. 202
Bindesboll, G. B. Copenhague. Museo Thorvaldsen (1839), pp. 202
Boffrand, G. París. Salón Oval del Hôtel Soubise (1735), pp. 137
Borromini, F. Roma. Iglesia de Sant´Ivo alla Sapienza (1642-1662), pp. 121
Boullée, E. L. Interior del proyecto para una Biblioteca Real (1785), pp. 161

Bourges. Nave principal de la catedral (1195), pp. 77
Bramante, D. Proyecto de la basílica de San Pedro de Roma (1505), pp. 96
Bramante, D. Templete de S. Pietro in Montorio, Roma, 1502, pp. 87
Brueghel, P.: «La Torre de Babel». (1563). Viena. Museo de Historia del Arte, pp. 9
Brunelleschi, F. Florencia. Capilla Pazzi (1430), pp. 91
Brunelleschi, F. Florencia. Hospital de los Inocentes (1418), pp. 90
Brunelleschi, F. Florencia. Iglesia de San Lorenzo (1418), pp. 90
Brunelleschi, F. Florencia. Iglesia del Santo Spirito.(1436), pp. 89
Brunelleschi, F. Florencia. Santa María de las Flores. Cúpula (1418-1432), pp. 88
Burgos. Catedral, fachada principal (1221), pp. 83
Burgos. Monasterio de las Huelgas, siglo XII, pp. 70
Burham, D. Nueva York. Rascacielos Flatiron (1902), pp. 213
Canova, A. Y G. A. Selva. Templo en Possagno (1819), pp. 205
Capability Brown. Jardines en la Bowood House (1761), pp. 169
Castillo de Chenonceau (1515), pp. 128
Cefalú. Catedral, con dos torres en la fachada, (1131), pp. 67
Cluny. Planta del monasterio, a partir de la primera mitad del siglo X, pp. 62
Colonia. Torres de las fachadas de la catedral (1248), pp. 78
Córdoba. Mezquita. (785-987). Parte superior de la puerta de la fachada oriental, pp. 49
Córdoba. Mezquita. Interior de la sala de oraciones (785-987), pp. 46
Cortona, A. da. Castillo de Chambord (1519), pp. 127
Cortona, P. da. Roma. Iglesia de Santa Maria della Pace (1656-1658), pp. 122
Cortona, P. da. Roma. Iglesia de Santi Luca e Martina (1634-1650), pp. 123
Creta. Palacio de Cnossos.1850-1650 a.C., pp. 16
Creta. Vista general del recinto del palacio de Faistos.1850-1650 a.C., pp. 16
Creta. Vista general del recinto del palacio de Faistos.1850-1650 a.C., pp. 16
Chalgrin, J. F. Th. París. Arco de triunfo en la plaza de la Estrella (1806), pp. 165
Chambers, W. Londres. Pagoda en el jardín botánico de Kew (1758-1761), pp. 168
Chartres. Fachada principal de la catedral (1194), pp. 76
Damasco. Patio de la Mezquita Omeya (706), pp. 45
David. París. Fuente de la Regeneración en las ruinas de la Bastilla (1792), pp. 163
Deane, Th. y B. Woodward. Oxford. Museo de Ciencias Naturales (1854), pp. 189
Deglane, H. París. Estructura interior metálica del Grand Palais (1900), pp. 201
Dehir el Bahari. Tumba rupestre de Hatshepsut. Dinastía XVIII,1470 a.C., pp. 13
Delaunay, R. Tour Eiffel. (1910). Óleo sobre tela. Nueva York, Museo Guggenheim, pp. 200
Delfos. Tolos de Atenea, hacia 370 a.C., pp. 23
Delhi. Tumba de Humayun (1560), pp. 54
Didima. Templo de Apolo, a partir del año 300 a.C., pp. 24
Dientzenhofer, K. I. Praga. Iglesia de San Nicolás (1732), pp. 140
Duban, F. París. Patio interior de la Ecole des Beaux-Arts (1860), pp. 195
Dudok, W. M. Ayuntamiento de Hilversum (1924), pp. 234
Eames, Ch. y R. Casa en Pacif Palisades, Los Angeles (1947), pp. 249
Edificio de la Bolsa (1898), pp. 230
Eduardo Adaro. Madrid. Banco de España (1883), pp. 210
Efeso. Vista general de la ciudad helenística, pp. 26
Egina. Detalle del orden del templo de Afaia. 500-485 a.C., pp. 20
El Cairo. Patio de la Mezquita de Ibn Tulun (879), pp. 45
El Lissitzky. Tribuna de Lenin (1920), pp. 236
Enrique Mª Repullés y Vargas. Valladolid. Ayuntamiento (1898), pp. 210
Epidauro. Teatro, hacia 300 a.C., pp. 23
Esquema de templo dórico griego clásico, pp. 18
Estambul. Iglesia de Santa Sofía (532-537), pp. 36
Estambul. Iglesia de Santos Sergio y Baco (527), pp. 37
Estambul. Interior de Santa Sofía (532-537), pp. 37
Estambul. Mezquita Azul (1609-1617), pp. 54
Estambul. Planta de la iglesia de Santa Sofia (532-537), pp. 37
Fatehpur Sikkri, patio central y Diwan-i-Khas, entre 1556 y 1605. pp. 53
Fernando Casas y Novoa. Fachada principal (del Obradoiro) (1738), pp. 146
Filae. Templo de Isis, hacia 250 a.C., pp. 15
Fischer von Erlach, J. B.. 1721. Restitución de la imagen de Babilonia, pp. 11
Fischer, J. M. Abadía de Ottobeuren (1748), pp. 140
Fontenay. Claustro del monasterio (1139-1147), pp. 70
Fountains. Abadía cisterciense (1135), pp. 70
Francisco Cabezas. Madrid. Iglesia de San Francisco el Grande (1761), pp. 176
Francisco de Mora. Lerma. Burgos. Palacio del Duque de Lerma (1604), pp. 145
Francisco Hurtado Izquierdo. Granada. Sacristía de la Cartuja (1732), pp. 149
Francisco Jareño. Madrid. Biblioteca Nacional (1865), pp. 208
G. Eiffel, A. G. París. Torre Eiffel (1889), pp. 200
Gabriel, A. J. París. Place de la Concorde (1755), pp. 155
Gabriel, A. J. Versalles. Petit Trianon (1763), pp. 155
Garnier, Ch. París. Maqueta con la sección interior de la Ópera, pp. 198
Garnier, Ch. París. Teatro de la Ópera (1860), pp. 198
Gehry, F. Bilbao. Museo Guggenheim (1993), pp. 251
Gibbs, I. Londres. Iglesia de St. Martin in the Fields (1722), pp. 144
Gilbert Scott, G. Londres. Albert Memorial (1863), pp. 188
Gilbert Scott, G. Londres. Estación de St. Pancras (1868), pp. 188
Giotto. Campanario de la catedral de Florencia (1334), pp. 81
Giovanni Pisano. Siena. Fachada principal de la catedral (1284-1296), pp. 81
Gizeh. Detalle de la Pirámide de Keops, 2575 a.C., pp. 13
Gizeh. Esfinge y Pirámide de Keops. IV dinastía 2600-2480 a.C., pp. 13
Gondoin, J. París. Aula Magna de la Escuela de Cirugía (1769), pp. 160
Gondoin, J. París. Fachada a la calle de la Escuela de Cirugía (1769), pp. 160
Granada. Alhambra. Generalife, principios del siglo XIV, pp. 52
Granada. Alhambra. Patio de los Leones, segunda mitad del siglo XIV, pp. 51
Gropius, W. Edificio de la Bauhaus en Dessau (1925), pp. 238
Gropius, W. Fábrica Faguswerk (1911), pp. 226
Guadalupe. Claustro del monasterio con templete (1405), pp. 72
Guarini, G. Turín. Iglesia de San Lorenzo (1666-1679), pp. 126
Guarini, G. Turín. Palacio Carignano (1679-1681), pp. 126
Guimard, H. París. Entrada al metro (1899), pp. 217
Hansen, F. Copenhague. Fachada de la catedral Vor Frue Kirke (1808), pp. 203
Hansen, F. Interior de la catedral Vor Frue Kirke, pp. 203
Hansen, Th. Atenas. Academia (1859), pp. 204
Hansen, Th. Atenas. Biblioteca Nacional (1860), pp. 204
Hardouin Mansart, J. Capilla Real del palacio de Versalles (1698-1710), pp. 134
Hardouin Mansart, J. Colonnade (1684) en el bosque de los jardines de Versalles, pp. 136
Hardouin Mansart, J. Colonnade (1684) en el bosquete de los jardines de Versalles, según la pintura de Jean Cotelle de 1693, pp. 135
Hardouin Mansart, J. París. Iglesia de los Inválidos (1679), pp. 137
Hardouin Mansart, J. y Le Brun. Galería de los Espejos en Versalles (1679), pp. 136
Henry Van de Velde. Casa Bloemenwerf en Uccle (1895), pp. 216
Hildesheim. Iglesia de San Miguel (1001), pp. 61
Hipólito Rovira. Valencia. Fachada del palacio del Marqués de Dos Aguas (1740), pp. 149
Hittorff. París. Proyecto para el Circo Nacional (1840), pp. 193
Hoffmann, I. Bruselas. Palacio Stoclet (1905), pp. 220
Ingelheim. Restitución dibujada del palacio (777), pp. 57
Interior de Santa Sofía, según Caspare Fossati (1852), pp. 36
Isfahan. Mezquita del Shah (1611-1630), pp. 53
Jaca. Planta de la catedral, finales siglo XI, pp. 66
Jefferson. Th. Charlottesville. Villa Jefferson en Monticello.(1793), pp. 173
Jensen Klint, P. V. Copenhague. Iglesia de Grundtvig (1920), pp. 229
Jerusalén, exterior de la Cúpula de la Roca (691), pp. 47
Jerusalén. Sección de la Cúpula de la Roca (691), según G. Dehio (1901), pp. 47
Johnson, Ph. Casa de Cristal, en New Canaan (1951), pp. 249
Jones, I. Londres. Banqueting House, Whitehall (1619), pp. 141
Jones, I. Londres. Queen´s House (1616), pp. 141
Juan de Herrera. Catedral de Valladolid (1589), pp. 115
Juan de Villanueva. Madrid. Fachada al Paseo del Prado del Museo del Prado (1785), pp. 176
Juan de Villanueva. Madrid. Fachada norte del Museo del Prado (1785, pp. 177
Juan de Villanueva. Madrid. Observatorio Astronómico (1790), pp. 177
Juan Gómez de Mora. Madrid. Convento de la Encarnación (1611), pp. 146
Juan Gómez de Mora. Madrid. Plaza Mayor (1617), pp. 145
Juan O´Gorman. Biblioteca de la Ciudad Universitaria de México D.F. (1948), pp. 246
Juan y Rodrigo Gil de Hontañón. Salamanca. Catedral (1512), pp. 84
Juan y Rodrigo Gil de Hontañón. Segovia. Catedral (1522), pp. 84
Jumièges. Abadía (1037-1066), pp. 65
Juvarra, F. Turín. Basílica di Superga (1716-1730), pp. 127
K.Kurokawa. Torres helicoidales, pp. 248
Kairuan, sala de oraciones de la Gran Mezquita (836), pp. 48
Kairuan. Patio de la Gran Mezquita (836), pp. 46
Kairuan. Vista exterior general de la Gran Mezquita (836), pp. 48
Karnak. Templo de Amón, Sala Hipóstila. Dinastía XIX, hacia 1290-1250 a.C., pp. 14
Kemp, G. M. Edimburgo. Monumento a Walter Scott (1840), pp. 187
Kent, W. Holkham Hall. Vestíbulo, Norfolk, 1734, pp. 153
Kent, W. Templo de las glorias británicas en el jardín de Stowe (1734), pp. 167
Khan, L. Escuela de Administración en Ahmedabad, India (1962), pp. 249
Khan, L. Kimbell Art Museum, Fort Worth, Texas (1966), pp. 248
Khan, L. Salk Institute, en La Jolla, California (1959), pp. 248
L´Orme, Ph. de. Fachada del castillo de Anet (1549), pp. 128
La Selva, 150 Santiago Bonavia y F. Sabatini. Palacio de Aranjuez (1748), pp. 150
Labrouste H. París. Interior sala de lectura de la Biblioteca Sainte Geneviève (1838), pp. 194
Labrouste, H. París. Exterior de la biblioteca de Sainte Geneviève (1838), pp. 194
Labrouste. H.. París. Interior de la sala de lectura de la Biblioteca Nacional (1854), pp. 194
Langhams, K. G. Berlin. Puerta de Branderburgo (1789), pp. 180
Laon. Fachada de la catedral (1155), pp. 75
Laurana, L. Urbino. Palacio Ducal (1450), pp. 95
Le Corbusier. Capilla de Notre Dame du Haut, en Ronchamp (1950), pp. 240
Le Corbusier. Chandigarh. Asamblea (1951), pp. 241
Le Corbusier. Monasterio dominico de La Tourette, en Eveux sur Arbresle (1953), pp. 240
Le Corbusier. París. Pabellón de Suiza en la Ciudad Universitaria (1930), pp. 239
Le Corbusier. Trazado para la nueva capital de Chandigarh, en la India (1951), pp. 241
Le Corbusier. Villa Saboya en Poissy (1929), pp. 239
Le Nôtre, A. Jardines de Vaux le Vicomte.(1661), pp. 132
Le Nôtre, A. Jardines de Versalles. El denominado «tapiz verde» del eje principal, pp. 134
Le Nôtre, A. Jardines de Versalles. Estanque de Apolo, pp. 133
Le Nôtre, A. Jardines de Versalles. Fuente de Latona (escultura de B. Marsy,1670), pp. 133
Le Nôtre, A. Jardines de Versalles. Planta general, pp. 132
Le Roy, J. D. Atenas. Frente sureste del Partenón. («Les ruines des plus...», 1758), pp. 154
Le Vau, L. Palacio de Versalles (1668), pp. 134
Lecamus de Mezières, N. París.Halle aux Blés, Mercado del Trigo (1762), pp. 161
Ledoux, Cl. N. París. Barrera de la Villette (1785), pp. 162
Ledoux, Cl. N. Representación del teatro de Besançon (1775), pp. 162
Lefuel, H. M. París. Alas ampliadas del palacio del Louvre (1852), pp. 197
Lemercier, J. Nueva ciudad de Richelieu (1631), pp. 130
Lemercier, J. Richelieu (1631), pp. 130
Leo von Klenze. Munich. Gliptoteca (1816), pp. 183
Leo von Klenze. Munich. Propíleos (1846), pp. 181
Leo von Klenze. Ratisbona. Walhalla (1831), pp. 183
León. Catedral, fachada principal (1254), pp. 83
Leonardo da Vinci, pp. 95
Lescot, P. París. Palacio del Louvre. Cour Carrée (1546-1555), pp. 129
Ligorio, P. Villa d´Este, en Tivoli (1565), según grabado de E. Duperac, pp. 103
Lincoln. Fachada principal de la catedral (1230), pp. 79
Londres. British Museum (1832), pp. 186
Longhena, A. Venecia. Iglesia de Santa Maria della Salute (1631-1687), pp. 125
Longhena, A. Venecia. Palacio Ca Rezzonico (1667), pp. 125
Loos, A. Viena. Casa de pisos en la Michaelerplatz (1910), pp. 221
Lord Burlington y W. Kent. Londres. Villa Chiswick (1725), pp. 166
Ludwig, J. F. Monasterio de Mafra (1717), pp. 151
Luxor.Templo de Amón. Dinastia XIX, hacia 1280-1220 a.C., pp. 14
Lluis Domenech i Montaner. Barcelona. Palacio de la Música Catalana (1905), pp. 221
Mackintosh, Ch. R. Glasgow. Fachada de la Escuela de Arte (1897), pp. 218
Mackintosh, Ch. R. Glasgow. Hill House (1902), pp. 218
Machuca, P. Granada. Alhambra. Palacio de Carlos V (1527), pp. 110
Machuca, P. Granada. Alhambra. Patio del palacio de Carlos V (1527), pp. 111
Maderno, A. Roma. Iglesia de Santa Susana (1603), pp. 118
Maiano, B. D. Florencia. Palacio Strozzi (1489), pp. 93
Maria dei Miracoli. (1662 y 1675) Concluidas por G. L. Bernini y C. Fontana, pp. 123
Meier, R. Casa Douglas, en Michigan (1973), pp. 250
Melnikov, L. Pabellón de la Unión Soviética en la Exposición de París de 1925, pp. 237
Mendelsohn, D. Potsdam. Torre de Einstein (1917), pp. 228

Mengoni, G. Milán. Galería Vittorio Emmanuelle (1865), pp. 206
Micenas. Puerta de los Leones, hacia 1250 a.C., pp. 17
Micenas. Recinto interior de la ciudadela, a partir de 1350 a.C., pp. 17
Micenas. Tesoro de Atreo o Tumba de Agamenón, hacia 1250 a.C., pp. 17
Michelozzo. Florencia. Palacio Medici-Riccardi (1444-1464), pp. 93
Mies Van der Rohe, L. Barcelona. Pabellón de Alemania en la Exposición de 1929, pp. 245
Mies Van der Rohe, L. Berlín. Galería Nacional (1962), pp. 244
Mies Van der Rohe, L. Casa Tugendhat, en Brno (1928), pp. 244
Mies Van der Rohe, L. Chicago. Crown Hall de Arquitectura y Diseño ITT (1952), pp. 245
Mies Van der Rohe, L. Nueva York. Rascacielos Seagram (1954), pp. 245
Miguel Ángel. Cúpula de la basílica de San Pedro de Roma (1546-1564), pp. 97
Miguel Ángel. Florencia. Vestíbulo de la Biblioteca Laurenciana (1525), pp. 98
Miguel Ángel. Maqueta para la sacristía de San Lorenzo (1520) en Florencia, pp. 98
Miguel Ángel. Proyecto para la basílica de San Pedro de Roma, pp. 97
Miguel Ángel. Roma. Iglesia de Santa María degli Angeli (1561-1564), pp. 100
Miguel Ángel. Roma. Plaza del Campidoglio (1539), pp. 98
Milán. Fachada de la catedral (1386), pp. 82
Milán. Planta de la iglesia de San Lorenzo, siglo v, según G. Dehio (1901), pp. 35
Milán. San Ambrosio, comienzos del siglo ix, pp. 60
Moissac. Claustro del monasterio (1100), según un grabado del siglo xix, pp. 65
Monreale. Catedral (1182), exterior del ábside, pp. 68
Morris, W. Catálogo de tapices bordados y modelo de tapiz (1897), pp. 191
N. Nasoni. Oporto. Iglesia Dos Clerigos (1732), pp. 151
Naqsh-i Rustam. Siglos vi-v a.C., pp. 12
Narciso Tomé. Transparente de la catedral de Toledo (1721), pp. 146
Nash, J. Brighton. Pabellón Real (1818), pp. 173
Neumann, A. Fachada principal de la iglesia de los Catorce Santos (1742), pp. 139
Neumann, B. Escalera principal del palacio episcopal de Würzburg (1734), pp. 139
Olbrich, L.M. Viena. La Casa de la Secession (1898), pp. 220
Orsini, V. Bomarzo. Sacro Bosco (1550-1570), pp. 103
Oud, P. Rotterdam. Viviendas del barrio Kiefhoek (1925), pp. 235
Paestum. Basílica, hacia 530 a.C. y templo de Hera, hacia 440 a.C., pp. 20
Palmira, columnata central, siglos ii-iii d.C., pp. 28
Palladio, A. Venecia. Iglesia de il Redentore (1577), pp. 109
Palladio, A. Venecia. Iglesia de San Giorgio Maggiore (1556), pp. 108
Palladio, A. Vicenza. Palacio Chiericati (1550), pp. 108
Palladio, A. Vicenza. Teatro Olímpico (1580). pp. 107
Palladio, A. Vicenza. Villa Almerico, llamada la Rotonda (1551), pp. 107
Pannini, G. (1691-1765), vista interior del Panteón de Roma, pp. 29
París. Fachada de la catedral de Notre Dame (1160-1200), pp. 76
París. Plaza Real, llamada des Vosges (1603), pp. 129
París. Sainte Chapelle (1224), pp. 78
Parma. Conjunto de la Catedral y el Baptisterio, siglos xii y xiii, pp. 69
Patel, P. Pintura en que se representa el estado de Versalles hacia 1668, pp. 135
Paxton. Londres. Crystal Palace (1851), pp. 191
Percier, Ch. y P. Fontaine. París. Arco de Triunfo del Carrusel (1806), pp. 164
Périgueux. Iglesia de Saint Front, inspirada en San Marcos, (1120), pp. 64
Perrault, Cl. París. Fachada oriental del palacio del Louvre (1667), pp. 131
Perret, A. París. Casa de pisos en la calle Franklin (1902), pp. 224
Perret, A. Raincy. Iglesia de Notre Dame (1922), pp. 224
Persépolis. Palacio de Darío. Relieve de guerreros. Siglo vi-v a.C., pp. 11
Peruzzi, B. Roma. Palacio Chigi, llamado La Farnesina (1509-1511), pp. 101
Peruzzi, B. Roma. Palacio Massimo delle Colonne (1532-1536), pp. 101
Petra, templo rupestre del desfiladero, llamada el Jasna, comienzos del siglo i d.C., pp. 28
Peyre, J. y Ch. De Wailly. París. Teatro de la Comedie Française (1770), pp. 158
Piranesi, G. B. Roma. Piazza del Popolo («Vedute», ed. 1773), pp. 155
Piranesi, G. B. Villa Albani, del arquitecto C. Marchionni («Vedute», ed. 1745), pp. 155
Pisa. Conjunto de la Catedral (1063-1118), Baptisterio (1153-1278) y Torre (1173), pp. 69
Playfair, W. Edimburgo. Calton Hill. Royal Stewart´s Monument (1831), pp. 187
Poitiers. Iglesia Notre Dame la Grande, primera mitad del siglo xii, 64
Porta, G. della. Roma. Iglesia de San Luis de los Franceses, terminada en 1589, pp. 105
Prandatauer, J. Monasterio de Melk (1701), pp. 138
Priene. Plano de la ciudad. Hacia 350 a.C., pp. 25
Priene. Vista general de las ruinas de la ciudad, hacia 350 a.C., pp. 25
Pritchard, Th. Coalbrookdale. Puente de hierro (1777), pp. 190
Quintanilla de las Viñas, Burgos, siglo vii, exterior, pp. 39
R. Carlier y E. Boutelou. Jardines del palacio de La Granja. (1721)
Rafael. Roma. Villa Madama (1516-1520), según Sepherd/Jellicoe, pp. 100
Rainaldi, A.. Roma. Plaza del Popolo. Iglesias de Santa Maria di Montesanto y de Santa
Ravenna. Basílica de San Apolinar el Nuevo. Hacia 505, pp. 38
Ravenna. Iglesia de San Vital, de composición ortogonal de doble caso. (522-547), pp. 38
Ravenna. Mausoleo de Gala Placidia, hacia 450, pp. 37
Ravenna. Sección de la iglesia de San Vital según G. Dehio (1901), pp. 38
Reims. Fachada principal de la catedral (1210), pp. 77
Renwick, J. Nueva York. Catedral de San Patricio (1858), pp. 211
Retrato de J. J. Winckelmann, incisión del cuadro de Anton von Maron de 1783, pp. 155
Ricardo Velázquez Bosco. Madrid. Ministerio de Agricultura (1893), pp. 209
Richardson, H. R. Crane Library, en Quincy, Massachusetts (1880), pp. 211
Rietveld, F. Th. Utrecht. Casa Schroeder (1924), pp. 235
Roma. Anfiteatro Flavio, llamado Coliseo. 70 d.C., pp. 31
Roma. Basílica de Santa Sabina. (432-440), pp. 33
Roma. Maqueta de su estado en la antigüedad, pp. 31
Roma. Mausoleo de Santa Constanza, hacia 350, pp. 34
Roma. Sección del mausoleo de Santa Constanza, hacia 350, según G. Dehio (1901), pp. 34
Romano, G. Mantua. Palacio del Té. (1525-1534), pp. 102
Rossellino, B. Pienza. Trazado de la plaza (1460), pp. 94
Sabatini. Madrid. Puerta de Alcalá (1764), pp. 174
Sacconi, F. Roma. Monumento a Vittorio Emmanuelle (1884), pp. 205
Sahagún. San Tirso, siglo xii, pp. 72
Saint Denis. Nave interior de la abadía, a partir de 1135, pp. 47
Saint Denis. Planta de la abadía, a partir de 1135, pp. 74
Saint Gall. Planta del monasterio según el manuscrito del año 820, pp. 58
Salvi, N. Roma. Fontana di Trevi (1732), pp. 124
Samarcanda. Mausoleo Gur Emir (1405), pp. 52
Samarcanda. Plaza de Registan, siglos xvi al xviii, pp. 52
San Baudelio de Berlanga, Soria, comienzos siglo xi, pp. 44
San Juan de Baños, Palencia (661), sección según G. Dehio (1901), pp. 39
San Julián de los Prados (Santullán), Oviedo (791-842). Dibujo interior, pp. 41
San Miguel de la Escalada, León (912), pp. 43
San Miguel de la Escalada, León (912), sección según G. Dehio (1901), pp. 43
San Miguel de Lillo, Oviedo, (842-850), pp. 42
San Pedro de la Nave, Zamora, pp. 40
San Pedro de la Nave, Zamora, finales siglo vii, exterior, pp. 40
Sanctis, F. de. Roma. Escalinata della Trinità dei Monti (1723), pp. 124
Sangallo, A. da/ Miguel Ángel. Roma. Palacio Farnese (1517), pp. 102
Sansovino, J. Venecia. La Zecca, casa de la moneda (1537), pp. 106
Sansovino, J. Venecia. Librería en la plaza de San Marcos (1537), pp. 106
Sansovino, J. Venecia. Librería en plaza de San Marcos (1537), pp. 107
Sant´Elia, A. Central Eléctrica, en La Città Nuova (1914), pp. 227
Santa María de Huerta, Soria, refectorio del monasterio (1215-1225), pp. 71
Santa María de Lebeña, Cantabria (924), planta, pp. 43
Santa María del Naranco, Oviedo (848), pp. 41
Santiago de Compostela. Catedral románica (1075), pp. 63
Santiago de Compostela. Pórtico de la Gloria (1168-1188), pp. 63
Santiago de Peñalba, León (919), pp. 43
Santuario de Delfos. Camino de ascenso y tesoro de los atenienses, hacia 487 a.C., pp. 21
Saqqara. Recinto funerario del faraón Zoser, hacia. 2700 a.C., pp. 12
Schinkel, K. F. Berlín, Altes Museum, 1823, pp. 179
Schinkel, K. F. Berlín. Altes Museum. (1823), pp. 182
Schinkel, K. F. Potsdam. Casa del jardinero de Corte. (1829), pp. 182
Schinkel, K. F. Potsdam. Chalottenhof (1826), pp. 182
Segovia. Acueducto. Primer cuarto del siglo ii d.C., pp. 29
Semper, C. Estudio cromático de la Acrópolis de Atenas (1830-1833), pp. 185
Smirke, R. Sevilla. Reales Alcázares (1360-1369), pp. 73
Sevilla. Torre del Oro, siglo xii, pp. 50
Shaw, R. N. Residencia campestre Cragside en Northumberland (1869), pp. 192
Siloé, D. de. Iglesia de Santa María del Campo, Burgos (1527), pp. 111
Silos. Claustro del Monasterio (1085-1100), pp. 66
Smithson, A. Y P. Escuela secundaria en Hunstanton (1949), pp. 246
Smytshon, R. Longleat House. Wiltshire. (1572), pp. 141
Soane, J. Londres. Banco de Inglaterra (1788-1808), pp. 171
Soane, J. Londres. Dulwich Art Gallery (1811), pp. 171
Soane, J. Londres. Fachada de la Casa-Museo en Lincoln´s Inn Fields (1792), pp. 171
Soufflot, J. G. París. Fachada de la iglesia de Santa Genoveva (1755), pp. 156
Spalato. Palacio de Diocleciano, hacia 300 d.C., pp. 30
Stirling, I. Cambridge. Facultad de Historia (1964), pp. 247
Stuart, J. Stuart tomando un apunte del Erecteion (1751), pp. 153
Stuart, J. y N. Revett. Theseion de Atenas («Antiquities of Athens» 1794), pp. 154
Sullivan, L. Chicago. Auditorium (1887), pp. 212
Sullivan, L. Nueva York. Bayard Building (1898), pp. 212
Tatlin, V. Monumento a la Tercera Internacional (1920), pp. 237
Taut, B. Escalera de la Casa de Vidrio, pp. 226
Taut, B. Imagen visionaria de su libro Alpine Architektur (1919), pp. 226
Terracina. Vista general y templo de Júpiter Anxur. 80 a.C., pp. 27
Terragni, G. Casa del Fascio, en Como (1932), pp. 242
Thomson. Glasgow. Caledonia Road Free Church (1856), pp. 186
Thornton, W. y Th. U. Walter. Washington. Capitolio (1792-1855), pp. 174
Tivoli. Templo de Vesta, 80 a.C., pp. 27
Tívoli. Villa de Adriano. Teatro Marítimo, 118 d.C., pp. 30
Toledo, J. B. de y Juan de Herrera. Monasterio de El Escorial (1562-1584), pp. 115
Toledo, J. B. de y Juan de Herrera. Monasterio de El Escorial. (1562-1584), pp. 114
Toledo. Planta de la catedral (1226), según G. Dehio (1901), pp. 83
Tomar. Monasterio (1510). Ventana de la sala capitular, pp. 85
Tony Garnier. Imagen de la Cité Industrielle (1901), pp. 225
Toro. Iglesia llamada la Colegiata (1160-1240), pp. 66
Ur. Mesopotamia. Reconstrucción dibujada del Zigurat. Hacia. 2111-2044, a.C., pp. 9
Utzon, J. Copenhague. Interior de la iglesia de Bagsvaerd (1967), pp. 233
Utzon, K. Sydney. Exterior de la Opera (1956), pp. 233
Van der Meulen, A. F. Luis XIV dando órdenes a sus oficiales de caza. (hacia 1664), pp. 132
Van t´Hoff, Q. Villa en Huis ter Heide (1916). pp. 232
Vanbrugh. Castle Howard. Yorkshire (1699-1712), pp. 144
Vandelvira, A. de. Jaén. Sacristía de la catedral (a partir de 1555), pp. 113
Vandelvira, A. de. Ubeda. Palacio Vázquez de Molina (1562), pp. 112
Venecia. Palacio Ducal (1348), pp. 82
Venecia. San Marcos (1063-1096), pp. 69
Ventura Rodríguez. Madrid. Iglesia de San Marcos (1749), pp. 175
Vezelay. Iglesia de la Magdalena (1096-1137), pp. 62
Vicente y J. B. Robillon. Palacio Real de Queluz (1747), pp. 151
Víctor Horta. Bruselas. Casa Tassel (1892), pp. 216
Víctor Horta. Bruselas. Escalera de la casa Tassel (1892), pp. 217
Víctor Horta. Bruselas. Salón de actos de la Casa del Pueblo (1896), pp. 216
Victor Louis. Burdeos. Detalle de la escalera del Gran Teatro (1772), pp. 159
Vignon, P. París. Iglesia de la Madeleine (1806), pp. 164
Viollet le Duc, E. Castillo de Pierrefonds (1858), pp. 196
Viollet le Duc, E. Mercado cubierto. (Entretiens sur l´architecture, 1865), pp. 195
von Gärtner, A. Atenas. Palacio Real (1837), pp. 184
Voysey, Ch. F. A. Casa Broadleys, en el lago Windermere (1898), pp. 192
Wagner, M. Viena, Majolika Haus, 1898. pp. 215
Wagner, N. Viena. Sala central de la Caja Postal de Ahorros (1904), pp. 219
Walpole, H. Strawberry Hill, en Twickenham (hacia 1748), pp. 167
Weinbrenner, B. Karlruhe. Markplatz (1804), pp. 184
Wells. Interior de la catedral (1175), pp. 79
Wood, J. Bath. Royal Crescent (1767), pp. 172
Wren, Ch. Cambridge. Trinity College Library (1676-1684), pp. 143
Wren, Ch. Londres. Panorama desde el río Támesis (1675), pp. 142
Wright, E. LL. Falling Water, Casa de la Cascada. Bearn Run, Pennsylvania (1936), pp. 231
Wright, E. LL. Racine. Interior de la sede de la Compañía Johnson (1936), pp. 244
Wright, F. LL.. Chicago. Casa Robie (1909), pp. 213
Zamora. Catedral, interior del cimborrio (1152-1174), pp. 67
Zamora. Catedral. (1152-1174), pp. 67
Zimmermann, A. Iglesia de Wies (1744), pp. 140